Inhaltsverzeichnis

Kulturlandschaftsgenese und Lagebeziehungen

Großräume zwischen Kontinuität und Wandel

USA: Einheit aus der Vielfalt

→ „We hold these truths to be self-evident, that all men are created equal, that they are endowed by their Creator with certain unalienable rights, that among these are Life, Liberty and the Pursuit of happiness. That to secure these rights, Governments are instituted among men, deriving their just powers from the consent of the governed. That whenever any form of government becomes destructive of these ends, it is the right of the people to alter or to abolish it, and to institute new government, laying its foundation on such principles and organizing its powers in such form, as to them shall seem most likely to effect their safety and happiness."

Auszug aus der amerikanischen Unabhängigkeitserklärung vom 4.7.1776

***M 1** Die Boston Tea Party – Auslöser des amerikanischen Unabhängigkeitskrieges. Kolonisten werfen 1773 aus Protest gegen die von England erhobene Teesteuer die Ladung eines Teeklippers ins Meer.*

Mit der von Th. Jefferson verfassten und am 4. Juli 1776 vom Kongress angenommenen Unabhängigkeitserklärung wurde die Trennung der dreizehn britischen Kolonien, der Neuenglandstaaten, von Großbritannien verkündet und damit deren eigene Staatlichkeit proklamiert. In dieser Erklärung kommen die tragenden historischen und philosophischen Ideen der damaligen Zeit zum Ausdruck. Indem sich die Neuenglandstaaten in ihrem Kampf gegen das Mutterland auf die Ideen der europäischen Aufklärung beriefen, leiteten sie die erste erfolgreiche bürgerliche Revolution der Welt ein, die sie vom Joch des Kolonialismus befreite und schließlich das Tor für Millionen von Menschen öffnete, die auf der Suche nach einer neuen „Heimat" aus aller Welt einwanderten, um „frei zu atmen", wie es am Fuß der Freiheitsstatue geschrieben steht. Die Gründe, die diese Menschen veranlassten ihre Heimat zu verlassen, waren sehr unterschiedlich. Allen gemeinsam war jedoch die Hoffnung auf einen neuen Anfang und die Bereitschaft die Herausforderungen der Neuen Welt (challenge) aufzugreifen und die ihnen gemäßen Antworten (response) zu geben. So vereinigt die amerikanische Nation Menschen aller Länder und Rassen, Menschen, die nicht durch Blutsbande zusammengehalten werden, sondern durch gemeinsame Wertvorstellungen, durch eine gemeinsame Sprache und vor allem durch eine gemeinsame Idee – eben die zur Doktrin gewordene Idee der Unabhängigkeitserklärung –, wie in dem idealisierten Begriff „American Dream" zum Ausdruck kommt. Nicht zuletzt darin liegen Kontinuität und Stärke des amerikanischen Staates begründet.

Wie auch immer man die Vereinigten Staaten beurteilt, sie stellen einen eigenen Staats-, Gesellschafts-, Kultur- und Wirtschaftstyp dar, der zwar in der europäischen Kultur wurzelt, aber doch eine eigene unverwechselbare Identität aufweist, wie sie besonders deutlich in der Lebensweise der Amerikaner zum Ausdruck kommt, dem „American Way of Life".

Zarenreich – Sowjetunion – GUS: Illusionen von einem multinationalen Einheitsstaat

→ „I.1. Russland wird zu einer Republik der Arbeiter-, Soldaten- und Bauernsowjets erklärt. Die gesamte zentrale und lokale Staatsmacht gehört diesen Sowjets.
2. Die Sowjetrepublik Russland wird auf Grund eines freien Bundes freier Nationen als Föderation nationaler Sowjetrepubliken errichtet.
II. Die Konstituierende Versammlung sieht ihre Hauptaufgabe in der Abschaffung der Ausbeutung der Menschen durch den Menschen, in der völligen Aufhebung der Teilung der Gesellschaft in Klassen, in der schonungslosen Unterdrückung des Widerstandes der Ausbeuter, in der Schaffung einer sozialistisch organisierten Gesellschaft und im Sieg des Sozialismus in allen Ländern ... ."

Auszug aus der „Deklaration der Rechte des werktätigen und ausgebeuteten Volkes" vom 17.1.1918

***M 2** Plakat aus dem Jahre 1918*

Den Entwurf zur obigen Deklaration schrieb W.I. Lenin im Januar 1918, also kurz nach der Russischen Oktoberrevolution von 1917. Sie wurde später Bestandteil der Verfassung der RSFSR, angenommen vom Sowjetkongress am 10. Juli 1918.

In der Deklaration kommen in prägnanter Weise Beweggründe und Ziele der proletarischen Revolution zum Ausdruck: einerseits die Auflehnung gegen Zar, Adel, Kirche und Großbürgertum, den nach Ansicht der Revolutionäre Hauptschuldigen am Massenelend in Russland, sowie die Idee von einem föderalen Staat, in dem alle Nationalitäten gleichberechtigt nebeneinander leben, und andererseits das Ziel einer klassenlosen Gesellschaft. In der Deklaration spiegelt sich auch ein anderes Demokratieverständnis wider.

Die Nationalitätenfrage ist eine „Konstante" in der russischen, sowjetischen und nachsowjetischen Geschichte. So war das zaristische Russland kein Nationalstaat, sondern ein Vielvölkerstaat, als dessen führende Nation sich die Russen verstanden. Diesen Anspruch hatte die Regierung schon vor 1917 mit einer rigorosen Russifizierungspolitik durchzusetzen versucht. Und auch die Revolution von 1917 mündete nicht in eine demokratische Republik gleichberechtigter Nationen.
Die Hoffnung, den Völkern Russlands in einer Nationalitätenföderation Freiheit und Demokratie zu sichern, blieb unerfüllt, denn in den sieben Jahrzehnten seit der Machtübernahme hat es die Sowjetunion nicht verstanden, ein tragendes Konzept zu entwickeln, um die Nationalitätenfrage zu bewältigen. Die höchst unterschiedlichen Völker wurden vielmehr mit einem erheblichen Aufwand an Ideologie und patriotischen Ritualen durch einen bürokratischen Zwangsapparat zusammengehalten, indem die Unionsregierung und die allmächtige KPdSU alle Emanzipationsbestrebungen nichtrussischer ethnischer Gruppen und Nationalitäten mit z.T. brutaler Gewalt unterbanden.
1991 brach schließlich dieser vermeintliche „Einheitsstaat" zusammen, der in seiner letzten Volkszählung fast 130 Völker mit höchst unterschiedlicher ethnischer, kultureller und ökonomischer Prägung umfasste.
Die Nationalitätenfrage ist auch heute noch keineswegs gelöst, wie z.B. die kriegerischen Auseinandersetzungen in Kaukasien in jüngster Zeit zeigen. Die Frage, ob und wie es den Staaten gelingt, dieses „historische" Problem zu lösen, wird über den Bestand der Nachfolgestaaten mitentscheiden.

Lage, Größe, Grunddaten

Nordamerika – Begriff und Abgrenzung

Name. Der Name Amerika geht auf den Seefahrer und Verfasser der ersten Landesbeschreibung des Kontinents, Amerigo Vespucci, zurück. Vespucci, ein Landsmann von Kolumbus, erreichte auf seiner zweiten Weltreise 1501–1502 die Küste des späteren Brasiliens und kam zu der Überzeugung, nicht auf Asien, wie Kolumbus angenommen hatte, sondern auf „mondo novo", eine „Neue Welt", gestoßen zu sein. Es ist das Verdienst des deutschen Kosmographen Waldseemüller, den Namen offiziell eingeführt zu haben, indem er auf seiner Weltkarte von 1507 für den neuen, weitgehend noch unbekannten Kontinent die Bezeichnung „America" einsetzte – nach Vespuccis Vornamen Amerigo und in Anlehnung an die feminisierten Namen Europa und Afrika der „Alten Welt".

Abgrenzung. Die Frage der Abgrenzung Nordamerikas wird in der Literatur nicht eindeutig beantwortet. Vom physisch-geographischen Standpunkt her wird der Kontinent Nordamerika bis zur ca. 200 km breiten Landenge von Tehuantepec gerechnet, sodass er also Mexiko größtenteils mit einschließt. Aus kulturgeographischer Sicht ist Mexiko jedoch eindeutig dem von Spaniern und Portugiesen geprägten Lateinamerika zuzurechnen und nicht dem vorwiegend von Briten kolonisierten Angloamerika, das die Staaten Kanada und USA, einschließlich Alaska, umfasst. Zusammen bilden diese den Kulturerdteil Nordamerika.

Die Staatsgrenze zwischen den USA und Mexiko ist allerdings auch keine eindeutige Grenze zwischen dem angloamerikanischen und dem lateinamerikanischen Raum, denn der Einfluss der spanisch-mexikanischen Siedlungstätigkeit reicht weit in das Gebiet der heutigen USA hinein, was sich noch heute im Kulturlandschaftsbild und in Städtenamen wie Santa Fe oder Los Angeles widerspiegelt.

M 3 USA, Kanada, Nachfolgestaaten der Sowjetunion: Größenvergleich und Breitenlage

Russland, Sowjetunion, GUS – Begriffe und Abgrenzungen

Namen. Der Name Russland (russisch: Rossija, altrussisch: Russ) geht auf die ostslawische Völkergruppe der Russen im osteuropäischen Tiefland und in Sibirien zurück. Sie entstand in jahrhundertelangen Verschmelzungsprozessen von türkischen und mongolischen Reitervölkern, von Slawen und von germanischen, baltischen und finnischen Stämmen.

Im Gegensatz dazu hat der spätere Name Sowjetunion eine rein politische Herleitung. Sowjet war das russische Wort für die Arbeiterräte, die im Auftrag der Kommunistischen Partei als pseudodemokratische Institutionen die Macht ausübten. Jede der 15 föderativen Republiken, die die Sowjetunion bildeten, hatte einen Sowjet, und entsprechend gab es in Moskau den Obersten Sowjet für die gesamte Union. In allen Räten waren aber längst an die Stelle der Arbeiter Parteifunktionäre getreten.

„GUS", der historisch vorerst letzte Begriff für den Gesamtraum (außer dem Baltikum) bezeichnet seit 1991 lediglich einen lockeren Bund souveräner Einzelstaaten.

Abgrenzung. Außer vielleicht der Türkei gibt es kein zweites Land, das so mit dem Begriff „Eurasien" zu identifizieren ist wie das frühere Russland bzw. später die Sowjetunion. Trotz der radikalen Hinwendung nach Mittel- und Westeuropa unter Zar Peter dem Großen, die eine Europäisierung des Staatsgedankens und des politischen Handelns bewirkte, blieb die Tatsache bestehen, dass sich das Reich immer über zwei Kontinente erstreckte – mit der damit verbundenen ungeheuren Vielfalt an Ethnien, Kulturen, Sprachen und Religionen.
Von besonderer Bedeutung ist diese „Zwitterlage" nach dem Zusammenbruch der UdSSR geworden. Bedeutsam z.B. für Russland, das immer noch Teil hat an beiden Kontinenten, bedeutsam aber auch für die anderen europäischen und asiatischen Nachfolgestaaten hinsichtlich ihrer geographischen Zuordnung und Entwicklungsrichtung.

***M 4** Begriffsbestimmungen*

Russland
Im engen Sinn meint dieser Name das russische Zarenreich, das sich seit Peter dem Großen zur europäischen Großmacht entwickelte und seine territoriale Ausdehnung bis an den Pazifischen Ozean vorantrieb. Es endete 1917 mit der Oktoberrevolution bzw. 1918 mit der Ermordung des letzten Zaren, Nikolaus II.
Der Name Russland wurde aber auch immer generalisierend für die spätere Sowjetunion verwandt, obwohl er eigentlich nur die *Russische Sozialistische Föderative Sowjetrepublik* (RSFSR) bezeichnete.

Russische Föderation
Heute ist der Begriff Russland zum üblicherweise verwendeten Synonym für die Russische Föderation geworden, den größten Nachfolgestaat der früheren Sowjetunion.

Sowjetunion
Der Name bezeichnete den kommunistischen Staat, der sich im Verlauf der Bürgerkriege nach der Revolution von 1917 entwickelte, 1922 unter Lenin offiziell entstand und im Dezember 1991 endgültig aufgelöst wurde.

UdSSR (russisch: CCCP)
Es ist die deutsche Abkürzung des offiziellen Namens der Sowjetunion: Union der Sozialistischen Sowjetrepubliken. Sie umfasste 15 verschiedene Teilrepubliken, von der flächenmäßig größten, der RSFSR, bis zur kleinsten, der Armenischen SSR.

GUS
Dieser lose Staatenbund – die Gemeinschaft Unabhängiger Saaten – entstand 1991 bis 1993 und umfasst 12 der ehemaligen Sowjetrepubliken. Innerhalb der GUS spielt Russland eine führende Rolle.

Baltische Staaten – Baltikum
Die Ostseeländer Estland, Lettland und Litauen haben eine traditionell enge Bindung an Mitteleuropa. Sie gehörten Ende der 1980er Jahre zu den wichtigsten Initiatoren für eine Unabhängigkeitserklärung von der Sowjetunion und gehören heute nicht zur GUS.

Nachfolgestaaten der Sowjetunion
Der Begriff ist auch heute noch notwendig, da er als einziger das Territorium aller 15 ehemaligen Sowjetrepubliken erfasst: die 12 Länder der GUS sowie die drei baltischen Staaten.

USA – Raumweite und Offenheit

Von allen Kontinenten hat Nordamerika die am stärksten gegliederte Küste und die größte Meeresverbundenheit.
Die Küstenentwicklung, d. h. die tatsächliche Länge der Küstenlinie, gemessen an dem Umfang eines flächengleichen Kreises, beträgt das 4,9-fache. Damit steht Nordamerika an erster Stelle aller Kontinente. Mit ca. 6 Mio. km² machen Inseln und Halbinseln ein Viertel der Gesamtfläche aus.

Lagebeziehungen. Kontinentale Lage, eine klare und zugleich einfache orographische Gliederung, weitflächige Klima- und Vegetationsbereiche bestimmen den Landschaftscharakter der USA. Mit 9,36 Mio. km² Fläche sind sie nach Russland (17,07 Mio. km²), Kanada (9,97 Mio. km²) und China (9,59 Mio. km², einschließlich Taiwan) das viertgrößte Land der Erde. Es nimmt 6,3 % der Landoberfläche der Erde ein und entspricht an Größe nahezu dem Erdteil Europa. Mit rund 4 500 km erstreckt sich der Kernraum der USA (Gebiet ohne Alaska und ohne Inseln im Pazifik sowie im Bereich der Antillen) über vier Zeitzonen von Osten nach Westen (Russland: ca. 9 200 km, 11 Zeitzonen); die maximale Nord-Süd-Erstreckung misst ca. 2 600 km (Russland: ca. 4 000 km).
Diese Zahlenangaben sagen letztlich jedoch nur wenig über die tatsächliche wirtschaftliche und politische Bedeutung der Länder aus. Aufschlussreicher sind die Lage im physisch-geographischen Bezugsfeld, die Verkehrsaufgeschlossenheit und das naturlandschaftliche Potenzial im Hinblick auf die Landnutzung, die wirtschaftliche Erschließung und Besiedlung.
Bereits ein Vergleich der Lage im Gradnetz und zu den Weltmeeren lässt erkennen, dass die USA gegenüber Russland und der GUS deutlich bevorzugt sind. Der Kernraum der USA liegt als Ganzes südlich des 50. Breitenkreises und damit zum überwiegenden Teil in der gemäßigten Zone, während die Hauptmasse Russlands und der GUS nördlich des 50. Breitenkreises liegt. Mit fast 19 % seines Staatsgebietes reicht Russland noch über den nördlichen Polarkreis hinaus in den arktischen Bereich und ist lagemäßig somit eher mit Kanada vergleichbar.

Die Ost- und Westgrenze der USA bilden zwei Weltmeere, Brücken nach Europa und Asien. Sie verweisen bei der Außenorientierung einerseits auf maritime Entfaltung und andererseits auf eine doppelte Interessensorientierung. So ist das „historische Gesicht“ der USA Europa zugewandt. Mit den großen Buchten und trichterförmigen Flussmündungen, wie dem St.-Lorenz-Strom, den Buchten von Maine, Delaware und Chesapeake sowie dem Golf von Mexiko, öffnet sich das Land zum Atlantik und damit zum nächstgrößten Wirtschaftsraum der Erde: Westeuropa. Diese Europa zugewandte aufgeschlossene Lage war eine Grundvoraussetzung sowohl für die schnelle Erschließung des Landes durch die europäischen Einwanderer als auch für die Entwicklung der USA zur führenden Handelsmacht der Erde.
Mit dem wirtschaftlichen Aufschwung Japans, Chinas und der südostasiatischen Schwellenländer in der zweiten Hälfte des 20. Jahrhunderts gewann der dem Pazifik zugewandte Westen der USA eine immer größere Bedeutung. Auf den pazifischen Raum, zu dem auch große Teile Lateinamerikas gehören, ist die Westküste der USA mit ihren Metropolregionen Los Angeles und San Francisco ausgerichtet. Ein Zahlenvergleich mag die Gewichtsverlagerung von dem einst dominierenden Osten zur pazifischen Küstenregion verdeutlichen: Zwischen 1970 und 2000 hat sich der Außenhandel der USA mit Asien vervielfacht. Er macht inzwischen etwa ein Drittel des gesamten US-amerikanischen Außenhandels aus – auf Kosten des vormals führenden Europa.

→ „Die politische Geographie der Vereinigten Staaten macht in den letzten Jahrzehnten einen dramatischen Wandel durch, ohne dass dieser Prozess als bereits abgeschlossen gelten kann. Doch schon heute scheint die damit verbundene stetige Gewichtsverlagerung von dem einst dominierenden Norden Richtung Süden und Westen unübersehbar. Was vormals der Atlantik für die Vereinigten Staaten war, scheint in unserer Zeit mehr und mehr der Golf und vor allem der Pazifik zu werden. Das Gesicht Amerikas ist nicht länger Europa zugewandt.“

Horst Dippel: Die politische Geographie der USA. In: Hartmut Wasser (Hrsg.): USA. Opladen: Leske und Budrich 1991, S. 68

Russland – Raumweite und Isolation

Wer ein genaues Bild von Russland und den anderen Nachfolgestaaten der Sowjetunion, ihrer natürlichen Ausstattung, Wirtschaft und Gesellschaft gewinnen will, darf die in Europa üblichen Maßstäbe für Raum und Zeit nicht heranziehen. Auch der Vergleich mit den USA kann nur annähernd den Besonderheiten der GUS mit ihrem natürlichen Potenzial sowie den Vorzügen und Hemmnissen gerecht werden.
Während Westeuropa eine kontinentale Halbinsel ist, deren Oberflächengestalt aufgrund der geologischen Verhältnisse auf kleinstem Raum stark variiert, sind die charakteristischen Landschaftsmerkmale Russlands die für westeuropäische Verhältnisse nahezu unvorstellbare Raumweite und die – trotz der großräumigen Vielgestaltigkeit – relativ einheitlichen Landschaftsformen.

Raumgröße. Mit seinen 17,07 Mio. km^2 Fläche nimmt Russland ein Achtel der Ökumene der Erde ein. Es ist fast so groß wie Süd- und Mittelamerika zusammen, 48-mal größer als Deutschland. Die West-Ost-Erstreckung entspricht der Entfernung von der Ostgrenze Mitteleuropas über den Atlantik, quer durch die USA bis zur Pazifikküste Nordamerikas, die Nord-Süd-Erstreckung der vom polaren Nordkap bis zur Nordküste Afrikas. Über elf Zeitzonen erstreckt sich das Land von der europäischen Westgrenze bis zur Beringstraße. Wenn es in Moskau Abend wird, hat in Wladiwostok schon der neue Tag begonnen. Nur durch die Verlegung der Linie der Datumsgrenze war es möglich, ein für das gesamte Staatsgebiet einheitliches Tagesdatum festzusetzen.
Der Wert der Raumgröße wird weiterhin relativiert durch die Eigenart der natürlichen Ausstattung, deren Kenntnis erst die Gesamtbedeutung Russlands sowie seine Leistungen und Schwierigkeiten bei der Erschließung und Nutzung des Raumes verständlich macht.
Die Raumgröße und Raumweite werden in mancherlei Hinsicht eher als Belastung denn als Vorteil empfunden. So stellt die Bewältigung der riesigen Entfernungen, etwa zur Versorgung der Bevölkerung mit Nahrungsmitteln oder der Industrie mit Energie und Rohstoffen, ein Problem dar, das die Wirtschaft des Landes außerordentlich belastet. Hier wirkt sich besonders nachteilig aus, dass der überwiegende Teil des Landes von der Taiga eingenommen wird, dem größten zusammenhängenden Waldgebiet der Erde. Fast 50 % des Territoriums sind Gebiete mit Dauerfrostboden, was die wirtschaftliche und infrastrukturelle Erschließung zusätzlich erschwert. Im Süden ist es die Trockenheit, die einer agrarischen Nutzung enge Grenzen setzt.
Auch die Bedeutung des Gewässernetzes ist nur bei vordergründiger Betrachtung als vorteilhaft zu bewerten. Die Flüsse Russlands gehören nach Länge und Wasserreichtum zwar zu den gewaltigsten Strömen der Erde, ihre Nutzung stößt allerdings auf erhebliche Schwierigkeiten. Die Wasserwege im europäischen Teil bilden ein weitmaschiges Verkehrsnetz, das Weißes Meer, Ostsee und Schwarzes Meer miteinander verbindet. Im Gegensatz dazu ist die Bedeutung der sibirischen Ströme als Verkehrsadern jedoch gering. Ihre Fließrichtung entspricht nicht der Richtung des Hauptverkehrsaufkommens und der wirtschaftlichen Expansion. Sie entwässern größtenteils zum für die Schifffahrt unbedeutenden Nördlichen Eismeer und sind darüber hinaus in ihren Unter- und Mittelläufen mehrere Monate im Jahr zugefroren. Aufgrund ihrer großen Wassermassen und Fließgeschwindigkeit stellen sie allerdings ein beachtliches Energiepotenzial dar.

1. Informieren Sie sich anhand eines Geschichts- oder Politikbuches über die „Staatswerdung" der USA und der UdSSR und kommentieren Sie davon ausgehend die Kapitelüberschrift „Großräume zwischen Kontinuität und Wandel".
2. Vergleichen Sie die Größe, die geographische Breitenlage und die natürliche Ausstattung der USA und Russlands. Welche ersten Rückschlüsse erlaubt der Vergleich auf Hemmnisse und Vorzüge bei der Erschließung und Besiedlung der beiden Staaten?
3. Vergleichen Sie die Lage der Vereinigten Staaten und Russlands zu benachbarten Großräumen (Distanz, natürliche Verkehrsschranken bzw. -zugänglichkeit).
4. Inwieweit ist es gerechtfertigt, Russland als einen „Binnenstaat" zu bezeichnen?

USA, Kanada/Russland, Kasachstan – Überblick in Zahlen

M 5 USA, Utah – Bryce Canyon Nationalpark

M 6 USA – Überblick in Zahlen

Fläche (1 000 km²)	9 364
Einwohner (1999, Mio.)	272,2
Einwohner/km² (1999)	29,1
Jährliches Bevölkerungswachstum (Ø 1990–1998, %)	1,1
Stadtbevölkerung in % der Gesamtbevölkerung (1998)	77
Bevölkerung nach Ethnien (1995, Anteile in %)	Weiße: 74; Schwarze: 13; Hispanics: 10; Indianer, Eskimos, Aleuten: 1; Asiaten: 4
Erwerbspersonen nach Wirtschaftsbereichen (1998, %)	Landwirtschaft: 2,1; Industrie: 23,0; Dienstleistungen: 74,9
BIP (1998, Mio. US-$)	8 230 379
BIP pro Kopf (1998, US-$)	30 449
Jährliches Wachstum des BIP (Ø 1990–1998, %)	3,2
Wertschöpfung in % des BIP (1998)	Landwirtschaft: 1,6; Industrie: 25,2; Dienstleistungen: 73,2
Energieverbrauch/Einw. (1996, kg Öleinheiten)	8 076
CO_2-Emissionen (1996, Mio. t)	5 301,0
CO_2-Emissionen pro Kopf (1996, t)	20,0
Gesamtexport (1999, Mrd. US-$)	638,0
Gesamtimport (1999, Mrd. US-$)	1 030,0
Leistungsbilanzsaldo (1998, Mrd. US-$)	– 155,4
Militärausgaben in % des BIP (1995)	3,8

Quellen: Mario von Baratta (Hrsg.): Der Fischer Weltalmanach 2001. Frankfurt: Fischer Taschenbuch Verlag 2000; Weltbank (Hrsg.): Weltentwicklungsbericht 1999/2000. Frankfurt: FAZ, Verlagsbereich Buch 2000; Daten z.T. aktualisiert nach offiziellen Statistiken

M 7 Kanada – Maligne Lake

M 8 Kanada – Überblick in Zahlen

Fläche (1 000 km^2)	9 971
Einwohner (1999, Mio.)	30,5
Einwohner/km^2 (1999)	3,1
Jährliches Bevölkerungswachstum (Ø 1990 – 1998, %)	1,4
Stadtbevölkerung in % der Gesamtbevölkerung (1998)	77
Bevölkerung nach Muttersprache (1996, Anteile in %)	Englisch: 60,5; Französisch: 23,8; Sonst. Sprachen: 15,7
Erwerbspersonen nach Wirtschaftsbereichen (1998, %)	Landwirtschaft: 3,7, Industrie: 22,6, Dienstleistungen: 73,7
BIP (1998, Mio. US-$)	580 623
BIP pro Kopf (1998, US-$)	18 975
Jährliches Wachstum des BIP (Ø 1990 – 1998, %)	2,2
Wertschöpfung in % des BIP (1998)	Landwirtschaft: 3, Industrie: 27, Dienstleistungen: 70
Energieverbrauch/Einw. (1996, kg Öleinheiten)	7 930
CO_2-Emissionen (1996, Mio. t)	409,7
CO_2-Emissionen pro Kopf (1996, t)	13,7
Gesamtexport (1999, Mrd.US-$)	297,6
Gesamtimport (1999, Mrd.US-$)	298,5
Leistungsbilanzsaldo (1998, Mrd. US-$)	– 9,3
Militärausgaben in % des BIP (1995)	1,7

Quellen: Mario von Baratta (Hrsg.): Der Fischer Weltalmanach 2001. Frankfurt: Fischer Taschenbuch Verlag 2000; Weltbank (Hrsg.): Weltentwicklungsbericht 1999/2000. Frankfurt: FAZ, Verlagsbereich Buch 2000; Daten z.T. aktualisiert nach offiziellen Statistiken

M 9 Russland – Taiga in Westsibirien

M 10 Russland – Überblick in Zahlen

Fläche (1 000 km²)	17 075
Einwohner (1999, Mio.)	145,5
Einwohner/km² (1999)	8,5
Jährliches Bevölkerungswachstum (Ø 1990–1998, %)	– 0,1
Stadtbevölkerung in % der Gesamtbevölkerung (1998)	77
Bevölkerung nach Nationalitäten (1999, Anteile in %)	Russen: 81,5; Tataren: 3,8; Ukrainer: 3,0; Tschuwaschen: 1,2; Baschkiren: 0,9; Belorussen: 0,7; Mordwinen: 0,6; Deutsche: 0,6; Sonstige: 7,5
Erwerbspersonen nach Wirtschaftsbereichen (1995, %)	Landwirtschaft: 15,4; Industrie: 33,6; Dienstleistungen: 51,0
BIP (1998, Mio. US-$)	276 611
BIP pro Kopf (1998, US-$)	1 901
Jährliches Wachstum des BIP (Ø 1990–1998, %)	– 7,0
Wertschöpfung in % des BIP (1998)	Landwirtschaft: 7; Industrie: 36; Dienstleistungen: 57
Energieverbrauch/Einw. (1996, kg Öleinheiten)	4 169
CO_2-Emissionen (1996, Mio. t)	1 579,5
CO_2-Emissionen pro Kopf (1996, t)	10,7
Gesamtexport (1999, Mrd. US-$)	69,9
Gesamtimport (1999, Mrd. US-$)	29,8
Leistungsbilanzsaldo (1998, Mio. US-$)	2 569
Militärausgaben in % des BIP (1995)	11,4

Quellen: Mario von Baratta (Hrsg.): Der Fischer Weltalmanach 2001. Frankfurt: Fischer Taschenbuch Verlag 2000; Weltbank (Hrsg.): Weltentwicklungsbericht 1999/2000. Frankfurt: FAZ, Verlagsbereich Buch 2000

M 11 Kasachstan – Steppenlandschaft

M 12 Kasachstan – Überblick in Zahlen

Fläche (1 000 km²)	2 717
Einwohner (1998, Mio.)	15,6
Einwohner/km² (1998)	5,7
Jährliches Bevölkerungswachstum (Ø 1990–1998, %)	– 0,7
Stadtbevölkerung in % der Gesamtbevölkerung (1998)	61
Bevölkerung nach Nationalitäten (1996, Anteile in %)	Kasachen: 44,3; Russen: 35,8; Ukrainer: 5,1; Deutsche: 3,6; Usbeken: 2,2; Tataren: 2,0; Sonstige: 7,0
Erwerbspersonen nach Wirtschaftsbereichen (1995, %)	Landwirtschaft: 22; Industrie: 22; Dienstleistungen: 56
BIP (1998, Mio. US-$)	21 979
BIP pro Kopf (1998, US-$)	140,9
Jährliches Wachstum des BIP (Ø 1990–1998, %)	– 6,9
Wertschöpfung in % des BIP (1998)	Landwirtschaft: 9; Industrie: 31; Dienstleistungen: 60
Energieverbrauch/Einw. (1996, kg Öleinheiten)	2 724
CO_2-Emissionen (1996, Mio.t)	173,8
CO_2-Emissionen pro Kopf (1996, t)	10,9
Gesamtexport (1999, Mrd. US-$)	5,6
Gesamtimport (1999, Mrd. US-$)	5,8
Leistungsbilanzsaldo (1999, Mio. US-$)	– 909
Militärausgaben in % des BIP (1995)	0,9

Quellen: Mario von Baratta (Hrsg.): Der Fischer Weltalmanach 2001. Frankfurt: Fischer Taschenbuch Verlag 2000; Weltbank (Hrsg.): Weltentwicklungsbericht 1999/2000. Frankfurt: FAZ, Verlagsbereich Buch 2000

Nordamerika – Werden und Wandel des Wirtschaftsraumes

Das naturräumliche Potenzial

M 1 Orographische Gliederung Nordamerikas

Relief und Großlandschaften

Die Oberflächengestalt Nordamerikas ist in ihrer räumlichen Differenzierung weitgehend auf die Art und das Alter der Bauelemente zurückzuführen. Es lassen sich sechs natürliche Großräume unterscheiden:

1. Die Küstenebenen an der atlantischen Küste der USA und am Golf von Mexiko. Sie sind von Sedimenten größtenteils mariner Herkunft in geologisch jüngster Zeit (Quartär) aufgebaut.

2. Die Mittelgebirgsregion der Appalachen aus dem Erdaltertum (Karbon) mit der östlichen vorgelagerten Piedmontregion, gegen die atlantische Küstenebene durch die Fall-Linie abgegrenzt. Die Fall-Linie erhielt ihren Namen von den an den Flüssen auftretenden Stromschnellen und Wasserfällen. Im Kanadischen Gebiet (Neufundlandinseln und südliche Grenzbereiche des St.-Lorenz-Golfes) sind die Appalachen zu einem Rumpfgebirge von Höhen meist unter 1 000 m abgetragen.

3. Der Bereich der Inneren Ebenen. Sie sind vornehmlich aus Kreide und tertiärem Material aufgebaut und nehmen den größten Teil der USA ein, in Kanada aber nur einen im Durchschnitt 600 km breiten Streifen. Sie gliedern sich in das glazial überformte Gebiet der Großen Seen, das alluviale Stromgebiet des Mississippi sowie das Gebiet der Prärien und Great Plains (Interior Plains in Kanada). Geomorphologisch bilden die Inneren Ebenen eine weitgespannte Plateaulandschaft, die in mehreren Stufen von etwa 300 bis 400 m im Osten auf 1 600 m westwärts zum Gebirgsfuß der Rocky Mountains aufsteigt.

4. Die Rocky Mountains und das pazifische Küstengebirge, die wiederum in mehrere Gebirgsstränge aufgespalten sind. In den USA sind zwischen den östlichen Gebirgssträngen weiträumige, meist abflusslose Becken, wie das Große Becken, eingeschlossen. Zusammenfassend werden die Gebirgsstränge und intramontanen Becken auch als Kordilleren bezeichnet. Diese sind Teil des in der Erdneuzeit (Tertiär) gehobenen zirkumpazifischen Faltengebirgsgürtels, zu dem auch die Anden in Südamerika gehören. Sie sind durch eine starke geologische Instabilität gekennzeichnet, die sich in aktivem Vulkanismus und Erdbeben äußert. Mit 6 198 m (Mount McKinley) erreichen die Kordilleren in Alaska ihre maximale Höhe.

5. Der Kanadische Schild. Er ist das älteste Bauelement des nordamerikanischen Kontinents und nimmt den größten Teil Kanadas ein (ca. 45 %). Mit einem kleinen Zipfel reicht er noch in die USA hinein. Der Kanadische Schild ist ein aus Urgestein des Archaikums (Erdfrühzeit) aufgebautes flachwelliges Hügelland, das im Erdaltertum (Kambrium) nochmals aufgefaltet, dann aber zu einem Rumpfgebirge von 200 bis 300 m Höhe abgetragen wurde. Wirtschaftlich ist er wegen seines außerordentlichen Erzreichtums von Bedeutung.

6. Der Inselarchipel nördlich des Festlandes. Er gliedert sich in das Arktische Tiefland, das von Sedimenten vorwiegend des Erdaltertums aufgebaut wird, die dem Kanadischen Schild auflagern, und in das Faltengebirge der Innuitians (Inuit = Eskimo; den Begriff „Eskimo" sollte man vermeiden, da er von den Betroffenen als diskriminierend empfunden wird). Aufgrund der Höhenlage von bis zu 3 300 m und der Vergletscherung weist das Relief Hochgebirgscharakter auf.

Klima, Vegetation, Böden

Klima

USA. Der größte Teil der USA liegt in der kühlgemäßigten Zone, an die sich südwärts ab etwa dem 35. Breitenkreis die warmgemäßigte Subtropenzone anschließt. Beide Klimagürtel reichen, örtlich durch die Hochgebirgsklimate der Rocky Mountains durchbrochen, vom Pazifik bis zum Atlantik. Mit seiner Südspitze hat Florida noch Anteil an der Tropenzone.

→ „Flächengröße und Oberflächengestaltung des Staatsgebietes [der USA] bewirken eine beträchtliche Differenzierung der klimatischen Ausstattung, die insbesondere durch die meridionale Anordnung der Gebirge von den eurasiatischen Verhältnissen abweicht. Ozeanische Einflüsse werden durch die Kordilleren weitgehend vom Landesinnern abgeriegelt, sodass kontinentale Klimamerkmale bei weitem überwiegen. Der Staueffekt der Kordilleren hat zur Folge, dass die pazifische Küste reichliche Niederschläge empfängt, die im Lee des pazifischen Gebirgssystems gelegenen intramontanen Becken jedoch außerordentlich niederschlagsarm sind und daher Wüsten- bzw. Halbwüstencharakter besitzen. Niederschlagsarmut kennzeichnet auch die im Lee der Rocky Mountains gelegenen Great Plains. Von der Mitte des Staatsgebietes nimmt die Humidität nach Osten unter dem Einfluss feuchtwarmer Luftmassen aus dem Bereich des Golfes von Mexiko zu. Die meridionale Reliefgliederung hat zudem einen sehr viel stärkeren Luftmassenaustausch zur Folge, als er in Eurasien üblich ist."

Helmut Blume: USA. Eine geographische Landeskunde. Bd. 1. Darmstadt: Wissenschaftliche Buchgesellschaft 1975, S. 22

Eine weitere Differenzierung erfährt die klimatische Ausstattung durch den Einfluss der umgebenden Meere. So bringt der Golfstrom mit seinem warmen Wasser der Nordostküste höhere Temperaturen, als von der Breitenlage her zu erwarten wären. Der kalte Kaliforniastrom vor der Südküste Kaliforniens lässt die Wolken über dem Meer abregnen. Dadurch bildeten sich weiter landeinwärts im Lee der Küstengebirge ausgeprägte Trockengebiete, wie die Mojavewüste und die Gilawüste.

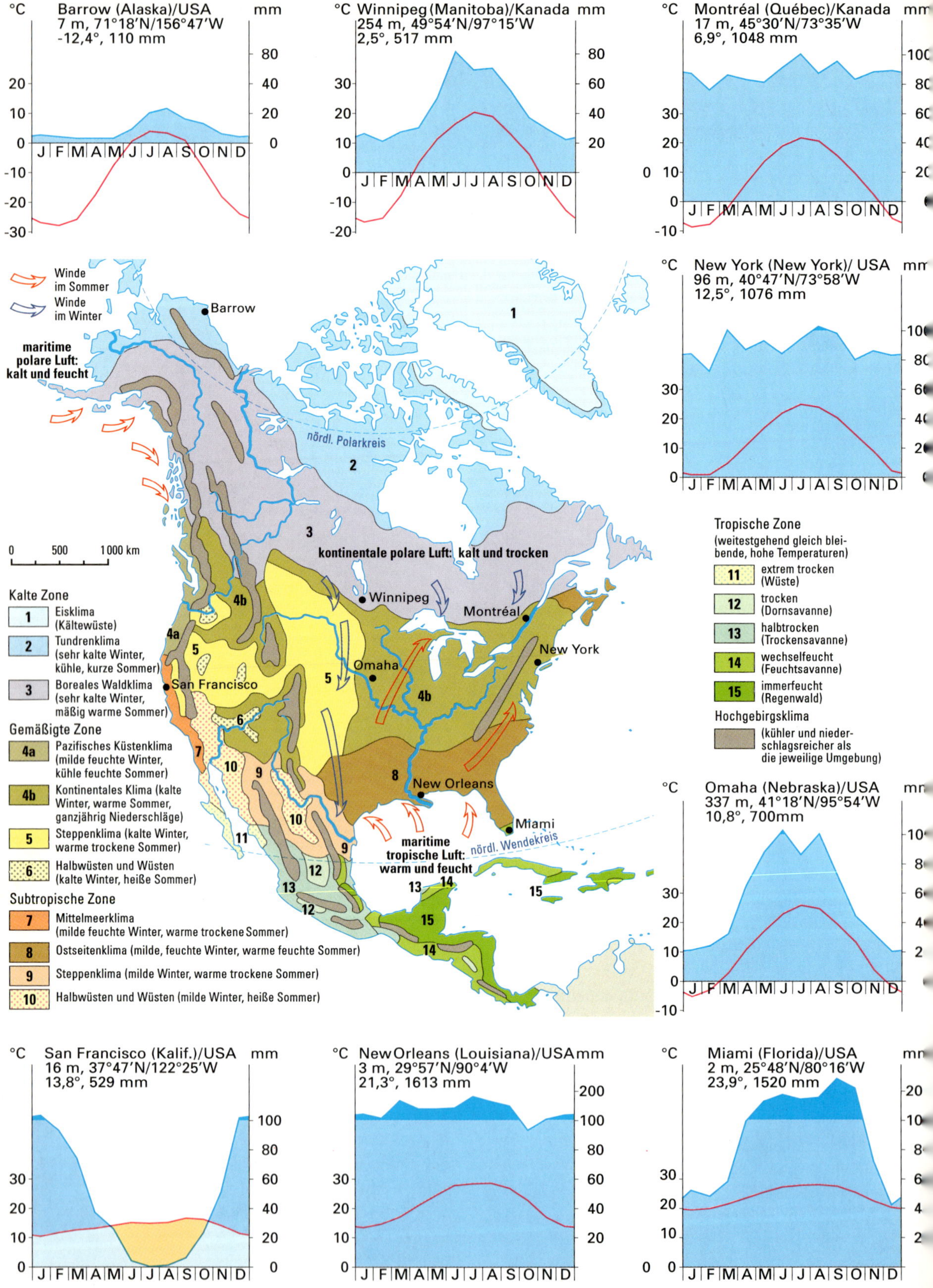

M 2 *Klima Nordamerikas*

Kanada und Alaska gehören größtenteils der kaltgemäßigten borealen Zone an, die im Norden in die arktische Zone mit Tundrenklima übergeht. Nur der äußerste Süden Kanadas hat gemäßigte Klimate: ein kühlgemäßigtes Klima im Osten, ein winterkaltes Steppenklima in den Interior Plains, ein mildes ozeanisches Klima an der pazifischen Küste. Etwa 60 % der Staatsfläche Kanadas liegen nördlich der 0 °C-Jahresmittelisotherme.

→ „Ein Faktor, der besonders die Temperaturen beeinflusst, ist die ausgedehnte Landmasse. Sie bewirkt ein überwiegend kontinentales Klima mit starken Temperaturgegensätzen. Nur in relativ schmalen Küstenbereichen, wie z.B. auf der pazifischen Seite, herrscht der ozeanische Einfluss vor, was sich in allgemein milden und ausgeglichenen Temperaturen zeigt. Hier wirken sich ferner auch die Meeresströmungen aus: im Westen bringt der warme Kuro Shio höhere Temperaturen, die sich vor allem im Winter an den Küsten Kanadas und auch Alaskas bemerkbar machen, im Osten ist es der kalte Labrador-Strom, der die Temperaturen negativ beeinflusst. Eisberge werden bis in die Schelfbereiche Neufundlands verfrachtet. Negative Temperaturanomalien werden ferner durch die weit nach Süden vordringende Hudson Bay ausgelöst. Das auch im Sommer kalte Wasser dieses ‚Eiskellers' (America's icebox) verursacht ein deutliches Ausbuchten der Isothermen."

Karl Lenz: Kanada. Eine geographische Landeskunde. Darmstadt: Wissenschaftliche Buchgesellschaft 1988, S. 40

Die starke Kontinentalität Kanadas wird auch in der räumlichen Niederschlagsverteilung deutlich. Von entscheidender Bedeutung sind die Kordilleren, die gleichsam eine Barriere für die westlichen Luftströmungen bilden und diese zum Abregnen zwingen. Dadurch erhalten die engeren Küstenbereiche und die Luvseiten der einzelnen Gebirgszüge hohe Niederschläge, im Mittel über 1 000 mm, während die Leeseiten der Kordilleren mit durchschnittlich 300–500 mm trocken sind. Große Teile des Kanadischen Schildes und der nördlichen Inselwelt haben sogar weniger als 200 mm. Erst im Südosten Kanadas steigen die Niederschläge wieder an, auf bis zu durchschnittlich 800–1 200 mm, was auf die stärkeren ozeanischen Einflüsse in diesem Gebiet hinweist.

Pflanzenwelt

→ „Die Vegetation steht in engem Zusammenhang mit der Oberflächengestalt, den Bodenarten und den klimatischen Voraussetzungen. Deswegen entsprechen auch die Vegetationsgürtel weitgehend den Klimaprovinzen. Die bis zur Baumgrenze reichende Tundrenregion ist vegetationsarm, spärliche Moose und Flechten und andere niedere Pflanzen bedecken den nur kurze Zeit oberflächlich auftauenden Boden.
Als ein etwa 1 000 km breites Band durchzieht der boreale Waldgürtel südlich anschließend den gesamten Kontinent vom Pazifik zum Atlantik. Hier sind Fichten und Kiefern, im Norden noch in Kümmerformen, im Süden schon in wirtschaftlich wertvollen Formen, vorherrschend.
Im Gebiet der gemäßigten Zone unterscheiden sich den Klimaprovinzen entsprechend, durch die jährliche Niederschlagsmenge bestimmt, drei ursprüngliche Vegetationsformen. Die Laubmischwälder des feuchteren, atlantischen Ostens ändern je nach den Bodenkomponenten und klimatischen Bedingungen ihre Zusammensetzung. Sind es im Norden, im Gebiet der Großen Seen, vor allem Buchen, Birken, Ahorne und Fichten, die den Bestand der Wälder ausmachen, sind weiter südlich Eichen und Kiefern vorherrschend. Zu ihnen treten im Bereich von Florida und des unteren Mississippi Tulpenbäume, Sumpfzypressen und Rotgummibäume. Die Graslandschaften im trockeneren Prärieland sind im niederschlagsbegünstigten Raum östlich von 100° w.L. mit einer geschlossenen Decke von hohem Gras (tall grass) bewachsen, vereinzelt von Baumgruppen und Galeriewäldern durchsetzt. Nach Westen zu werden sie baumärmer und tragen kurzes Gras (short grass), das schließlich im trockenen Süden nur noch in einzelnen Büscheln bis in den Mesquitebusch den Boden bedeckt. In der Gebirgs- und Beckenregion wechseln Wüsten und Wüstensteppen, nur vereinzelte Hänge an der Luvseite der Gebirgszüge zeichnen sich durch üppige Wälder aus, z.B. in der Sierra Nevada mit den riesigen Mammutbäumen. In den abflusslosen Becken, die teilweise von salzhaltigen Böden erfüllt sind, spielen die Salzbuschformationen, vor allem der Sagebrush (Artemisia tridentata), eine besondere Rolle; weiter südlich, im Becken von Arizona, überwiegen die Kresotbüsche.

Im Etesienklima Kaliforniens gedeihen Dornsträucher und Hartlaubgehölze, die sich mit ihren lederartigen oder fleischigen Blättern der langen Trockenzeit während der Sommermonate anpassen. Diese der mediterranen Macchie entsprechende Formation wird hier Chapparal genannt. Weiter nach Süden, in Nordmexiko, treten Kakteen, Opuntien und Agaven an ihre Stelle. Die Bodenbedeckung wird spärlicher und geht mit zunehmender Trockenheit in Dornstrauch- oder Wüstensteppe und schließlich in Wüste über. Die z.T. mangrovenbewachsene Küste am Golf von Mexiko, die mit hochstämmigen Königspalmen bestandene Küste Floridas und die an sie südlich anschließenden Koralleninseln mit ihren Kokospalmen stellen den Übergang zur tropischen Vegetationsform dar."

Ernst Neef: Das Gesicht der Erde. Thun und Frankfurt/M.: Verlag Harry Deutsch 1977, S. 385–387

M 3 *Die Böden Nordamerikas*

Bodenschätze und Wasserkraftpotenzial

USA. Mitentscheidend für die Entwicklung der USA zur führenden Wirtschaftsmacht der Erde war der Reichtum an Bodenschätzen und Energiequellen, die günstig über das Staatsgebiet verteilt sind und zum großen Teil auch unter vorteilhaften Bedingungen abgebaut werden können. Die Verbreitung der mineralischen Bodenschätze wie auch der Energierohstoffe Kohle, Erdöl und Erdgas hängt mit dem geologischen Bau des Kontinents zusammen. Während die metallischen Rohstoffe vor allem im Gebiet der geologisch alten Kerne vorkommen (Kanadischer Schild/Erzvorkommen am Lake Superior, präkambrische Kerne einiger Felsengebirgsketten), konzentrieren sich die Steinkohlevorkommen vor allem auf Senkungszonen, die sich im Erdaltertum (Karbon), z.B. in den Randzonen der Appalachen oder im zentralen Tiefland (Illinois, Missouri), gebildet haben.

Die bedeutendsten Erdöl- und Erdgasfelder liegen in den Flachlandregionen westlich des Mississippi, in einer Zone mächtiger, flachlagernder Sedimente verschiedener geologischer Formationen, z.B. im Golfküstengebiet von Texas, im Mid-Continent-Field in Oklahoma und Kansas, im Westküstenfeld von Kalifornien, aber auch in einzelnen Senken der Rocky Mountains. Seit Ende der 1960er Jahre fand man in der Prudhoe Bay von Alaska neue Erdöl- und Erdgasfelder, die trotz heftiger Widerstände von Umweltschutzverbänden und trotz der hohen Erschließungs- und Förderkosten (Dauerfrostboden) seit 1977 genutzt werden.

***M 4** Geschätzte nicht erneuerbare Energiereserven der USA 1999*

	Förderung	Verbrauch	Reserven
Erdöl	354,1 Mio. t	827,7 Mio. t	2836 Mio. t
Erdgas	533,8 Mrd. m³	605,7 Mrd. m³	4642 Mrd. m³
Steinkohle	919,6 Mio. t	776,9 Mio. t SKE	111338 Mio. t
Braunkohle	77,5 Mio. t	n.v.	135305 Mio. t

n.v. – nicht verfügbar, Daten sind in Steinkohle enthalten

Quellen: BPAmoco (Hrsg.): Statistical review of world energie, 2000; ExxonMobil (Hrsg.): Oeldorado 2000; Statistik der Kohlenwirtschaft e.V., 2000

***M 5** USA – Förderung ausgewählter Bergbauerzeugnisse und Anteil an der Weltproduktion 1998*

	Förderung	Weltanteil	Rang
Blei	0,481 Mio. t	15 %	3
Eisenerz	62,6 Mio. t	6 %	6
Gold	366,0 t	15 %	2
Kupfer	1,959 Mio. t	16 %	2
Silber	2060 t	13 %	2
Zink	0,755 Mio. t	12 %	5
Braunkohle	50,0 Mio. t	6 %	8
Steinkohle	926,7 Mio. t	24 %	2
Erdgas	534,4 Mrd. m³	23 %	2
Erdöl	402,0 Mio. t	11 %	2
Uran	2207 t	6 %	7

Nach Mario von Baratta (Hrsg.): Der Fischer Weltalmanach 2001. Frankfurt: Fischer Taschenbuch Verlag 2000

Beachtlich ist auch das Potenzial an Wasserkraft. Der Ausbau der Flusssysteme hat nicht nur die Binnenschifffahrt belebt, die vordem wegen der z.T. stark schwankenden Wasserführung der meisten Flüsse nur eingeschränkt möglich war, sondern auch zu einer weitgehenden Nutzung des Energiepotenzials geführt.

***M 6** Gewerblicher Energieverbrauch pro Kopf (in kg Öleinheiten, 1997) und Kohlendioxidemissionen pro Kopf (in t, 1996)*

	Energieverbrauch	Kohlendioxidemissionen
USA	8076	20,0
Kanada	7930	13,8
Deutschland	4231	10,5
Frankreich	4224	6,2
Japan	4084	9,3
Russland	4019	10,7
Großbritannien	3863	9,5

Nach Weltbank (Hrsg.): Weltentwicklungsbericht 2000/2001, S. 344–345

Der Anteil der Wasserkraft als Energiequelle hat insgesamt in den USA eine sinkende Tendenz, einerseits, da der Bedarf schneller wächst als der Bau hydroelektrischer Anlagen möglich ist, und andererseits, da das Potenzial, auch aus ökologischen Gründen, stark begrenzt ist. Lediglich im Bereich des Tennessee, in dem seit 1933 über 20 große Staudämme zur Flussregulierung, zur Schiffbarmachung und zur Erzeugung von Hydroenergie errichtet wurden, und im Einzugsbereich des Columbia im Nordwesten spielt die hydroelektrische Energie eine überdurchschnittlich große Rolle. Eine weitere Steigerung der Energiegewinnung durch Wasserkraft – als umweltfreundliche Alternative vor allem zu den Primärenergieträgern Stein- und Braunkohle – ist nur begrenzt möglich.

Kanada. → „Kanada ist bekannt als ein Land mit reichen Bodenschätzen. Dank der großen Flächenausdehnung umschließt sein Territorium sehr unterschiedliche geologische Großregionen, die jeweils ihre eigenen charakteristischen Mineralien aufweisen... Auf dieser Basis ist Kanada zu einem der führenden Bergbauländer der Erde geworden. ... Bei vielen einzelnen Bergbauprodukten nimmt Kanada einen führenden Weltrang ein... Von wenigen Ausnahmen abgesehen (Zinn, Mangan, Chrom, Bauxit) ist es in der günstigen Lage, seinen Eigenbedarf selbst decken zu können. Sieht man von Erdöl und Erdgas ab, sind rund 80 % der Bergbauprodukte für den Export bestimmt, vorwiegend in die USA, nach Japan und in die westeuropäischen Staaten. Als Exporteur von Bergbauprodukten ist Kanada demnach weltweit führend."

Roland Vogelsang: Kanada. Gotha: Justus Perthes Verlag 1993, S. 235–236

Neben der außerordentlichen Vielseitigkeit – die Bergbauproduktion Kanadas umfasst mehr als 60 verschiedene Mineralien und Gesteine – ist die räumliche Verteilung für die Wirtschaftsentfaltung des Landes von entscheidender Bedeutung. Bis auf die Prince Edward Inseln, wo lediglich Baumaterialien gewonnen werden, kommen in allen Provinzen und Territorien des Landes mineralische Bodenschätze vor, wenn auch in sehr unterschiedlicher Gewichtung (s. Atlas).
Von der Erschließung und Förderung gingen und gehen auch heute noch wichtige Impulse zur Erschließung des Landes aus, wie z.B. im extremen Hohen Norden: Goldbergbau am Polarkreis, Abbau der Blei-Zink-Lagerstätten auf der Insel Little Cornwallis in 75° n.Br. oder die Erschließung der reichen Eisenerzvorkommen in Labrador.
Kanada gehört weltweit auch zu den größten Energieproduzenten. Gemessen an der Förderung der Primärenergieträger Kohle, Erdöl und Erdgas liegt es hinter den USA, der vormaligen Sowjetunion und Großbritannien an vierter Stelle in der Welt. Dies ist vor allem auf den hohen Eigenbedarf und nicht, wie im Falle der nichtenergetischen Rohstoffe, auf den Export begründet. Mit einem Pro-Kopf-Energieverbrauch von 7 930 kg Öl-Einheiten (1997) weist es nach den USA (8 076) den höchsten Energiekonsum in der Welt auf (zum Vergleich Deutschland: 4 231 kg). Dies erklärt auch, warum das Land bis in die Gegenwart hinein auf Importe von Kohle, Erdöl und elektrischer Energie angewiesen ist. Große Hoffnungen setzt man auf die Ausbeutung der riesigen Ölsandevorkommen Albertas. Die Verfahren zu deren Aufbereitung sind jedoch sehr kostenaufwändig und bringen enorme Umweltbelastungen mit sich.

***M 7** Kanada – Förderung ausgewählter Bergbauerzeugnisse und Anteil an der Weltproduktion 1998*

	Förderung	Weltanteil	Rang
Blei	0,152 Mio. t	5 %	6
Eisenerz	38,6 Mio. t	4 %	8
Gold	166,1 t	7 %	4
Kupfer	0,689 Mio. t	6 %	4
Silber	1 115 t	7 %	6
Zink	1,065 Mio. t	14 %	2
Braunkohle	11,8 Mio. t	1 %	14
Steinkohle	38,3 Mio. t	1 %	12
Erdgas	161,0 Mrd. m³	7 %	3
Erdöl	128,8 Mio. t	4 %	10
Uran	11 773 t	31 %	1

Nach Mario von Baratta (Hrsg.): Der Fischer Weltalmanach 2001. Frankfurt: Fischer Taschenbuch Verlag 2000

***1.** Vergleichen Sie die Anordnung der Großlandschaften in Nordamerika mit denen in Mitteleuropa und erörtern Sie die Auswirkungen des Großreliefs auf die klimatischen Verhältnisse in den USA.*
***2.** Werten Sie die Klimadiagramme in M 2, S. 16, aus und beschreiben Sie davon ausgehend die klimatischen Gegebenheiten in den einzelnen Klimaregionen.*
***3.** Beschreiben und erörtern Sie mit Hilfe der Materialien auf Seite 19 und 20 und des Atlas die Ausstattung der USA und Kanadas mit mineralischen Rohstoffen und Energiequellen.*

Das Baie-James-Projekt.
An der Hudson Bay im Norden Quebecs wird gegenwärtig ein Energieprojekt verwirklicht, das zu den bedeutendsten hydroelektrischen Entwicklungsvorhaben in der gesamten Welt zählt: das Baie-James-Projekt. Es soll die Energieversorgung der Provinz Quebec sichern und eine Basis schaffen für die Ansiedlung energieintensiver Industriebranchen in dieser Region.
Von den im Frühjahr 1971 begonnenen Baumaßnahmen und den dadurch verursachten hydrogeographischen Auswirkungen ist ein Raum von über 360 000 km² betroffen, also ein Gebiet etwas größer als die Bundesrepublik Deutschland. Ökologisch ist das Vorhaben sehr umstritten, denn abgesehen von den Staudämmen und den begleitenden notwendigen Infrastruktureinrichtungen werden umfangreiche Landschaftsveränderungen durch die Entnahme von natürlichen Baumaterialien und vor allem durch die Stauseen verursacht.

***M 8** Hydroelektrische Komplexe an der Baie James*

Komplex	Einzugsgebiet (km^2)	Kraftwerke	Leistung (MW)	Speicher (km^2)	Überflutetes Land (km^2)
Verwirklicht					
La Grande I	176 800 (La Grande I und II)	3	10 282	13 520	10 400
La Grande II		6	5 437	2 039	1 105
In Planung, Bau vorerst gestoppt					
La Grande Baleine	57 200	3	3 168	3 576	1 786
Nottaway-Broadback-Rupert (NBR)	131 820	8	8 400	6 500	3 900

Dietrich Soyez: Hydro-Energie aus dem Norden Quebecs. In: Geographische Rundschau 1992, H. 9, S. 496, aktualisiert

***M 9** Das Baie-James-Projekt – Übersicht (vgl. M 75, S. 80)*

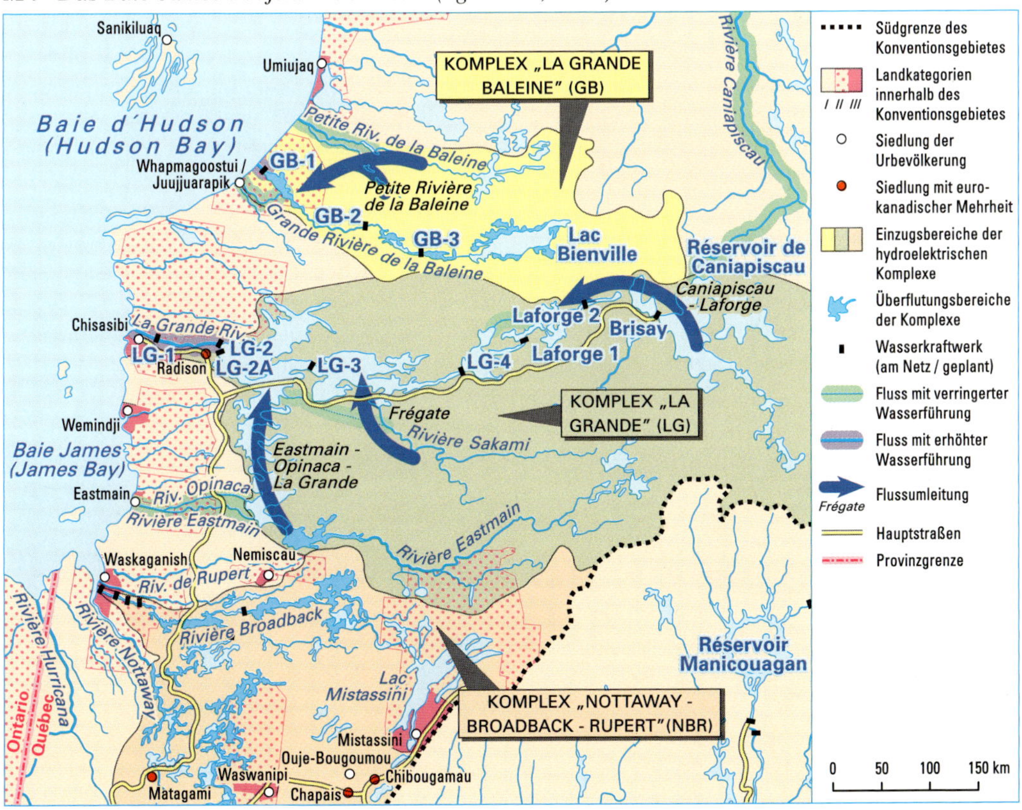

Nach Dietrich Soyez; a.a.O., S. 495

Gunst- und Ungunstfaktoren

Im Hinblick auf die wirtschaftliche Nutzung durch den Menschen lassen sich, neben den genannten Bodenschatz- und Energievorkommen, folgende positive und negative Merkmale der Naturausstattung nennen.

Raumgröße, Meeresverbundenheit. Fördernd wirken sich in den USA zunächst die Größe des Raumes und die vielschichtige Naturausstattung aus, die die Herausbildung unterschiedlicher und sich ergänzender Wirtschaftsräume ermöglichen. Hinzu kommt die große Nord-Süd-Erstreckung von den kühlgemäßigten Neuenglandstaaten über die durch kontinentale Klimamerkmale geprägten Prärieprovinzen bis zur Südspitze Floridas mit ihrem sommerfeuchten Tropenklima. Eine Vielzahl von Kulturgewächsen kann angebaut werden, viele Gemüse- und Obstsorten stehen ganzjährig für den Binnenmarkt oder den Export zur Verfügung. Gute Böden, eine geringe Reliefenergie, ein humides Klima und die günstige Verkehrslage haben im östlichen zentralen Tiefland eine hochentwickelte Landwirtschaft entstehen lassen, deren Produktionsvolumen als einzigartig in der Welt gilt. Das riesige Flachland der Inneren Ebenen nimmt ein Drittel der Gesamtfläche der USA ein und stellt somit einen weiteren Gunstfaktor hinsichtlich der Besiedlung und industriellen Verdichtung dar.

Unter den Vorzügen ist ferner die Aufgeschlossenheit der nördlichen und mittleren Atlantikküste mit den zahlreichen Buchten, Naturhäfen und dem St.-Lorenz-Strom zu nennen, der das Gebiet der Großen Seen („vierte Küste") im wirtschaftlichen Kernraum des Kontinents mit dem Weltmeer verbindet. Die Westküste ist infolge ihrer geringen Gliederung und der Gebirgsschranke der Küstenketten zwar nicht so gut aufgeschlossen, hat aber den Vorteil der Lage zum pazifischen Raum und damit zur Wirtschaftsmacht Japan und den jungen dynamischen Industrie- bzw. Schwellenländern Südostasiens, einschließlich der Volksrepublik China.

Als ein besonderer Gunstfaktor sind in Kanada die riesigen Wälder in der borealen Region und in den Gebirgen des Westens und Ostens zu werten, mit denen das Land über einen der größten Holzbestände der Erde verfügt. Dieser Vorteil wird durch die weite Verbreitung der Permafrostböden jedoch stark eingeschränkt.

Natural hazards. Unter den Ungunstfaktoren in Nordamerika sind zunächst die ***natural hazards***, Naturkatastrophen wie Wirbelstürme, Erdbeben, Vulkanausbrüche, Dürren und Überschwemmungen zu nennen. Die meridionale Reliefgliederung (s. S. 14/15) ermöglicht in der Osthälfte des Kontinents einen ungehinderten Austausch feuchter tropischer und polarer kalter Luftmassen. Im Winter kommt es oft zu Kaltlufteinbrüchen aus dem Norden (***northers***, als Schneestürme ***blizzards*** genannt), die schwere Schäden in den nördlichen USA und in Kanada anrichten können. Die Kaltlufteinbrüche bringen selbst der Golfküste immer wieder Fröste und gefährden so die subtropischen Agrarkulturen.

M 10 *Hurrikanschäden in Florida*

Verheerend in ihrer Wirkung sind vor allem die Wirbelstürme: die Tornados und Hurrikans. ***Tornados*** sind festländische Orkanwirbel, die sich an Frontalzonen im Bereich von Luftmassengrenzen (trockene Kalt- und feuchte Warmluft) bilden. Sie treten vermehrt im Frühjahr und Frühsommer auf, und zwar vor allem im Zentralen Tiefland. Tornados haben einen mittleren Durchmesser von 200 m und bewegen sich mit einer Geschwindigkeit von ca. 40 bis 60 km in der Stunde. Ihre Zugbahn misst im Durchschnitt 25 km, ihre Dauer etwa 20 bis 30 Minuten. Um das Zentrum oder „Auge" des Tornados tobt ein Wirbelwind mit aufsteigender Tendenz, dessen Stärke wegen der zerstörerischen Kraft nicht mehr gemessen werden kann; man schätzt zwischen 300 und 800 km in der Stunde. Ursache der verheerenden Wirkungen sind die Windgeschwindigkeiten sowie der extrem starke Luftdruckabfall im Auge, der Gebäude regelrecht explodieren lässt. Mitunter treten Tornados gehäuft auf, wie der folgende Bericht schildert.

→ „Eine der schlimmsten Tornadokatastrophen erlebte das Mississippigebiet am 23. März 1952. Ungewöhnlich heiße feuchte Luft war an diesem Tage im Staate Arkansas auf einen kalten Luftstrom aus dem Norden gestoßen. Wie zwei feindliche Brüder prallten die beiden Luftmassen aufeinander. Sie wogten hin und her, sie suchten aneinander vorbeizukommen. Menschen, die das Schauspiel von der Erde aus verfolgten, sahen gespenstisch weißgraue Wolken neben ölig schwarzen Dunstgebilden in planlosem Durcheinander am Himmel. Bald darauf begann die Luft in die Höhe zu wirbeln, erst langsam, dann immer schneller. ... Die Wirbelbewegung drückte die Luft nach außen. Damit entstand im Wirbelzentrum ein Raum, in dem die Luft immer dünner und zugleich immer kälter wurde, weil dünner werdende Luft sich nach den Gasgesetzen abkühlt. Die Folge war: Wasserdampf schlug sich nieder, bildete Wolken, die Wolken strebten aus dem Wirbelzentrum nach außen und schlossen sich zu einem rotierenden Ring, der bald die Form eines Schlauches annahm.
Nicht lange, und aus dem Wolkenschlauch wurde ein Trichter. Es war ein düsterer Zapfen, ein ungeheurer Rüssel von schmutziggrauer Farbe.
Langsam, doch unerbittlich tastete er sich zum Erdboden hinab. Zur gleichen Zeit begann auch die Luft unmittelbar über der Erde zu wirbeln. Welkes Laub stob auf. Ein ähnlicher, doch durchsichtiger Zapfen aus warmer Luft reckte sich dem Wolkentrichter entgegen. Wenig später hatten sich die beiden Teile vereinigt, und dann verwandelte sich auch das durchsichtige bodennahe Ende des Zapfens in einen dichten Wolkenschlauch.
Voll ausgebildet, hing der Tornado bogenförmig gekrümmt, unirdisch wie ein Gespenst vom Himmel, bereit zu einem Treiben, das zu einer der verheerendsten Sturmkatastrophen der amerikanischen Geschichte werden sollte. Das nächste, was geschah, war, dass fünf weitere Tornadoschläuche aus den Wolken herabwuchsen. ‚Wie torkelnde Betrunkene', schreibt ein Augenzeuge, ‚schwankten die Tornados zu sechst dahin'."

Th. Löbsack: Der Atem der Erde. 1957, S. 153ff. Zitiert nach: Joachim Blüthgen: Allgemeine Klimageographie. Berlin: Gruyter 1964, S. 252–253

Bei den ***Hurrikans*** handelt es sich um tropische Wirbelstürme, die sich im Allgemeinen aus Wellenbewegungen der feuchten passatischen Luftmassen vor der Nordostküste Südamerikas oder in den Grenzgebieten zwischen passatischer und äquatorialer Luft vor Westafrika entwickeln. Sie ziehen über die Karibische See zunächst westwärts, biegen aber dann, sobald sie in die außertropische Weststrӧmung gelangen, nach Nordosten ab und können so im weiteren Verlauf den Südosten Nordamerikas heimsuchen. Der Hurrikan hat eine Zuggeschwindigkeit von etwa 29 km in der Stunde und erreicht dabei Windstärken von 150 bis 250 km. Auf dem Festland verliert er in der Regel rasch seine Intensität und löst sich in der Westwinddrift auf. Im Vergleich zum Tornado ist der Durchmesser des Sturmfeldes wesentlich größer: ca. 500 bis 800 km. In ihrer vernichtenden Kraft übertreffen die Hurrikans im Allgemeinen die Tornados, wobei allerdings die Hauptschäden durch Überschwemmungen infolge der vom Himmel herabstürzenden Wassermassen verursacht werden.

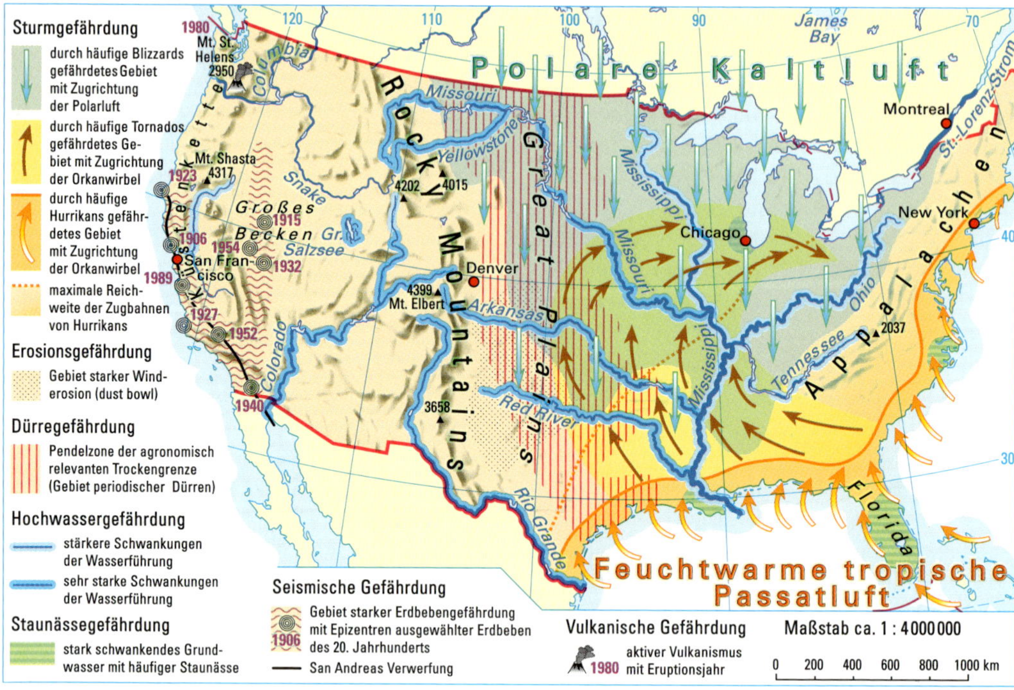

M 11 Naturgefahren in den USA

Dürren gefährden die Landwirtschaft vor allem im Westen der Plains, besonders im Gebiet der jährlich pendelnden Trockengrenze, wo die geringe Regenverlässlichkeit den Ackerbau zu einem Risiko macht (vgl. S. 74/75).

Zu den Ungunstfaktoren gehören auch die starken Schwankungen der Wasserführung der meisten Flüsse der Inneren Ebenen (vgl. Abb. oben), die tektonischen Beben, die häufig im südwestlichen Staatsgebiet der USA, aber auch in den Küstenketten Alaskas auftreten, sowie der Vulkanismus in dem geologisch jungen Kordillerengebiet. Beim Ausbruch des Mount St. Helens in den Cascades am 18. Mai des Jahres 1980 sind z.B. mehr als 500 km² Land total vernichtet worden. Aschenfälle und Schlammströme brachten den Staat Washington an den Rand des Chaos. Nur aufgrund der Tatsache, dass das Gebiet um den Mount St. Helens dünn besiedelt ist und die Bevölkerung frühzeitig evakuiert wurde, blieb die Zahl der Todesopfer mit 51 Menschen damals vergleichsweise gering.

Die Zone stärkster seismischer Aktivitäten sind die Coast Ranges Kaliforniens und die Küstenketten Alaskas. Die Heftigkeit der Erdkrustenbewegungen in dieser Zone lässt sich mit der so genannten Plattentektonik erklären. Danach besteht die Erdkruste aus verschiedenen Platten, die auf dem plastischen Erdmantel schwimmen. Zwei dieser Platten stoßen im Bereich der nordamerikanischen Westküste zusammen: die pazifische Platte und die nordamerikanische Platte. Die beiden Platten bewegen sich sowohl aufeinander zu (konvergierend) als auch aneinander vorbei (konservierend). Dabei bauen sich Spannungen auf. Kommt es schließlich zu einer ruckartigen Entladung, bebt die Erde.

Da die Kordillerenregion relativ dünn besiedelt ist, blieben die durch die Beben ausgelösten Schäden bislang insgesamt relativ gering. Ganz anders ist es in dem dicht besiedelten Kalifornien. So forderte das Erdbeben von San Francisco im Jahre 1906, das durch horizontale Verschiebungen an der San-Andreas-Verwerfung ausgelöst wurde, etwa 500 Menschenleben. Nachfolgende Brände zerstörten die Stadt fast vollständig. Die jüngste Erdbebenkatastrophe im Raum San Francisco 1989, bei der zahlreiche Menschen vor allem durch den Einsturz von Straßenbrücken und Hochstraßen umkamen, zeigt, dass selbst moderne, für erdbebensicher gehaltene Bauten der zerstörerischen Kraft des Bebens nicht gewachsen sind und es – trotz Vorsorgemaßnahmen – immer wieder zu Katastrophen kommen kann. Andererseits schufen die seismischen Aktivitäten auch Vorteile, wie z.B. das „Golden Gate“ als natürlichen Zugang zur San Francisco Bay.

In Kanada sind es vor allem die Klimabedingungen (vgl. S. 17) und der Permafrost (vgl. S. 34), welche die wirtschaftlichen Möglichkeiten erheblich einschränken. Die Ackerbaugrenzen sind nur geringfügig und mit großem Kostenaufwand zu verschieben, Bergbau und Holzgewinnung nur mit hohem Aufwand an Material und Technik durchzuführen. Wichtige Wasserstraßen und Häfen sind monatelang durch Eis, Verkehrslinien durch starke Schneefälle und durch Schneestürme blockiert.

***M 12** Die Anzahl der vollariden Monate des Jahres in den USA*

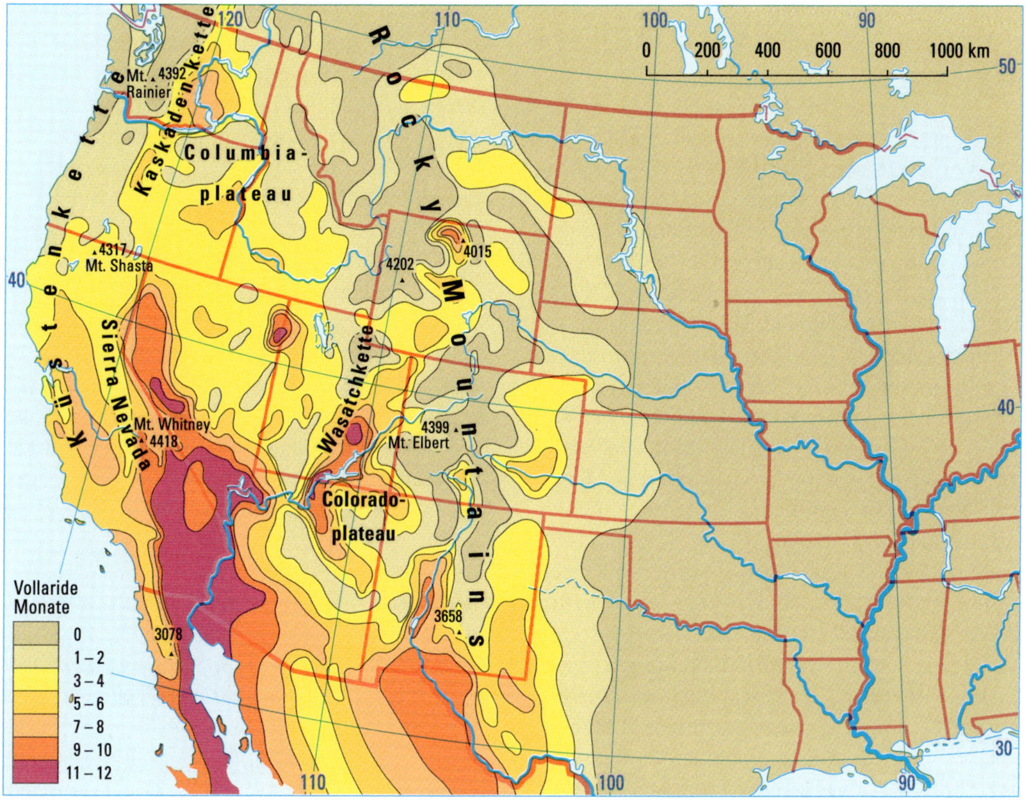

Nach Ralph Jätzold: Aride und humide Jahreszeiten in Nordamerika. Stuttgart: Selbstverlag des Geographischen Instituts 1961, S. 24

***4.** Werten Sie die Karte „Naturgefahren in den USA“ (S. 24) aus und erklären Sie Ursachen der dort aufgelisteten Ungunstfaktoren.*

***5.** Werten Sie die Karte „Die Anzahl der vollariden Monate des Jahres in den USA“ (oben) aus und ziehen Sie daraus Rückschlüsse auf die landwirtschaftlichen Produktionsbedingungen in den Großregionen der USA.*

***6.** Vergleichen Sie das Gewässernetz (Größe, Fließrichtung, Wasserführung) in Nordamerika mit dem der vormaligen Sowjetunion (Karte S. 108, Atlas). Nennen Sie Gemeinsamkeiten und Unterschiede. Wie wirken sich diese auf die Nutzung des Raumes aus?*

***7.** Die USA werden oft als ein „Land der unbegrenzten Möglichkeiten“ bezeichnet. Nehmen Sie kritisch Stellung zu dieser Aussage.*

Raumerschließung und Besiedlung

Besiedlung und Erschließung der USA

Für das Bild der Kulturlandschaft, wie es sich heute darbietet, waren drei Etappen maßgebend:
- die Kolonialzeit (1607–1776),
- die Pionierzeit (1790–1890),
- die Phase der Industrialisierung, Intensivierung der Landwirtschaft und Verstädterung (1890 bis heute).

Die Kolonialzeit. An der Erforschung und Besiedlung des Raumes der heutigen USA waren vor allem Spanier, Franzosen und Engländer beteiligt. Fast gleichzeitig legten sie Stützpunkte auf dem nordamerikanischen Kontinent an.
Die spanische Kolonisation blieb im Wesentlichen auf den Süden beschränkt: Missionsstationen und Militärposten im heutigen Neumexiko, an der Golfküste und der kalifornischen Küste sowie in Florida. Es gelang den Spaniern nicht, eine Verbindung zwischen diesen isolierten Siedlungszellen herzustellen, und so waren sie auf Dauer der Übermacht der beiden anderen Kolonialmächte nicht gewachsen.
Die Engländer besetzten den atlantischen Küstensaum. Im Nordosten, in den so genannten Neuenglandstaaten, fanden sie eine Naturlandschaft vor, die in vielem ihrem Heimatland glich: ausgedehnte Waldländer, ein winterkaltes rauhes Klima, ertragsarme, glazial überformte Böden. Es entstand eine bäuerliche Wirtschaftsform und ein Siedlungsbild europäischer Prägung: Getreideanbau, Holzwirtschaft, Viehzucht und Fischfang für den Eigenbedarf, Besitzgrößen von 4 bis 20 ha.
Die Franzosen drangen vom St.-Lorenz-Tal bis zum Mississippi und stromabwärts bis zu seiner Mündung vor. Zu Ehren Ludwigs XIV. nannten sie das Land zu beiden Seiten des Stromes Louisiana. Es übertraf in seiner Größe den heutigen Staat Louisiana um ein Vielfaches. Die Siedlungstätigkeit der Franzosen zeigt sich noch heute z.B. in den Fluss*hufensiedlungen* auf den Dammufern des Mississippi mit der langgestreckten Streifenflur hinter jedem Gehöft (vgl. Abb. M 17). Wegen der Gefahr der Umschnürung der englischen Kolonien durch die Franzosen (St.-Lorenz – Große Seen – Mississippi) kam es in der Folgezeit zu kriegerischen Auseinandersetzungen, die 1763 mit der Niederlage der Franzosen endeten. Das Land bis zum Mississippi fiel an England.
Mit seinem feuchtwarmen Klima und den tiefgründigen Verwitterungsböden bot der atlantische Süden Voraussetzungen für Anbauprodukte, die in England nicht gediehen und als Importartikel begehrt waren: zuerst Tabak, später Baumwolle. So entwickelte sich der ***Alte Süden*** zu einem kolonialen Rohstoffraum. Die vorherrschende Betriebsform war die großflächige ***Plantage*** mit dem Herrenhaus und den in lockerer Anordnung darum gruppierten Wirtschaftsgebäuden und Sklavenhütten für die seit 1661 aus Afrika hierher verschleppten Schwarzen („Dreieckshandel").
Die koloniale Epoche endete mit der Unabhängigkeitserklärung der 13 Gründerstaaten im Jahre 1776. Im Frieden von 1783 wurde dem neuen Staatenbund der Mississippi als Westgrenze zugestanden. Kanada verblieb im englischen Reichsverbund. Mit zwei Ausnahmen gaben sich alle Staaten republikanische Verfassungen auf der Basis der 1776 verkündeten Grundrechtskataloge. Die Sklaverei wurde in den Nordstaaten verboten, blieb aber im Süden zunächst ungeschmälert bestehen.

Die Frontier – Eroberung des Mittelwestens. Um die Mitte des 18. Jahrhunderts setzte die Besiedlung des Westens ein. Nach dem Überqueren der Gebirgsschranke der Appalachen drangen die Pioniere nach Westen vor. In kurzer Zeit wurden die riesigen Weiten durch die in einer Masseneinwanderung einströmenden europäischen Siedler in Besitz genommen, wobei die ansässigen Indianerstämme rücksichtslos vertrieben oder in Reservate abgedrängt wurden. Innerhalb von hundert Jahren war der gesamte Kontinent von den Appalachen bis zum Pazifik besiedelt (1790–1850 der „Mittlere Westen" bis zum Mississippi; 1850–1890 die Prärien, Great Plains und die Gebirgsländer des „Fernen Westens").
Die Durchdringung und Erschließung des Landesinneren vollzog sich in drei Wellen. Fallensteller und Jäger ***(Trapper)*** bahnten den Weg. Ihnen folgten die ***Squatters*** (Siedlerfamilien, die

das Land meist nur vorübergehend in Besitz nahmen und für die Selbstversorgung kultivierten) und ***Ranchers*** (Viehzüchter, die ihre Herden auf den Grasfluren der Plains weideten). Als dritte Gruppe kamen die Farmer. Sie legten Siedlungen an und erwarben verbriefte Besitzrechte an Land, das zuvor vermessen worden war.

Alle drei Wellen schoben sich als eine „Zone des Kampfes und der Kultivierung" nach Westen. Diese Zone hieß die ***Frontier***, d.h. die Grenze zwischen dem besiedelten Land (Bevölkerungsdichte über zwei Einwohner pro Quadratkilometer) und der „Wildnis".

Begünstigt wurde die Landnahme und Besiedlung durch den Bau der ***Transkontinentalbahnen*** zwischen 1862 und 1883, die den schnellen Abtransport der landwirtschaftlichen Produkte in den dichter bevölkerten Osten erleichterten oder erst ermöglichten, die riesigen Einwandererwellen – man schätzt, dass etwa 50 Mio. Menschen vornehmlich aus den west- und nordeuropäischen Ländern seit der Gründung der Kolonien bis 1921 einwanderten – und durch die staatliche Landvermessungs- und Landvergabepolitik.

Die Besiedlung der riesigen Landflächen vollzog sich in harten Auseinandersetzungen mit den Indianern. Sie führten nicht nur zu einer starken Dezimierung ihrer Zahl, sondern auch zur Einengung ihres Lebensraumes und zur Beseitigung der Grundlage ihrer Wirtschaft.

→ „Die Erschließung des Westens ist untrennbar mit der Vertreibung und teilweise Vernichtung der indianischen Ureinwohner ***(Native Americans)*** verbunden. Durch Kriege und Kontakt mit bislang unbekannten Krankheitserregern, gegen die die Indianer nicht resistent waren, wurde ihre Population im heutigen Gebiet der USA von der ursprünglich geschätzten Zahl von mehreren Millionen auf etwa 500 000 dezimiert. Zwar hatte zunächst die Bundesregierung versucht, westlich der Staaten Arkansas und Missouri territoriale Grenzen zwischen ihnen und den Siedlern festzulegen. Nach einiger Zeit jedoch wurde der

***M 13** Besiedlungsgang in den USA*

Siedlerstrom auch dorthin so groß, dass diese Grenze von der Bundesregierung aufgegeben wurde, indem sie mit den Indianern zu deren Nachteil Verträge über die Gebiete schloss. Gegen ein geringes Entgelt wurden auf diese Weise weiträumige Landflächen erworben.

Nach damals vorherrschender Meinung schien es zwecklos, indianische Ureinwohner zu „zivilisieren". Diese Auffassung wurde 1830 durch ein Bundesgesetz bestätigt. Es bestimmte die Vertreibung aller sich noch im Osten befindlichen Indianer in Gebiete westlich des Mississippi. Hauptsächlich davon betroffen waren die fünf Stämme der Cherokee, Chickasaw, Choctaw, Creek und Semiolen, die in South Carolina, Georgia und Florida unter dem Schutz der Bundesregierung lebten. Die Versuche der Indianer, sich juristisch gegen die Umsiedlung zu wehren, verliefen erfolglos. 1873 richtete die Bundesregierung ein Indianerterritorium zwischen dem Missouri und Red River im heutigen Oklahoma ein. Insgesamt wurde ihnen nur ein Drittel ihres ursprünglichen

***M 14** Einwanderer in die USA und ihre Herkunftsländer*

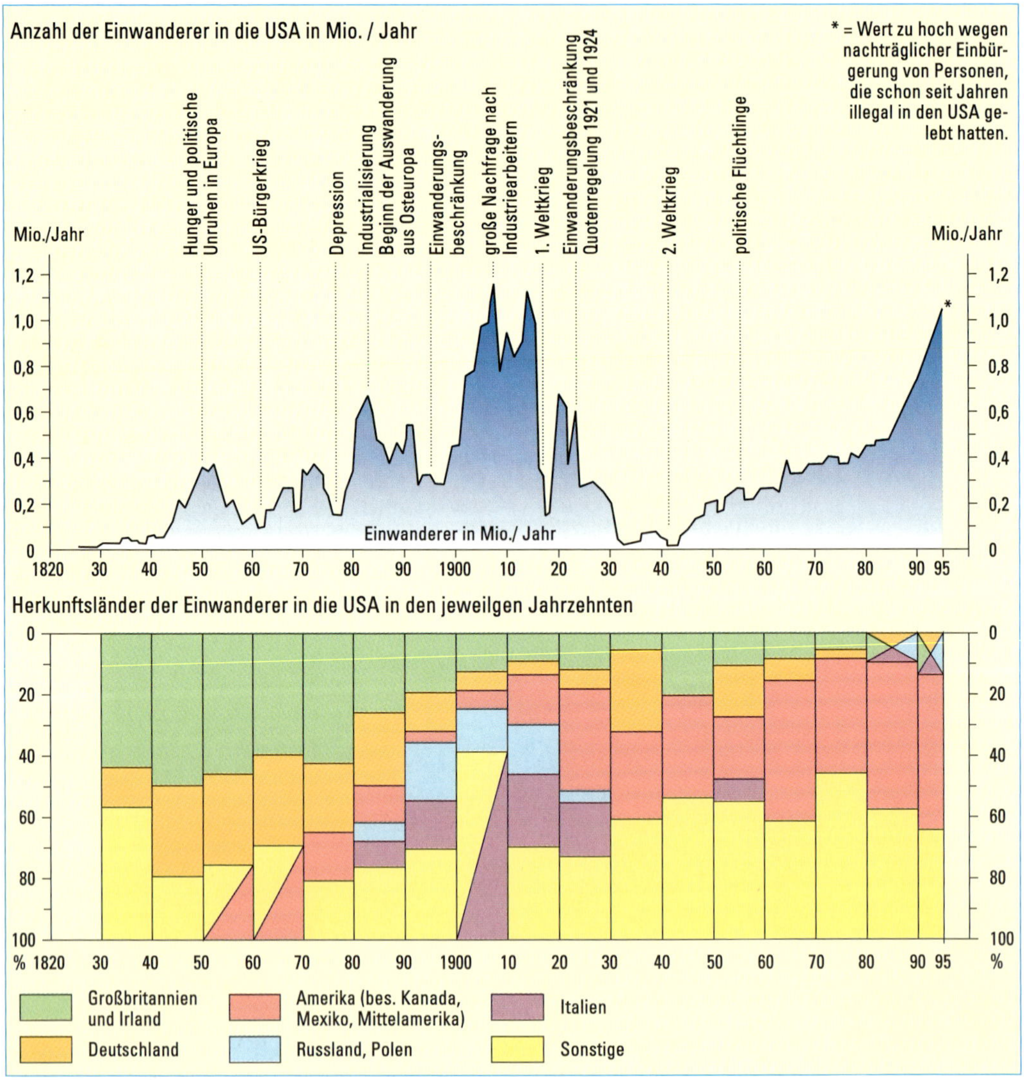

Nach USDS (Hrsg.): Statistical Abstract of the United States. Washington D.C., verschiedene Jahrgänge

Landes westlich des Mississippi zugestanden, dessen Bodenqualität wesentlich schlechter war. 1833 wurden die restlichen 17 000 Cherokee von Bundessoldaten bewacht in das Indianerterritorium zwangsumgesiedelt. Auf der entbehrungsreichen 2 000 Kilometer langen Strecke, die als „Weg der Tränen" in die Geschichte eingegangen ist, verstarben etwa 4 000 Cherokee. Um 1840 war das Gebiet östlich des Mississippi für die Siedler „befriedet" worden."

Jörg Nagler: Von den Kolonien zur Führungsmacht. In: Bundeszentrale für politische Bildung (Hrsg.): Informationen zur politischen Bildung, USA. Heft 268, 3. Quartal 2000, S. 15

Landvermessung und Landvergabe. Die ***Land Ordinance*** von 1785 legte fest, dass die Vermessung des Staatslandes ***(Public Domain)*** der Landvergabe vorauszugehen habe, und bestimmte als System der Vermessung die quadratische Landaufteilung. Das 1862 vom Kongress verabschiedete Heimstättengesetz ***(Homestead Act)*** sah vor, dass jeder amerikanische Bürger über 21 Jahre 160 Acre Land (65 ha = eine quarter section) für 1,25 US-$ je Acre erwerben konnte. Im trockenen Westen war es später möglich, größere Besitzeinheiten zu erwerben.

Beide Gesetze haben das kulturlandschaftliche Bild der USA zwischen Appalachen und Rocky Mountains sowohl im ländlichen als auch im städtischen Bereich entscheidend geprägt. Dem durch die Landvermessung und Landvergabe entstandenen Schachbrettgrundriss ordnen sich Besitz- und Flurgrenzen, Verkehrswege und Siedlungen unter. Die vorherrschende agrarische Siedlungsform ist der Einzelhof, der direkt an die Flur anschließt, sodass die USA zu Recht als ein „Land ohne Dörfer" bezeichnet werden.

Die Vermessung des Landes begann durch Festlegen des Meridians N-S. Parallel hierzu wurden dann im Abstand von 6 Meilen nach Osten und Westen zu weitere nord-südlich verlaufende Geraden, „Ranges" genannt, festgelegt und nummeriert (RIW, RIIW, RIIIW; RIE, RIIE, RIIIE). Die „Ranges" wurden dann durch west-östlich vermessene, sie rechtwinklig schneidende und gleichfalls in einem Abstand von 6 Meilen parallel zueinander verlaufende Geraden unterteilt. Es entstanden quadratische „Townships", die ebenfalls nummeriert wurden (T1N, T2N, T3N; T1S, T2S, T3S). Jedes „Township", welches 6 mal 6 Meilen oder rund 93 km² umfasste, wurde sodann in 36 „Sections" zu je 1 Quadratmeile oder rund 2,6 km² aufgeteilt, diese „Sections" sodann rechtwinklig in 1/2 Sections (320 Acres = 129,5 ha), 1/4 Sections (160 Acres = 64,7 ha) usw.

***M 15** Das amerikanische Landvermessungssystem (Schema)*

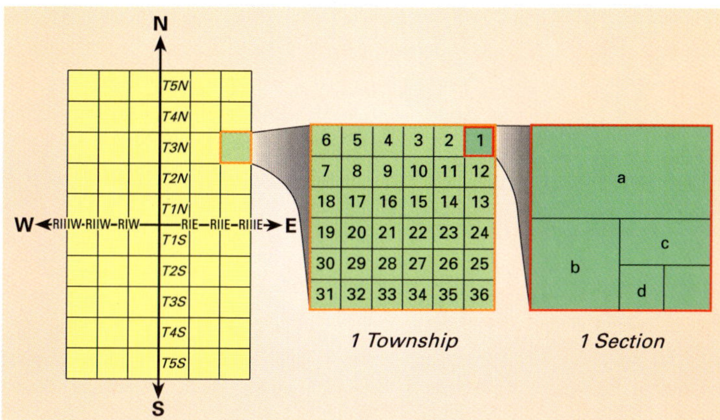

Nach Paul Hartig (Hrsg.): Amerikakunde. Frankfurt: Diesterweg 1966, 4. Auflage, S. 87

***8.** Erläutern Sie die Bedeutung der Frontier für die Erschließung des nordamerikanischen Kontinents.*

***9.** Erörtern Sie die Bedeutung der Transkontinentalbahnen für die räumliche und wirtschaftliche Erschließung der Gebiete westlich der Appalachen.*

***10.** Erklären Sie das System der Landvermessung und Landvergabe in den USA und nennen Sie die Vorzüge und Nachteile dieses Systems.*

***11.** Erörtern Sie die Rolle des Staates bei der Kolonisation (z.B. Landvergabepolitik, Infrastrukturausstattung).*

***12.** Beschreiben Sie das Diagramm „Einwanderer in die USA" (S. 28). Welche Phasen lassen sich im Hinblick auf Zahl und Herkunft der Einwanderer unterscheiden? Versuchen Sie diese zu begründen.*

***13.** Erläutern Sie anhand der Abbildung oben die Auswirkungen der Land Ordinance auf das Siedlungs- und Flurbild des Mittleren Westens.*

M 16 Hauptrouten des Pelzhandels und Handelsstützpunkte in Nordamerika

Nach GEO Special Kanada. Hamburg: Gruner + Jahr 1988, S. 159

Koloniale Durchdringung und Erschließung Kanadas

Die Periode des Pelzhandels. Die wirtschaftlichen Aktivitäten der ersten Europäer auf dem Territorium des heutigen Kanadas waren weitgehend auf den Pelzhandel mit den eingeborenen Indianern ausgerichtet. 1603 richteten Kaufleute aus Frankreich eine Expedition aus, die den Pelzhandel im St.-Lorenz-Gebiet vorantreiben sollte. Infolge der starken Nachfrage in Europa und der wachsenden Konkurrenz bahnte sich schon bald eine Rivalität zwischen Engländern und Franzosen an, die die Geschichte Kanadas lange Zeit mitbestimmte.

Der Pelzhandel schuf zwar wichtige Ausgangspunkte für die Entwicklung des Landes, die Besiedlung basierte jedoch auf anderen wirtschaftlichen Grundlagen und Intentionen: Getreideanbau und Viehwirtschaft.

→ „Am 2. Mai 1670 gestattete der englische König Charles II. seinem Vetter Prinz Rupert und 17 Mitinvestoren, eines der größten Handelsimperien der Geschichte zu errichten: die ***Hudson's Bay Company (HBC)***. Ihr Territorium, Rupert's Land, umfasste vier Millionen Quadratkilometer, ihr Handelsgebiet schließlich ein Zwölftel der Erdoberfläche.

Gehandelt wurden vor allem Biberfelle, die man zu Millionen gegen europäische Gebrauchsgüter eintauschte. Von den Pelztierbrigaden wurden unzählige Handelsposten in den Weiten des Kontinents errichtet – die allgegenwärtige HBC wurde respektlos ‚Hungry Belly Company' oder ‚Here Before Christ' genannt."

GEO Special, a.a.O., S. 159

Siedlungsräume. Die Besiedlung ging von mehreren getrennten Räumen aus. Schon dadurch unterscheidet sie sich von der Besiedlung in den Vereinigten Staaten, wo sich die Frontier als eine mehr oder weniger geschlossene Front von den Appalachen aus nach Westen vorschob.

→ „Die europäische Besiedlung Kanadas begann im Tal des St. Lorenz, wo Franzosen 1608 Quebec gründeten und den Bereich des Flusstales im weiteren Verlauf des 17. und besonders im 18. Jahrhundert besiedelten. Im atlantischen Siedlungsraum, der durch Höhenzüge der Appalachen vom St.-Lorenz-Tal getrennt ist, wurden die ersten permanenten Siedlungen nach 1630 wiederum durch Franzosen im Bereich der Fundy Bay angelegt. Spätere Ortsgründungen und Raumansprüche der Engländer lösten hier besonders im 18. Jahrhundert heftige Auseinandersetzungen aus. Erst nach der amerikanischen Revolution (1776) wurde seit 1780 die Besiedlung Südontarios eingeleitet. Zunächst kamen so genannte Loyalisten aus den USA und danach Siedler aus den östlichen Staaten, die auf der Suche nach Land waren.
Erst anschließend setzte eine stärkere Einwanderung aus Übersee, vor allem aus dem Vereinigten Königreich (Iren, Schotten, Engländer) ein. Der vierte Siedlungsraum liegt an der pazifischen Küste und ist vom Osten über 4000 km entfernt. Hier begann eine Besiedlung durch Engländer erst um die Mitte des 19. Jahrhunderts. Goldfunde bewirkten eine schnelle Zunahme der Bevölkerung, doch waren eine dauerhafte Ansiedlung und Kolonisation sehr begrenzt und nur in einem engen Küstenstreifen und in einigen Tälern möglich. Für eine Agrarkolonisation am geeignetsten waren die Prärien, die von Südontario durch den Kanadischen Schild getrennt und im Westen von den Kordilleren begrenzt werden. Nach einem frühen Versuch am Red River ab 1812 begannen Besiedlung und Landnahme durch Mennoniten im Jahre 1874. In nur 60 Jahren wurde der Raum verkehrsmäßig erschlossen, der größte Teil des geeigneten Landes kultiviert, Farmen und zentrale Orte angelegt."

Karl Lenz: Kanada. Eine geographische Landeskunde. Darmstadt: Wissenschaftliche Buchgesellschaft 1988, S. 138

M 17 *Französische Streifenflur und quadratische englische Flur am Red River, Manitoba*

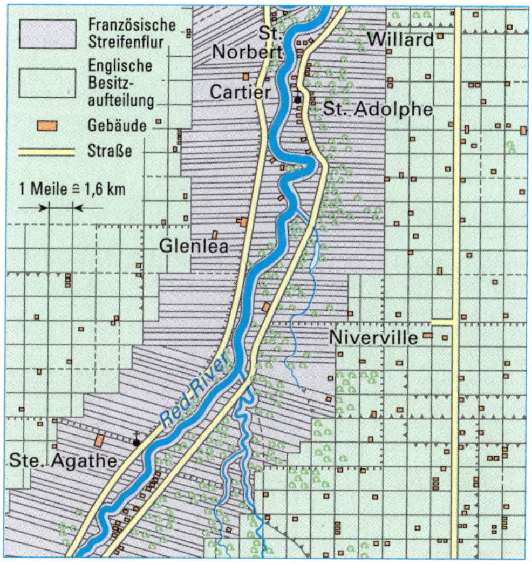

Nach Oskar Schmieder: Die Neue Welt. Teil II. Nordamerika. München: Keysersche Verlagsbuchhandlung 1963, S. 231

Da die Besiedlung und Erschließung der einzelnen Räume jeweils von anderen Gruppen getragen wurden und sich die Kolonisten immer anderen Naturgegebenheiten anpassen mussten, wandelten sich auch die Methoden der Erschließung und das Kulturlandschaftsbild.

→ „Die bemerkenswerteste Erscheinung in der Kulturlandschaft, die auf die Siedlungstätigkeit der Franzosen zurückgeht, ist wohl das sogenannte ***rang-System*** (rang = frz. Reihe). Die Franzosen siedelten in einem schmalen Streifen beiderseits des Mittelabschnitts des St.-Lorenz-Stromes, hauptsächlich im Bereich zwischen den beiden Orten Quebec und Montreal und an den Unterläufen der Nebenflüsse. Hier entstanden ***Seigneurien*** von unterschiedlicher Größe, eine Art Lehen für verdiente Offiziere und andere höher gestellte Leute, die ihr Land an die habitants, an Bauern, vergaben. Wichtig war in jener Zeit, als es noch so gut wie keine Landwege gab, der Anschluss an den Wasserlauf. So teilte man die Seigneurien in Streifen auf, die zwar unterschiedlich, aber in der Mehrzahl zwischen 200 m und 250 m breit waren, aber eine erhebliche Tiefe von einer Meile (1,6 km) oder anderthalb Meilen besaßen.

Daraus ergaben sich Zeilensiedlungen mit den Häusern am Fluss und einer Art Flusshufenflur, die sich überall im französischen Kolonialgebiet wieder findet. ... Reste dieser Flur sind heute noch erhalten und stehen in markantem Gegensatz zu den angrenzenden Gebieten mit der amerikanischen quadratischen Landvermessung."

Burkhard Hofmeister: Nordamerika. Fischer Länderkunde, Bd. 6, überarb. Neuausg. Frankfurt: Fischer Taschenbuch Verlag 1988, S. 76

Der Zusammenschluss der einzelnen Siedlungsräume erwies sich in der Folgezeit als eine besonders schwierige Aufgabe, die auch heute noch nicht vollständig gelöst ist. Wie in den Vereinigten Staaten war es auch in Kanada vor allem nach dem Bau der Eisenbahnen (1885 Fertigstellung der ersten durchgehenden Ost-West-Verbindung) die große Zahl von Einwanderern, die die noch dünn besiedelten Räume des Südostens und der Prärie besetzte und auffüllte.

→ „Ein- und Auswanderungen in Kanada wurden stets von den Verhältnissen in den USA mitbestimmt. Besonders eindrucksvoll belegt dies die Besiedlungsgeschichte im 19. Jahrhundert. Erst nachdem die Pionierphase im Mittleren Westen der USA abgeschlossen war, begann die intensivere Erschließung und Besiedlung des Mittleren Westens im nördlichen Nachbarland. Stets war Kanada zugleich Immigrations- und Emigrationsland. Viele Einwanderer nutzten die ‚Hintertür Kanada', um in die USA zu gelangen. Die Einreise nach Kanada war meist weniger restriktiv als in die USA, die Grenze zwischen den beiden nordamerikanischen Staaten aber relativ offen."

Roland Vogelsang: Kanada. Perthes Länderprofile. Gotha: Perthes 1993, S. 144/145

Ungleiche Bevölkerungsverteilung. Die Bevölkerungsverteilung in Kanada ist geprägt durch einen extremen Nord-Süd-Gegensatz. Dies wird besonders deutlich, wenn man Fläche und Einwohnerzahlen der Großregionen untersucht und miteinander vergleicht. Hoch verdichteten (städtischen) Räumen stehen großflächig nicht bewohnte und äußerst extensiv genutzte Räume gegenüber, in denen nur relativ kleine Siedlungen vorkommen, die weit auseinander liegen und untereinander kaum in Verbindung stehen.

***M 18** Komponenten der Bevölkerungsentwicklung in Kanada 1851 – 2001*

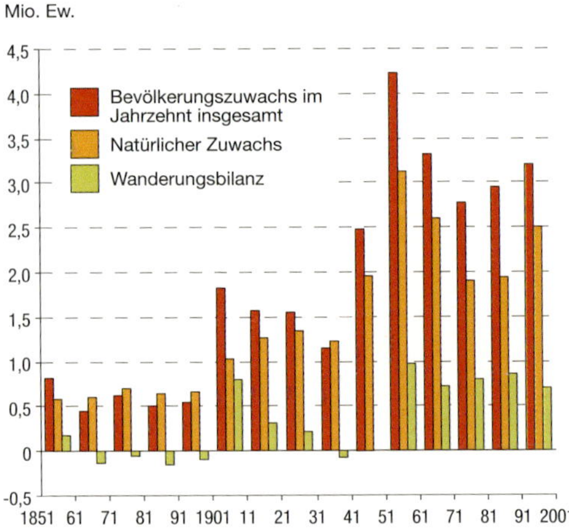

Nach Roland Vogelsang: a.a.O., S. 133; Daten für 1991–2001 hochgerechnet

***M 19** Kanada: Fläche*, Bevölkerung und Bevölkerungsdichte nach Provinzen.*

* ohne Binnengewässer

Provinz (Hauptort)	Fläche (km²)	Einwohner (1.7.1999)	Einw. je km²
Newfoundland (St. John's)	371 635	541 000	1,5
Prince Edward Island (Charlottetown)	5 660	137 980	24,4
Nova Scotia (Halifax)	52 841	939 791	17,8
New Brunswick (Fredericton)	71 569	754 969	10,5
Quebec (Quebec)	1 357 812	7 345 390	5,4
Ontario (Toronto)	916 734	11 513 808	12,6
Manitoba (Winnipeg)	547 704	1 143 509	2,1
Saskatchewan (Regina)	570 113	1 027 780	1,8
Alberta (Edmonton)	638 233	2 964 689	4,6
British Columbia (Victoria)	892 677	4 023 100	4,5
Territorium (Hauptort)			
Yukon Territority (Whitehorse)	531 844	30 633	0,1
Northwest Territories (Yellowknife)	1 346 389	41 606	0,02
Nunavut Territory (Iqualuit)	1 900 000	27 039	0,02
Kanada	9 203 211	30 491 294	3,3

Mario von Baratta (Hrsg.): Der Fischer Weltalmanach 2001. Frankfurt: Fischer Taschenbuch Verlag 2000, Spalte 434

Der arktische Norden – die letzte Frontier Nordamerikas

M 20 Verbreitung des arktischen Permafrostes

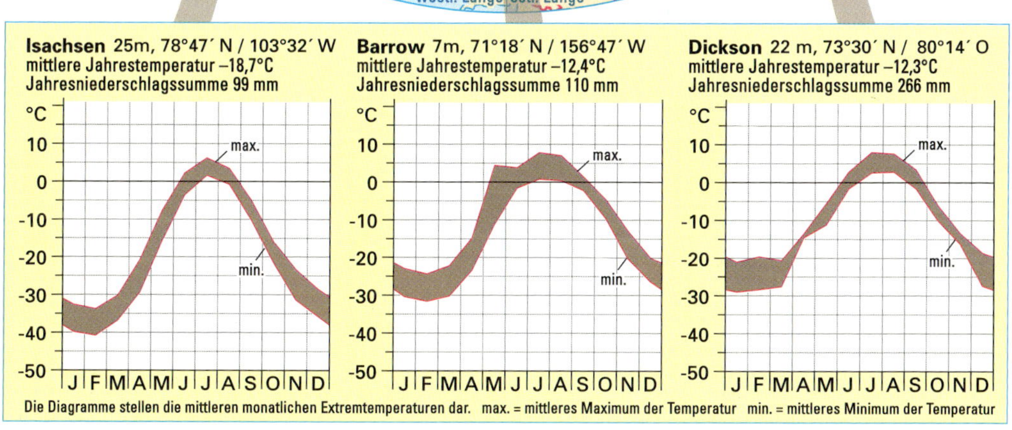

***M 21** Temperaturdiagramme ausgewählter Stationen im arktischen Permafrost*

M 20 und M 21 nach Gerhard Stäblein: Permafrost. In: Geographische Rundschau 1985, Heft 7, S. 322. Braunschweig: Westermann

M 22 Verbreitung von Permafrost

Länder	Fläche (Mio. km²)	%-Anteil der jeweiligen Gesamtfläche
ehemalige Sowjetunion	11,0	49,4
Kanada	5,7	57,1
China (VR mit Tibet)	1,9	19,8
Grönland	1,6	73,5
Alaska	1,2	80,0
Mongolei	0,8	51,5
Antarktika	13,2	100,0
Festländer der Erde	35,4	23,7

Gerhard Stäblein: a.a.O., S. 327

Wärmemangel und Wassermangel sind die wesentlichen natürlichen Faktoren, die den Lebens- und Wirtschaftsraum der Menschen im arktischen Norden einengen. Mit „arktischem Norden" sind die Gebiete nördlich der 10°C-Juliisotherme gemeint, die – in Verbindung mit der Vegetationsdauer – der Kältegrenze des Ackerbaus entspricht. Räumlich ist diese Grenze weitgehend identisch mit der Übergangszone vom borealen Wald zur offenen Tundra. Ein anderes Abgrenzungskriterium, das aber direkt mit den Temperaturgegebenheiten zusammenhängt, ist die Verbreitung des Permafrostbodens. Darunter versteht man einen Boden, der bis in tiefere Schichten, in Alaska und Kanada maximal 550 m, ganzjährig gefroren ist. Die sommerliche Wärme bewirkt ein Auftauen der oberen Schichten ***(Auftauboden)***. Da das Schmelzwasser aber nicht einsickern kann, entstehen in der kurzen wärmeren Jahreszeit weite Sumpf- und Moorflächen.
Neben der Kälte bzw. der extrem kurzen Vegetationsperiode ist der Wassermangel ein weiterer limitierender Faktor des Naturraumpotenzials. Entgegen weit verbreiteter Vorstellungen sind in vielen Gebieten des hohen arktischen Nordens einige Monate als arid oder semiarid einzustufen, auch wenn im Jahresdurchschnitt humide Verhältnisse vorherrschen. Für die Biozönose spielen nämlich nicht allein die absoluten Werte der Temperatur und der Niederschlagssumme eine Rolle, sondern vor allem das Verhältnis und die zeitliche Verteilung der beiden Klimafaktoren.

→ „Der Permafrost macht zahlreiche Einschränkungen notwendig und erfordert technische Maßnahmen, die erhebliche Mehrkosten verursachen. Sie beziehen sich vor allem auf den Bergbau und die Anlage von Pipelines, auf Verkehrseinrichtungen und Siedlungen. ...
Für die Anlage von Pipelines in Gebieten mit Permafrost hat der 1974–1977 erfolgte Bau der Trans-Alaska-Erdölpipeline Erfahrung gebracht. Es war notwendig, die Leitung oberirdisch auf Pfeilern zu verlegen. Da deren Standfestigkeit beim Auftauen der oberen Bodenschichten gefährdet ist, mussten besondere Kühlaggregate eingebaut werden, mit denen die Bodentemperatur im näheren Umkreis unter 0° gehalten werden kann. ...
Zahlreiche Schwierigkeiten ergeben sich auch für Verkehrseinrichtungen und Siedlungen. ...
Da der Untergrund zum Beispiel durch eine Straße stärker erwärmt wird, sinken im Sommer durch abweichende Auftautiefen Teilstücke ab. Eine gute Fundierung oder neuerdings eine Isolierschicht aus Kunststoff oder anderem Material im Straßenbau tragen dazu bei, den Permafrost zu festigen. Gleiches gilt für die Rollfelder der zahlreichen, meist kleineren, aber lebenswichtigen Flugplätze. In den Siedlungen entstehen besondere Probleme für Gebäude und für die Einrichtungen zur Versorgung und Entsorgung. Wie bei den Straßen taut auch der Boden unter den Gebäuden mit gewöhnlichen Fundamenten tiefer auf, wodurch Senkungen und Schäden entstehen. Man hilft sich mit Holzpfählen, die in den Permafrost eingelassen werden und auf denen das Gebäude errichtet wird. Dadurch wird eine Luftzirkulation unter dem Haus ermöglicht, sodass sich die Temperaturen angleichen können. In vielen Fällen müssen Isolierungen und Kühlsysteme angebracht werden. Probleme bereiten ferner auch das Verlegen von Strom- und Wasserleitungen sowie die Beseitigung der Abfälle und Abwässer. Da ein biologischer und chemischer Abbau im Boden weitgehend entfällt bzw. nur äußerst langsam vor sich geht, wird durch Ablagerungen auf dem Land die Umgebung verschmutzt."

Karl Lenz: a.a.O. S. 65–66

Nutzungsmöglichkeiten. Aufgrund der physisch-geographischen Gegebenheiten sind die Nutzungsmöglichkeiten in diesem Bereich der Randökumene natürlich eingeschränkt.
Die Landwirtschaft kann, auch wenn sie sich durch kälteresistente Pflanzenzüchtungen den klimatischen Bedingungen anzupassen versucht, in der Regel nur einen Beitrag zur lokalen Versorgung leisten. Freilandanbau ist nur inselartig auf besonders geeigneten Böden möglich. Hochwertige Produkte, z.B. Gemüse, müssen in Treibhäusern erzeugt werden, doch vermögen diese nur weniger als 15 % des lokalen Bedarfs zu decken. In Gebieten mit maximal 90 frostfreien Tagen (Rentabilitätsgrenze des Ackerbaus) werden als Ackerfrucht allenfalls noch Kartoffeln angebaut. Demgegenüber stellen Fischerei und Bergbau z.T. bedeutende Wirtschaftsfaktoren dar, die – in Verbindung mit der Anlage von Siedlungen – die Nutzungsgrenze in den Bereich der Anökumene vorzuschieben vermögen. Da die Permafrostgebiete jedoch ein außerordentlich labiles Ökosystem mit geringer Pufferkapazität darstellen, können schon geringe Eingriffe dieses System aus dem Gleichgewicht bringen und irreparable oder mindestens langfristige Störungen hervorrufen.

Wirtschaftlich waren Alaska und Nordkanada anfänglich nur für den Pelzhandel von Interesse. Es entstanden zwar zahlreiche Handelsstützpunkte, die in der Regel aber nur temporäre Niederlassungen darstellten. Als Monopolgebiet der russisch-amerikanischen Pelzkompanie war Alaska im Besitz Russlands, bis es 1867 für 7,2 Mio. US-$ von den USA gekauft wurde.
Eine erste größere Siedlungsaktivität bewirkten Goldfunde Ende des 19. Jahrhunderts, die Ströme von Goldsuchern z.B. in die Klondike-Region des nordwestlichen Kanandas lockten. Es kam zur Gründung einer Reihe von Ortschaften, auch größeren Städten, wie z.B. Dawson City, das in den „besten Zeiten" 30 000 Einwohner zählte. Die meisten Städte fielen jedoch nach dem Wegzug der Goldsucher in die Bedeutungslosigkeit zurück. Andere Bergbauaktivitäten, die vielfach im Zusammenhang mit der Anlage eines Eisenbahnnetzes standen, wie z.B. in Nordontario um Sudbury, Cobalt, Timmins oder Kirkland Lake (Nickel-, Gold-, Kupfer-, Silberfunde), gaben weitere Impulse bei der Inwertsetzung. Da die geförderten Erze aber nicht am Fundort verarbeitet, sondern zum größten Teil exportiert wurden, war der Entwicklungseffekt für die Abbauregionen selbst nur gering.
Ab 1943 gewann Alaska aufgrund der wachsenden Spannungen zwischen den USA und der UdSSR zunehmend strategische Bedeutung. 1959 wurde es gleichberechtigter, flächenmäßig größter und mit 211 000 Einwohnern strukturschwächster Mitgliedsstaat der USA. Die entscheidende wirtschaftliche Phase begann um 1950 mit der verstärkten Suche nach Bodenschätzen und deren Ausbeutung, wie z.B. der der umfangreichen Erzlager in Labrador oder der Erdöl- und Erdgasvorkommen im Norden Alaskas und im Mündungsdelta des Mackenzie Rivers in Kanada.
Noch vor etwa 30 Jahren sah man den arktischen Norden einseitig als ein riesiges, nahezu unerschöpfliches Rohstoffreservoir, das nur auf seine Erschließung wartete. Bedenken ökologischer Art wurden kaum wahrgenommen. Beispielhaft sind die oben genannten gewaltigen Erschließungsprojekte. Diese Sichtweite hat sich jedoch inzwischen geändert. Heute sieht man viel stärker, dass Alaska und der Norden Kanadas einzigartige Naturräume sind mit äußerst komplizierten und labilen Ökosystemen, die zur großen Vorsicht bei jedem menschlichen Eingriff mahnen, wie das Unglück der Exxon Valdez eindringlich zeigt. Dieser Tanker war 1989 vor Alaska gesunken. 260 000 Barrel Erdöl liefen aus und verseuchten die Küsten auf einer Länge von 1 770 km.

***14.** Zeigen Sie am Beispiel der Abbildung auf Seite 31 die unterschiedliche Raumwirksamkeit der französischen Besiedlung und der Landnahme durch die Siedler im amerikanischen Mittelwesten.*
***15.** Erarbeiten Sie Gemeinsamkeiten und Unterschiede der Raumerschließung in den USA und in Kanada.*
***16.** Die kanadischen Siedlungsschwerpunkte unterhalten intensivere Beziehungen zu den Räumen südlich der Landesgrenze als untereinander. Erklären Sie diesen Tatbestand.*
***17.** Nennen Sie die wesentlichen natürlichen Faktoren, die den Lebensraum der Menschen im arktischen Norden einengen, und bewerten Sie die Nutzungsmöglichkeiten dieser Region.*

Agrarräume und ihr Wandel

USA – Agrarzonen und regionale Verlagerungen der Produktion

Das traditionelle Beltsystem. Die über weite Räume einheitlichen Relief-, Klima- und Bodenverhältnisse ließen in den USA zusammenhängende Räume mit mehr oder weniger einheitlichen agraren Nutzungs- und Betriebsformen entstehen. Eine Vielzahl von Betrieben spezialisierte sich auf ein Produkt oder eine Folge weniger Produkte, für die der jeweilige Raum die optimalen Wachstumsbedingungen bot. Diese nach dem Wert der Leitprodukte klassifizierten unterschiedlichen Agrarzonen werden als ***„Landwirtschaftsgürtel“*** oder ***„agricultural belts“*** bezeichnet. Wie die Abbildung M 23 zeigt, waren diese Belts im Osten des Landes – den Klimazonen entsprechend – nahezu breitenparallel angeordnet. Westlich von 98° w.L. war ihre Anordnung – der Nord-Süd-Ausdehnung der Klimazonen und Oberflächenformen folgend – stärker meridional. Neben den natürlichen Gegebenheiten spielten bei der Bildung der Agrarzonen aber auch ökonomische Zwänge eine wichtige Rolle, z.B. die Entfernung zu den Verbrauchermärkten oder die Transportkosten.

Die Ausdrücke Landwirtschaftsgürtel und Belts dürfen jedoch nicht missverstanden werden. Große, völlig einheitliche Agrarzonen hat es in den USA nie gegeben. So spielten z.B. im Corn Belt neben dem Maisanbau die Rinder- und Schweinemast, im Nordosten auch die Milchviehhaltung und Geflügelzucht schon früh eine bedeutende Rolle, was in der Bezeichnung „Maisgürtel“ allein nicht zum Ausdruck kommt.

M 23 *Das traditionelle Belt-Konzept in den USA*

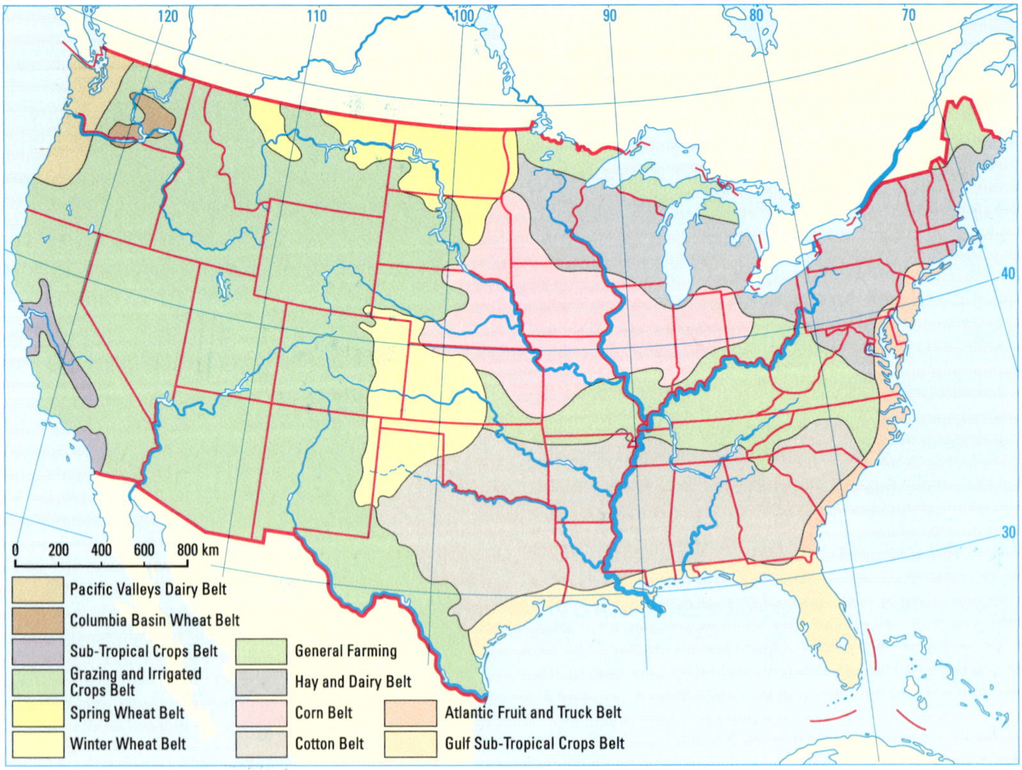

Nach L. Haystead und G.C. Fite: The Agricultural Regions of the United States. Norman 1963

Sonderentwicklungen hatten sich im 19. Jahrhundert auch in der Nähe der großen Städte, wie z.B. an der Atlantikküste und an den Großen Seen, ergeben. Hier wurden vor allem leicht verderbliche Waren für die Versorgung der Bevölkerung erzeugt: Gemüse, Tomaten und Frischmilch waren die Produktionsschwerpunkte. Es entstanden hochspezialisierte und kapitalstarke Gartenbau- und Veredlungsbetriebe. Weiter im Westen, besonders im Gebiet der dünn besiedelten Inneren Ebenen, mussten dagegen lager- und transportfähige Güter produziert werden, wie z.B. Weizen oder Mais. Andere Produkte waren schon wegen der hohen Transportkosten wenig profitabel.

Auflösung des Beltkonzepts und Neuordnung. Dieses traditionelle System der Anbauzonen hat sich im Zuge des Strukturwandels der US-Landwirtschaft im 20. Jahrhundert grundlegend verändert. Die Einführung neuer Kulturpflanzen, wie z.B. der Sojabohne, die Anpassung an sich verändernde Marktbedingungen bzw. Absatzschwierigkeiten für einzelne Produkte auf dem Weltmarkt, Veränderungen der Ernährungsgewohnheiten, aber auch agrartechnische Entwicklungen, z.B. in der Bewässerungswirtschaft oder in der Saatzucht, haben das ehemalige Beltkonzept aufgelöst und zu einem veränderten räumlichen Muster der Agrarlandschaft geführt. Im Hinblick auf diese Veränderungen ist der Begriff Landwirtschaftsgürtel zur Kennzeichnung der regionalen Anbaustruktur heute nicht mehr gerechtfertigt. Besonders deutlich wird diese Umstrukturierung im Cotton Belt.

Der ehemalige Baumwollgürtel. Der Südosten der USA mit seinem warmgemäßigten feuchten Klima und einer Vegetationsperiode von über 200 Tagen bietet ideale Voraussetzungen für den Anbau von Baumwolle. Diese Voraussetzungen, zusammen mit der starken Nachfrage, den äußerst günstigen Produktionsbedingungen sowie technischen Entwicklungen (Erfindung der Baumwollentkörnungsmaschine), führten dazu, dass sich der Baumwollanbau während der ersten Hälfte des 19. Jahrhunderts über die gesamten Südstaaten von der Atlantikküste bis nach Texas ausbreitete. Mit einer Fläche von 17 Mio. ha erreichte er zu Beginn des 20. Jahrhunderts seine maximale Ausdehnung. Die vorherrschende Betriebsform war bis 1862 die Plantage mit Sklavenhaltung. Baumwollplantagen waren im Durchschnitt 350 bis 400 ha groß; für den Anbau von 100 ha Baumwolle wurden 60 bis 100 Sklaven eingesetzt. Baumwollanbau und Sklaventum wurden somit zum prägenden wirtschaftlichen und gesellschaftlichen Merkmal des „Alten Südens".

→ „Die Rolle der Baumwolle für seine gesamte sozialökonomische Struktur ist unbestritten und geht aus dem viel gebrauchten Schlagwort ‚King Cotton' hervor. Aber die Anbaufläche der Baumwolle war in den Staaten des Alten Südens, zu denen die beiden Carolinas, Georgia, Alabama, Mississippi, Arkansas und Lousiana und einige angrenzende Gebiete gehören, nie so überwältigend groß, wie es häufig in der Vorstellung erscheinen mag, sondern betrug maximal nur etwa ein Sechstel der gesamten Betriebsfläche der Farmen. Sie war schon immer durchsetzt von Gebieten mit anderer agrarwirtschaftlicher Produktionsrichtung, wenn auch nicht in dem Maße, wie es heute, nach zahlreichen Wandlungen der letzten Jahrzehnte der Fall ist."

Burkhard Hofmeister: Nordamerika. Fischer Länderkunde, Bd. 6. Frankfurt: Fischer Taschenbuch Verlag 1970, S. 169

***M 24** Veränderung der Schwerpunkte des Baumwollanbaus in den USA zwischen 1930 und 1997*

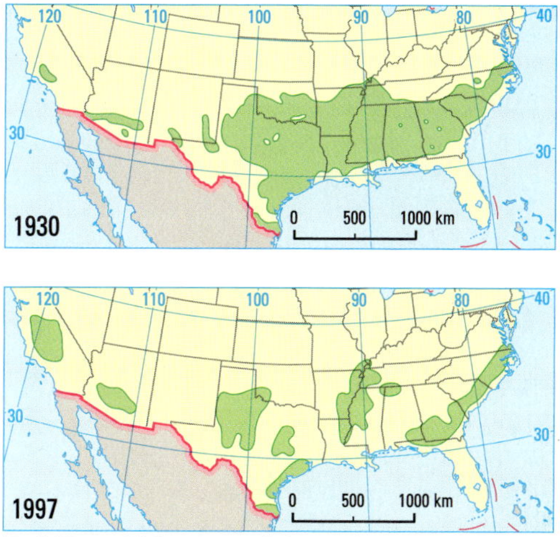

Nach Werner Klohn, Hans-Wilhelm Windhorst: Die Landwirtschaft der USA. Vechtaer Materialien zum Geographieunterricht, Heft 1. Vechta 2000, S. 63

Seit etwa 1930 kam es zu weitreichenden Veränderungen, die schließlich zur Auflösung des Cotton Belts und zur Verlagerung des Anbauschwerpunktes führten. Dazu haben mehrere Faktoren beigetragen:

- Die Sklavenbefreiung 1862 brachte für viele Pflanzer den Ruin, da nun die Arbeitskräfte fehlten, die in vielen Großbetrieben mehr als die Hälfte der „Betriebsinvestitionen" ausgemacht hatten. Die Plantagen mussten neu organisiert werden, die meisten wurden in kleinere Pachtbetriebe aufgeteilt, Anbauflächen wurden aufgegeben und verfielen als Brachland.
- Der monokulturartige Anbau hatte die Böden ausgelaugt und zerstört. Baumwollareale mussten aus der Produktion herausgenommen werden und im Rahmen von staatlich unterstützten Bodenkonservierungsprogrammen mit anderen Feldpflanzen bebaut werden.
- Schädlinge, wie der Samenkapselwurm, verursachten immer wieder erhebliche Ernteschäden, sodass die Produktion z.T. in die semiariden Gebiete von Texas verlegt wurde, wo der Schädling wegen der Trockenheit nicht existieren kann.
- Durch künstliche Bewässerung konnten die Hektarerträge um bis auf das Dreifache gesteigert werden; auch hier haben die trockenen Weststaaten (Texas, Arizona, New Mexiko, Kalifornien) erhebliche Produktionsvorteile.
- Die zunehmende Mechanisierung und Technisierung (Einführung der Baumwollpflückmaschine, Unkrautbekämpfung vom Flugzeug aus) verlangte neue Betriebsweisen und größere Anbauareale, die im „Alten Süden" nicht zu gewährleisten waren.
- Schließlich führten Konkurrenzprodukte (z. B. Polyesterfasern) und andere Anbieter auf dem Welttextilmarkt zu einem Baumwollüberhang und einem Preisverfall sowie zu Flächenaufgaben als konsequente Folge.

An die Stelle der Baumwolle ist im ehemaligen Cotton Belt verbreitet Grünlandwirtschaft als Basis von Rinderhaltung getreten, und besonders die Geflügelhaltung hat als weitere Einkommensquelle für die Farmer stark zugenommen. Beträchtliche Bedeutung erlangten ferner Sonderkulturen, wie beispielsweise die Erdnuss, Reis, Wassermelonen oder Sorghum. Dort, wo die Bodenschädigung durch die vormals praktizierte Monokultur besonders groß war, wurden umfangreiche Aufforstungen durchgeführt.

In jüngster Zeit sind Anzeichen einer Rückverlagerung des Baumwollanbaus in den Südosten der USA zu erkennen. Die Ursachen sind vor allem in den knappen Wasserressourcen und den daraus resultierenden steigenden Wasserpreisen sowie ökologischen Schäden in den Bewässerungsgebieten des Westens zu suchen. Zwischen 1949 und 1992 wurde die Baumwollanbaufläche halbiert – bei nahezu gleich bleibender Produktion.

M 25 *Entwicklung der Baumwollanbaufläche und der Baumwollproduktion in den führenden Staaten der USA 1982–1997 (Angaben in % an der Gesamtfläche bzw. Gesamtproduktion der USA)*

	1982		1997	
	ha	Ballen*	ha	Ballen*
Kalifornien und Arizona	18,7	29,0	10,3	18,9
North Carolina, South Carolina, Georgia	3,0	3,8	17,6	17,2

* 1 Ballen = 217,7 kg Nettogewicht

Nach Werner Klohn, Hans-Wilhelm Windhorst: a.a.O., S. 68–69

Verlagerungsprozesse in der Masthähnchenproduktion. Zu umfangreichen strukturellen und räumlichen Veränderungen ist es in den USA auch in der Broilerproduktion (= Hähnchenmast) gekommen. Diese Veränderungen sind auch insofern interessant, als sie in ursächlichem Zusammenhang mit den aufgezeigten Wandlungen im Cotton Belt stehen.

→ „Der Baumwollanbau begann sich in den [19-] vierziger und fünfziger Jahren zunehmend in die südlichen Plainstaaten und den Westen der USA zu verlagern, damit verschlechterten sich die sozialen und ökonomischen Bedingungen für viele Farmer entscheidend. Weil die Einkommensmöglichkeiten außerhalb der Landwirtschaft nur in geringem Umfang vorhanden waren, breiteten sich Unterbeschäftigung bzw. länger anhaltende Arbeitslosigkeit aus. Neue Erwerbsmöglichkeiten in der Agrarproduktion bzw. Industrieunternehmen wurden deshalb begierig aufgenommen. Hier setzte die Verarbeitungsindustrie an.

M 26 Verlagerungsprozesse und gegenwärtige Struktur der Broilerproduktion in den USA

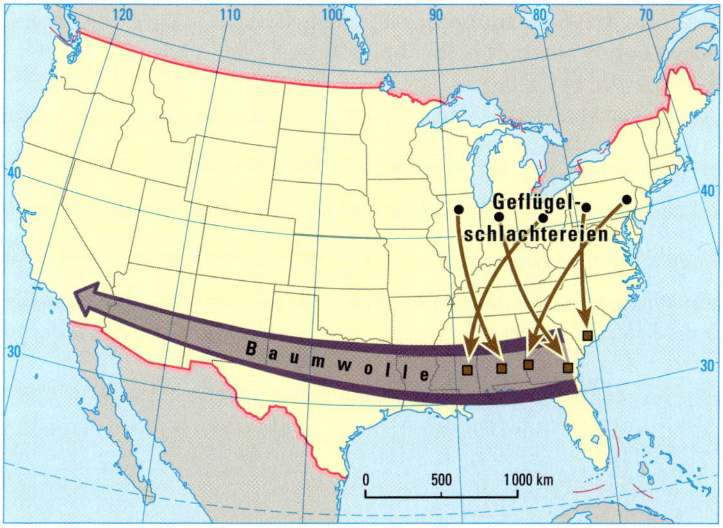

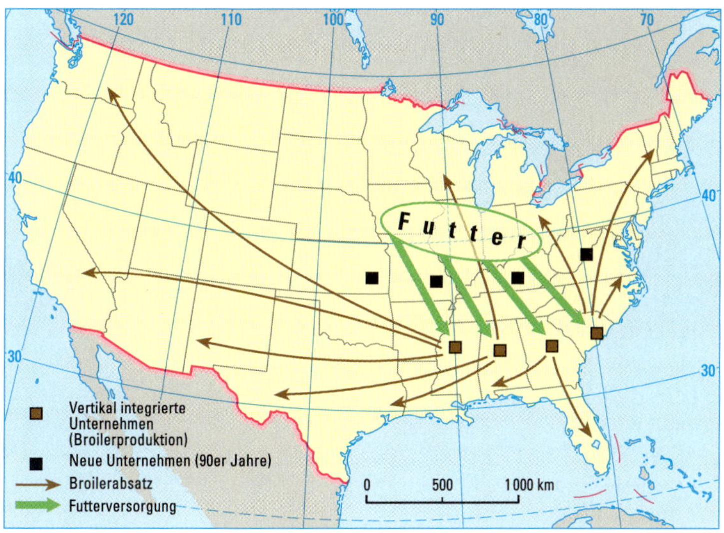

Nach Werner Klohn, Hans-Wilhelm Windhost: a.a.O., S. 113

Da sie für ihre großen Schlachtunternehmen zahlreiche Arbeitskräfte benötigte, erschien ihr eine Verlagerung der Produktionsstätten in den Südosten sinnvoll. Dort waren in ausreichender Zahl ungelernte Arbeitskräfte mit niedrigem Lohnniveau vorhanden, die außerdem kaum gewerkschaftlich organisiert waren. Zu diesem Standortvorteil kamen klimatische Voraussetzungen, die für die Hähnchenmast optimal waren. Die Aufwandskosten für die Stallbauten waren deutlich geringer als im Norden, weil in den Wintermonaten nur selten geheizt werden musste. Die durchgehend hohen Temperaturen garantierten gute Futterverwertungsraten. Land für die Errichtung der Produktionsstätten war billig zu erwerben, wenn neue Unternehmen errichtet wurden. Ein weiterer Anreiz waren steuerliche Vorteile, die höhere Gewinne versprachen als im Nordosten und Mittelwesten."

Werner Klohn, Hans-Wilhelm Windhorst: a.a.O., S. 106

Gemessen an der Zahl der erzeugten Tiere konzentrierte sich 1997 über die Hälfte der Broilerproduktion der USA auf nur vier Staaten, die allesamt dem ehemaligen Cotton Belt im Alten Süden zuzurechnen sind: Georgia mit 15,2 %, Arkansas mit 15,0 %, Alabama mit 11,7 % und Mississippi mit 9,3 %.

Die räumliche Ordnung der US-amerikanischen Landwirtschaft heute. Aufgrund der aufgezeigten Entwicklungen haben sich deutliche regionale und sektorale Verschiebungen auf dem Agrarsektor der USA ergeben, die sich nicht mehr allein mit den unterschiedlichen natürlichen Produktionsbedingungen und einfachen Marktmechanismen, wie Transportkosten oder Verbrauchernähe, erklären lassen. Die Karte M 27 vermittelt ein Bild von der räumlichen Ordnung der US-amerikanischen Agrarwirtschaft heute. Wie der Karte des traditionellen Belt-Konzepts (M 23) kann man der Darstellung vorwerfen, dass sie u.U. ein irreführendes Bild vermittele, da sie für die einzelnen Staaten jeweils nur das Produkt mit der größten Wertschöpfung heranzieht und alle anderen Produkte unberücksichtigt lässt. Der Vergleich der beiden Karten, und darauf kommt es hier an, zeigt allerdings deutlich, welche grundlegenden strukturellen und regionalen Verlagerungsprozesse in den letzten 70 Jahren auf dem Agrarsektor der USA stattgefunden haben.

***M 27** Agrarprodukte mit den höchsten Verkaufserlösen in den Bundesstaaten der USA 1998*

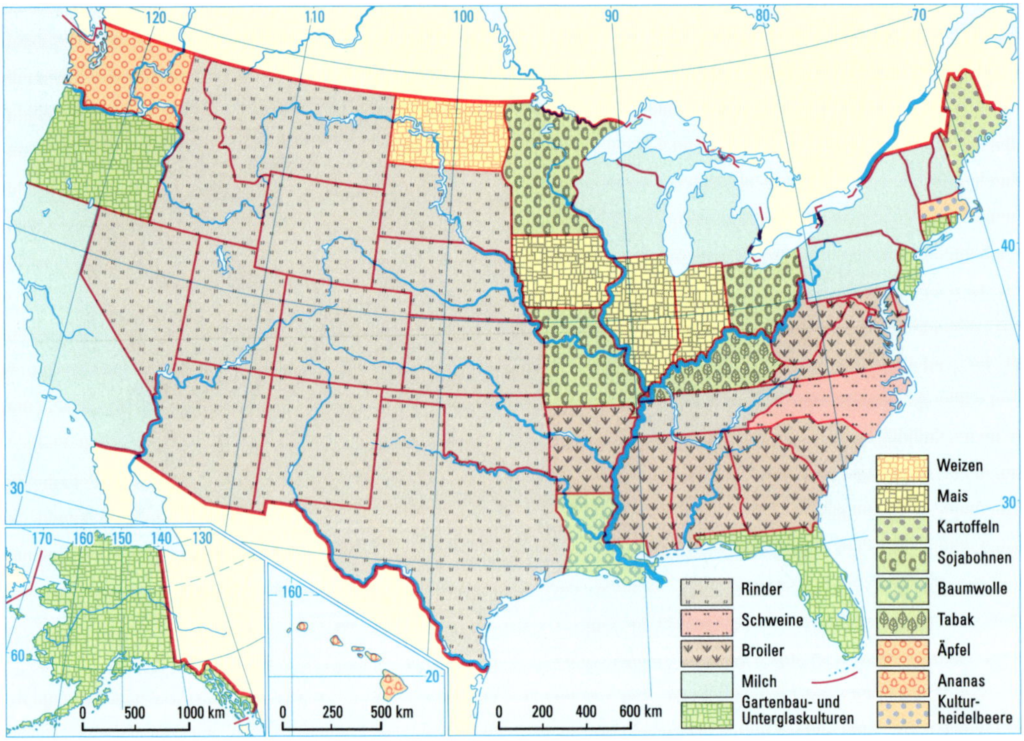

Nach Werner Klohn, Hans-Wilhelm Windhorst: a.a.O., S. 29

***18.** Erklären Sie das traditionelle Beltsystem aus dem Zusammenspiel von ökologischen Möglichkeiten und ökonomischen Zwängen. Wählen Sie zur Darstellung exemplarische Belts heraus.*
***19.** Nennen Sie Gründe, die zur Auflösung des Beltsystems geführt haben. Konkretisieren Sie Ihre Ausführungen anschließend am Beispiel des Cotton Belt.*
***20.** Beschreiben und erklären Sie die Produktionsstruktur der Landwirtschaft im Gebiet der Städteballungen an der Nordostküste und der Südwestküste (Atlas). Vergleichen Sie.*
***21.** Vergleichen Sie die heutige räumliche Ordnung der US-Landwirtschaft (M 27) mit dem traditionellen Beltsystem (M 23).*

Von der familiy-size-farm zum Agrobusiness

1950 zählte man in den USA noch 5,4 Millionen Farmen mit einer durchschnittlichen Betriebsfläche von 90 ha. Im Jahre 2000 waren es nur noch 2,2 Millionen mit einer Größe von 175 ha im Durchschnitt. Bereits in diesen wenigen Zahlen spiegelt sich der grundlegende Strukturwandel wider, den die US-amerikanischen Landwirtschaftsbetriebe in der zweiten Hälfte des 20. Jahrhunderts durchliefen.
Dieser Strukturwandel ist durch folgende Prozesse gekennzeichnet:
- Mechanisierung, Technisierung und Spezialisierung,
- Zunahme der Betriebsgrößen,
- Intensivierung und Flächenausweitung durch künstliche Bewässerung,
- betriebliche Konzentration.

Mechanisierung. Bis zur Mitte des 20. Jahrhunderts war für die US-amerikanische Landwirtschaft insgesamt noch die ***family-size-farm*** charakteristisch, der Einzelhof auf dem Gelände der Farm, in Größe und Form oft noch der einstigen Quartersection entsprechend. Produktionsziel war lange Zeit die Selbstversorgung der bäuerlichen Familie mit den notwendigen Nahrungsmitteln. Zwei Ausnahmen gab es allerdings schon früh: der Alte Süden mit seinen ***Plantagen***, auf denen Tabak, Zuckerrohr und Indigo, später vor allem Baumwolle angebaut wurden (vgl. S. 37), und das Gebiet der Great Plains. Wegen der geringen Niederschläge war hier nur Viehhaltung möglich, für die jedoch größere Weideflächen benötigt wurden. Als typische Betriebsform hatte sich die ***Ranch*** herausgebildet, ein extensiver Weidewirtschaftsbetrieb mit einer Nutzfläche von mindestens 500 Hektar.
Seit etwa 1920 setzte die Mechanisierung ein. Traktoren, Lastkraftwagen und Erntemaschinen ersetzten die tierische Zugkraft und lösten gleichzeitig ein Hauptproblem der Landwirtschaft in den dünn besiedelten ländlichen Räumen: den Mangel an Arbeitskräften. An die Stelle der family-size-farm trat die ***tractor-size-farm***.
Mit der Mechanisierung ging nicht nur die Zahl der in der Landwirtschaft Beschäftigten rapide zurück, gleichzeitig stieg auch die Produktionsleistung je aufgewendete Arbeitsstunde, sodass ein in der Landwirtschaft Beschäftigter immer mehr Menschen ernähren konnte. Waren es 1850 noch 4 Menschen, so stieg ihre Zahl über 25 im Jahre 1950 auf ca. 100 heute.
Weitere Folgen der Mechanisierung waren die Rationalisierung der Arbeitsprozesse und eine Spezialisierung auf wenige Güter, da sich die teuren Maschinen nur so wirtschaftlich einsetzen ließen. Diese frühe Phase der Mechanisierung wird als „Erste landwirtschaftliche Revolution in den USA“ bezeichnet.

Zunahme der Betriebsgrößen. Die hohen Investitionen in leistungsfähige und große Maschinen lohnten sich um so mehr, je größer die betrieblichen Einheiten waren. „Do I get bigger or do I give up?“ mussten sich viele kleinere Farmer fragen, da sich ihre Konkurrenzfähigkeit so sehr verschlechtert hatte und sie mit der stark gestiegenen Produktivität der vollmechanisierten Großbetriebe nicht mehr mithalten konnten. Die Folgen waren umwälzende Veränderungen bei Betriebsgrößen, Beschäftigtenzahlen, bei Kapital- und Energieeinsatz – Veränderungen, die mit der Bezeichnung „Zweite landwirtschaftliche Revolution in den USA“ umschrieben werden.

M 28 Entwicklung der landwirtschaftlichen Betriebsstruktur in den USA 1900–1999

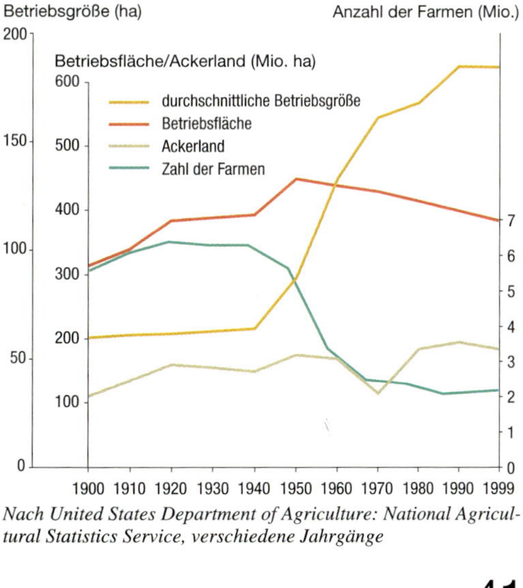

Nach United States Department of Agriculture: National Agricultural Statistics Service, verschiedene Jahrgänge

Die in M 28 dargestellten Entwicklungen verdecken die Bedeutung der Megafarmen. Das sind Farmen mit einem Verkaufserlös von über einer Million US-$. Sie machen zwar nur 0,8 % der Gesamtzahl aus, erreichen aber über 30 % des Gesamtumsatzes im Landwirtschaftssektor der USA.

Massentierhaltung. Die zweite Revolution der US-Landwirtschaft erfasste auch die Tierhaltung. Es entstanden riesige Rindermastbetriebe, Milch- und Geflügelfarmen.

In ***Feedlots***, großen Viehpferchen, werden Zehntausende von Rindern zur Fleischproduktion gehalten. Etwa 250 Masttiere werden jeweils in einem abgegrenzten Block automatisch gefüttert, sodass eine Arbeitskraft bis zu 6 000 Tiere versorgen kann. Auf Weide- oder Futterflächen verzichtet man ganz. Gefüttert werden, z.B. in Kalifornien, Abfälle der Zitrus-, Zuckerrüben- und Baumwollverarbeitung oder Konzentrate, wie Pellets, die aus Alfalfa (Luzernenart) gewonnen werden. Diese spezielle Futterzusammensetzung garantiert eine bestimmte Fleischqualität, wie sie vom anspruchsvollen amerikanischen Markt verlangt wird. Ermöglicht wird die exakte Überwachung solcher Großbestände durch die Computertechnologie.

Eine extreme Rationalisierung kennzeichnet auch die Milch- und Geflügelfarmen. In modernen Milchfarmen liefern beispielsweise 2 000 Kühe 50 000 Liter Milch am Tag. Zehn Arbeiter reichen aus, um die Tiere zu melken; die Reinigung der Ställe erfolgt vollautomatisch, indem Wasser über die Böden geflutet wird.

Die Geflügelproduktion ist aus den Kleinfarmen fast völlig verschwunden. 1997 wurden annähernd 98 % aller Masthähnchen auf Farmen erzeugt, die mehr als 100 000 Tiere pro Jahr absetzen. Kleinere Betriebe haben schon aufgrund der vergleichsweise hohen Transportkosten für kleine Partien von schlachtreifen Hähnchen keine Marktchancen.

Kennzeichnend für die Landwirtschaft der USA heute ist die ***duale Struktur***. Diese wird besonders deutlich, wenn man eine Klassifizierung auf der Basis der von den Farmen erzielten Verkaufserlöse für Agrarprodukte vornimmt. Auf der einen Seite stehen die Klein- und Teilzeitfarmen mit einem jährlichen Verkaufserlös von weniger als 40 000 US-$. Etwa 70 % aller Farmen fallen in diese Kategorie. Zusammen haben sie allerdings nur einen Anteil von ca. 6 % an den auf den Markt gelangten landwirtschaftlichen Erzeugnisse. Demgegenüber entfallen auf nur 3,5 % der Farmen (über 500 000 US-$ Verkaufserlös) 56,6 % des Gesamtabsatzes von Agrarprodukten. Als Megafarmen werden sie wie industrielle Unternehmen geführt.

M 29 Feedlots mit Überdachung gegen Sonneneinstrahlung im Sunbelt

Intensivierung und Bewässerung. Der durch die Mechanisierung und Betriebsvergrößerung ausgelöste Entwicklungsschub wurde durch eine Reihe weiterer Maßnahmen noch verstärkt. Während die Mechanisierung in erster Linie die Arbeitsproduktivität erhöhte, konnte durch intensivierende Maßnahmen, wie den Einsatz von Kunstdüngern, Schädlings- und Unkrautbekämpfungsmitteln, hochertragreichem Saatgut (Hybridsorten) sowie durch neue Bewässerungstechniken eine Erhöhung der Flächenproduktivität erreicht werden.
Mit dem Bau großer Staudämme, der Anlage von Tiefbrunnen oder umfangreicher Wasserleitungssysteme konnte die Bewässerungsfläche in den USA von 10,5 Mio. ha im Jahre 1950 auf 21,4 Mio. ha im Jahre 1998 erhöht werden, womit die USA das drittgrößte Bewässerungsareal aller Länder der Erde besitzen, nach China und Indien. Während die künstliche Feldbewässerung im ariden und semiariden Westen den Anbau von Kulturpflanzen erst ermöglicht, dient sie in den feuchteren Agrargebieten des Ostens vor allem dazu, Niederschlagsschwankungen auszugleichen und die Flächenproduktivität zu steigern. Allein im Baumwollanbau konnten durch Verlagerung aus Teilen des Alten Südens auf Bewässerungsflächen in Texas, New Mexiko, Arizona und Kalifornien nicht nur neue Anbaugebiete erschlossen werden, sondern auch eine Ertragssteigerung je Flächeneinheit um über 60 % erreicht werden. Einen bedeutenden Fortschritt in der Bewässerungstechnik brachten Zirkulationsbewässerungsanlagen, wie sie vor allem in den Great Plains angewandt werden. Ein mehrere hundert Meter langes Gestänge auf Rädern wird um einen zentralen Punkt geschwenkt, sodass kreisrunde Bewässerungsfelder entstehen (vgl. M 30 auf Seite 44). Mit dieser Technik wurde eine Bewässerung auch für große Ackerflächen, wie z.B. in den Weizenanbaugebieten, lohnend.
Die zur Verfügung stehenden Wassermengen werden, wie der hohe Energieverbrauch, jedoch zu steuernden und begrenzenden Faktoren für viele Farmen. So sind die hohen Kosten und schrumpfenden Wasserressourcen zu einem ernsten, existenzbedrohenden Problem für viele Farmer geworden – ganz zu schweigen von den ökologischen Folgewirkungen (vgl. dazu die Ausführungen auf S. 75 bis S. 78).

Vertikale und horizontale Integration. → „Marktbeherrschung, Kapitalverfügbarkeit und Marktzugang über große Vermarktungsnetze sind die wichtigsten Steuerungsfaktoren für Zusammenschlüsse; mergers ist das neue Zauberwort, das den gesamten Agrarsektor umzustrukturieren beginnt. ... Eine Konzentration im Nahrungsmittelhandel führte zu einer Verringerung der Zahl der auf dem Markt auftretenden Käufer. Diese konnten wegen der Menge, die sie abnahmen, nicht nur auf den Preis einwirken, sondern auch auf die Qualitätsmerkmale des nachgefragten Produktes. Dieser Standard, den sie in den Supermärkten ganzjährig anbieten wollten, war von den meisten Farmern nicht zu garantieren. Allein hieraus ergab sich die Notwendigkeit zu Zusammenschlüssen, um mit einem attraktiven Angebot auftreten zu können."

Hans-Wilhelm Windhorst: Die Industrialisierung der Agrarwirtschaft. Frankfurt: Strothe 1989, S. 53–54

Diese Zwänge, die hohen Betriebskosten und das Streben nach Marktbeherrschung haben in den USA neue Organisationsformen entstehen lassen, die Industriebetrieben gleichkommen und nahezu alle Phasen einschließen – vom Ankauf über die vor- und nachgelagerte Produktion bis zur Vermarktung. Die ökonomischen Vorteile liegen auf der Hand: bessere Kapitalausstattung, etwa durch Banken und Konzerne, hohe Auslastung der integrierten Einheiten, Bereitstellung von speziell ausgebildetem Personal für die einzelnen Arbeitsschritte, effektive Gestaltung des gesamten Managements. Auch Konzerne, die, wie beispielsweise Coca Cola, nicht zur Landwirtschaft gehören, spielen neuerdings eine wichtige Rolle in der landwirtschaftlichen Produktion. Der Farmer stellt oft nur noch seine Arbeitskraft, sein Land und die Farmgebäude zur Verfügung. Eine Kontraktfirma liefert die Futtermittel, überwacht die Produktion und regelt den Absatz. Die amerikanische Literatur spricht von ***industrial farming*** oder ***Agrobusiness***.
Agrarexperten gehen davon aus, dass die amerikanische Landwirtschaft sich gegenwärtig im Frühstadium eines weiteren tiefgreifenden Umwandlungsprozesses befindet. Auf die drei „agrarischen Revolutionen", die durch die Mechanisierung der Landwirtschaft, die Zunahme der Betriebsgrößen und Ausbildung agrarindustrieller Unternehmen

M 30 Agrarlandschaft im Mittelwesten der USA

sowie die Erfolge der Intensivierung, Hybridisierung und Bewässerung ausgelöst wurden, soll nun die bio- und gentechnologische Revolution folgen. Welche Auswirkungen dies auf Ackerbau und Viehzucht haben wird, ist noch nicht abzusehen. Man darf jedoch davon ausgehen, dass dadurch völlig neue Entwicklungen ausgelöst werden – sowohl für den Produktionssektor als auch für die gesamte sozio-ökonomische Struktur des ländlichen Raumes.

22. Erörtern Sie mögliche Ursachen und Auswirkungen der Industrialisierung der US-amerikanischen Landwirtschaft.
23. Diskutieren Sie Vor- und Nachteile der Massentierhaltung, der Intensivierung und Bewässerung aus ökonomischer und ökologischer Sicht.
24. Werten Sie obige Abbildung aus, indem Sie auf das System der Fluraufteilung und Siedlungsmuster, auf Anbaumethoden und bodenkonservierende Maßnahmen eingehen.

Agrarweltmacht USA in der Krise

Agrarriese USA

„Amerikas Weizen wächst schneller, als wir ihn essen können, schneller, als wir ihn verschenken können, und viel schneller, als wir ihn lagern können.“ Dieser Ausspruch des ehemaligen Landwirtschaftsministers Anderson aus dem Jahre 1959 gilt auch heute noch. Er kennzeichnet treffend die hohe Leistungsfähigkeit der US-amerikanischen Landwirtschaft und deutet zugleich Folgeprobleme an. Der Beitrag der Landwirtschaft zum Bruttoinlandsprodukt der USA betrug 1999 nur 1,6 %, und nur 2,1 % der Erwerbstätigen waren in diesem Jahr in der Landwirtschaft beschäftigt. Daraus den Schluss zu ziehen, die Agrarwirtschaft nehme nur eine periphere Stellung in der US-Wirtschaft ein, ist jedoch falsch. Im Gegenteil: Aufgrund des hohen Mechanisierungs- und Konzentrationsgrades, der konsequenten Nutzung agrarwissenschaftlicher und agrartechnischer Möglichkeiten, z. B. in der Züchtung ertragreicher Pflanzen und Nutztiere oder in der Bewässerungstechnik, sowie der marktorientierten und auf maximalen Gewinn ausgerichteten Produktionsweise sind die USA die führende Agrarmacht der Erde. Produktionszahlen, Weltanteile und Exportwerte beweisen es. Betrachtet man zudem die der Landwirtschaft vor- und nachgelagerten Produktionszweige, z. B. Herstellung landwirtschaftlicher Maschinen, industrielle Verarbeitung der Agrarprodukte und ihre Vermarktung, dann gilt zu Recht die Aussage „Agriculture is Amerca's biggest industry“. Jeder Arbeitsplatz in der Landwirtschaft zieht etwa fünf weitere Arbeitsplätze nach sich, und zusammen erbringen der Agrarsektor und die mit ihm zusammenhängenden Wirtschaftszweige ca. 20 % des US-Bruttoinlandsproduktes, während der Anteil der verarbeitenden Industrie bei 18 % liegt. Im Jahre 1997 erreichte die Agrarproduktion einen Wert von 208,6 Mrd. US-$. Damit übertrifft die Wertschöpfung der Landwirtschaft die des Kraftfahrzeugbaus um etwa das Dreifache.

Noch zwei weitere Zahlenbeispiele unterstreichen die außerordentliche Leistungsfähigkeit der US-Landwirtschaft. Auf dem Weltmarkt der Agrarexporte stehen die USA deutlich an der Spitze aller Länder der Erde: Fast ein Drittel aller erzeugten Güter werden exportiert; bei Mais und bei Soja liegt der Anteil am Weltexport über 50 %. Damit ist die Landwirtschaft ein wichtiger Devisenbringer, ohne den der traditionell negative Handelsbilanzsaldo der USA noch größer wäre.

M 31 Anteil der USA an der Weltproduktion landwirtschaftlicher Güter (in %)

	1985	1990	1999
Agrumen[1]	16	13	18[2]
Baumwolle	17	17	19
Mais	46	42	40
Sojabohnen	57	49	48
Wein	8	8	10
Weizen	13	13	11
Zucker	5	5	6
Fleisch	17	16	16[2]
Milch	14	14	15[2]

[1] Orangen und Zitronen [2] 1998

Nach The World Almanach, Boston, und Mario von Baratta (Hrsg.): Der Fischer Weltalmanach. Frankfurt: Fischer Taschenbuch Verlag; jeweils verschiedene Jahrgänge

M 32 Die führenden Exportprodukte im Außenhandel der USA 1998

Produkt	Exportwert (Mio. US-$)	% des agrarischen Gesamtexportes
Tiere und tierische Erzeugnisse	10 674,5	20,6
Fleisch und Fleischprodukte	*4 371,5*	*8,4*
Geflügel und Geflügelprodukte	*2 530,1*	*4,9*
Häute und Felle	*1 259,4*	*2,4*
Tierische Fette	*663,8*	*1,3*
Milchprodukte	*914,8*	*1,8*
Lebende Tiere	*563,6*	*1,1*
Getreide und Futtermittel	14 008,1	27,0
Futtergetreide[1]	*5 209,7*	*10,1*
Weizen	*3 697,4*	*7,1*
Futtermittel[2]	*2 390,6*	*4,6*
Reis	*1 207,7*	*2,3*
Ölsaaten[1]	9 462,1	18,3
Gemüse[1]	4 221,6	8,1
Baumwolle	2 545,3	4,9
Früchte[1]	2 543,4	4,9
Nüsse	1 360,2	2,6
Rohtabak	1 458,8	2,8
Zucker und tropische Produkte	1 448,2	2,8
Alle Agrarexporte insgesamt	51 829,1	

[1] einschließlich Verarbeitungsprodukte
[2] sogenannte Substitute

Nach Werner Klohn, Hans-Wilhelm Windhorst: a.a.O., S. 34

M 33 Ausgewählte Daten zur Landwirtschaft der USA und Deutschlands im Vergleich (Jahresdurchschnittswerte für den angegebenen Zeitraum)

	Einheit	USA					Deutschland	
		1961/65	1970/72	1980/83	1989/91	1998	1989/91	1998
Weizen	Mio. t	33	41	73	61	69	16	20
	kg/ha	1700	2145	2460	2388	2907	6242	7203
Mais	Mio. t	96	130	176	194	248	2	3
	kg/ha	4200	5400	6400	7184	8439	7050	8156
Kartoffeln	Mio. t	12	14	15	18	22	14	12
	kg/ha	22400	25900	30400	3313	38403	27747	39398
Traktorenbestand[1]	1000	4800	4600	4700	4670	4800	1568	1216
Mähdrescherbestand[2]	1000	940	760	670	666	662	155	135

[1] Gesamtbestand, der in der Landwirtschaft (ohne Gartenbau) eingesetzt wird, ohne Berücksichtigung der PS-Leistung
[2] Maschinen mit Eigenantrieb, die in einem Arbeitsgang mähen und dreschen

Nach Statistisches Bundesamt Wiesbaden (Hrsg.): Statistisches Jahrbuch für das Ausland, verschiedene Jahrgänge, und FAO (Hrsg.): Production Yearbook, verschiedene Jahrgänge

Farmkrise in den USA

„Fewer but larger". Die private family-size-farm galt lange als ein typisches Kennzeichen der amerikanischen Landwirtschaft. In jüngerer Zeit gibt es jedoch Stimmen, die das Aus der privaten Familienfarm befürchten. Die Entwicklungen der letzten beiden Jahrzehnte scheinen den Kritikern Recht zu geben. Seit 1980 hat sich die Gesamtzahl der Farmen fast halbiert. Betroffen von dem Niedergang sind vor allem die kleineren Farmen, d.h. solche mit einem Jahresverkaufsvolumen von unter 100000 US-$. Besonders in den späten 1980er und den frühen 1990er Jahren mussten jährlich etwa 60000 Farmen den Bankrott anmelden und ihren Betrieb aufgeben.

M 34 Zahl der Farmen in den USA 1970–2000, gegliedert nach dem Jahreseinkommen

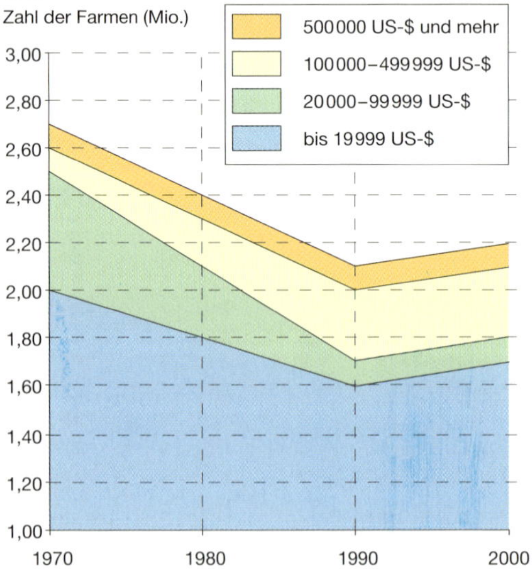

Nach United States Department of Agriculture: a.a.O., verschiedene Jahrgänge

Wie ist es zu diesem Farmsterben gekommen? Eine harte, z.T. ruinöse Konkurrenz erwuchs den bislang so erfolgreichen Familienfarmen besonders aus den neuen Produktions- und Betriebsformen, wie sie im vorangegangenen Kapitel beschrieben wurden, d.h. aus dem Aufbau großer Agrarbetriebe durch kapitalkräftige nichtlandwirtschaftliche Unternehmen, die sich vor allem auf die Viehaufzucht, die Rindermast und die Geflügelproduktion spezialisierten. Um mit diesen Betrieben mithalten zu können, mussten die Farmer investieren, in Maschinen, Gebäude, Saatgut, Düngemittel, oder sie erwarben und pachteten Land dazu. Die günstigen Absatzchancen, besonders für Weizen und Sojabohnen in den frühen 1970er Jahren, schienen diese Investitionen zu rechtfertigen. Die notwendigen Kredite erhielten die Farmer, oft über den wirtschaftlich vertretbaren Rahmen hinaus, von den Banken. Damit stieg die Schuldenlast, während aufgrund steigender Boden-, Energie- und Betriebsmittelpreise sowie zeitweise wachsender Zinsen die Nettoeinkommen in gleichem Maße sanken. Oft brachte die Ernte weniger ein, als allein an Zinsen für die Darlehen bezahlt werden musste. Folge: Viele Farmer konnten die Kredite nicht mehr zurückzahlen und mussten ihre Farmen aufgeben. Mit ihnen geriet auch so manche Bank und Zulieferfirma in den Ruin. Betroffen waren davon vor allem jene Gebiete, die überproportional von der Landwirtschaft abhängen, wie z.B. einige Staaten in den Great Plains und den Prärien.

Weitere Gründe für das Farmsterben sind in der Überproduktion selbst sowie in Absatzschwierigkeiten für die Agrarprodukte zu suchen. Als Folge der eindrucksvollen Produktionssteigerungen, der stagnierenden Nachfrage und der wachsenden Konkurrenz durch andere Erzeugerländer, z.B. Kanada, Argentinien, EU, sanken die Lebensmittelpreise und damit die Farmeinkommen. Um sich dagegen abzusichern, versuchten die Farmer möglichst viel zu erzeugen, was jedoch die Überproduktion noch steigerte und weiter sinkende Preise zur Folge hatte. Aber auch politische Entscheidungen trugen zum Farmsterben bei. So bedeutete z. B. der Exportstopp amerikanischen Weizens in die ehemalige Sowjetunion Mitte der 1980er Jahre (als Protest gegen den Einmarsch sowjetischer Truppen in Afghanistan) das Aus für viele Farmer des mittleren Westens.

Die Folgen des Farmsterbens wirkten sich schließlich auf den gesamten ländlichen Raum aus und zeigten sich in steigenden Arbeitslosenraten und Abwanderungen – mit weitreichenden Folgen für zahlreiche vor- und nachgelagerte Wirtschaftsbereiche (Landmaschinenhändler, Dienstleistungsunternehmen u.a.m.).

M 35 Entwicklung der Schuldenlast pro Farm in den USA 1955–1997

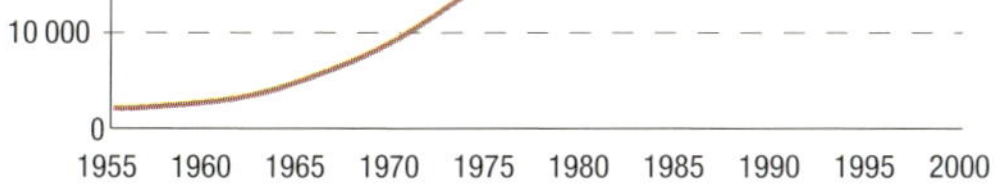

Nach Werner Klohn, Hans-Wilhelm Windhorst: a.a.O., S. 44

Lösungsversuche. Die Regierung hat mehrmals versucht durch agrarpolitische Maßnahmen die Überproduktion zu bremsen und dem Farmerstand zu helfen – bislang kaum erfolgreich.

- Durch ein System von Mindestpreisen versuchte man z.B., den Farmern ein Mindesteinkommen zu sichern. Das Programm bevorzugte jedoch ausgerechnet diejenigen, für die es nicht gedacht war, die Großfarmen. Die kleinen Farmer bekamen in der Summe nur wenig Zuschüsse.
- Seit 1972 suchte man die Lösung des Überschussproblems in steigenden Exporten, vor allem von Weizen und Mais – mit dem Ergebnis wachsender Abhängigkeit von Preisschwankungen auf dem Weltmarkt. Subventionen und Exportbeihilfen bevorteilten aber wiederum die leistungsfähigen Großbetriebe und nicht die, für die sie gedacht waren, die kleineren Farmen.
- Ein anderer Versuch, der bereits in den 1960er Jahren, dann wieder in den 1980er Jahren praktiziert wurde, schlug ebenfalls fehl. Durch Anbaubeschränkungen und Stilllegungsprämien (die Farmer erhielten eine Prämie, wenn sie Teile ihres Agrarlandes nicht bebauten) sollte vor allem die Überproduktion gebremst werden. Viele Farmer nahmen jedoch nur die schlechteren Böden aus der Produktion heraus bzw. wichen auf die ertragreicheren aus und führten hier eine intensive Bewirtschaftung durch, was wiederum zu Ertragssteigerungen führte.

Die Ergebnisse der diversen agrarpolitischen Maßnahmen zeigen, dass auch im Jahre 2000 im „Mutterland der freien Marktwirtschaft" die Landwirtschaft nicht mit den Mitteln des freien Marktes allein zu retten ist. Ob aber eine andere Agrarpolitik, wie z. B. die Subventionspolitik der EU (vgl. S. 53), eine Lösung der Probleme bringen würde, ist mehr als fraglich.

25. *Beschreiben Sie die Entwicklung der US-amerikanischen Landwirtschaft in den letzten Jahrzehnten.*
26. *Erörtern Sie Ursachen und Folgen der Betriebskonzentration in der Landwirtschaft. Vergleichen Sie mit der Entwicklung in Deutschland.*
27. *„Agriculture – America's biggest industry". Erklären Sie den Ausspruch. Lässt er sich noch aufrecht erhalten angesichts der Krise der Landwirtschaft heute?*

Kanadas Agrarwirtschaft im Wandel

Obwohl im Agrarsektor lediglich 3,7 % aller Erwerbstätigen beschäftigt sind (für ein modernes Industrieland ist das allerdings viel) und sein Anteil am Bruttoinlandsprodukt nur 3 % beträgt (1998), ist er eine wichtige Basis der kanadischen Wirtschaft. Zusammen mit den vor- und nachgelagerten Produktionszweigen stellt er über 10 % der kanadischen Arbeitsplätze, und auch als Devisenbringer leistet er einen beachtlichen Beitrag. Da der heimische Absatzmarkt relativ klein ist, gehen etwa zwei Drittel der erzeugten Produkte in den Export. Damit nimmt Kanada im Handel mit landwirtschaftlichen Gütern eine führende Stellung unter den Ländern der Welt ein. Bedenkt man ferner, dass die natürlichen Voraussetzungen der kanadischen Landwirtschaft keineswegs günstig sind (vgl. Kapitel Klima, S. 17) bzw. die Gunsträume sich auf einen etwa 300 km breiten Streifen im Süden des Landes beschränken und dennoch die Produktivität pro Farm und Arbeitskraft weltweit zu den höchsten zählt, wird deutlich, dass der Agrarsektor für einige Regionen Kanadas eine entscheidende Bedeutung hat.

***M 36** Landnutzung in Kanada 1998*

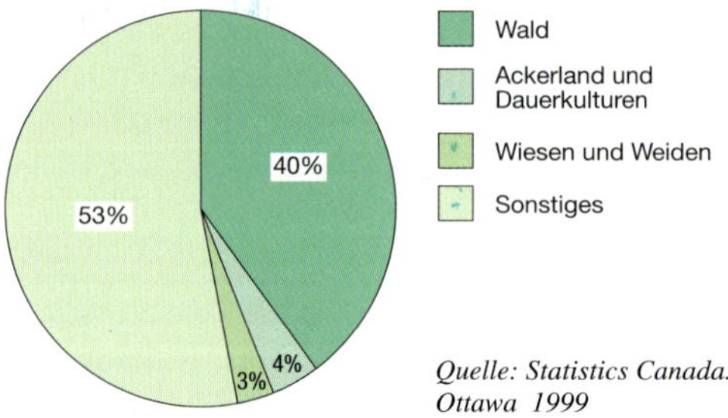

Quelle: Statistics Canada. Ottawa 1999

***M 37** Nahrungsmittelproduktionsindex (1989–91 = 100) und landwirtschaftliche Wertschöpfung pro landwirtschaftlichen Arbeiter (in US-$ für 1995)*

	Produktionsindex	Wertschöpfung
1979–1981	79,9	12 317
1995–1997	112,7	30 202*

* 1994–1996 (in US-$ für 1987)

Weltbank (Hrsg.): Weltentwicklungsbericht 1998/1999 und 1999/2000. Frankfurt: FAZ, Verlagsbereich Buch, 1999 und 2000

***M 38** Landwirtschaftliche Produktion Kanadas 1999*

	Produktion (Mio. t)	Weltanteil (%)	Rang unter den Produktionsländern
Weizen	25,01	4,3	6
Gerste	12,69	9,5	2
Hafer	3,54	13,1	2
Roggen	0,78	3,6	6
Milch*	7,70	1,6	18
Sojabohnen	2,64	1,7	7
Fleisch*	3,41	1,6	13

* 1998

Nach Mario von Baratta (Hrsg.): Der Fischer Weltalmanach 2001. a. a. O. 2000

Kanada = Weizenland? Kanada wird häufig als ein Land mit einseitiger Weizenproduktion gesehen. Das ist falsch, denn der Weizen trägt nur mit 15 bis 20 % – je nach Erntemenge und Preislage – zu den landwirtschaftlichen Einkünften bei. Dessen ungeachtet nimmt er in der Gesamtwirtschaft eine Sonderstellung ein, da er als Devisenbringer für das Land eine beachtliche Rolle spielt.

→ „Die Landwirtschaft Kanadas produziert fast ausschließlich für den Markt, d.h., die Selbstversorgung der Höfe ist unbedeutend. Schlüsselt man die Erzeugnisse nach Hauptgruppen auf, so zeigt sich, dass die Viehproduktion und die damit verknüpften Produktionszweige, wie Milch-, Eier- und Geflügelerzeugung etc., mehr als die Hälfte der direkten Farmeinkommen erzielen. Dies ist ein deutlicher Hinweis auf den hohen Grad der internen Veredlung. Der Anbau dient somit zu einem erheblichen Anteil der Futtergewinnung. Höchste Bedeutung hat in der Viehwirtschaft die Rinder- und Kälberproduktion, gefolgt von Einkünften aus der Milchproduktion. – Immerhin werden aus dem Getreideanbau einschließlich der in jüngster Zeit stark ausgeweiteten Maisproduktion noch knapp 30 % der Einkünfte gewonnen. Dem Weizen kommt dabei die größte Bedeutung zu."

Roland Vogelsang: Kanada. Gotha: Perthes 1993, S. 254, geringfügig gekürzt

Regionale Differenzierung. In der regionalen Differenzierung der Landnutzung und Produktionsrichtung spielen die natürlichen Anbaubedingungen, insbesondere das Klima und die Bodenverhältnisse, zweifelsohne eine wichtige Rolle. Diese bestimmen jedoch lediglich das Potenzial; die tatsächliche Nutzung wird darüber hinaus durch viele andere Faktoren bestimmt, z.B. die Lage im Siedlungs- und Wirtschaftsraum – und damit die Nähe bzw. Ferne zum Verbraucher bzw. zum Absatzgebiet –, die Verkehrserschließung, den technischen Entwicklungsstand und agrarpolitische Maßnahmen des Staates.

Zur Herausbildung von Belts, wie vormals in den USA, ist es zwar in Kanada nie gekommen, doch lassen sich auch hier mehrere Agrarregionen ausgliedern mit einigen mehr oder weniger eigenständigen Merkmalen:

- die Atlantikprovinzen Neufundland, Neuschottland und Neubraunschweig mit einem hohen Anteil relativ kleiner Betriebe und einer Konzentration auf die Milchwirtschaft, die Geflügel- und Eierproduktion sowie den Anbau von Kartoffeln und Gemüse;
- die Region Südquebec und Südontario, die in großen Bereichen fruchtbare Böden und relativ günstige klimatische Bedingungen aufweist. Sie war der eigentliche Ausgangspunkt der Entwicklung der kanadischen Landwirtschaft. Diese begann hier im 17. Jahrhundert mit dem Anbau von Winterweizen und einer zunächst gering bedeutenden Viehwirtschaft. Heute haben die Farmen ihre Produktion verstärkt auf die Milchwirtschaft, eine intensive Schweinezucht sowie auf den Anbau von Mais, Kartoffeln, Sojabohnen und Zuckerrüben ausgerichtet.
- die Prärieregion im Mittleren Westen, die bedeutendste Agrarregion Kanadas, mit einer frühen Spezialisierung auf den Weizenanbau. Etwa ein Drittel der heutigen kanadischen Weizenanbauflächen liegt im Prärieraum. Das weithin ebene Relief erlaubt den Anbau auf großen Feldern und den Einsatz modernster Maschinen. Die durchschnittliche Farmgröße liegt hier bei etwa 1 000 ha. In jüngerer Zeit lässt sich eine Ausdehnung des Anbaus von Futterpflanzen erkennen, was auf eine Zunahme der intensiven Viehwirtschaft, ähnlich wie in den Great Plains der USA, hinweist.

***M 39** Landwirtschaftliche Nutzfläche Kanadas nach Provinzen (Anteil an der gesamten LNF des Landes, 1998)*

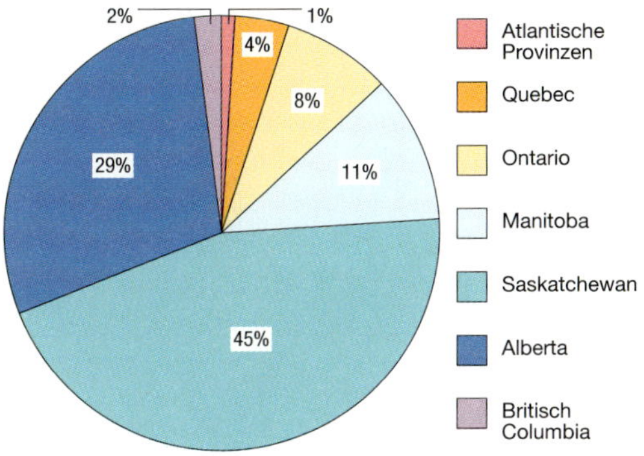

Nach R. Vogelsang: a.a.O., S. 249, aktualisiert

Struktureller Wandel. Die Agrarwirtschaft Kanadas unterliegt gegenwärtig einem Strukturwandel, der in vielerlei Hinsicht den Entwicklungstendenzen der US-amerikanischen Landwirtschaft entspricht (vgl. S. 46). Er lässt sich zu einem erheblichen Teil auf einen erhöhten Kapitaleinsatz und eine verstärkte Mechanisierung zurückführen. Gleichzeitig ist er Ausdruck eines allgemeinen wirtschaftlichen und gesellschaftlichen Wandels, von dem alle Industrienationen seit Mitte des 20. Jahrhunderts betroffen sind.

***M 40** Anzahl und Größe der Farmen in Kanada 1951–1999*

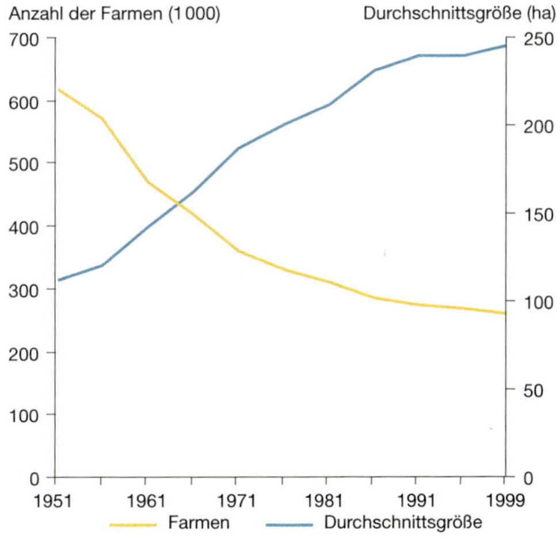

Nach Statistics Canada: Census of Agriculture. Ottawa; verschiedene Jahrgänge, Daten ab 1995 vorläufig

***M 41** Ausweitungs- und Rückzugsgebiete der kanadischen Agrarlandschaft*

Nach Alfred Pletsch: Kanada am Wendepunkt seiner Bevölkerungs- und Wirtschaftsentwicklung. In: Geographische Rundschau 1983, H. 8, S. 375. Braunschweig: Westermann

Die strukturellen Veränderungen sind grundsätzlich in allen Agrarräumen Kanadas festzustellen. Im regionalen Vergleich zeigen sich jedoch auch einige Unterschiede. Hier stehen Gebiete mit Wüstungsvorgängen Räumen mit einer aktiven Agrarfrontier gegenüber.

In den Atlantikprovinzen Neufundland, Neuschottland und Neubraunschweig laufen seit Jahrzehnten Wüstungsprozesse ab, die – so die Meinung vieler Beobachter – in einen regelrechten Kulturlandschaftsverfall münden werden. Diese Wüstungsvorgänge lassen sich nur z.T. aus dem ungünstigen natürlichen Potenzial erklären. Sie sind in erster Linie Ergebnis eines Verdrängungsprozesses, von dem vor allem kleinere Farmen betroffen sind, ausgelöst durch sich ändernde Marktverhältnisse bzw. wirtschaftliche Umstrukturierungen im Gefolge der verstärkten Industrialisierung und Tertiärisierung, durch die die Landbevölkerung in die Städte gezogen wird.

→ „Traditionell waren in den Atlantischen Provinzen kleine, vielseitig orientierte Betriebe typisch, die hauptsächlich der Selbstversorgung dienten und auch neben Fischerei und Holzwirtschaft betrieben wurden. Bereits früh, d.h. schon vor der Jahrhundertwende, fand eine Differenzierung in der Bewirtschaftung statt, mit der Folge, dass viele kleinflächige Areale aufgegeben wurden. Ein weiterer Umstrukturierungsschub erfolgte mit der Mechanisierung, dem erhöhten Einsatz von Dünge- und Schädlingsbekämpfungsmitteln sowie der allgemeinen Spezialisierung nach dem Zweiten Weltkrieg. 1891 wurden in den drei maritimen Provinzen, Prince Edward Insel, Neuschottland und Neubraunschweig, 1,6 Mio. ha Land genutzt, 1951 nur noch 950 000 ha. Insgesamt ist diese Fläche bis in die Gegenwart weiter auf 513 000 ha zurückgegangen. Noch stärker war in diesen Zeiträumen der Schwund bei den landwirtschaftlichen Betrieben. In den genannten Provinzen wurden 1891 noch mehr als 113 000

Farmen gezählt, 1951 noch 60 000, heute jedoch nur noch 10 700. In Konkurrenz zu anderen Produktionsräumen konnten die finanziell schwachen Betriebe nicht bestehen, und nur wenigen gelang eine Umstellung und Spezialisierung, wie sie für Kanada insgesamt charakteristisch ist."

Roland Vogelsang: a.a.O., S. 250, geringfügig gekürzt

Die Folgen dieses Strukturwandels zeigen sich besonders deutlich in Neubraunschweig. Aufgegebene Gehöfte, verlassene Dörfer, Flurwüstungen bzw. verbuschtes ehemaliges Agrarland prägen heute vielerorts das Landschaftsbild. Viele Farmen liegen wie kleine Inseln isoliert inmitten von Wäldern. Dies führt zu erheblichen finanziellen Belastungen für die Kommunen bzw. die Provinzen, die, bei abnehmender Bevölkerung und sinkenden Steuereinnahmen, dennoch die notwendigen Infrastruktureinrichtungen und kommunalen Dienstleistungen aufrecht erhalten müssen.

Die Prärien im Mittleren Westen sind Kanadas bedeutendste Agrarregion. Der Anteil der Provinzen Manitoba, Saskatchewan und Alberta an der gesamten landwirtschaftlichen Nutzfläche Kanadas liegt bei über 80 % (Anteil an der gesamten Landfläche, ohne Binnengewässer: 19 %), und im Wirtschaftshaushalt bringt der Agrarsektor den drei Provinzen über die Hälfte der Nettoeinnahmen. Der Anbau hat sich in weiten Gebieten auf Weizen spezialisiert.

Auch in den Prärieprovinzen zeigen sich prinzipiell die gleichen Entwicklungen wie in anderen Agrarregionen: Mechanisierung, Spezialisierung, Rückgang der Zahl der Farmen bei gleichzeitiger Vergrößerung der Betriebsfläche. Auch hier werden in einigen Regionen Ackerflächen aufgegeben und in Weideland umgewandelt. Andererseits – und damit stellt die Prärieregion eine Ausnahme dar – werden im Norden noch neue Agrarflächen hinzugewonnen, wobei Sonderkulturen auf Bewässerungsbasis einen breiten Raum einnehmen. In der Summe spielt heute aber weniger die Neugewinnung die entscheidende Rolle als vielmehr die Erweiterung und Intensivierung des bereits vorhandenen Farmlandes.

Die heutige Verteilung der landwirtschaftlichen Nutzfläche in Kanada ist also das Ergebnis einer Westwärtsverschiebung, die gegen Ende des 19. Jahrhunderts begann und sich, in abgeschwächter Form, bis heute fortsetzt.

→ „Die Agrarregion am Peace River, die zu den Provinzen Alberta und Britisch-Kolumbien gehört, ist das nördlichste Anbaugebiet Kanadas; die am weitesten vorgeschobenene Nutzung erreicht bei Fort Vermilion 58° 24' n. Br. Der Anbau ist hier möglich, da die Wachstumsperiode zwischen 60 und 100 Tagen liegt und die Böden relativ fruchtbar sind. Allerdings bilden frühe oder späte Frosteinbrüche, durch die die Ernten vernichtet werden können, stets ein Risiko. Diese vom zusammenhängenden Siedlungsraum der Prärien getrennte Agrarregion konnte erst nach der Fertigstellung einer von Edmonton ausgehenden Bahnverbindung im Jahre 1916 bzw. in Britisch-Kolumbien nach 1925 stärker besiedelt werden.

Was die Peace-River-Region heute auszeichnet, ist die nach wie vor stattfindende Kolonisation, d. h. die Neugründung von Farmen und die Rodung neuer Wirtschaftsflächen innerhalb und am Rande des Siedlungsraumes. Im nördlichen Teilbereich nahm zwischen 1961 und 1981 die landwirtschaftliche Betriebsfläche um 28 % und die landwirtschaftliche Nutzfläche um 11 % zu. Damit nimmt die Region innerhalb Kanadas eine Sonderstellung ein. Als Ursachen dieser untypischen Entwicklung an der nördlichen Siedlungsgrenze werden u. a. die schon genannte physisch-geographische relative Gunst des Raumes und die infrastrukturellen Verbesserungen durch die 1964 eröffnete Bahnlinie zum Great Slave Lake gesehen. Überzeugender ist jedoch die Tatsache, dass in den Bereichen stärkster Kolonisation Mennoniten ansässig sind, eine Gruppe, zu deren religiöser Auffassung harte Arbeit auf dem Lande und ein bescheidenes Leben gehören. Mennoniten leiteten die Kolonisation der Prärien um 1870 in Südmanitoba ein, und seitdem finden sie sich häufig an den vordersten Fronten der Landnahme."

Karl Lenz: Kanada. Eine geographische Landeskunde. Darmstadt: Wissenschaftliche Buchgesellschaft 1988, S. 227

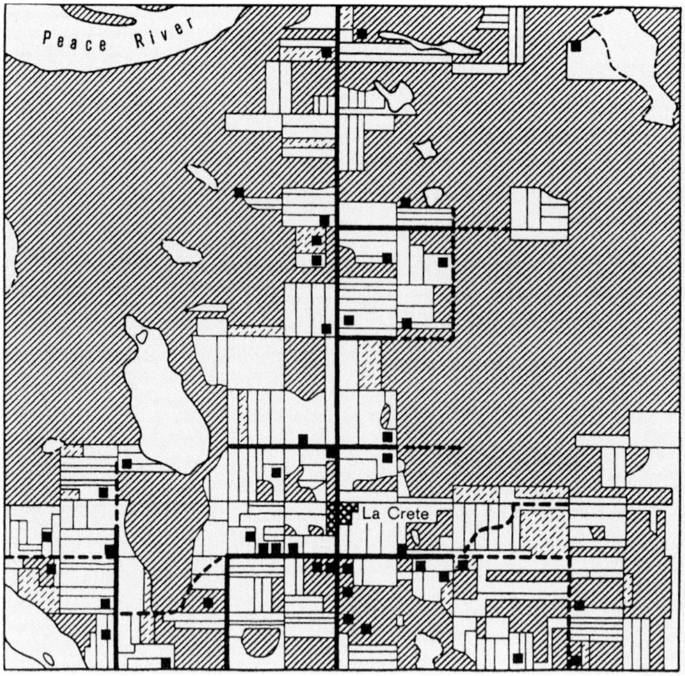

***M 42** Stand der Agrarkolonisation bei La Crete, Peace-River-Gebiet, Alberta, 1963*

Nach Karl Lenz: a.a.O., S. 228

***M 43** Stand der Agrarkolonisation bei La Crete, Peace-River-Gebiet, Alberta, 1982*

Nach Karl Lenz: a.a.O., S. 229

Kanadas Farmer in Schwierigkeiten

Die durch den verstärkten Kapitaleinsatz bedingten hohen Kosten haben viele Farmer in existenzielle Schwierigkeiten gebracht. Der Zwang zur Betriebsvergrößerung erforderte eine Vergrößerung und Verbesserung des Maschinenparks, um rationell wirtschaften zu können, sowie einen erhöhten Einsatz von Energie und Betriebsmitteln. Dadurch stieg zwar das Bruttoeinkommen der kanadischen Farmer, aber auch die Ausgaben erhöhten sich überproportional, sodass das Nettoeinkommen in der Regel fiel.

Aber auch die Marktsituation hat sich z.T. erheblich verschlechtert. Als nachteilig erweist sich vor allem die hohe Exportabhängigkeit. Fallende Welthandelspreise für Weizen infolge eines zeitweiligen Überangebotes auf dem Weltmarkt sowie instabile Erlöse für heimische Produkte trieben viele Farmer in eine schwere finanzielle Krise, und nur durch direkte und indirekte Subventionen konnten sie vor dem Bankrott bewahrt werden.

Von den kanadischen Farmern werden in diesem Zusammenhang u.a. auch die Handelspraktiken der EU und der USA gerügt. Besonders der EU werfen sie vor, dass sie durch Abnahme- und Preisgarantien die europäischen Bauern begünstige und damit den internationalen Wettbewerb verfälsche. Dabei übersehen sie jedoch, dass auch sie durch viele agrarpolitische Maßnahmen und finanzielle Unterstützungen Vorteile genießen, neben indirekten Subventionen für Transport und Vermarktung z.B. durch verbilligte Kredite, Beiträge zu Ernteversicherungen, Preisstützungen oder Zahlungen für die Vernichtung von Überschüssen.

→ „Trotz der gegenwärtigen Finanzkrise kann die kanadische Landwirtschaft generell als leistungsfähig und relativ anpassungsfähig angesehen werden. Bei dem schon lange eingeschlagenen agrarpolitischen Weg wird sie allerdings noch lange auf staatliche Hilfen angewiesen sein, wenn Produktionskosten und Marktpreise nicht besser in Übereinstimmung gebracht werden. Zwar gilt offiziell das Prinzip, die Landwirtschaft lediglich in die Lage zu versetzen, dass sie in allen Regionen marktorientiert und konkurrenzfähig wirtschaften kann, doch bei dem etablierten Subventionsdschungel muss bezweifelt werden, dass dieses Prinzip durchsetzbar ist. Darüber hinaus bestehen jedoch für die kanadische Landwirtschaft Chancen und Möglichkeiten, z.B. in der Erschließung neuer Märkte, in der Umstellung auf neue, hochwertigere Produkte, im Ersatz von Importen und in der verstärkten Nutzung von Marktnischen. Ob dabei eine Kostenreduzierung durch verbesserte Technologien ohne nachhaltige ökologische Folgen gelingt, ist jedoch fraglich."

Roland Vogelsang: a.a.O., S. 260–261

28. *Bewerten Sie die Leistungen der kanadischen Landwirtschaft vor dem Hintergrund des eingeschränkten natürlichen Potenzials.*

29. *Erklären Sie die unterschiedlichen regionalen Entwicklungen in den Atlantikprovinzen und den Prärieprovinzen (M 41).*

30. *Interpretieren Sie die beiden Karten auf Seite 52 und zeigen Sie die Raumwirksamkeit der jüngsten agrarkolonisatorischen Vorgänge.*

31. *Erläutern Sie den Begriff „interne Veredelung".*

M 44 *Getreidesilos in der kanadischen Provinz Manitoba*

Industrie und tertiärer Sektor

M 45 Petrochemische Industrie in Houston (Texas)

USA – Wirtschaftskraft und Wirtschaftswandel

Die USA sind die führende Industriemacht der Erde. Dieser lapidare Satz, zu finden in fast jedem Buch zur Wirtschaftsgeographie der USA, ist keineswegs eine Selbstverständlichkeit. Noch 1992 veröffentlichte der amerikanische Wirtschaftswissenschaftler J.K. Galbraith ein Buch mit dem Untertitel „Der wirtschaftliche Niedergang Amerikas". In der Tat. In den 1970er und 1980er Jahren war die Produktivität der US-amerikanischen Wirtschaft langsamer gewachsen als die aller anderen Industriestaaten. Die Außenhandelsbilanz geriet immer stärker ins Defizit, die Produktivität der Unternehmen sank kontinuierlich, das Land verlor seine technologische Spitzenposition, Arbeitskräfte mussten massenweise entlassen werden. Besonders betroffen war die Automobilindustrie. Die „Großen Drei", die Unternehmen General Motors, Ford und Chrysler, mussten den Verlust erheblicher Marktanteile hinnehmen – zugunsten besonders der japanischen Autoproduzenten, die ihre Verkaufserfolge auf dem amerikanischen Markt von Jahr zu Jahr steigern konnten. Kurz: Die Wirtschaft der USA schien unaufhaltsam dem Niedergang geweiht zu sein.
Seit Anfang der 1990er Jahre boomt jedoch die amerikanische Wirtschaft wie seit langem nicht mehr. „America is back" – Amerikas Wirtschaft steht heute so gut da wie seit mehreren Jahrzehnten nicht mehr. Indizien dafür sind der steigende Dollarkurs, die rapide sinkenden Arbeitslosenraten und die Sanierung des Bundeshaushalts, der nach Jahren mit horrend hohen Defiziten innerhalb kürzester Zeit wieder Überschüsse verzeichnen konnte (vgl. M 46, S. 56). Für die USA begann eine Phase der „New Economy".

Historischer Rückblick. Der Aufschwung der USA zur führenden Industriemacht der Erde begann um die Wende zum 20. Jahrhundert. Basierend auf der reichen Ausstattung des Landes mit natürlichen Ressourcen (vgl. S. 19) hatte schon in der zweiten Hälfte des 19. Jahrhunderts eine Phase rapider industriewirtschaftlicher Entwicklung eingesetzt: z.B. Schiffsbau an der Atlantikküste, Textilindustrie im südlichen Neuengland und Eisenerzverhüttung auf der Basis reicher Steinkohlenvorkommen im westlichen Pennsylvania (Pittsburgh). Von besonderer Bedeutung für die weitere Industrialisierung und den Aufschwung zur Industriemacht war das so genannte ***„fordistische Wirtschaftssystem“***: Durch standardisierte Massenproduktion in der Grundstoff-, Investitionsgüter- und Konsumgüterindustrie konnten viele Menschen, qualifizierte und weniger qualifizierte, beschäftigt werden. Dadurch entstanden ein relativ breiter Wohlstand und eine große Kaufkraft sowie – als Folge – eine steigende Nachfrage nach Industriegütern, was wieder die Massenproduktion ankurbelte. Die tragende Bevölkerungsgruppe dieser Wirtschaftsentwicklung waren die Einwanderer aus Europa und ihre Nachkommen, die so genannten WASPs („White Anglo-Saxon Protestants“). Begünstigt durch den Bau der Transkontinentalbahnen, die Erschließung der reichen Erdöl- und Erdgasfunde an der Golfküste sowie anderer Energiequellen (z.B. Wasserkraft) nahm die industriewirtschaftliche Entwicklung in den USA kontinentale Ausmaße an, sodass um die Mitte des 20. Jahrhunderts der gesamte Kontinentalraum als „industriell erschlossen“ betrachtet werden konnte. Seit dem Zweiten Weltkrieg sind die USA die dominante Wirtschaftsmacht der Erde mit dem weltgrößten Bruttosozialprodukt und einem weit überdurchschnittlich hohen Lebensstandard der Bevölkerung. Geprägt waren die „Goldenen Jahre“ bis Ende 1967 durch die international operierenden Großunternehmen ***(global players)*** der Energie-, Grundstoff-, Konsumgüter-, Auto- und Maschinenbauindustrie sowie der Luftfahrt. Mitentscheidend für den beispiellosen Aufschwung waren staatliche Rüstungsaufträge, die weltweit günstige Konjunkturlage und die Stärke des US-Dollars, der als Weltwährung von 1944 bis 1967 durch Gold gedeckt war.

Die 1970er und 1980er Jahre brachten jedoch einschneidende Veränderungen, ausgelöst u.a. durch die Ölpreisschocks von 1973 und 1979. Durch die gestiegenen Energiekosten und die wachsende internationale Konkurrenz gerieten die amerikanischen Unternehmen zunehmend in Schwierigkeiten, da die Produktion im Vergleich zu Standorten im Ausland zu teuer wurde. Es kam zu Massenentlassungen, die Arbeitslosenrate stieg von 3,5 % im Jahre 1969 auf annähernd 10 % im Jahre 1982/83, der Lebensstandard der Bürger stagnierte oder sank. Viele Betriebe verlagerten die Produktion in Niedriglohngebiete des Auslandes, vor allem nach Mexiko, Taiwan und in andere südostasiatische Staaten. Die ***Deregulierung*** der internationalen Märkte (Abbau von Beschränkungen des grenzüberschreitenden Waren- und Kapitalverkehrs) führte zu steigenden Importen und wachsenden Außenhandelsdefiziten. Das Endergebnis: Rückgang der industriellen Produktion, Betriebsstilllegungen und Abbau von Arbeitsplätzen ***(Deindustrialisierung)***, wovon vor allem die klassischen Altindustriegebiete mit ihrer Grundstoff- und Schwerindustrie betroffen waren.

Ein gänzlich anderes Bild zeigt sich seit etwa Mitte der 1990er Jahre. Internationale Vergleiche belegen, dass die USA ihre wirtschaftliche Führungsposition wiedergewonnen haben. Nach Angaben der OECD (Organisation for Economic Cooperation and Development) weisen die USA gegenwärtig die am schnellsten wachsende Wirtschaft der acht größten Industriestaaten (so genannte G 8-Staaten) der Welt auf. Zwischen 1992 und 1998 entstanden annähernd 20 Mio. neue Arbeitsplätze und die Arbeitslosenquote erreichte einen Tiefststand von 4 %, was nach heutigen Standards der Vollbeschäftigung gleichkommt. Das Wiedererstarken der Wirtschaft wurde gefördert durch eine moderne angebotsorientierte Wirtschaftspolitik, die verbesserte Investitions- und Produktionsbedingungen für Unternehmen schuf ***(Reaganomics)***, systematisch das Haushaltsdefizit abzubauen versuchte und in der der Staat sich möglichst weitgehend aus dem Wirtschaftsgeschehen zurückzog. In der Industriestruktur setzte insofern ein Wandel ein, als die traditionellen Industriezweige mehr und mehr an Bedeutung verlieren zugunsten moderner

Schlüsseltechnologie-Industrien. Darunter versteht man diejenigen Industriezweige, die Produkte auf hohem technischen Niveau entwickeln und herstellen, wie z.B. Medizintechnik, Flugzeug- und Raketenbau, Computer-Hard- und Software, Telekommunikation und Biotechnologie. Wichtige Ressourcen sind heute also nicht mehr wie früher Rohstoffe und Energie, sondern Wissen, Informationen und die Fähigkeit zu deren Verarbeitung. Ein wichtiger Faktor des wirtschaftlichen Aufschwungs, vor allem im ***„Alten Süden"***, waren aber auch ausländische Investitionen.

M 46 *Ausgewählte Indikatoren der Wirtschaftsentwicklung in den USA 1980–2000*

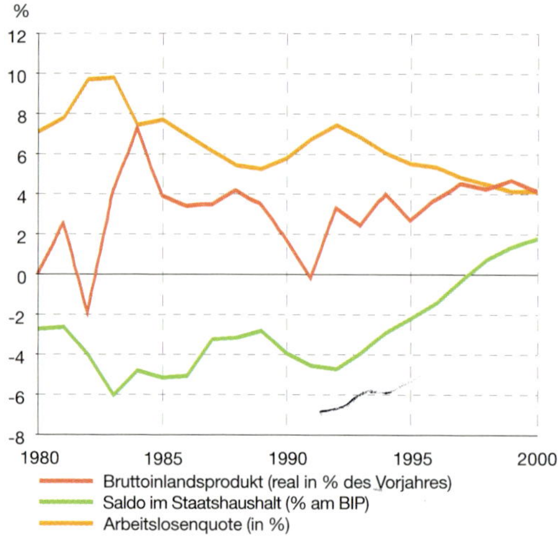

Nach Süddeutsche Zeitung vom 5.4.2000

→ „Das Wiedererstarken und der Erfolg der Wirtschaft der USA ... resultieren nicht aus einem großen, strategischen und zentral verwirklichten Plan, sondern ist das Resultat einer Vielzahl von dezentral agierenden Unternehmen. Durch Risikobereitschaft, Selbstvertrauen und Unternehmergeist sind zahlreiche neue Unternehmen entstanden. Sie haben die in klassischen Branchen weggefallenen Arbeitsplätze mehr als wettgemacht. Das unternehmerfreundliche Umfeld und die Zurückhaltung des Staates haben sich dabei begünstigend ausgewirkt. Aus US-amerikanischer Sicht hat sich das „amerikanische Modell" des staatsfernen Laissez-faire-Kapitalismus in den vergangenen Jahren gegenüber dem Kapitalismus-Modell der Kontinentaleuropäer als erfolgreicher erwiesen."

Werner Klohn: America is back! In: geographie heute, Heft 184, Oktober 2000, S. 6. Seelze-Velber: Friedrich

Ein entscheidender Grund für das hohe Wirtschaftswachstum der USA wird allgemein in der gering ausgeprägten Einflussnahme des Staates gesehen. Eine „European-style, big government economy" (US Congress, Joint Economic Committee 1999), d.h. eine staatlich überregulierte Wirtschaft wird hier weitgehend abgelehnt. Dieses andere Verständnis von „Marktwirtschaft" – im Gegensatz zur „sozialen Marktwirtschaft" deutscher bzw. europäischer Prägung – mag auch eine Erklärung dafür sein, warum sich die wirtschaftspolitischen Maßnahmen der USA bei uns nicht unbedingt anwenden lassen.

M 47 *Industrieerzeugnisse und Anteil der USA an der Weltproduktion*

	Produktion	Weltanteil (%)	Rang
Fernsehgeräte (Mio., 1996)	14,0	10,6	3
Haushaltskühlschränke (Mio., 1996)	12,0	18,6	1
Kraftfahrzeuge – PKW (Mio., 1997)	5,9	k.A.	2
Kraftfahrzeuge – LKW u. Busse (Mio., 1997)	6,2	k.A.	1
Kunstfasern (Mio. t, 1996)	3,5	15,9	1
Kunststoffe (Plastik) (Mio. t, 1996)	22,0	k.A.	1
Papier (Mio. t, 1997)	86,3	28,9	1
Roheisen (Mio. t, 1998)	48,2	8,6	3
Rohstahl (Mio. t, 1998)	97,7	12,6	2
Synthetischer Kautschuk (Mio. t, 1997)	2,6	25,9	1
Zement (Mio. t, 1998)	95,4	6,7	2

Nach Mario von Baratta (Hrsg.): Der Fischer Weltalmanach 2001. Frankfurt: Fischer Taschenbuch Verlag 2000

***M 48** Die Staaten mit dem höchsten Bruttosozialprodukt (zu Marktpreisen) 1998 (in Mrd. US-$)*

USA	7921,3
Japan	4089,9
Deutschland	2122,7
Frankreich	1466,2
Großbritannien	1263,8
Italien	1166,2
VR China	928,9
Brasilien	758,0
Kanada	612,2
Spanien	553,7

Mario von Baratta (Hrsg.): a.a.O., Spalte 1 088

***M 49** Die 20 größten Unternehmen der USA 1999*

Rang	Unternehmen (Branche)	Umsatz (Mrd. US-$)	Beschäftigte
1.	Exxon Mobil (Mineralöl)	186,906	116000
2.	General Motors (Automobile)	176,558	608000
3.	Wal-Mart (Handel)	166,809	1140000
4.	Ford (Automobile)	162,558	345200
5.	General Electric (Elektro)	111,630	293000
6.	IBM (Informationstechnologie)	87,548	291065
7.	Philip Morris (Nahrungsmittel, Tabak)	78,596	144000
8.	AT & T (Telekommunikation)	62,391	107800
9.	Boeing (Flugzeugbau)	57,993	231000
10.	Cargill (Handel)	50,000	84000
11.	SBC (Telekommunikation)	49,489	129850
12.	Hewlett-Packard (Informationstechnologie)	42,370	84400
13.	Sears Roebuck (Handel)	41,071	324000
14.	Enron (Erdgas)	40,112	17800
15.	Compaq (Informationstechnologie)	38,525	68134
16.	McDonald's (Gastronomie)	38,491	284000
17.	Home Depot (Baumärkte)	38,434	157000
18.	Lucent (Telekommunikation)	38,303	141600
19.	Procter & Gamble (Reinigungsmittel)	38,125	110000
20.	MCI Worldcom (Telekommunikation)	37,120	77000

Mario von Baratta (Hrsg.): a.a.O., Spalte 1 105

***M 50** Anteil des Hochtechnologiesektors am Bruttoinlandsprodukt der USA 1977–1998*

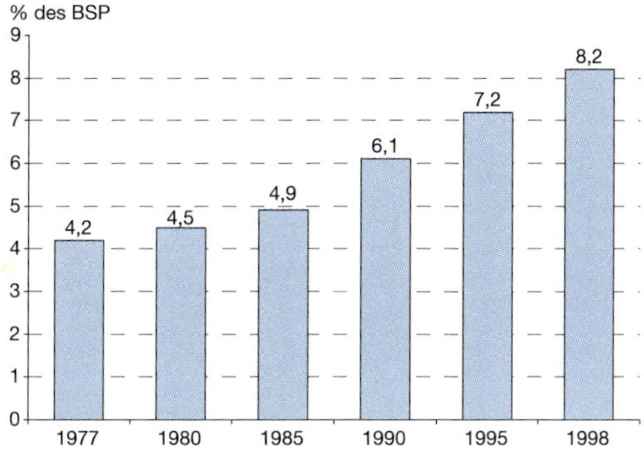

Nach Werner Klohn: America is back! a.a.O., S. 5

***M 51** Führende Exporteure wichtiger Industriegüter 1998 (%-Anteil an den globalen Exporten)*

Automobile	Deutschland	19,0	Japan	14,8	USA	11,6
Büromaschinen, Kommunikation	USA	16,7	Japan	12,5	Singapur	8,5
Bekleidung	China	16,7	Italien	8,2	Hongkong	5,4
Maschinen, Transportmittel	USA	16,5	Deutschland	12,7	Japan	12,4
Chemieprodukte	Deutschland	13,8	USA	13,8	Frankreich	7,7
Nahrungsmittel	USA	12,3	Frankreich	8,5	Niederlande	6,5
Eisen und Stahl	Deutschland	11,5	Japan	10,5	Belgien/Luxemburg	7,0
Textilien	Deutschland	8,8	Italien	8,6	China	8,5

Nach Mario von Baratta (Hrsg.): a.a.O., Spalte 1 217

***M 52** Führende High-Tech-Exporteure (Anteil von Produkten der Spitzentechnologie am OECD-Export 1998 in %)*

Spitzentechnologie = Güter mit einem Forschungs- und Entwicklungsanteil am Umsatz von mehr als 8,5%)

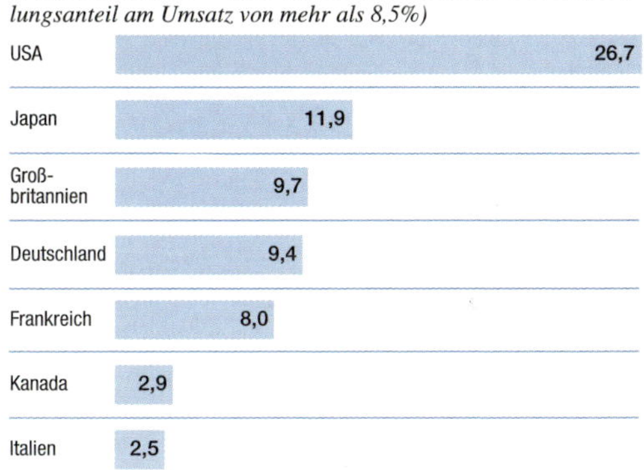

Nach Institut der deutschen Wirtschaft (Hrsg.): iwd, Nr. 49 vom 7.12.2000, S. 5. Köln

Von der Industrie- zur Dienstleistungs- und Informationsgesellschaft

→„Die USA sind der Prototyp der nachindustriellen Dienstleistungsgesellschaft. In etwas mehr als einem Jahrhundert wurde die Entwicklung von der traditionellen, agrarisch geprägten Wirtschaft und Gesellschaft zur nachindustriellen Wirtschaft und Gesellschaft vollzogen."

Werner Klohn: America is back! a.a.O., S. 5

Wie aus M 53 ersichtlich ist, sind inzwischen mehr als drei Viertel aller Beschäftigten der USA im tertiären Sektor tätig, ein Wert, der von keinem westeuropäischen Staat erreicht wird.

***M 53** Die Entwicklung der USA zur Dienstleistungsgesellschaft (Beschäftigtenanteile nach Makrowirtschaftssektoren)*

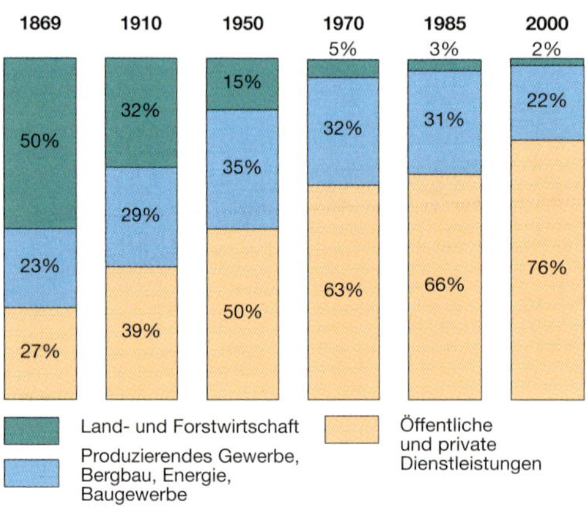

Anmerkung: Bei der Interpretation von Statistiken zur Beschäftigungssituation ist darauf zu achten, dass in den meisten Ländern, so auch in den USA, die Beschäftigten nicht nach ihrer Tätigkeit, sondern nach ihrer Arbeitsstätte zugeordnet werden. So zählt z.B: eine Schulsekretärin zum tertiären Sektor, eine Sekretärin in einem Industriebetrieb jedoch zum sekundären Sektor.

Nach U.S. Department of Commerce (Hrsg.): Statistical Abstract of the United States. Washington D.C., verschiedene Jahrgänge

Noch deutlicher wird die überragende Stellung des tertiären Sektors, wenn man die Wertschöpfung betrachtet. So entfielen im Jahre 1999 vom Bruttoinlandsprodukt der USA in Höhe von 299 Mrd. US-$ nur 1,5 % auf den primären Sektor, 22,5 % auf den sekundären Sektor, aber 76 % auf den tertiären Sektor (vgl. M 6, S. 10).

Prognosen zufolge wird der Anteil der Beschäftigten im primären Sektor weiter abnehmen und auch dem sekundären Sektor wird insgesamt eine Stagnation vorausgesagt. Eine Ausnahme machen hier lediglich die Zweige, die technologieintensive Güter herstellen. Sie werden auch weiterhin Zuwächse verzeichnen. Wie in allen hochentwickelten Industriestaaten so weist auch in den USA in der Regel nur der tertiäre Sektor ein absolutes Arbeitswachstum auf, und unter dessen verschiedenen Branchen sind es vor allem die wissens- und informationsintensiven Berufsfelder, meistens der produktionsorientierten Dienstleistungen, die voraussichtlich weiterhin wachsen.

Mit dem Übergang der USA zur Informationsgesellschaft zeichnen sich grundlegend neue Strukturen ab. Da Informationen sowohl aus dem Nahraum als auch weltweit in Sekundenschnelle verfügbar sind, verändern viele Unternehmen

***M 54** Entwicklung der Beschäftigtenzahl in nichtlandwirtschaftlichen Wirtschaftsbereichen in den USA 1960–2000*

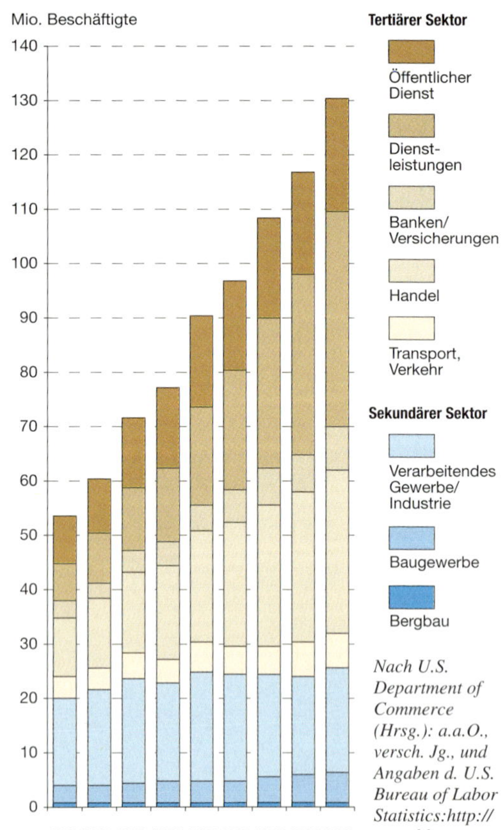

Nach U.S. Department of Commerce (Hrsg.): a.a.O., versch. Jg., und Angaben d. U.S. Bureau of Labor Statistics:http:// www.bls.gov

M 55 Informationsgesellschaft USA im internationalen Vergleich (G8-Staaten)

	Erwerbstätige (in %, 1998) primärer Sektor	sekundärer Sektor	tertiärer Sektor	BSP pro Kopf (in US-$, 1998)	Energieverbrauch (pro Ew. in kg Öl-Gleichgewicht, 1996)	Internet-Hostrechner (pro 10 000 Ew., 1998)	High-Tech-Exporte (in % der Fertigungsexporte, 1997)	Wissenschaftler u. Ingenieure (pro Mio. Ew. 1985–1995)	Arbeitslosigkeit (in %, 1999)
USA	2,1	23,0	74,9	29 240	8 076	1 132	44	3 732	4,1
Deutschland	2,9	34,3	62,8	26 570	4 231	160	26	2 843	10,5
Frankreich	4,3	24,9	70,8	24 210	4 224	83	31	2 584	11,2
Großbritannien	1,9	23,7	74,4	21 410	3 863	241	41	2 417	6,1
Italien	5,9	32,9	61,2	20 090	2 839	59	15	1 325	11,6
Japan	5,3	32,0	62,7	32 350	4 084	134	38	6 309	4,7
Kanada	3,7	22,6	73,7	19 170	7 930	364	25	2 656	6,6
Russland	15,4	33,6	51,0	2 260	4 019	10	19	3 520	11,7

Nach Mario von Baratta (Hrsg.): a.a.O.,
Weltbank (Hrsg.): Weltentwicklungsbericht 1999/2000. Washington 2000, und anderen amtlichen Statistiken

nicht nur ihre Arbeitsstrategie, sondern auch ihre Standortpolitik. Immer mehr Mitarbeiter beschäftigen sich mit der Gewinnung von neuen Informationen sowie der Verarbeitung und dem Transport dieser Informationen. Entsprechend hoch sind die Anforderungen im Bereich der elektronischen Datenverarbeitung. Benachteiligt sind alle jene, die nicht über das Wissen und die Informationen verfügen („information-disadvantage"). Während früher die Großunternehmen die Wirtschaftskraft einer Region ausschlaggebend bestimmten, erhalten heute junge Unternehmen, z.B. im Software-, High-Tech- oder Bio-Tech-Bereich, eine immer größere Bedeutung. Gegründet vielfach als ***Spin-off-Betriebe*** (erfahrene Wissenschaftler, Manager und Ingenieure verlassen die Universität oder ein Unternehmen, um in einem eigenen Unternehmen eine neue Idee oder Erfindung zu verwirklichen; auch ***„Start-up-Unternehmen"***), haben diese zwar in der Regel nur wenige Beschäftigte, lösen aber wichtige Multiplikator-Effekte aus, indem sie z.B. andere Jungunternehmen nachziehen.

Mit den neuen Kommunikationssystemen ändert sich auch der Arbeitsmarkt, lokal, regional, national und international. Die vormals enge Standortbindung von Unternehmen, z.B. an Rohstoffe, Transportwege für Massengüter oder auch an Absatzmärkte, werden aufgegeben zugunsten von Agglomerationsvorteilen an anderen Standorten. Dabei kann es sowohl zu Zentralisierungs- als auch zu Dezentralisierungserscheinungen kommen. Bevorzugt werden ganz bestimmte Zentren im Städtesystem, vor allem die Finanz- und Dienstleistungsmetropolen wie New York, Los Angeles oder San Francisco, und innerhalb dieser Metropolen wiederum die Stadtzentren selbst. Mit dem Bedeutungsverlust des verarbeitenden Gewerbes und der Dezentralisation der Produktion verlieren die alten Industriestandorte, wie z.B. der Nordosten der USA, an Arbeitsplätzen und Bedeutung, während anderenorts neue „businesscenters" entstehen, wie etwa im Süden und Südosten der USA, dem so genannten ***Sunbelt***. Aber auch einige Regionen im traditionellen Manufacturing Belt verzeichnen in jüngerer Zeit einen beachtlichen Aufschwung, vor allem dort, wo den so genannten ***„Life Sciences"***, wie z. B. der Biotechnologie, ein hoher Stellenwert eingeräumt wird. Diese Wissenschaften und die daraus resultierenden Start-Ups gelten als die am stärksten wachsenden Wirtschaftsfelder der Zukunft.

32. *Zeichnen Sie anhand der Seiten 54 bis 56 die Entwicklung der US-amerikanischen Wirtschaft seit Anfang der 1960er Jahre nach. Erörtern Sie Hintergründe und Ursachen des Wandels.*

33. *Erläutern Sie die heutige Position und Wirtschaftskraft der USA im internationalen Vergleich (M 47 bis M 52).*

34. *Erörtern Sie die Aussagekraft der in M 55 aufgelisteten Indikatoren zur Kennzeichnung der USA als „Prototyp der nachindustriellen Dienstleistungs- und Informationsgesellschaft" und vergleichen Sie die Position der USA mit den anderen G8-Staaten.*

Standorte und Standortveränderungen der US-Industrie

Anfänge der Industrie. Die industrielle Entwicklung der USA begann in den Neuenglandstaaten. Eine bedeutende Rolle spielte hier vor allem Massachusetts mit der Stadt Boston, die um 1630 von der Massachusetts Bay Colony als Hafen- und Handelsplatz gegründet worden war. Fernhändler brachten neben den traditionellen Handelsprodukten wie Mehl, Wein, Salz und Tieren auch Innovationen und Maschinen aus England mit und gründeten mit dem aus dem Handel erworbenen Kapital die ersten Fabriken, anfänglich im Textilgewerbe und im Werkzeugmaschinenbau. Im Zusammenhang mit dem Unabhängigkeitskrieg (1775–1783) und dem Sezessionskrieg (1861–1865) entwickelte sich die Waffenindustrie; ergänzend kamen die Möbelindustrie, der Schiffbau sowie die Schmuck- und Papierindustrie hinzu. Ausschlaggebend für die industrielle Standortwahl in dieser vorindustriellen Phase waren zum einen die günstige Lage am Atlantik und zum anderen das Energieangebot (Wasserkraft der Flüsse an der Falllinie sowie Holzkohle, die in den Wäldern der Appalachen gewonnen wurde). Der anhaltende Einwandererstrom brachte die notwendigen Arbeitskräfte. Mit der beginnenden Landeserschließung stieg die Nachfrage nach Konsumgütern und Maschinen aller Art, z.B. für die landwirtschaftliche Produktion und die Weiterverarbeitung der Agrarprodukte. Die Neuenglandstaaten wurden zum ersten Ausrüstungszentrum des Landes.

Aufschwung zur Großindustrie. Etwa um die Mitte des 19. Jahrhunderts setzte ein Entwicklungsschub ein. Um 1890 hatten die USA England als führende Industrienation der Erde überholt.

Maßgeblich für den Aufschwung waren:
- die Ausbeutung der Rohstofflagerstätten von Steinkohle und Erz im westlichen und östlichen Appalachenvorland bzw. am Oberlauf des Ohio, mit denen der rasch steigende Bedarf an den Grundstoffen Eisen und Stahl sowie an Energie gedeckt werden konnte,
- der Ausbau des Kanal- und Eisenbahnnetzes (vgl. auch M 13, S. 27),
- die Verwendung der Dampfmaschine als Antriebskraft in der industriellen Fertigung,
- der rasch wachsende Markt, verursacht durch die starke Binnennachfrage nach Konsumgütern, landwirtschaftlichen Geräten, Maschinen und anderen Investitionsgütern, Lokomotiven sowie nach Stahl für den Brücken- und ab den 1890er Jahren für den Hochhausbau,
- der sprichwörtliche amerikanische Erfindergeist und die Risikobereitschaft des privaten Unternehmertums.

***M 56** Entwicklungsstadien der US-amerikanischen Industrie 1860–1920*

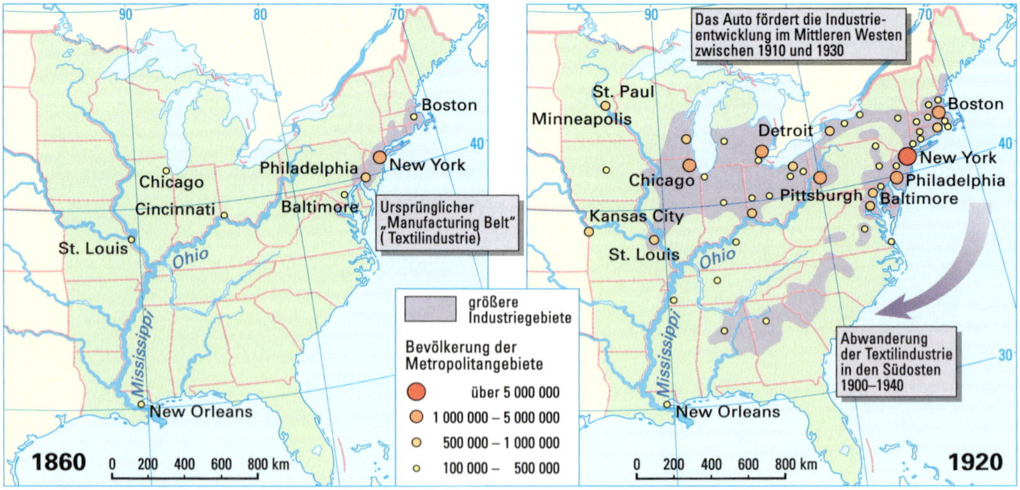

Nach Ulrich Kümmerle und Rainer Vollmar: USA. S II Länder und Regionen. Stuttgart: Klett 1988, S. 103

Führendes Zentrum wurde der Raum Pittsburgh mit seinen Steinkohlen- und Erzvorkommen. Neue Steinkohlenfunde im Ohio-Becken und die Erschließung der Eisenerzvorkommen am Lake Superior führten um die Wende vom 19. zum 20. Jahrhundert zu einer Ausweitung der Schwerindustrie nach Westen, besonders ins Gebiet der Großen Seen, wo am Standort der Eisenerzvorkommen (z.B. in Duluth) oder an Verkehrsdrehscheiben (z.B. Cleveland und Chicago) neue Hochöfen, Stahl- und Walzwerke entstanden. Wichtige Impulse für die Weiterentwicklung und räumliche Ausdehnung gingen von der Automobilindustrie aus, mit den „Big Three" (General Motors, Ford, Chrysler), die sich Anfang des 20. Jahrhunderts mit ihren Fertigungsstätten in der „Autostadt Detroit" im südlichen Michigan niederließen. In der Folgezeit entstanden rasch weitere Industriezweige und neue Standorte, wie z.B. die Elektronikindustrie in Gay, Milwaukee, Cincinnati, Indianapolis und anderen Städten. Das größte Wachstum fand an besonders verkehrsgünstigen Standorten statt, vor allem in Chicago, das sich mit seiner Landmaschinen-, chemischen und Nahrungsmittelindustrie zur Boomtown und zum Ausrüstungsplatz im damaligen Westen entwickelte.

Das Ergebnis dieser Häufung von Industrie, Städten und Bevölkerung ist eine Industrielandschaft, die von der Atlantikküste zwischen Baltimore und Bosten über 1 000 km nach Westen bis auf die Höhe von St. Louis reicht und als ***Manufacturing Belt*** bezeichnet wird. Es ist das „Heartland of America", das größte Industriegebiet der Welt.

Neue Wachstumszentren. Während bis zur Zeit des Ersten Weltkrieges sich in den USA im Wesentlichen drei räumlich und arbeitsteilig getrennte Wirtschaftsregionen unterscheiden lassen, nämlich der industrielle Nordosten, der agrarisch geprägte Mittelwesten und der industriearme Südosten, zeigt sich seit den 1940er Jahren ein bis heute andauernder Prozess der Entflechtung und Dezentralisierung, der zu umfangreichen Verlagerungen und zur Entstehung neuer industrieller Standorte geführt hat.

***M 57** Industriebeschäftigtenbesatz in den US-Regionen 1971 und 1998 sowie prozentuale Veränderung der Industriebeschäftigung 1971–1998*

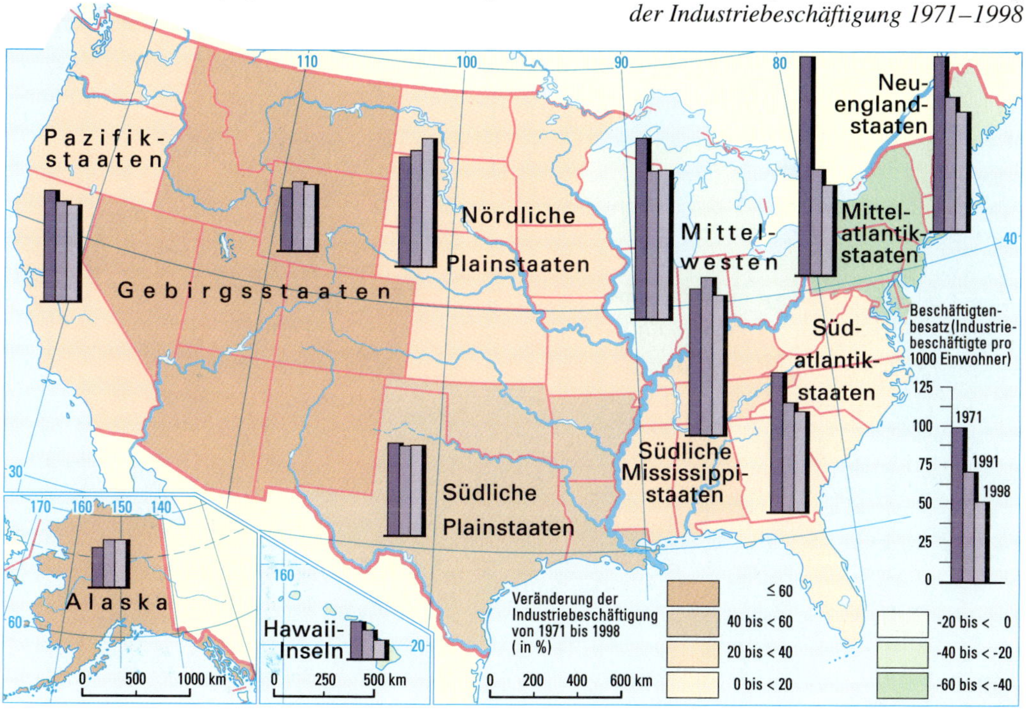

Nach Roland Hahn: USA. Gotha und Stuttgart: Klett-Perthes 2002

Eine gezielte Dezentralisierung der Industrie war bereits während der Kriegsjahre durch die Verlagerung von rüstungsrelevanten Stahlbetrieben in periphere Regionen erfolgt, so z.B. nach Geneva (Alabama), Utah und Fontana bei Los Angeles, und auch in der Folgezeit bewirkten Staatsaufträge im Rahmen des Rüstungs- und Raumfahrtprogramms des Verteidigungsministeriums starke Impulse auf die industrielle Entwicklung bislang abgelegener Gebiete.

Ergebnis dieses bis heute andauernden Strukturwandels war die Entstehung zahlreicher Industriestandorte außerhalb des Manufacturing Belts, besonders im Südosten und Westen der USA, die – jeder für sich genommen – zwar einseitiger sind als der Manufacturing Belt, aber aufgrund ihrer besonderen Struktur (Wachstumsbranchen) eine stürmische Aufwärtsentwicklung erlebten.

Die Wachstumsprozesse basieren nicht mehr auf den traditionellen Wirtschaftszweigen Eisen-, Stahl-, Maschinen- und Fahrzeugbau, sondern auf den Energieträgern Erdöl und Erdgas (z.B. Raffinerien und Petrochemie an der Golfküste), auf landwirtschaftlichen Produkten (z.B. Nahrungsmittelindustrie in Kalifornien) sowie auf wissensintensiven Produktionszweigen, die sich mit der Tertiärisierung der Wirtschaft und dem Übergang zur Informationsgesellschaft herausgebildet haben (z.B. die Luft- und Raumfahrtindustrie an der südlichen Westküste bzw. die Medien- und Unterhaltungsindustrie in Florida oder in Südkalifornien).

So entstand im so genannten ***Sun Belt***, damit ist der gesamte Randbereich südlich des 37. Breitenkreises gemeint, ein wirtschaftliches, kulturelles und auch politisches Gegengewicht gegen den Nordosten. Namen wie Cape Canaveral, Silicon Valley oder Walt Disney Worlds stehen stellvertretend für den Aufstieg dieser Region. Man spricht heute auch vom „Boom Belt“ innerhalb des Sun Belt. Begünstigt wurde der industrielle Aufschwung des Südens durch die umfassende Investitionstätigkeit der Bundesregierung, vor allem in Militär- und Weltraumbasen, sowie in neuen Häfen und binnenländischen Transportsystemen.

Als weitere Gründe für das Wachstum des Sun Belts lassen sich anführen:

M 58 *Beschäftigte im Computerservice und Data Processing in den USA 1997*

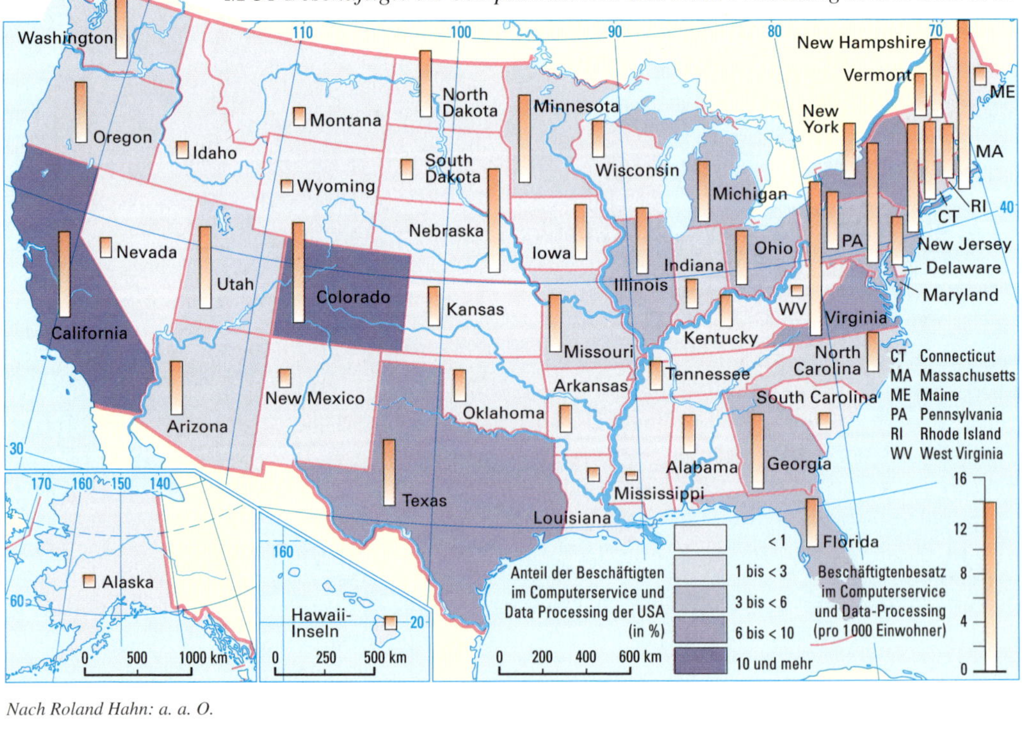

Nach Roland Hahn: a. a. O.

- Forschungs- und Produktionsaufträge an örtliche Universitäten und an die mit ihnen kooperierenden Unternehmen,
- ein großes Potenzial an billigen Arbeitskräften,
- billige Energie- und Rohstoffe (z. B. Erdgas und Erdöl),
- expandierende regionale und lokale Märkte,
- niedrige Gewerkschaftsbindungen,
- die Klimagunst und das große Angebot an Freizeiteinrichtungen („amenity-Faktoren“),
- die gezielte Unterstützung durch ansiedlungsfreudige Kommunalvertreter.

Als ein bewährtes Instrument hat sich die Errichtung von ***Industrieparks (industrial estates)*** erwiesen. Das sind größere, in sich geschlossene Areale, die von staatlichen oder kommunalen Trägern erschlossen und mit den nötigen Infrastruktureinrichtungen versehen werden. Diese Industrieparks bieten sich als Standorte vor allem für kleinere und mittlere Unternehmen an, die die Vorteile der Standortgemeinschaft mit anderen Unternehmen nutzen wollen. Dies gilt besonders für die ***Spin-off-Betriebe***, welche in Abstimmung mit dem früheren Unternehmen einzelne Produktionen durchführen. Als Standorte der Industrieparks werden vorzugsweise verkehrsgünstige Areale, z.B. an Schnellstraßen im Stadtrandgebiet, gewählt.

Rückwanderungstendenzen. In jüngerer Zeit lassen sich Anzeichen von Rückwanderungstendenzen in den Osten des Landes erkennen. Nach einer jahrzehntelangen wirtschaftlichen Depression und einer Phase der Deindustrialisierung, der vor allem die ***„smokestack industries“***, wie die Montanindustrie oder die Automobilindustrie, zum Opfer fielen, ist ein neues Wirtschaftswachstum entstanden. Als Impulse für das Wachstum sind vor allem Rüstungsaufträge, besonders zur Zeit des Kalten Krieges, zu nennen, Investitionen in den Forschungskomplex der angewandten Mikroelektronik und der Biotechnologie, die wirtschaftsfreundliche Politik der Gouverneure oder Bürgermeister und risikofreudige Unternehmerpersönlichkeiten. Impulsgeber waren vielfach Universitäten oder andere renommierte Forschungs- und Bildungsinstitutionen.

Ein Beispiel ist der in den 1960er Jahren errichtete ***Research Triangle Park*** im Bundesstaat North Carolina, so benannt nach dem „Dreieck“, das die drei Universitäten Raleigh, Durham und Chapel Hill bilden. Der Research Triangle Park gilt als eines der größten Forschungszentren der Welt mit besonderen Schwerpunkten auf dem Gebiet der Halbleitertechnik, der Biotechnologie und Pharmazie.

Um 1950 war das Gebiet gekennzeichnet durch den Niedergang der traditionellen Industriezweige (Konsumgüter-, Tabak-, Textil- und Möbelindustrie) und durch eine überdurchschnittlich hohe Arbeitslosigkeit mit Wanderungsverlusten als Folge.

Bereits zwanzig Jahre nach der Gründung des Parks im Jahre 1959 hatten sich etwa 100 Unternehmen mit über 30 000 Arbeitskräften angesiedelt, darunter namhafte Firmen nicht nur aus den USA (z.B. IBM), sondern auch aus der Bundesrepublik Deutschland und anderen Industriestaaten (z.B. BASF, Rhône-Poulenc und Ciba-Geigy). Hinzu kam eine Reihe weiterer Unternehmen, die zwar außerhalb des Parks produzieren, wegen ihres hohen Forschungsanteils aber die Nähe zum Research Triangle Park und den drei Universitäten suchten. Die wirtschaftlichen Auswirkungen sind beachtlich. Litt die Region noch in den 1950er Jahren unter der Abwanderung besonders der jüngeren akademischen Bevölkerung ***(„brain drain“)***, so zählt sie heute zu den am schnellsten wachsenden Gebieten der USA, mit einer Arbeitslosenquote, die deutlich unter dem US-amerikanischen Durchschnitt liegt.

35. *Nennen Sie die wichtigsten Industriegebiete der USA, beschreiben Sie deren Produktionsprofil und ermitteln Sie die entscheidenden Standortfaktoren. (Atlas!)*
36. *Werten Sie die Abbildung „Entwicklungsstadien der US-amerikanischen Industrie 1860 bis 1920“ (M 56) aus und erklären Sie die räumlichen Verlagerungen.*
37. *Schildern Sie die Verlagerungstendenzen der Industrie der USA ab Mitte des 20. Jahrhunderts.*
38. *Nennen Sie Gründe für den Aufschwung des Sun Belts. Berücksichtigen Sie dabei besonders die Industriestruktur und den allgemeinen Wandel der Standortfaktoren.*

Der industrielle Kernraum – Krise und Restrukturierung

Der industrielle Kernraum Nordamerikas umfasst die südlichen Neuenglandstaaten Massachusetts, Connecticut und Rhode Island, die mittelatlantischen Staaten New York, Pennsylvania und New Jersey, die Mittelweststaaten Ohio, Indiana, Illinois, Michigan und Wisconsin sowie die Südteile der kanadischen Provinzen Ontario und Quebec. Dieser Raum, besser als ***Manufacturing Belt*** bekannt, gilt als der größte industriell geprägte Wirtschaftsraum der Erde – mit einer hohen Verdichtung von Bevölkerung, Siedlungen, Industrie und Verkehrswegen. Er schließt aber auch bedeutende Landwirtschaftsgebiete ein, besonders in Ohio, Indiana und Illinois, sodass er lange Zeit sogar als ein agrarisches Überschussgebiet galt.

Innere Differenzierung. Beim Manufacturing Belt handelt es sich nicht, wie der erste Blick auf eine Atlaskarte vermuten lässt, um eine homogene Industriezone, sondern er setzt sich aus verschiedenen Subregionen mit einem jeweils eigenen wirtschaftlichen Profil zusammen.
Eine Standortgruppe ist der stark verstädterte Raum zwischen Boston und Washington, die so genannte ***Megalopolis (Boswash)***. Auf 6% der Landfläche der Vereinigten Staaten leben hier 22% der Gesamtbevölkerung und arbeiten ebenfalls 22% aller Beschäftigten der USA. Wirtschaftlich ist die Megalopolis gekennzeichnet vor allem durch wissensintensive Forschungs- und Entwicklungseinrichtungen, Veredlungsindustrien und das Management großer Firmen.
Anders strukturiert ist eine zweite Standortgruppe, der Großraum Pittsburgh. Auf der Grundlage der Rohstoffe Steinkohle und Erz hatte sich dieser Raum in der zweiten Hälfte des 19. Jahrhunderts zum Zentrum der Schwerindustrie entwickelt. Auch wenn der Raum Pittsburgh in jüngerer Zeit eine Phase der Deindustrialisierung durchläuft, von der besonders der Bergbau und die Eisen- und Stahlindustrie betroffen sind, gilt er immer noch als „Stahlküche der USA".
Eine dritte bedeutende industrielle Standortgruppe ist der Großraum Detroit, Schwerpunkt der amerikanischen Automobilindustrie. Auch dieser Raum wurde in jüngerer Zeit von einer starken Deindustrialisierung erfasst, die sich in einer überdurchschnittlich hohen Abnahme der Industriebeschäftigung äußert – zugunsten des Dienstleistungssektors, in dem heute über zwei Drittel der Gesamtbeschäftigten Arbeit finden. Eine besonders starke Zunahme konnten hier wiederum die wissensintensiven Branchen verzeichnen.
Einen weiteren Schwerpunkt im Manufacturing Belt bildet der Raum Chicago mit einer äußerst vielseitigen Industriestruktur. Sie reicht von der Schwerindustrie über den Maschinenbau und die Nahrungsmittelindustrie bis zum Druckgewerbe. Als eine der großen Handels- und Finanzmetropolen der USA nimmt die Stadt Chicago eine Sonderstellung ein, auch wegen ihrer günstigen Lage als Umschlagplatz zwischen den Großen Seen und dem Mississippi. Sie war der „Gateway", durch den viele Einwanderer in den Westen strömten. Heute gilt Chicago als Metropole weltweit operierender Konzerne der Nahrungsmittel- und Investitionsgüterindustrie, bedeutender Dienstleistungs- und Großhandelsunternehmen sowie bekannter Universitäten und Forschungseinrichtungen.

M 59 Die Bedeutung des Manufacturing Belts vor der Rezessionsphase
(Anteile des Manufacturing Belts an der Wertschöpfung der US-Industrie und der Bevölkerung 1970)

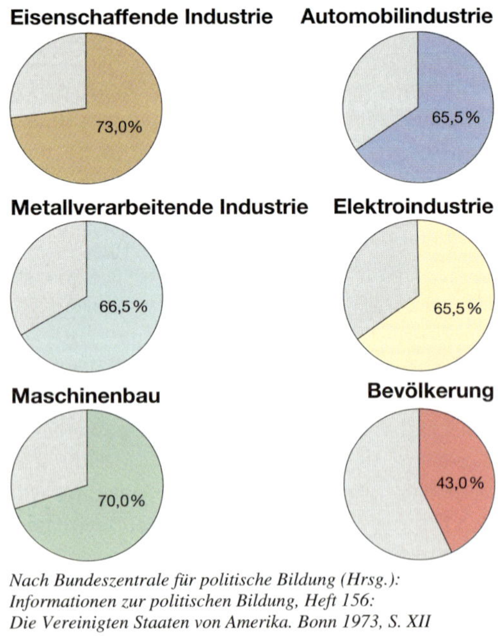

Nach Bundeszentrale für politische Bildung (Hrsg.): Informationen zur politischen Bildung, Heft 156: Die Vereinigten Staaten von Amerika. Bonn 1973, S. XII

Die Standortgunst und die Rohstoffbasis, die große Masse der Zuwanderer aus Übersee sowie die Marktvorteile und die günstige Konjunkturlage in der ersten Hälfte des 20. Jahrhunderts führten dazu, dass im Manufacturing Belt, der nur ca. 11 % des Staatsgebietes der USA umfasst, 1950 ca. 40 % der Bevölkerung und über 60 % der Industriebeschäftigten ansässig waren, die etwa zwei Drittel der industriellen Wertschöpfung erbrachten.

Bedeutungsrückgang. Schon früh war die Schwerindustrie im Raum Pittsburgh in eine Krise geraten. Fortschritte in der Hüttentechnik ließen den Verbrauch von Kohle je Tonne Rohstahl um mehr als die Hälfte sinken. Damit verlor Pittsburgh seinen Standortvorteil „auf der Kohle", während andere Stahlstandorte an Bedeutung gewannen, wie z.B. Duluth am Oberen See, das die Erze der benachbarten Mesabi-Range verarbeitete, oder Cleveland mit seiner transportgünstigen Lage am Eriesee (Verarbeitung der Erze zunächst der Mesabi Range, später aus Labrador; die Kokskohle kam per Eisenbahn aus den Appalachen). Als auch der Eisenerzverbrauch aufgrund geänderter Produktionsverfahren (Rohstahlproduktion aus Schrott) zurückging, wurden für die Stahlwerke die Nachbarschaft zu den Abnehmern (vor allem Fahrzeug- und Maschinenbau) sowie die Beschaffungsmärkte für Schrott als Standort entscheidend. Davon profitierten vor allem die industriellen Ballungsräume an den Großen Seen, später auch die Stahlstandorte an der Atlantik- und Golfküste, die hauptsächlich Importerze aus Übersee verarbeiteten.
Absatzeinbußen auf dem Stahlmarkt infolge sinkender Nachfrage (z.B. durch Substitution von Stahl durch andere Werkstoffe) und die Konkurrenz durch Billiganbieter auf dem Weltmarkt (z.B. einige Entwicklungsländer) stürzten in den 1960er Jahren auch die Stahlindustrie in eine Krise, die sich auf den gesamten Manufacturing Belt ausweitete.

Die Krise griff schließlich auch auf andere Industriegebiete des Manufacturing Belts über, wie z.B. auf die Automobilstädte Detroit und Cleveland. Der erste Ölpreisschock von 1973 leitete in dieser Branche den Wandel ein. Die US-Unternehmen erlitten enorme Marktverluste – in gleichem Tempo wie die Auto-Importe, vor allem aus Japan, stiegen. Es kam zu Betriebsstilllegungen, zu Kapitalabzug aus den produzierenden Unternehmen und zur Entlassung von Arbeitskräften (im Raum Detroit und in der Region um die Großen Seen bis 1982 ca. 230 000 in der Automobilindustrie und weitere 40 000 in der Zulieferindustrie). Hohe Arbeitslosigkeit, Abwanderung von Teilen der Bevölkerung, finanzieller Ruin zahlreicher kleinerer Gemeinden durch fehlende Steuereinnahmen und Verslumung innerstädtischer Viertel waren die Folge. Der Manufacturing Belt geriet in den schlechten Ruf, der „rust belt" der Vereinigten Staaten zu sein.

***M 60** Bedeutungsrückgang des Manufacturing Belts zwischen 1870 und 1980*

Jahr	Bevölkerungsanteil im „Manufacturing Belt"	Wertschöpfung der Industrie
1870	56 %	ca. 80 %
1910	48 %	ca. 70 %
1948	48 %	ca. 69 %
1970	44%	ca. 58 %
1980	40 %	ca. 49 %

Aktuelle IRO Landkarte 1984, H. 6, Nr. 40, USA – Industrie, S. 16. München: IRO Kartographische Verlagsgesellschaft

***M 61** Arbeitsplätze in ausgewählten Industriezweigen des Manufacturing Belts 1957 und 1982 („Jobs that went up in the smoke")*

Jahr	Stahlindustrie	Autoindustrie	Eisenbahnen	Textilindustrie
1957	791 900	760 500	1 399 800	1 073 200
1982	306 700	533 800	448 400	633 900

U.S. News & World Report, Sept. 1982, S. 55

Restrukturierung. Dieses Bild hat sich inzwischen jedoch grundlegend geändert. Seit Ende der 1980er Jahre ist sowohl ein Wandel der überkommenen Wirtschaftsstrukturen als auch eine Wiederbelebung ***(Revitalisierung)*** der städtischen Räume festzustellen. Wie die Abbildung M 62 zeigt, konzentriert sich die Metallerzeugung aber nach wie vor in den Staaten des Manufacturing Belts, vor allem in Ohio, in Pennsylvania und

Indiana. Investitionen japanischer Stahlunternehmen in Indiana und Illinois haben allerdings zu einer partiellen Westverlagerung der Stahlindustrie geführt.

Die verstärkte Ansiedlung von Handels- und Dienstleistungsbetrieben, vor allem aber von High-Tech-Unternehmen schuf die Grundlagen für einen neuen Aufschwung. Damit ist die Beschäftigung in den traditionellen Industriezweigen enorm zurückgegangen, während der Dienstleistungssektor und die wissensintensiven Branchen der High-Tech-Industrie stark an Bedeutung zugenommen haben. Unterstützt wird der wirtschaftliche Umschwung durch die enge Kooperation der neuen Betriebe mit wissenschaftlichen Institutionen, z.B. der Biotechnologie, der Pharmazie oder der Informationstechnologie. Der Erlass strengerer Umweltschutzverordnungen hat zudem die Umweltsituation verbessert, sodass auch die allgemeine Lebensqualität gestiegen ist. Zum Wiederaufschwung trug schließlich auch der Imagevorteil der Metropolen des Manufacturing Belts bei.

M 62 Beschäftigte in der Metallgrundstoffindustrie der USA 1987 und 1997

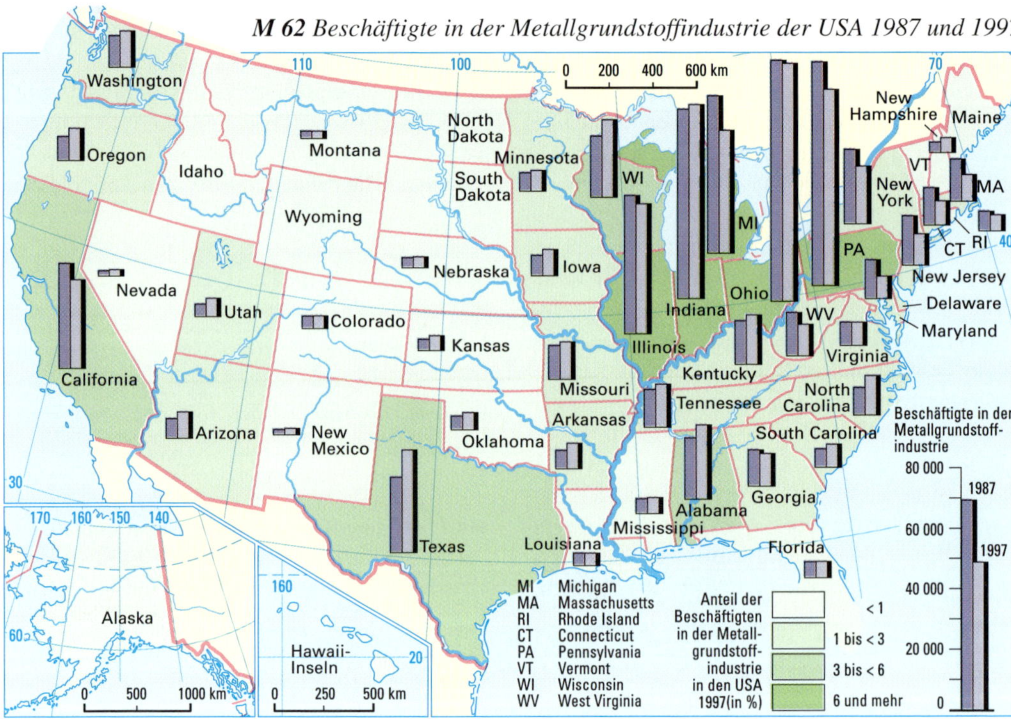

Nach Roland Hahn: a. a. O.

„Massachusetts Wunder“ und „Route 128“. Ein Beispiel für eine gelungene Umstrukturierung bietet der Raum Boston. Die Stadt, einst führender Schiffbauplatz und Wollmarkt der USA sowie Standort einer vielseitigen Industrie, vor allem Nahrungsmittel-, Textil-, Lederwarenindustrie, chemische und Kunststoffindustrie sowie Maschinenbau und Metallverarbeitung, gilt heute als eines der wichtigsten Business-Zentren der USA mit der größten High-Tech-Dichte. Allein in der Kernstadt (Gesamteinwohnerzahl 1999: 555 000) sind ca. 160 000 Personen im wissensintensiven Dienstleistungssektor tätig, in den unmittelbar umliegenden Counties noch einmal ca. 280 000.

In den 1980er Jahren entstand die Bezeichnung ***„Massachusetts Wunder“***, weil nach einer jahrzehntelangen wirtschaftlichen Depression ein dynamisches Wirtschaftswachstum stattfand. Die Basis für das neue Wachstum bildete die

Mikroprozessor-Revolution mit ihren vielfältigen Anwendungen in der Computer-, Kommunikationsgeräte-, Rüstungs- und Raumfahrtindustrie. Entscheidende Impulse gingen dabei einerseits von Staatsaufträgen für die Rüstungsindustrie aus, vor allem zur Zeit des „Kalten Kriegs“ während der Präsidentschaft Reagans, und zum anderen von den bekannten Forschungs- und Bildungsinstituten wie der Harvard Universität und dem Massachusetts Institute of Technology (MIT), die eng mit dem Verteidigungsministerium bzw. den Industrieunternehmen zusammenarbeiten. Viele der neuen Unternehmen – und hier vor allem die Spin-off-Betriebe – suchten als Standort den 18 km von der Stadtmitte entfernten Autobahnring um Boston, die so genannte ***„Route 128“***. Weitere Betriebe entstanden in der Folgezeit entlang dem 40 km von Boston entfernten Autobahnring 495 – und mit ihnen ergänzende Dienstleistungsbetriebe, wie z.B. Beraterfirmen, Patentanwälte, Werbeagenturen oder Systemdesigner.

So entwickelte sich ein Netzwerk von High-Tech-Unternehmen, in dem viele Akteure direkt und indirekt zusammenarbeiten und das in einem zweiten Schritt Arbeitsplätze auch in einfacheren Dienstleistungsbereichen nach sich zog, z.B. im Ver- und Entsorgungsbereich oder in anderen Hilfsdiensten. Für Boston selbst hat der Boom jedoch auch seine Schattenseiten. Viele Menschen, vor allem besser Verdienende, verlassen die Stadt und ziehen ins Umland, wo sie in den neu entstandenen Industrie- und Dienstleistungsunternehmen Arbeit finden. Gleichzeitig wächst in der Kernstadt der Anteil der Einwohner, die Minderheiten angehören – seit 1950 von 5 % auf heute 40 % –, was wiederum für die Stadtverwaltung erhebliche Finanzprobleme schafft, da die Steuereinnahmen in gleichem Maße sinken, wie die Sozialkosten steigen (vgl. S. 97-99).

M 63 *Beschäftigtenstruktur im Metropolitangebiet Boston im Vergleich (1997)*

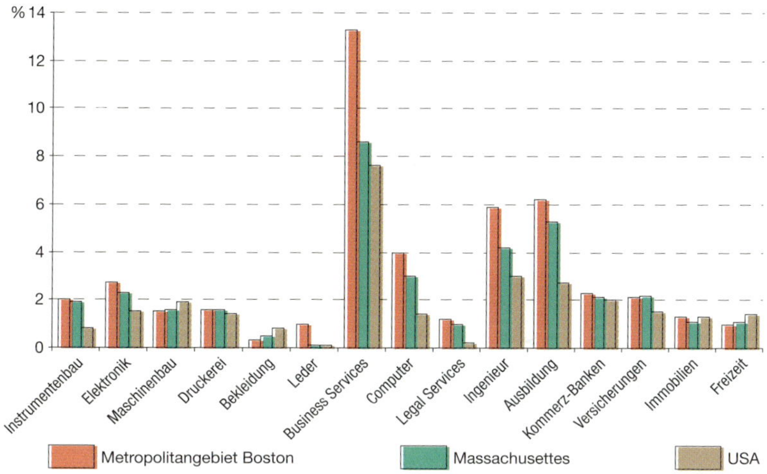

Nach Roland Hahn: a. a. O.

39. *Beschreiben Sie die Industriestruktur der einzelnen Subregionen des Manufacturing Belts und ermitteln Sie die jeweils entscheidenden Standortfaktoren (Atlas!).*
40. *Beschreiben und erklären Sie den wirtschaftlichen Bedeutungsverlust des Manufacturing Belts und erörtern Sie mögliche Folgen für den Gesamtraum und seine Bevölkerung.*
41. *Vergleichen Sie die aktuelle Entwicklung des Manufacturing Belts mit der in europäischen Altindustriegebieten, wie z.B. dem Ruhrgebiet und dem mittelenglischen Industrierevier.*
42. *„Der Manufacturing Belt – ein Raum im Umbruch“. Beschreiben Sie die wirtschaftliche Entwicklung seit den 1980er Jahren und beurteilen Sie seine Standortgunst für die Ansiedlung moderner Industrie- und Dienstleistungsfirmen.*
43. *Erstellen Sie ein Schaubild zum Strukturwandel und seinen Folgewirkungen im Raum Boston.*

Zukunftsmodell Silicon Valley?

→ „San Jose ist die Hauptstadt eines Sciencefiction-Romans. Er spielt im Silicon Valley, und seine Helden sind Chips, babyfingernagelgroße Elemente aus Silizium, englisch: silicon; kleine graue elektronische Zellen, Computerbausteine mit dem Vermögen, die Welt zu erschüttern.

Ein Tal der Talente, ein Paradies der Innovationen, sein Aroma heißt Wagemut und Erfolg. Ein Elysium für Eierköpfe, die gewaltigste Versammlung technischer Intelligenz, die dichteste Konzentration von promovierten Physikern, Chemikern, Ingenieuren und Kaufleuten zwischen Alaska und Alabama.

Dennoch: Nach vierzig Jahren auf dem Gipfel des Fortschritts hat sich die Zukunft von Silicon Valley erschöpft. Das Tal ist überfüllt. Die Wohnsiedlungen bersten, immer neue Highways müssen gebaut werden, um die Autoströme zu kanalisieren. Die Einwanderer aus dem amerikanischen Osten haben ihre sozialen Probleme importiert: Drogen, Alkoholismus, Neurosen. Das Leben ist im Silicon Valley so teuer geworden, dass es sich nur noch Manager und Top-Ingenieure leisten können. Vorüber sind die Tage, da man an jeder Straßenecke Innovationen kiloweise kaufen konnte.“

GEO 1981, H. 11, S. 124 ff. Hamburg: Gruner + Jahr

Mit dem Begriff „Silicon Valley“, den 1971 ein amerikanischer Journalist schuf, ist ein relativ kleines Gebiet im kalifornischen Santa Clara County gemeint. Das südlich von San Francisco liegende Tal erstreckt sich etwa 70 km in Nord-Süd- und 15 km in Ost-West-Richtung.

1999 waren im Silicon Valley etwa 1 000 Betriebe des High-Tech-Sektors angesiedelt mit annähernd 200 000 Beschäftigten, was dort einen Anteil von etwa zwei Dritteln an den Beschäftigten im verarbeitenden Sektor ausmacht.

Aus diesen Zahlen wird zweierlei deutlich:

1. die (weltweit einzigartige) Konzentration von spezialisierten Mikroelektronikunternehmen, Betrieben der Computerindustrie und zahlreicher spezifischer Anwendungsbereiche in diesem Raum,
2. die Tatsache, dass die Industriestruktur sich nicht nur auf den High-Tech-Bereich beschränkt, sondern auch andere Zweige des verarbeitenden Gewerbes umfasst.

***M 64** Silicon Valley – Übersichtskarte*

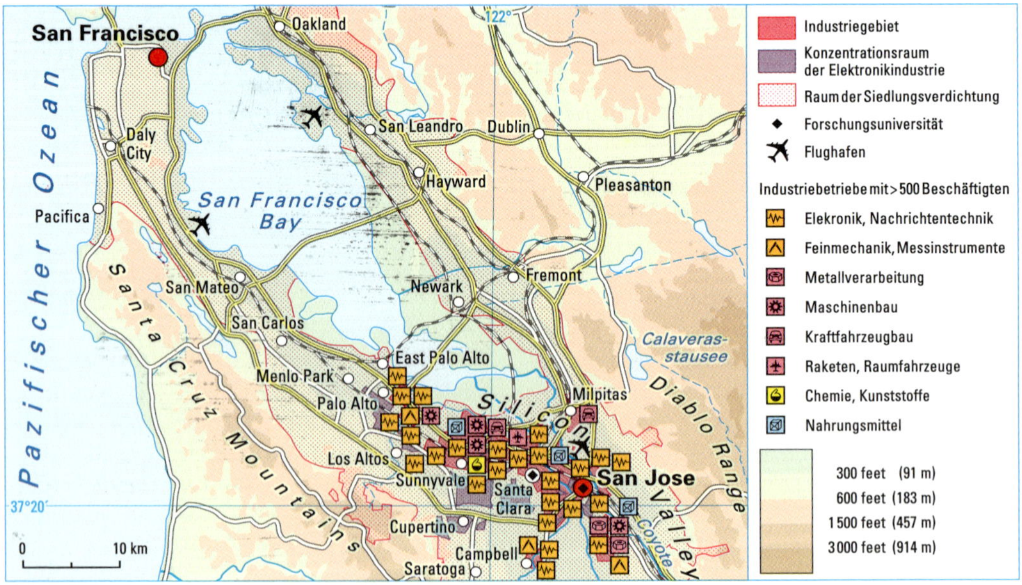

M 65 Beschäftigtenstruktur im Silicon Valley in der Boomphase (Stand 1980)

	Elektronikindustrie Silicon Valley	Industrie im US-Durchschnitt
Manager, Ingenieure, Forscher, Programmierer	40 %	7 %
Techniker	14 %	10 %
Büroangestellte	16 %	11 %
Facharbeiter, Angelernte, Hilfsarbeiter	30 %	72 %

Nach Kilian Popp: Silicon Valley – Zentrum der Mikroelektronischen Industrie. In: Geographie und Schule, Heft 49, Oktober 1987, S. 29. Köln: Aulis

Standortfaktoren und Entwicklung. Was sind die entscheidenden Impulse für diese Wachstumsregion gewesen? Kann sie ein Modell sein für die Entwicklung anderer Regionen?

Die historischen Wurzeln des Silicon Valley liegen in den 1930er Jahren; es ist allerdings umstritten, was den ersten Anstoß für die Umwandlung dieses ursprünglich vornehmlich landwirtschaftlich geprägten Raumes zum Zentrum der US-amerikanischen Mikroelektronik gab. Bereits vor der Entwicklung der Halbleiterindustrie existierten hier mehrere Betriebe der Elektrotechnik, und auch die technikorientierte Stanford-Universität in Palo Alto sowie die Existenz von Militär- und Luftfahrteinrichtungen haben sicherlich eine Rolle gespielt. Ähnliche Rahmenbedingungen existierten allerdings auch in anderen Regionen, ohne dass sich entsprechende High-Tech-Sektoren entwickelt haben. Offensichtlich führten im Silicon Valley ganz spezifische Gründe zu der einmaligen Agglomeration.

→ „Die Gründe für die prosperierende Entwicklung liegen in der mikroelektronischen Infrastruktur des SV, die ganz auf Forschung, Entwicklung und Anwendung der Halbleitertechnologie zugeschnitten war, sowie in der räumlichen Konzentration, die direkte Kontakte begünstigte. So hatten klein- und mittelständische Zulieferer von Reinstsilizium, Masken, Testgeräten, Prototypmaschinen und Reinstraumtechnologie ihren Sitz in diesem Tal.

Auf der Abnehmerseite wurden neben den Kunden aus der Rüstungselektronik zunehmend Nachfrager der privaten Industrieelektronik in das Produktmarketing einbezogen. Alle Industriebranchen standen weiterhin in enger Kooperation mit den Universitäten und Forschungseinrichtungen. Die Fühlungsvorteile wurden noch durch den persönlichen Informationstransfer der hochqualifizierten Forscherteams verschiedener Firmen untereinander verstärkt."

Kilian Popp: a.a.O., S. 24

→ „Staatsaufträge für Entwicklung und Produktion neuer hochwertiger Geräte und Systeme garantieren feste Einnahmen und mindern das Absatzrisiko der kostenintensiven ersten Serien. Ohne den ständigen Kapitalfluss aus dem Pentagon und der NASA hätte der Technologieboom im Silicon Valley nicht seine Intensität erreicht.

Neue Formen der Finanzierung von Unternehmensgründungen und Betriebserweiterungen auf der Basis von Produktionskonzepten ohne herkömmliche Sicherheiten durch Bereitstellung sog. Risiko- oder Wagniskapitals erleichterten die Umsetzung von Produktions- und Verfahrensideen.

Öffentliche Ansiedlungsförderung durch Bereitstellung von Flächen sowie Infra- und Suprastruktureinrichtungen durch die Kommunen in Industrie- und Forschungsparks und zusätzliche staatliche Starthilfe erleichtern die Ansiedlung neuer Betriebe. Diese Vorleistungen sind sowohl von größeren Unternehmen für ihre Zweigwerke als auch von Neugründungen in Anspruch genommen worden. Sie werden deshalb als wichtiges Instrument der Standortförderung angesehen."

Helmut Nuhn: Technologische Innovation und industrielle Entwicklung. Silicon Valley – Modell zukünftiger Regionalentwicklung? In: Geographische Rundschau, Heft 5, 1989, S. 263. Braunschweig: Westermann

Verblasst der Mythos Silicon Valley? Mit der Zahl der Arbeitsplätze stieg auch die Bevölkerung rapide an. Verkehrsprobleme und weit überdurchschnittliche Immobilienpreise erwiesen sich schon bald als Hemmnis für ein weiteres Wachstum. Hinzu kamen wirtschaftliche Probleme aufgrund eines weltweiten Überangebots an Produkten der

M 66 Silicon Valley – Produktionsstätten

Halbleitertechnik und der Computerindustrie sowie aufgrund von Dumping-Preisen vor allem der japanischen Konkurrenz. Massenentlassungen und der Konkurs mancher High-Tech-Firma waren die Folge. Qualifiziertes Personal konnte vielfach nur durch Kurzarbeit oder Zwangsurlaub gehalten werden. Der Mythos Silicon Valley schien zu verblassen – zumal sich auch noch gravierende Umweltprobleme einstellten, z.B. Luftverschmutzung durch den Kraftfahrzeugverkehr, Wasserverschmutzung durch Säuren und toxische Substanzen, die z.B. bei der Halbleiterproduktion eingesetzt werden, Wasserverknappung aufgrund des hohen Bedarfs im ariden Klima. Die große Arbeitslosigkeit und ein Massenbankrott der Firmen blieben jedoch aus, vor allem da die überwiegende Mehrzahl der High-Tech-Unternehmen weniger als 10 Mitarbeiter beschäftigte und sich durch immer neue Erfindungen und Innovationen rasch auf die veränderte Marktsituation einstellte. Auch die großen Firmen nahmen nur beschränkt Entlassungen vor; sie verlagerten zwar vielfach ihre Produktionsstätten an entfernte Standorte (mit niedrigeren Lohnkosten), behielten aber ihre FuE-Abteilungen im Silicon Valley bei. Somit besitzt das Silicon Valley auch weiterhin Standortvorteile gegenüber anderen vergleichbaren Regionen und darf weiterhin zu Recht als „global high-technology headquarter" bezeichnet werden.

44. *Nennen Sie die Wachstumsfaktoren für die High-Tech-Industrie im Silicon Valley.*

45. *Vergleichen Sie die beiden High-Tech-Regionen Silicon Valley und Boston/Route 128 (S. 66/67) nach folgenden Kriterien: industrielle Struktur, Grundlagen/Standortfaktoren, Entwicklung, Bedeutung.*

46. *Erörtern Sie die in der Überschrift angesprochene Frage, ob Silicon Valley ein Zukunftsmodell sein kann, z. B. für die Regionalentwicklung.*

47. *Atlasarbeit: Untersuchen Sie die High-Tech-Standorte in den USA nach ihrer räumlichen Verteilung und erklären Sie die Bezeichnung „Business Frontier Sun Belt". Besteht diese Bezeichnung auch heute noch zu Recht?*

Kanada – Entwicklung der Industrie und regionale Konzentration

Um die Mitte des 19. Jahrhunderts war der größte Teil der Arbeitskräfte Kanadas noch in der Landwirtschaft, in der Holzwirtschaft und in der Fischerei beschäftigt, ein geringer Teil war im Handel und im Transport tätig. Das Handwerk war vornehmlich auf die Versorgung der lokalen Märkte ausgerichtet und folglich weit zerstreut in allen Siedlungen. Die Anzahl der Arbeitskräfte im sekundären und tertiären Sektor war entsprechend gering.

Der Aufbau einer verarbeitenden Industrie erfolgte in größerem Umfang erst zu Beginn des 20. Jahrhunderts. Sie gründete vor allem auf der Nutzung der reichen natürlichen Ressourcen (vgl. S. 20) und wurde durch ein Bündel inner- und außerstaatlicher Maßnahmen gestützt. Ähnlich wie in den USA wurde der Prozess der Industrialisierung weitgehend vom Bau der Eisenbahnen, von der Siedlungs- und Landvergabepolitik des Staates sowie der leistungsstarken Landwirtschaft in den Prärieprovinzen getragen. Mit dem großen Strom der Einwanderer kamen billige Arbeitskräfte, Handwerker, Ingenieure und z.T. auch Kapital ins Land. Diese konzentrierten sich vornehmlich in den städtischen Zentren Quebecs und Ontarios, wo eine beschleunigte Verstädterung einsetzte und von wo der eigentliche Industrialisierungsprozess zeitlich und räumlich seinen Ausgang nahm.

→ „Der Eisenbahnbau durch den Kanadischen Schild, der zuvor als großflächiges Hindernis für den wirtschaftlichen und politischen Zusammenhalt Kanadas gegolten hatte, führte zur Entdeckung reicher Bodenschätze und damit zu einer ökonomischen Umbewertung. Um die Lagerstätten auszubeuten, bedurfte es nicht nur der zunächst ‚zufälligen' Funde. Zur effektiven Nutzung waren vielmehr gezielte Prospektionen, bergbauliche Technik und Erschließung, Verkehrsanbindung an die Verarbeitungszentren und ein entsprechender Absatzmarkt notwendig. Kanada partizipierte an der Entwicklung hochwertiger Stahlsorten in anderen Industriestaaten. Nickel wurde z.B. in steigendem Maße benötigt. Neue Techniken zur Scheidung der typischerweise vergesellschaftet (Nickel-Kupfer, Zink-Blei-Silber) vorkommenden Edelmetalle ermöglichten erst die ökonomische Verwendung der natürlichen Vorkommen. Das notwendige Kapital kam meist aus dem Ausland, zunächst noch vorwiegend aus Großbritannien, nach 1910 jedoch überwiegend aus den USA."

Roland Vogelsang: Kanada. Gotha: Perthes 1993, S. 160

Mit diesem Kapital wurden auch die neuesten Fertigungstechniken (z.B. Fließband) und Organisationsformen (z.B. Aktiengesellschaften, Konzerne), die sich in den Vereinigten Staaten als so erfolgreich erwiesen hatten, eingeführt. Ein Beispiel dafür ist die Automobilindustrie: 1905 nahm Ford die Massenproduktion in Windsor am Eriesee auf, 1918 folgte General Motors in Oshawa am Ontariosee. Innerhalb der ersten drei Jahrzehnte dieses Jahrhunderts wurden sie die führenden Unternehmen und zusammen mit der Eisen- und Stahlindustrie gaben sie der industriellen Entwicklung wesentliche Impulse.

Wichtige Anstöße für die weitere industrielle Entwicklung Kanadas gingen von den beiden Weltkriegen aus: Stahlherstellung, Auf- und Ausbau der Werft- und Luftfahrtindustrie, Aluminiumherstellung, Produktion von Kupfer, Zink und Nickel, deren Förderung parallel mit dem Bedarf der Rüstungsindustrie stieg. Im Jahre 1950 betrug der Anteil der verarbeitenden Industrie am Bruttoinlandsprodukt ca. ein Viertel, und gleich hoch lag auch der Anteil der Industriebeschäftigten an der Gesamtbeschäftigtenzahl. Damit war Kanada endgültig den Industrienationen zuzurechnen.

In der zweiten Hälfte des 20. Jahrhunderts nahm die industrielle Wertschöpfung, wie in den anderen Industrieländern auch, sprunghaft zu. Gleichzeitig fand eine Umorientierung in der Industriestruktur statt, die sich wie folgt umschreiben lässt: „von der Rohstofforientierung zur footloose industry". Gefördert wurde vor allem der High-Tech-Bereich, so z.B. in den Sparten Luftfahrt und Telekommunikation, Industriezweige, die heute erhebliche Exportüberschüsse erwirtschaften. International bekannt ist z.B. der „TOC" (Technology-oriented Complex) bei Ottawa, der überschwänglich auch als „Silicon Valley North" bezeichnet wird.

Regionales Ungleichgewicht. Die industrielle Entwicklung Kanadas konzentrierte sich lange Zeit im Wesentlichen auf nur ein Kerngebiet, auf Süd-Quebec und Süd-Ontario, das Gebiet der „Mainstreet" (Städteachse zwischen Quebec-Stadt und Windsor am Eriesee). Die Konzentration auf diesen Raum ist insofern erstaunlich, als er keine herausragende Rohstoffbasis besitzt, sieht man von den nicht sehr bedeutenden Erdöl- und Erdgaslagerstätten ab. Hier müssen also andere Faktoren ausschlaggebend gewesen sein.
Der Raum Süd-Ontario besaß in der Frühphase des industriellen Aufbaus im 20. Jahrhundert eine Reihe günstiger Voraussetzungen, die ihn für Industrieansiedlungen vor allen anderen Räumen begünstigten: eine äußerst gute Verkehrsanbindung und die Nähe zu den wichtigen US-amerikanischen Industriemetropolen des Manufacturing Belts, die ihm eine hohe Attraktivität für Investitionen aus den USA verliehen. Hinzu kamen Impulse, die von der schon früh kommerziell betriebenen Landwirtschaft in diesem Raum ausgingen. Unternehmen ließen sich besonders in den größeren Städten nieder, die so zum Ausgangspunkt der damals modernen Industrie wurden, vor allem der Schwerindustrie und der Automobilindustrie. Diese zogen wiederum weitere Betriebe der Zulieferindustrie nach sich.
Montreal ist das nächstgrößere Industriegebiet. Die dominierenden Zweige sind hier die relativ arbeitsintensive Konsum-, Leder- und Textilindustrie sowie der Maschinenbau und die chemische Industrie. Die Standortfaktoren sind etwa die gleichen wie in Südontario.
Neben den oben genannten sind als weitere Ursachen der regionalen Konzentration die ***Agglomerationsvorteile*** der beiden Räume zu nennen. Darunter versteht man Kostenvorteile für die Produktion und die Vermarktung, welche sich aus der besonderen Lage und Raumstruktur ergeben, z.B. günstige Absatzlage, großes Arbeitskräftepotenzial, die Nähe zu Verwaltungen und zu Institutionen der politischen und wirtschaftlichen Entscheidung, zu Finanz- und Handelsunternehmen.
Im Vergleich zu diesem industriellen Kerngebiet bleiben alle anderen Provinzen weit zurück. Lediglich Alberta und Britisch-Kolumbien verfügen aufgrund ihrer vielfältigen und reichen Ressourcen (vor allem Erdöl, Erdgas, Steinkohle, Buntmetalle, Holz, Hydroenergie, landwirtschaftliche Produkte) über gute Möglichkeiten für einen industriellen Aufbau. Britisch-Kolumbien hat zudem den Vorteil der günstigen geographischen Lage zu den wirtschaftlich prosperierenden Staaten an der Westküste der USA sowie zu Japan, zu China und zu den Schwellenländern Südostasiens. Zentren der Industrie im Westen sind die großen Städte Vancouver, Edmonton und Calgary. Ein entscheidender Impuls ging für viele Industrieansiedlungen auch von dem großen Angebot billiger Hydroenergie aus.

M 67 *Regionale Verteilung der verarbeitenden Industrie in Kanada (Angaben in %)*

	1929		1983		1999	
	Beschäftigte	Wertschöpfung	Beschäftigte	Wertschöpfung	Beschäftigte	Wertschöpfung
Atlantikprovinzen[1]	6,0	3,7	4,9	3,7	5,2	4,0
Zentralprovinzen	80,3	82,5	78,6	79,2	76,4	72,1
Ontario	49,3	53,3	50,2	53,0	50,0	52,4
Quebec	31,0	29,2	28,4	26,2	26,4	24,7
Prärieprovinzen[2]	6,5	7,2	8,5	8,5	9,8	10,0
Britisch-Kolumbien	7,2	6,6	8,0	8,5	8,6	8,9
Norden	–	–	–	–	–	–

[1] Neufundland, Prinz-Eduard-Inseln, Neuschottland, Neubraunschweig; [2] Manitoba, Saskatchewan, Alberta

Nach Statistics of Canada, Manufacturing Industry of Canada. Ottawa, Canada Yearbook, Ottawa; jeweils verschiedene Jahrgänge

Strukturelle Schwächen. Die Kanadische Industrie weist bis heute eine Reihe von Schwächen auf, die nicht nur aus der Dimension des Raumes bzw. aus der Unwirtlichkeit weiter Landesteile resultieren, sondern zu einem erheblichen Teil in dem beschriebenen räumlichen Ungleichgewicht sowie in der besonderen Industrie- und Außenwirtschaftsstruktur ihre Ursachen haben.

Trotz der beachtlichen Erfolge die Branchenstruktur zu diversifizieren stellt die relativ starke Rohstoffgebundenheit mit einem Übergewicht in der Kosumgüterherstellung (besonders Lebensmittel und Getränke) und in der Grundstoffindustrie (Holz, Papier, chemische Erzeugnisse, Eisen und Stahl) ein Charakteristikum und zugleich ein Handicap der kanadischen Wirtschaft dar. Hinzu kommen die starke Bindung an den US-amerikanischen Markt, die durch die 1989 vertraglich gebildete Nordamerikanische Freihandelszone noch verstärkt wurde, und der große Einfluss von ausländischem Kapital.

→ „In der kanadischen Wirtschaft spielten ausländische Investitionen von Anbeginn an eine wichtige Rolle. Der Anteil fremden Kapitals am Nennwert wuchs während des 20. Jahrhunderts aber besonders in den Sektoren Bergbau und Industrie, in denen er 1954 51 % erreichte. ... Tochterunternehmen nahmen dabei einen bedeutenden Part ein. Sie brachten neue Produktionsmethoden nach Kanada und dominierten rasch spezielle Industriezweige. Diese Entwicklung kann im Zusammenhang mit den Lebenszyklen bestimmter Produkte gesehen werden, die jeweils am Beginn ihrer Expansions- und Gewinnphase standen. So wurde Kanada wie die USA ein wichtiger Produzent von Automobilen, Reifen, elektrischen Geräten, chemischen Produkten und einer Vielzahl von Konsumgütern. Es kam rasch in den Genuss von Produkten, die sich auf dem weltweit größten Markt bereits durchgesetzt hatten. – Solange die US-amerikanische Industrie international führend war, profitierte der nördliche Nachbar weitgehend vom System der ‚Tochterniederlassungen'; die Kehrseite dieser Bindung, die geringe eigenständige Forschung und Entwicklung in diesen Werken, wurde erst viel später spürbar."

Roland Vogelsang: a.a.O., S. 163

M 68 *Außenhandelsstruktur Kanadas 1999*

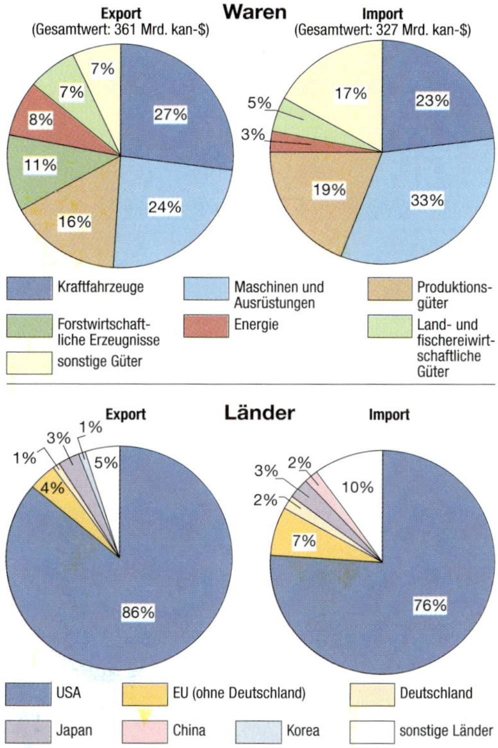

Nach Mario von Baratta (Hrsg.): a.a.O., Spalte 434

Regionale und strukturelle Ungleichgewichte sind eine Triebfeder der Separationsbestrebungen der frankophonen Provinz Quebec. Wegen der geringen inneren Integration – die wirtschaftlichen Verflechtungen und Verkehrsverbindungen der südöstlichen mit den nördlichen Gebieten sind weniger stark ausgeprägt als mit dem Nordosten der USA – ist der Föderalismus im Bundesstaat Kanada besonders in Krisenzeiten gefährdet.

48. *Informieren Sie sich mit Atlas und anderen Quellen, z.B. Internet, Fischer Weltalmanach, über die Industrie Kanadas (Produktionsvolumen, Produktionsstruktur). Vergleichen Sie die Situation Kanadas mit der der anderen G8-Staaten.*
49. *Erklären Sie die regionalen Disparitäten der industriellen Entwicklung in Kanada. Berücksichtigen Sie dabei sowohl natürliche als auch ökonomische Voraussetzungen und Zwänge.*
50. *Erörtern Sie Probleme, die sich aus den genannten Strukturschwächen der kanadischen Industrie ergeben können (u.a. auch mit M 68).*

Geoökologische Probleme

Aufgrund der großen Dimensionen und des gewaltigen Potenzials an natürlichen Ressourcen entstand die gefährliche Aussage von Nordamerika als „Land der unbegrenzten Möglichkeiten“. Diese einseitige Sicht und falsche Bewertung führten dazu, dass ein verantwortungsbewusster Umgang mit Ressourcen und Schutz der Umwelt lange Zeit nicht für notwendig erachtet wurden.

→ „Der Keim zu rücksichtsloser Landnutzung wurde offenbar angelegt, als die großflächige Landnahme des Westens nach 1850 angelaufen war. Zwei Aspekte bestimmten diesen Abschnitt der Kulturlandschaftsentwicklung mit ihrer folgeschweren Dialektik: die Auffassung der ‚Great American Desert' westlich des Mississippi und die territorial-politisch bedingte ‚Give Away'-Politik der Bundesregierung, welche in kurzer Zeit über die Hälfte der 5,6 Mio. km² des Bundeslandes für die Westbesiedlung freigegeben hatte. Diese ‚Billig-Land'-Politik im vermeintlich wertlosen Westen musste sich fast zwangsläufig in einer unbedachten Landausbeutung auswirken, sei es in Form von Kahlschlägen des Waldes, in der ackerbaulichen Übernutzung der Great Plains oder in der verheerenden Anwendung hydraulischer Ausbeutungsmethoden z.B. in den nordkalifornischen Goldfeldern um 1880.“

Werner A. Gallusser: Umweltgefährdung und Umweltsanierung in den USA. Fragenkreise 23571. Paderborn: Schöningh 1984, S. 12

Soil Erosion, Soil Conservation

Das bekannteste Beispiel für ökologische Schäden, die durch eine unbedachte Landnutzung hervorgerufen wurden, sind die katastrophalen ***Bodenzerstörungen*** in den Great Plains.
Optimistische Beurteilungen des Raumes und hohe Weizenpreise auf dem Weltmarkt verlockten in den 1920er Jahren viele Farmer, die Ackerbaugrenze in die semiariden Gebiete über den 100° w.L. hinaus auszudehnen. Regenreiche Jahre brachten zunächst Rekordernten. Diese waren in den Trockengebieten erst möglich durch die Methode des ***dry farming***: Einem Anbaujahr folgte ein Brachjahr, in dem das Land von Unkraut freigehalten und tiefgründig gepflügt wurde, damit die Niederschläge in den Boden eindringen konnten. Nach dem Regen wurde das Land geeggt, um das Kapillarsystem zu unterbrechen und so die Verdunstung zu mindern. Das so im Boden gespeicherte Wasser ermöglichte den Getreideanbau im folgenden Jahr.
Diese Anbaumethode sowie die Getreidemonokultur auf riesigen Flächen mussten in Dürrejahren, die in den Plains immer wieder auftreten, zu katastrophalen Folgen führen. Durch die in den baumlosen Plains auftretenden großen Windgeschwindigkeiten kam es zu schweren Erosionsschäden, wobei besonders der fruchtbare Oberboden abgetragen wurde. Nachfolgende heftige Regenschauer rissen tiefe Rinnen und Gräben in die Äcker und schwemmten den Boden fort.
Die Auswirkungen der ***Bodenerosion*** waren besonders stark im Bereich nahe der Trockengrenze, wo die Niederschläge besonders unregelmäßig fallen (hohe Niederschlagsvariabilität), so im Grenzgebiet der Staaten Colorado, Kansas, Oklahoma, Texas und Neu Mexiko, das zur ***Dust Bowl*** der USA wurde. Schätzungen besagen, dass es allein in den 1930er Jahren zur Zerstörung von ca. 1 Mio. ha Ackerland kam. Mehr als 600 000 Farmer verloren damals infolge von Bodenschäden ihre Existenz.

M 69 *Dust Bowl, Pendeln der Trockengrenze,* ***Ogallala Aquifer*** *(vgl. auch Text S. 75)*

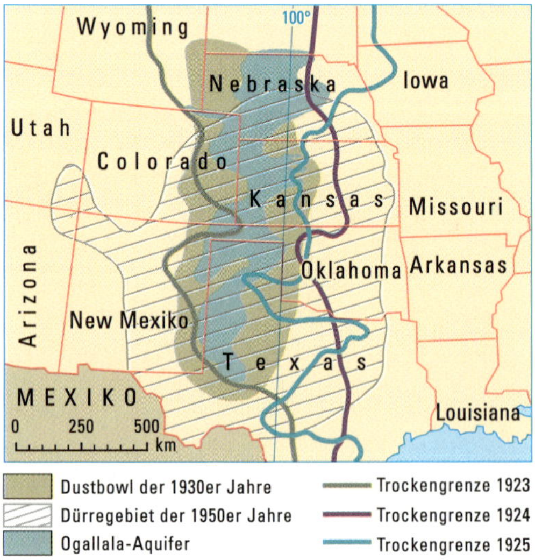

Soil Conservation. Die Krisensituation führte zur Einrichtung des Soil Conservation Service der Regierung, der die Farmer in der Anwendung von Bodenschutzmaßnahmen unterstützt. Einige der wichtigsten Maßnahmen zur ***soil conservation*** sind:

- Anstelle der Brache werden bodenhaltende und bodenverbessernde Pflanzen angebaut.
- Die Getreidemonokultur wird durch eine ***Fruchtwechselwirtschaft*** (crop rotation) ersetzt, d.h., in regelmäßigem Wechsel werden nach Halmfrüchten Blattfrüchte angebaut, z.B. Luzerne, die mit ihren tiefen Wurzeln und als Bodendecker den Boden schützen.
- Größere Felder werden in Streifen aufgeteilt und wechselweise mit Weizen und anderen Pflanzen unterschiedlicher Reifezeit bebaut ***(strip farming)***, sodass die Erosionskraft von Wind und Wasser geschwächt wird.
- Pflügen entlang der Höhenlinien ***(contour ploughing)*** hemmt den Wasserabfluss an geneigten Flächen, verhindert die Erosion durch abfließendes Wasser und ermöglicht das Eindringen der Niederschläge in den Boden.
- Stoppeln bleiben auf dem Acker stehen und Stroh wird ins Stoppelfeld eingearbeitet ***(stubble mulching)***, sodass Teile der Halme aus dem Boden ragen und Windschutzeffekt erzeugen.
- Die Bodenbearbeitung wird auf ein Minimum reduziert ***(minimum tillage)***, indem man den Boden nicht mehr pflügt, sondern nur noch anritzt; in die so entstandenen Rinnen wird gesät und der Boden anschließend wieder geschlossen, damit er der Erosion weniger Angriffsfläche bietet. Vereinzelt wird nach der Ernte gar nicht mehr gepflügt, das neue Saatgut nur in die alten Stoppeläcker eingebracht ***(no-tillage)***.
- Waldschutzstreifen und Windschutzhecken ***(windbreaks, shelter belts)*** werden in Abständen von 300 bis 400 m quer zur Hauptwindrichtung angelegt; sie brechen die Kraft des Windes und verbessern das Mikroklima.
- Besonders erosionsgefährdete Hänge werden aufgeforstet oder in Dauergrünland zurück verwandelt.

Trotz dieser Boden konservierenden Maßnahmen kam es immer wieder zu Rückschlägen, und zwar besonders dann, wenn nach überdurchschnittlich feuchten Jahren die Anbauflächen wieder ausgedehnt wurden, so z.B. in den frühen 1950er Jahren. Die Ausweitung und eine Intensivierung des Anbaus waren vielfach erst möglich durch die Einführung der Karusselbewässerung (vgl. M 70) und die Nutzung der Grundwasservorräte – vor allem des ***Ogallala Aquifers*** (vgl. M 69). Beim Ogallala Aquifer handelt es sich um eine wassergesättigte geologische Formation, die sich vor etwa 10 Mio. Jahren gebildet hat. Sie enthält schätzungsweise 4 Billionen m³ Wasser, das bei anhaltend übermäßiger Ausbeutung jedoch zu erschöpfen droht, zumal nur geringe Niederschläge zur Auffüllung zur Verfügung stehen.

M 70 *Boden konservierende Maßnahmen in den Great Plains*

Raubbau an den Grundwasserreserven

Begrenzender Faktor für die Landwirtschaft der USA sind in vielen Gebieten die unzureichenden Niederschläge. Vielfach ist ein Anbau nur mit Hilfe der Bewässerung möglich, insbesondere in den Regionen westlich der Trockengrenze, wo die Niederschläge unter 500 mm im Jahr sinken. Hier konzentrieren sich entsprechend die Bewässerungsflächen der USA. Aber auch in anderen Gebieten ist vielfach eine künstliche Bewässerung nötig, um entweder den landwirtschaftlichen Ertrag überhaupt zu sichern oder um höhere Erträge zu erzielen. So können bei einzelnen Kulturen, z.B. Weizen, Gerste oder Alfalfa (Klee), doppelt so hohe Erträge erreicht werden, wenn bewässert wird. Diese Tatsache erklärt, dass in den USA mehr als 80 % der Wassernutzung auf landwirtschaftliche Zwecke entfallen und dass sich der Anteil der bewässerten Kulturen am Produktionswert des Pflanzenbaus auf nahezu 40 % beläuft. Ein Großteil des Wasserbedarfs wird aus den Grundwasservorräten gedeckt; entsprechend groß ist der Umfang der Grundwasserförderung. Mit 56 Mio. m^3 pro Tag steht Kalifornien mit weitem Abstand an der Spitze, gefolgt von Texas mit 33 Mio. m^3. Diese hohen Fördermengen führen vielfach zu einer besorgniserregenden Übernutzung der Grundwasserressourcen, insbesondere in den Staaten Kalifornien und Arizona, aber auch in den Great Plains (vgl. die Ausführungen zum Ogallala Aquifer auf S. 75).

M 71 Entwicklung des Bewässerungsfeldbaus in den USA

Jahr	Landwirtschaftliche Nutzfläche (Mio. ha)	Bewässerte Nutzfläche (Mio. ha)	Bewässerte Nutzfläche in % der gesamten Nutzfläche
1900	339,5	3,0	0,9
1930	399,4	7,9	2,0
1959	454,5	13,4	2,9
1987	390,3	18,8	4,8
1997	377,1	22,3	5,9

Nach Werner Klohn, Hans-Wilhelm Windhorst: Die Landwirtschaft der USA. Vechtaer Materialien zum Geographieunterricht, Heft 1. Vechta 2000, S. 203

M 72 Bewässerungslandwirtschaft in den USA 1997

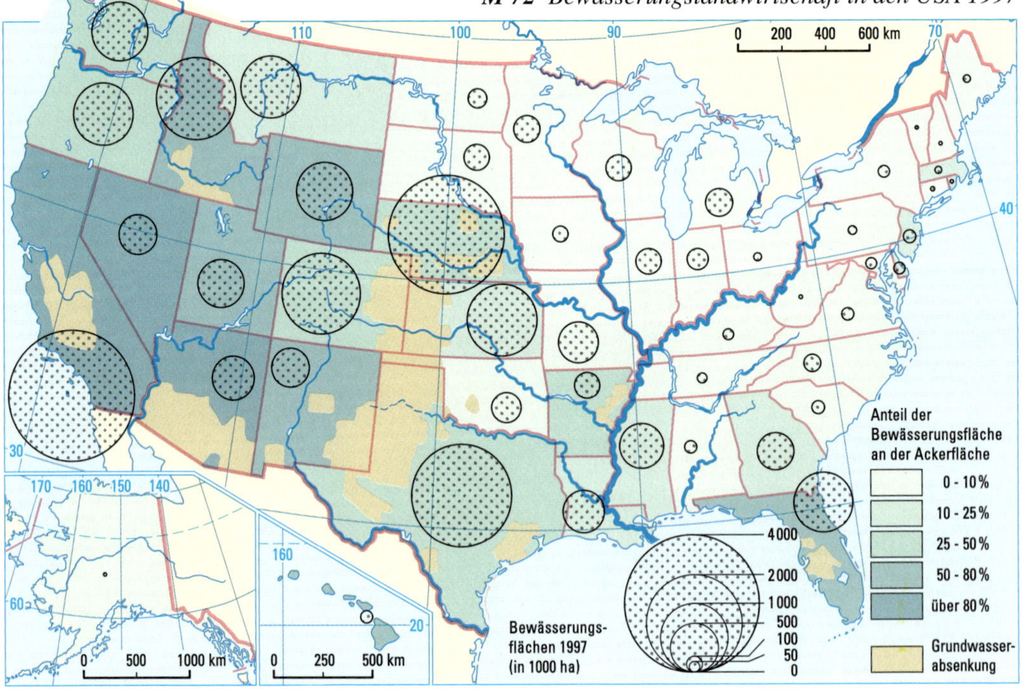

Nach Werner Klohn, Hans-Wilhelm Windhorst: a.a.O., S. 204–206

Ökologische Probleme der Bewässerungslandwirtschaft

→ „Die Ausweitung und Intensivierung des Bewässerungsfeldbaus haben eine Reihe von Problemen verursacht. Da das aufgebrachte Bewässerungswasser immer gelöste Salze enthält, besteht in ariden und semiariden Regionen stets die Gefahr der ***Bodenversalzung***, wenn Bodenwasser kapillar aufsteigt und an der Oberfläche verdunstet. ...

Langfristig besonders problematisch ist es, wenn Bewässerungswasser über große Entfernungen transportiert und in weitgehend abflusslosen Becken aufgebracht wird. Dies ist z.B. im San Joaquin Valley in Kalifornien der Fall, das große Mengen Bewässerungswasser über den Delta-Mendota-Kanal erhält. Seit der Fertigstellung 1951 wird über diesen Kanal in großem Umfang Wasser aus dem Delta (westlich Stockton) zu Bewässerungszwecken in das San Joaquin Tal geleitet. Mit diesem Wasser gelangt jährlich eine Salzmenge von rund 1 Mio. t zusätzlich in das Tal. Durch die hohe Wasserzufuhr aus dem Norden Kaliforniens über das Central Valley Project und das California State Water Project ist das Abflussregime des San Joaquin Beckens beträchtlich verändert worden. Dies findet seinen Niederschlag in verstärkter Salzakkumulation. ...

Da durch die Bewässerung der Grundwasserspiegel angehoben wird, muss die Bewässerung jeweils durch Entwässerung (Drainage) ergänzt werden. Weitere ökologische Probleme der Bewässerungslandwirtschaft resultieren aus der Belastung des Drainagewassers mit Agrarchemikalien (Düngemittel, Herbizide u.a.m.), der Bodenverschlämmung und des Bodenabtrags infolge oberflächigen Wasserabflusses. Will man Letztgenannten gering halten und verringert deshalb die aufzubringende Wassermenge, steigt die Gefahr der Versalzung an. Die Bewässerung der landwirtschaftlichen Kulturen stellt also eine Gratwanderung dar. ... Werden fossile Wasserspeicher ausgebeutet, so drohen bei deren Erschöpfung erhebliche sozioökonomische Folgen, wie sich am Beispiel des Ogallala Aquifers in den Great Plains bereits abzeichnet. Bei der Ausbeutung von Grundwasser in Küstennähe besteht bei Übernutzung die Gefahr der Salzwasserintrusion."

Werner Klohn, Hans-Wilhelm Windhorst: a.a.O., S. 198

Das Beispiel Salinas Valley in Kalifornien

→ „Das Salinas Valley, südlich von San Francisco gelegen, gilt als die „Salatschüssel" der USA. ... Von herausragender Bedeutung ist der Anbau von Gemüse, der mit rund 1,6 Mrd. [US-] $ nahezu 72 % der agrarischen Wertschöpfung erzielt. Fast das gesamte in Salinas Valley gebrauchte Wasser wird aus dem Grundwasserkörper heraufgepumpt. Dieser wird gespeist aus den Niederschlägen, die im gesamten Einzugsbereich des Tals (einschließlich der Gebirgshänge) niedergehen und versickern. Auch aus dem Flusssystem des Salinas River findet eine Auffüllung des Grundwasserkörpers statt. Dabei ist als geologische Besonderheit zu beachten, dass der wasserführende Körper im nördlichen, d.h. küstennahen Bereich durch drei undurchlässige Lehmeinlagerungen getrennt ist. Südlich von Salinas verringert sich deren Mächtigkeit und die Lehmschichten sind unterbrochen. Diese Lehmeinlagerungen trennen im nördlichen Talbereich drei Grundwasserleiter voneinander, den sogenannten 180-Fuß-Aquifer, den 400-Fuß-Aquifer und den tiefen Aquifer. Da diese nach oben durch die Lehmschicht(en) abgedeckt sind, erfolgt ihre Wiederauffüllung mit Süßwasser fast ausschließlich in den Bereichen, wo die Lehmschichten unterbrochen sind. Unter natürlichen Umständen entsteht dabei ein Wasserdruck, der eine Wasserbewegung zur Küste bewirkt, bis dieses Süßwasser im Bereich der Monterey Bay austritt."

Werner Klohn, Hans-Wilhelm Windhorst: a.a.O., S. 214

***M 73** Klimadiagramm der Stadt Salinas*

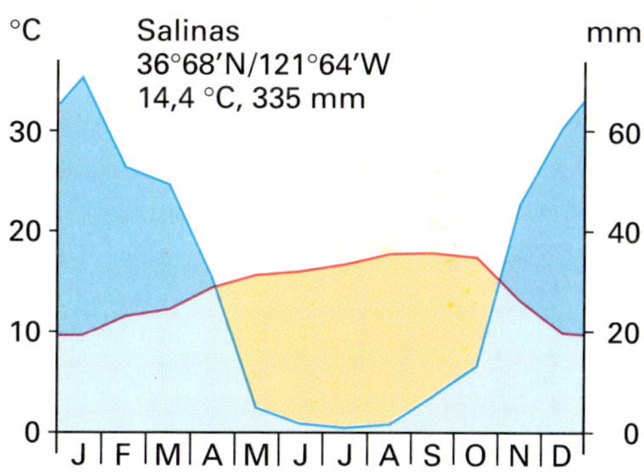

Nach Werner Klohn, Hans-Wilhelm Windhorst: a.a.O., S. 215

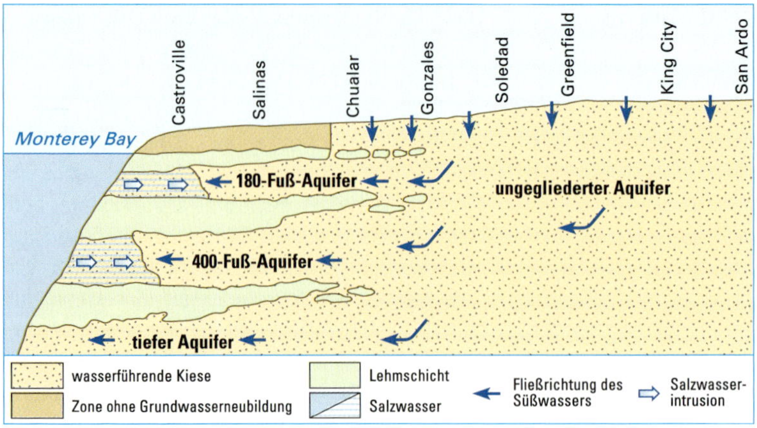

M 74 Geologie und Grundwasserbewegungen im nördlichen Salinas Valley

Nach Werner Klohn, Hans-Wilhelm Windhorst: a.a.O., S. 215

Die expandierende Bewässerung, der rapide Anstieg der Zahl von Brunnenbohrungen, aber auch der steigende Trinkwasserbedarf der Bevölkerung mussten zu gravierenden ökologischen Schäden führen. Nach dem Gesetz der kommunizierenden Röhren drang Meerwasser aus der Monterey Bay in den teilweise entleerten Grundwasserkörper ein, da die winterlichen Niederschläge nicht mehr ausreichten, um die Grundwasserkörper wieder aufzufüllen und den meerwärts gerichteten Grundwasserstrom über die Trockenperiode hinweg aufrecht zu erhalten. Eine Versalzung des Grundwasserstroms begann, wobei der oberste Grundwasserhorizont die höchste Salzbelastung zeigte. Mit dem Brunnenwasser – die meisten Brunnen heben ihr Wasser aus dem 180-Fuß-Aquifer – gelangen immer größere Salzmengen auf die Bewässerungsflächen, sodass das Pflanzenwachstum erheblich eingeschränkt, wenn nicht sogar unmöglich wurde.

Die Probleme verstärkten sich noch, als im Jahre 1987 eine Dürre einsetzte. Aufgrund der stark verringerten Niederschläge stand weniger Oberflächenwasser zur Verfügung. Bei gleichbleibender landwirtschaftlicher Bewässerungsfläche musste nun noch stärker als zuvor auf die Grundwasservorräte zurückgegriffen werden – mit fatalen Folgen: Immer größere Mengen an Salzwasser dringen vom Meer in den Aquifer ein.

Die Ausbreitung des Salzwassers beeinträchtigt nicht nur die Landwirtschaft. Auch die Sicherstellung der Trinkwasserversorgung der Stadt Salinas ist inzwischen nicht mehr gewährleistet, obwohl man dazu übergegangen ist, die Brunnen in den 400-Fuß-Aquifer zu vertiefen, in dem die Salzanreicherung noch nicht so weit fortgeschritten ist. Bei weiterem Bevölkerungswachstum (jährliches Wachstum der Stadt Salinas gegenwärtig ca. 2,5 %) wird sich die Situation voraussichtlich jedoch weiter verschärfen, wenn es der Landwirtschaft nicht gelingt, den Wasserverbrauch durch eine sparsamere Verwendung drastisch zu reduzieren.

51. Erläutern Sie die Folgen, die sich aus dem Pendeln der Trockengrenze (M 69) für die landwirtschaftliche Nutzung in den Great Plains ergeben. Berücksichtigen Sie dabei sowohl die wirtschaftlichen Risiken als auch die ökologischen Probleme.

52. Beschreiben Sie die in der Luftaufnahme auf S. 75 dargestellten Maßnahmen gegen die Bodenerosion und erklären Sie deren Wirkungsweise.

53. Untersuchen Sie die klimatischen Ausgangsbedingungen für die Landwirtschaft im Raum Salinas Valley (M 73 und Atlas).

54. Erstellen Sie am Beispiel von Salinas Valley ein Wirkungsgeflecht zu den wirtschaftlichen und ökologischen Problemen der Bewässerungslandwirtschaft in den USA.

55. Erörtern Sie Maßnahmen, die Ihnen geeignet erscheinen, die Probleme der Bewässerungslandwirtschaft in Salinas Valley zu lösen.

Umweltprobleme und Umweltbewusstsein in Kanada

Verspätetes Umweltbewusstsein
Angesichts der weit verbreiteten Vorstellung von den „unberührten Landschaften" Kanadas und der zahlreichen grandiosen Naturdenkmäler, wie sie in Landschaftsporträts und Reiseprospekten dargestellt werden, mag der Gedanke an Umweltprobleme im Falle Kanadas zunächst als fremd oder gar abwegig erscheinen. Dennoch, wie jedes andere hochentwickelte Industrieland, so hat auch der Staat Kanada mit z.T. gravierenden ökologischen Problemen zu kämpfen. Die in der kanadischen Bevölkerung tief verwurzelte Vorstellung vom „unermesslichen Reichtum" des Landes bewirkte jedoch, dass ein kritisches Umweltbewusstsein sich erst spät in der kanadischen Öffentlichkeit und bei den Verantwortlichen entwickelte und entsprechend spät eine umfassende vorsorgliche Umweltpolitik betrieben wurde.

→ „Bei dem nunmehr weithin feststellbaren Umdenkungsprozess befand sich Kanada in einer besonderen Situation. Die Größe des Landes und die relativ geringe Bevölkerung förderten die Grundhaltung, in der Natur eine unerschöpfliche Ressource zu sehen, die nur darauf wartete, vom Menschen genutzt zu werden. Mehr noch, während der neuzeitlichen Erschließung des Landes wurde die weitgehend unveränderte Natur häufig als Widersacher betrachtet. Nicht nur in klimatischer Hinsicht mussten sich die Europäer erst gegen die Natur behaupten, auch bei der landwirtschaftlichen Inwertsetzung schien es notwendig, die natürliche Vegetation zu beseitigen und die Wildnis zu bekämpfen. So wurde die Natur oft als Feind angesehen, obwohl sie offensichtlich große Schätze für den Menschen bereit stellte. Unter diesen Bedingungen galten Raubbau und Raubnutzung beim Fischfang, beim flächenhaften Holzeinschlag und bei der Nutzung der Bodenschätze lediglich als kleine Eingriffe in den Naturhaushalt. Selbst wenn sich Übernutzungserscheinungen zeigten, so konnten diese als lokale Phänomene gedeutet werden, die kaum Einfluss auf die Gesamtsituation besaßen."
Roland Vogelsang: Kanada. Gotha: Perthes 1993, S. 70–71

Im Folgenden werden einige der besonders sensiblen Umweltbereiche Kanadas etwas ausführlicher dargestellt.

Exemplarische Umweltbereiche
Bodendegradation. Wie in den Great Plains der USA so kam es auch in den Prärieprovinzen Kanadas in den 1930er Jahren, den „Dirty 30s", und erneut in den 1980er Jahren zu katastrophalen Bodenzerstörungen. Die Gründe waren die gleichen wie in den Great Plains: Umwandlung der Steppengebiete in Ackerland, Getreidemonokultur auf riesigen Flächen, der Einsatz von Wendepflügen und die Anbaumethode des dry farming mit einer bis zu 20 Monate dauernden Brache, während der keine Zwischenfrüchte angebaut wurden ***(Schwarzbrache)***. Kurzfristig ließen sich mit diesen Methoden zwar gute Erträge erzielen, mittel- und langfristig führten sie jedoch zu Wind- und Wassererosion, die den wertvollen Oberboden zerstörten und damit einen profitablen Landbau in Frage stellten. Offizielle Schätzungen besagen, dass die Bodenerosion in einzelnen Bundesstaaten bereits eine Reduzierung der Getreideerträge um ein Drittel verursacht und dass es die Farmer im Prärieraum etwa 240 Mio. Kan. Dollar kosten würde (Preise von 1982), um den jährlichen Verlust der Getreideproduktion auszugleichen, der durch Wind- und Wassererosion hervorgerufen wird. Besonders bedenklich ist in diesem Zusammenhang, dass noch in den 1990er Jahren in den südlichen Prärieprovinzen die Schwarzbrache z.T. ein Drittel des Ackerlandes ausmachte. Vielerorts werden inzwischen allerdings auch in Kanada die gleichen bodenkonservierenden Maßnahmen angewandt wie in den Great Plains der USA (vgl. S. 75).

Waldraubbau. Holzwirtschaft bedeutete lange Zeit Raubbau an den immensen Baumbeständen der kanadischen Wälder. Ansätze einer Forstwirtschaft im Sinne eines sustainable development lassen sich erst in jüngerer Zeit erkennen. Besonders stark expandierte die Holzwirtschaft nach dem Zweiten Weltkrieg, mit einem Einschlag, der innerhalb von 25 Jahren auf das Dreifache stieg, sodass er in immer entlegenere Gebiete vorangetrieben wurde.

→ „Trotz des bald nach dem Zweiten Weltkrieg offiziell eingeführten Konzepts einer nachhaltigen Forstwirtschaft werden im Durchschnitt lediglich 50% der abgeräumten oder durch Waldbrand zerstörten Flächen wieder bepflanzt. Die übrigen Areale überlässt man der natürlichen Regeneration, wobei die Holzproduktion u.a. wegen erhöhter Bodenerosion höchstens zwei Drittel der früheren Wuchsleistung erreicht. Aber auch auf wieder aufgeforsteten Flächen ist diese wegen unzureichender Waldbestandspflege gering. Die natürliche Holzproduktion erreicht in den jüngeren Wäldern insgesamt keineswegs die Werte der Nutzung in den Altbeständen, was faktisch eine ständige Reduktion der Holzmenge bedeutet."
Roland Vogelsang: a.a.O., S.245–246

Wasserbau- und Energieprojekte. Auch das große Wasserkraftpotenzial verführte – und verführt noch heute – vielfach zu einer übertrieben optimistischen Bewertung und zu einer Fehleinschätzung möglicher ökologischer Folgen bei dessen Nutzung. Ein Beispiel ist das auf Seite 21 vorgestellte Baie-James-Projekt auf der Halbinsel Labrador.

Die hydrographischen Wasserbaumaßnahmen, durch die etwa ein Viertel der Provinz Quebec überflutet werden soll (350 000 km², das ist eine Fläche, die der Deutschlands entspricht), greifen tief in das Ökosystem des Raumes ein. Aus ökologischer Sicht werden vor allem folgende Auswirkungen befürchtet:

- Klimaveränderungen infolge der Einflüsse der riesigen Stauseen,
- Zerstörung biologisch wichtiger Feuchtgebiete durch die Umlenkung bzw. Trockenlegung von Flüssen,
- Überschwemmung von Flussufern an anderen Stellen einschließlich der Zerstörung ufernaher Biotope,
- Überflutung von Wäldern mit der Folge einer Eutrophierung des Wassers der Stauseen,
- Umkehr der saisonalen Abflussverhältnisse (Abflussmaximum früher im Sommer, heute, bedingt durch den Elektrizitätsbedarf, im Winter),
- Beeinflussung von Küstenmarschen und damit der Lebensräume von Zugvögeln,
- Freisetzung von Schwermetallen aus dem Untergrund (z.B. Quecksilber).

M 75 Baie James – La Grande Riviere, Flusslauf unterhalb des Hauptdamms von La Grande 2 (vgl. M 9, S. 21)

Zur optimalen Ausnutzung der Fallhöhe wird das Wasser unterirdisch zu den Turbinen des einige Kilometer entfernten Kraftwerks LG-2 geleitet. Erst danach tritt es wieder in den ursprünglichen Flusslauf ein. Das Zwischenstück zwischen Damm und Eintrittsstelle fällt nahezu trocken. Um den negativen visuellen Eindruck solcher Flussabschnitte zu mildern, werden in der Regel künstliche Schwellen eingebaut, die selbst bei Niedrigstwasser die Illusion eines Flusses hervorrufen.

Bergbauprojekte in der borealen Waldzone. Die Bodenschätze in der borealen Zone Kanadas haben entscheidend zur Erschließung und Besiedlung dieses für die Landwirtschaft eher ungeeigneten Raumes geführt, und vom Bergbau gehen auch heute noch wichtige Entwicklungsimpulse aus. Wie ein Blick in den Atlas zeigt, ist die Zone des borealen Waldes und der Waldtundra besonders reich an Bodenschätzen. Hier liegen etwa 70% der Bergwerke und Abbaustellen Kanadas.

→ „Bergbau in der kanadischen Borealis ist häufig mit erheblichen ökologischen Folgen und Umweltbelastungen verbunden, die aber aufgrund der Abgelegenheit der Standorte selten in die Öffentlichkeit geraten. Die Schäden, welche die Erschließung und Inwertsetzung mineralischer Rohstoffe in der borealen Zone verursachen können, sind vielfältig und reichen von gravierenden Landschaftsumgestaltungen durch die Anlage von großflächigen Tagebauen bis hin zu Belastungen von Boden, Wasser und Luft. Letztere treten vor allem überall dort auf, wo die geförderten Bergbauprodukte direkt vor Ort zur Senkung der Transportkosten konzentriert, gereinigt oder verhüttet werden. Die Umweltschäden beschränken sich aber nicht alleine auf die Zeit des aktiven Minenbetriebs. Schon während der Erkundungs- und Explorationsphase der meisten Bergbauprojekte kann es zu erheblichen Störungen kommen."

Karin Steinecke: Bergbau in der kanadischen Borealis. In: Geographische Rundschau, Heft 12/2000, S. 33. Braunschweig: Westermann

Umweltschutzpolitik
Ein Verständnis für die Notwendigkeit einer umfassenden Umweltschutzpolitik entstand in der breiten Öffentlichkeit Kanadas erst in den 1960er Jahren, als die mit dem raschen wirtschaftlichen Wachstum verbundenen Umweltschäden publik wurden. Besonders die Entdeckung der Erdöllagerstätten in Nordalaska (1968), der umstrittene Bau von Pipelines sowie die anschließend verstärkt aufgenommene Erdölförderung im arktischen Bereich haben das Bewusstsein für Schutz und Erhaltung der Umwelt sensibilisiert. Als Folge wurde 1970/71 bei der Bundesregierung ein „Department of Environment" gegründet, das ein umfassendes Gesetzeswerk und zahlreiche Maßnahmen zum Umweltschutz initiierte, darunter Bestimmungen über die Reinhaltung der Gewässer und der Luft, über eine nachhaltige Forstwirtschaft und den Tierschutz. Hinzu kamen bilaterale Vereinbarungen mit den USA, z.B. zum Schutz der Großen Seen und des St.-Lorenz. Auch dadurch konnten, besonders in den letzten beiden Jahrzehnten, erstaunliche Fortschritte z.B. bei der Reduktion von Schadstoffen sowie der Sanierung von Gewässern erreicht werden.

56. Nennen Sie die Hauptursachen der Umweltgefährdung in Kanada.
57. Werten Sie M 76 aus und erstellen Sie aus Ihren Ergebnissen einen Bericht (Referat), ein Poster mit Funktionsschema oder eine Collage.

M 76 Mögliche Umweltschäden in den verschiedenen Phasen von Bergbau in der borealen Zone

Explorationsphase

- Vegetationszerstörung
- Bodenverdichtung
- Permafrostdegradation
- Erosionsschäden
- Freisetzen von diversen Schadstoffen (u. a. Ammoniumnitrat aus Sprengstoffen)
- Lärmerzeugung
- Müllproduktion aus dem Betrieb der Camps
- Zunahme an Waldbränden

Bau und Betrieb der Mine / Verarbeitung der Förderprodukte

- Landschaftsumgestaltung und -verbrauch durch Anlage von Gruben, Abraumhalden, Absatzbecken, Industrieanlagen etc.
- Vernichtung der Vegetation und Habitatverlust durch Bau von Infrastrukturanlagen
- großflächige Entwässerung
- Versiegelung und Bodenverdichtung
- Permafrostdegradation
- Erosionsschäden und Sedimenteintrag in Gewässer
- Behinderung von Tierwanderwegen durch Anlage von Straßen
- Anlage von Staudämmen zur Stromproduktion, Überflutungen
- Freisetzen von toxischen Stäuben und wasserlöslichen Verbindungen aus dem anstehenden Gestein (z. B. Schwermetalle, radioaktive Verbindungen)
- Kontamination von Boden, Grund- und Oberflächenwasser durch eingesetzte Chemikalien (z. B. Ammonium und Cyanid aus dem Goldaufbereitungsprozess)
- Waldschäden und Bodendegradation durch giftige Abgase aus der Verhüttung (z. B. SO_2, Arsenverbindungen)
- Kontamination des Bodens durch Öl aus Pipelines, Tanks, Geräten etc.
- Lärmerzeugung
- Müllproduktion durch Bergbau- und Siedlungsaktivität
- Zunahme von Waldbränden

Karin Steinecke: a.a.O., S. 31 (gekürzt)

Sotto

Städte und städtischer Strukturwandel

M 77 Downtown Manhattan. Das Foto wurde vor dem terroristischen Angriff auf das World Trade Center am 11. September 2001 aufgenommen. Dieser Angriff bewirkte nicht nur ein erhöhtes Sicherheitsbedürfnis, sondern dürfte auch den Anstoß für die Entwicklung eines neuen weltweiten geopolitischen Bewusstseins gegeben haben.

→ „Amerikanische Städte sind bekanntlich ganz anders als etwa europäische, indische oder chinesische Städte. Sie sind keine deutlich verdichteten Siedlungszentren in einer anderweitig offenen ländlichen Kulturlandschaft, sondern sie bedecken amorph ausgedehnt ganze Landstriche und Landschaften. Sie sind nicht kompakt und auf ein Zentrum ausgerichtet, sondern zentrifugal aufgelöst und mit dem ländlichen Umland zu einem vielkernigen, vielzelligen Stadtland zusammengewachsen. Die amerikanischen Städte sind nicht statisch und fest geordnet, sondern scheinen provisorisch zusammengestückelt und dehnen sich wie Milchstraßen-Sternennebel ständig weiter aus oder sind einem Kaleidoskop vergleichbar, in dem die bunten Mosaikstücke nicht nur in permanenter Umverteilung, sondern auch gleichzeitig in ständiger zentrifugaler Fluchtbewegung sind. ...

Amerikanische Städte sind somit weder wirklich ganz städtisch „urban“ noch ganz unstädtisch „ländlich“. Sie sind einerseits extrem nutzorientiert und brutal, andererseits bieten sie auch „Komfort, die beste Installation der Welt, ready for use“. ... Denn die amerikanischen Städte sind nichts anderes als eine geographische Verwirklichung der vorherrschenden Wertvorstellungen der amerikanischen Gesellschaft. Der „American way of life“ ist als utopisches und reales Verhaltensmuster die treibende Kraft, die Zivilisationsmaxime, der Kulturkern (core culture) der amerikanischen Gesellschaft. ... Es besteht ein innerer logischer Zusammenhang zwischen der heute real existierenden Kulturlandschaft der amerikanischen Städte und dem „American way of life“ als Wertenorm.“

Lutz Holzner: Stadtland USA: Die Kulturlandschaft des American Way of Life. Gotha: Perthes 1996, S. 9–10

Stadtland USA

Verstädterung. 1999 betrug der Anteil der städtischen Bevölkerung an der Gesamtbevölkerung der USA annähernd 80 %; von diesen lebten wiederum 75 % in Großstädten mit mehr als 500 000 Einwohnern. Würde man zur Stadtbevölkerung zusätzlich den Bevölkerungsanteil hinzu rechnen, der zwar „auf dem Lande" lebt, aber nach Beruf und Lebensstil ebenfalls als „städtisch" einzustufen ist, dann beliefe sich der Anteil sogar auf über 95 %. Der ***Verstädterungsprozess*** begann gegen Ende des 19. Jahrhunderts. Er äußert sich in dem steigenden Anteil der städtischen Bevölkerung an der Gesamtbevölkerung des Landes, in der Vermehrung der städtischen Siedlungen, insbesondere der Anzahl der großen Städte, sowie dem Wachstum der Städte hinsichtlich der Einwohnerzahl und der Fläche.

M 78 Verstädterung in Nordamerika

Jahr	USA Einwohner (Mio.)	USA Anteil der Stadtbevölkerung (%)	Kanada Einwohner (Mio.)	Kanada Anteil der Stadtbevölkerung (%)
1850	23,2	13,2	2,4	k.A.
1870	39,8	22,9	3,7	12,2
1890	62,9	31,5	4,8	21,0
1910	92,0	41,6	7,2	32,6
1930	122,8	52,3	10,4	41,7
1950	151,3	59,3	14,0	54,6
1960	150,7	69,9	18,2	64,1
1970	203,3	73,6	21,6	69,4
1980	226,5	73,7	24,3	75,8
1990	248,7	75,2	26,5	77,4
2000	274,6	80,3	30,5	79,3

Nach Statistics Canada: Census of Canada und U.S. Department of Commerce, Bureau of the Census (Hrsg.): Statistical Abstract of the United States. Washington; jeweils verschiedene Jahrgänge; Daten für 2000 vorläufig

Anders als in Europa haben sich die Städte der USA in relativ kurzer Zeit zu beachtlichen Größenordnungen entwickelt. Wiesen im Jahre 1820 erst 12 Städte der USA eine Einwohnerzahl von mehr als 10 000 auf und hatten nur 2 mehr als 100 000 Einwohner, so gab es 40 Jahre später schon 101 Städte mit mehr als 10 000 Einwohnern und 8 mit über 100 000 Einwohnern.

M 79 Bevölkerungsentwicklung ausgewählter Städte der USA

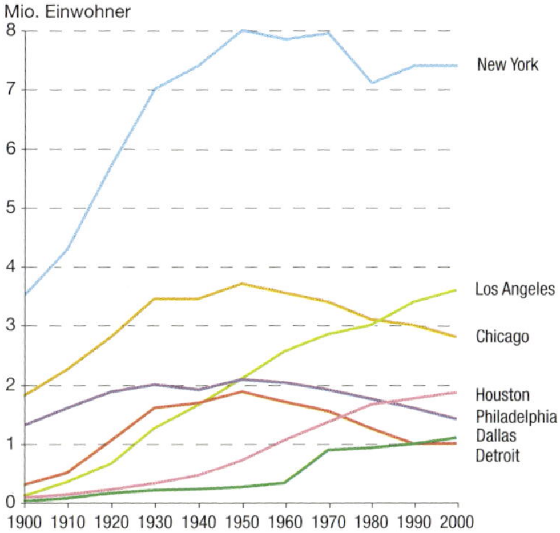

Nach U.S. Department of Commerce, Bureau of the Census (Hrsg.): Census of Population. Washington, verschiedene Jahrgänge

Das Städtesystem der USA. In den USA ist zwar eine große Zahl von Siedlungsmustern anzutreffen, Dörfer wie in Europa sind jedoch die Ausnahme. Sie kommen in größerer Zahl lediglich in den 13 Gründerstaaten vor, wo sie in Anlehnung an die europäischen Vorbilder errichtet wurden. Die vorherrschende Siedlungsform ist eindeutig die Stadt. Eine genaue Definition von „Stadt" ist jedoch schwer, denn es gibt eine Reihe von Stadtbezeichnungen, die sich mit entsprechenden europäischen Begriffen nicht vergleichen lassen. Viele Begriffe beziehen sich auf den rechtlichen Status; so ist auch „Village" eine städtische Siedlung, allerdings mit einem niedrigeren Rechtsstatus als eine „Town" oder eine „City". Auch die Einwohnerzahl ist nicht immer ein aussagekräftiges Kriterium für die Zuordnung. Entscheidender sind die Siedlungsform und die Erwerbsstruktur der Bewohner. Will man die Stadt als sozioökonomische Einheit erfassen, so spricht man von ***urbanized area*** im Gegensatz zur rural area.

Größere städtische Siedlungskomplexe heißen nach einer 1949 getroffenen behördlichen Entscheidung ***Standard Metropolitan Areas (SMAs)***. Diese Bezeichnung wurde 1959 in ***Standard Metropolitan Statistical Areas (SMSAs)*** und 1983 in ***Metropolitan Statistical Areas (MSAs)*** geändert.

Eine MSA muss eine Kernstadt (nucleus) mit mindestens 50 000 Einwohnern enthalten oder eine urbanized area mit ebenfalls mindestens 50 000 Einwohnern; der gesamte Einzugsbereich (metropolitan population) muss mindestens 100 000 Einwohner (in den Neuenglandstaaten 75 000) umfassen.

Das rapide Städtewachstum, vor allem entlang der Autobahnkorridore, hat zum Zusammenwachsen von Städten zu ***Städtebändern*** geführt, die man seit 1983 als ***Consolidated Metropolitan Statistical Areas (CMSAs)*** bezeichnet; die einzelnen metropolitan areas werden dann mit ihrem jeweiligen Einzugsgebiet als ***Primary Metropolitan Statistical Areas (PMSAs)*** statistisch gesondert ausgewiesen.

Ein Beispiel: Im größten Agglomerationsraum, der CMSA New York, sind 15 verschiedene städtische Gebiete (PMSAs) zwischen 200 000 und 7,3 Mio. Einwohnern zu einer riesigen Agglomeration mit mehr als 19 Mio. Menschen zusammengewachsen (CMSA New York – Northern New Jersey – Long Island).

Diese unterschiedlichen Klassifikationsschemata erklären auch, warum in Statistiken oft ganz unterschiedliche Bevölkerungszahlen für die „Städte" der USA angegeben werden, im Falle von New York z.B. 7,4 Mio. (PMSA) oder 18,3 Mio. (CMSA).

Infolge der starken Siedlungsverdichtung, besonders in den Agglomerationsräumen, gehen die einzelnen Städte vielfach ohne erkennbare Grenzen ineinander über, wie z.B. die ca. 1 000 km lange ***Megalopolis*** zwischen Boston und Washington, die nach den Anfangsbuchstaben der beiden Eckstädte auch als ***Boswash*** bezeichnet wird, oder zwischen Chicago und Pittsburgh ***(Chipitts)*** und zwischen San Francisco und San Diego ***(Sansan)***.

M 80 *Bevölkerungsdichte und Metropolitangebiete der USA*

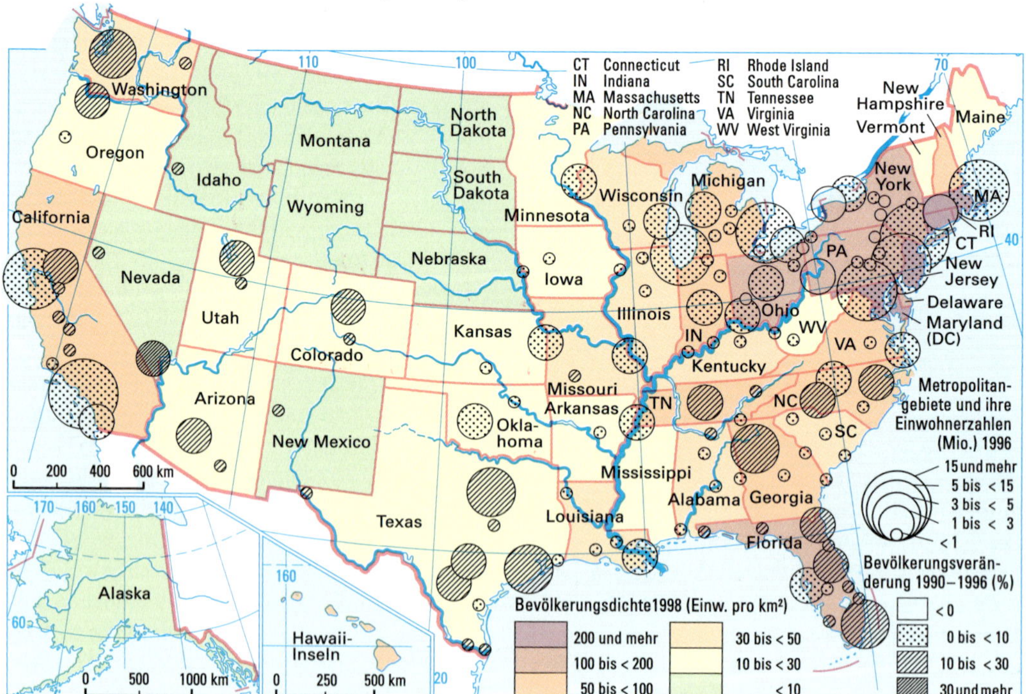

Nach Roland Hahn: USA. Gotha und Stuttgart: Perthes 2002

Das Gesicht der nordamerikanischen Stadt.

→ „Nordamerikas Städte sind jung: Die ältesten wurden von Europäern um 1600 gegründet, und sie hatten keine vorkolonialen Vorgänger wie in Süd- und Zentralamerika. Die meisten Stadtgründungen in den USA erfolgten erst im 19. Jahrhundert im Zuge der Erschließung des Landes, oft im Zusammenhang mit dem Bau der Eisenbahnen – zu einer Zeit also, als an Straßennetz und Stadtgrundriss andere Ansprüche gestellt wurden als während der Gründungsperioden alter europäischer Städte. Deshalb übernahmen auch nur wenige nordamerikanische Städte, mit Ausnahme früher Gründungen in Neuengland oder im Südwesten, Merkmale europäischer Städte.

Den Städten der USA fehlt ein zentraler Marktplatz. Auch die Kirchen ordnen sich in der Regel in die Straßenzüge ein. Für das Straßennetz ist das Schachbrettmuster senkrecht aufeinanderstehender Straßen charakteristisch. Meist verlaufen sie in regelmäßigen Abständen von Nord nach Süd und von Ost nach West. Auch auf topographische Gegebenheiten nimmt der Stadtgrundriss kaum Rücksicht: Berühmt ist das die steilen Hügel überziehende Schachbrettmuster der Straßen San Franciscos. Solche Stadtgrundrisse erleichtern die Orientierung, zumal die Straßen häufig nummeriert werden, aber sie sind auch eine der Ursachen der beklagten Einförmigkeit nordamerikanischer Städte. In den Klein- und Mittelstädten spielt die zentrale Main Street als Geschäftszentrum eine besondere Rolle und übernimmt zum Teil die Funktion des Marktplatzes europäischer Städte."

Ulrich Kümmerle, Rainer Vollmar: USA. S II Länder und Regionen. Stuttgart: Klett: 1988, S. 126–127

Funktionale Gliederung. Innerhalb der Städte der USA lassen sich mehrere Teilgebiete ausgliedern, die in ihrem Erscheinungsbild und ihrer Funktion deutliche Unterschiede aufweisen.

Die Innenstädte bezeichnet man in Nordamerika als ***Downtown***. Als Teilraum der Downtown wird nochmals das eigentliche Geschäftszentrum ***(Central Business District = CBD)*** ausgewiesen. Der CBD ist gekennzeichnet durch die Ballung von Einrichtungen des tertiären Sektors, vor allem Büros, Versicherungen und Banken. Äußerlich wird der CBD durch die Hochbauweise (sky scraper) bestimmt, die den nordamerikanischen Städten ihre besondere „skyline" gibt. Der an den CBD sich anschließende Innenstadtbereich ist gekennzeichnet durch eine dichte Bebauung mit Geschäften, vereinzelt Gewerbebetrieben, vor allem aber drei bis viergeschossigen Wohnhäusern. Die Wohnhäuser stammen zum überwiegenden Teil aus der frühen Entstehungsphase der Städte und werden als „walk-up-buildings" bezeichnet, da sie keinen Aufzug besitzen. Vielfach sind diese Gebiete zu Slumgebieten herabgesunken.

An die Downtown schließt sich eine Übergangszone an, die durch eine außerordentliche Mischung der Funktionen gekennzeichnet ist: öffentliche Dienstleistungseinrichtungen, Handel, Wohngebäude (vielfach Mietshäuser in schlechtem Zustand), Busbahnhöfe, Parkgaragen, vereinzelt auch Industrie). Der Verfall der Bausubstanz und die Ghettobildung weisen auf den Bedeutungsverlust dieses städtischen Teilraumes hin. In jüngerer Zeit hat hier vielfach eine Flächensanierung stattgefunden, sodass heute riesige Freiareale das Bild der Übergangszone prägen.

Ein wieder anderes Gesicht zeigen die ***Suburbs*** (der Stadtrand bzw. die Vorortzone = suburbia). Hier dominieren Eigenheime und Einrichtungen mit großem Flächenbedarf, wie Einkaufszentren (Shopping Malls), Industrie- und Büroparks (vgl. M 83, S. 91). Diese funktionale Gliederung findet ihre Entsprechung in einer z.T. krassen innerstädtischen sozialen Differenzierung (vgl. S. 96–99).

58. *Erklären Sie die Überschrift des Teilkapitels „Stadtland USA". Gehen Sie dabei von dem Quellentext auf Seite 82 aus.*

59. *Informieren Sie sich über den Verstädterungsprozess in Deutschland (Schulbuch oder Internet) und vergleichen Sie ihn mit dem in Nordamerika (M 78).*

60. *Werten Sie M 80 aus und erläutern Sie die Grundzüge der räumlichen Entwicklung des Städtesystems der USA.*

61. *Entwerfen Sie anhand der Angaben zur funktionalen Gliederung der US-amerikanischen Stadt ein Schema, das die Funktionen der einzelnen Teilräume zeigt. Welche Rückschlüsse lässt es auf den sozialen Status ihrer Bewohner zu?*

Veränderungen in der Stadtstruktur

Suburbanisierung. Innerhalb der städtischen Räume der USA haben in den letzten Jahrzehnten gewaltige Veränderungen stattgefunden, die neue Strukturen schufen und das oben aufgezeigte Muster z.T. grundlegend änderten.

Das starke Bevölkerungswachstum im 19. Jahrhundert und in der ersten Hälfte des 20. Jahrhunderts hatte in den Kernstädten zu einer hohen Bevölkerungsdichte geführt. Wohnraum wurde immer knapper, zumal der finanzkräftige tertiäre Sektor die Boden- und Immobilienpreise in die Höhe trieb und so die Wohnbevölkerung aus der Innenstadt in die Randzone und Vorstädte verdrängte. Dieser als ***„Suburbanisierung"*** bezeichnete Prozess der Stadt-Rand-Wanderung setzte verstärkt nach Beendigung des Zweiten Weltkrieges ein und führte zu einem flächenhaften Ausufern der Städte ***(urban sprawl)***. Die folgenden Zahlen verdeutlichen das Ausmaß des Verlagerungsprozesses: 1940 betrug der Anteil der Vorortbevölkerung an der Gesamtbevölkerung der USA 20%; bis zum Jahre 1999 stieg der Anteil auf fast 56%. Dieser Durchschnittswert verdeckt allerdings starke Schwankungen in den einzelnen metropolitanen Regionen. So leben in einzelnen Großstädten, vor allem des Nordostens, über 80% der Einwohner in den suburbs. Ganz allgemein gilt, dass alle Großstädte inzwischen mehr Einwohner in ihren Vororten als in ihren Zentren beherbergen.

Ursachen für den Suburbanisierungsprozess sind zum einen die sich verschlechternden Wohnverhältnisse in den Innenstädten, die besonders die besser gestellten Bewohner in die attraktiven Vororte drängen, zumal die hohe Mobilität und das gut ausgebaute Straßennetz eine Trennung zwischen Wohn- und Arbeitsplatz erlauben, sowie die steigenden Ansprüche an das Wohnumfeld, konkret: der Wunsch vieler Familien, ein Einfamilienhaus „im Grünen" zu erwerben. Zum anderen begünstigten staatliche Wohnungsbauprogramme den Erwerb von Neubauten in den Vororten.

→ „Die Bewohner der Vorortsiedlungen waren zunächst fast ausschließlich Weiße der Mittelklasse. Angehörigen ethnischer Minoritäten war häufig der Erwerb eines Hauses verwehrt. In der Zeit nach dem Zweiten Weltkrieg veränderte sich dieses Bild jedoch allmählich. Nun konnten auch andere Bevölkerungsschichten Hauseigentum erwerben, sodass eine breite soziale und ethnische Streuung von suburbs entstand. Je nach Alter der Wohnsiedlung und der Einkommenssituation ihrer Bewohner differieren die Grundstücksgrößen und Häuser, die Bebauungsdichte und die sonstigen Einrichtungen der Infrastruktur."

Werner Klohn, Hans-Wilhelm Windhorst: Bevölkerung und Siedlung in den USA. Vechtaer Materialien zum Geographieunterricht, Heft 4. Vechta 1998, S. 141

Mit der Abwanderung der Bevölkerung verlagerten auch viele Geschäfte ihren Standort in die Vororte, und ihnen folgten – aufgrund des steigenden Flächenbedarfs und veränderter Standortansprüche – schließlich Gewerbebetriebe und Einrichtungen des tertiären Sektors, wie z.B. Büros, Banken, Hotels u.a.m.

M 81 *Bevölkerungsveränderungen (in %) in den Innenstädten (Central Cities) und Suburbs ausgewählter MSAs (Metropolitan Statistical Areas)*

	Central City				Suburbs			
	1960–70	1970–80	1980–90	1990–96	1960–70	1970–80	1980–90	1990–96
New York	1,4	–10,4	3,5	0,8	22,0	2,3	1,7	3,1
Chicago	–4,7	–10,7	–6,7	–2,2	39,8	13,1	7,4	8,3
Philadelphia	–3,1	–13,5	–5,8	–6,8	25,1	6,4	8,4	4,2
Detroit	–8,5	–19,2	–13,0	–2,7	30,9	9,5	2,5	2,4
San Francisco	–3,3	–5,1	6,6	1,5	29,6	5,7	8,6	4,5
Atlanta	1,8	–12,7	–3,9	2,0	58,1	44,8	42,4	22,3
Seattle	–0,5	–5,2	7,8	1,7	64,4	26,2	31,1	12,7

Nach U.S. Department of Commerce, Bureau of the Census (Hrsg.): Statistical Abstract of the USA, a.a.O., verschiedene Jahrgänge

Wandlungen im suburbanen Raum
Der Umzug von Mittel- und Oberschichthaushalten ins Umland brachte den Kernstädten einen Verlust an Steuereinnahmen, Kaufkraft und Investitionen. Zuerst spürten dies die Inhaber der Kaufhäuser, die daraufhin Filialen außerhalb der Innenstädte errichteten, zunächst an den Ausfallstraßen, später auch in den Vororten und im weiteren Umland. Es entstanden mehrere Formen von Einkaufszentren: commercial strips, shopping centers und shopping malls.

Commercial strips. → „Durch die Trennung von Wohn- und Arbeitsplatz und das tägliche Pendeln von den Vorortsiedlungen zu den Arbeitsplätzen in die Innenstadt war die Grundlage für das Entstehen von ***commercial strips*** gelegt. Diese strips (= Bänder, Streifen) ziehen sich entlang der großen Ausfallstraßen und werden durch eine Vielzahl von Einzelgeschäften, Versorgungs- und Dienstleistungsunternehmen gebildet, die in konzentrierter Form bandartig zu beiden Seiten der Straße angesiedelt sind. Durch ihre großen Reklametafeln prägen sie das Erscheinungsbild dieser Straßen. Die dort anzutreffenden Unternehmen sind an ein hohes Verkehrsaufkommen gebunden, wie Tankstellen, Reparaturwerkstätten, Autoteile- und Reifengeschäfte oder Schnellrestaurants (einschließlich der Drive-in-Restaurants). Aber auch Supermärkte und Gartencenter finden sich entlang eines solchen strip. Oftmals sind auch kleinere Dienstleistungsunternehmen (Rechtsanwälte, Ärzte) anzutreffen, die von der schnellen Erreichbarkeit und den günstigen Parkmöglichkeiten profitieren."

Werner Klohn, Hans-Wilhelm Windhorst: a.a.O., S. 141

Shopping Centers und Shopping Malls. Sie entstanden ebenfalls in verkehrsgünstiger Lage, z.B. an den Kreuzungspunkten von Autobahnen oder von anderen großen Verkehrswegen. Auch hier ist für die Standortwahl neben der guten Erreichbarkeit eine ausreichende Zahl von Parkplätzen entscheidend. In beiden Fällen handelt es sich um eine Ansammlung von Einzelgeschäften und anderen Dienstleistungseinrichtungen, wobei die ***shopping malls*** eine Weiterentwicklung der ***shopping centers*** darstellen und teilweise erheblich größer als diese sind.

Die Malls werden zumeist durch private Initiative und mit privatem Kapital errichtet. Sie dienen einer jeweiligen Wohnbevölkerung von 50 000 bis 200 000 Menschen. Der Kern der Malls ist ein riesiges, in der Regel mehrgeschossiges überdachtes Galeriegebäude, in das man durch zwei oder vier Kaufhäuser gelangt, die an den Außenseiten bzw. Ecken gleichsam als „Anker" positioniert sind und die Kunden anlocken sollen. Entlang der überdachten und klimatisierten Ladenstraße im Inneren reihen sich bis zu 250 Spezialgeschäfte, Schnellrestaurants, Kinos und andere Vergnügungseinrichtungen. Eingefügt sind kleinere Platzanlagen mit Baumgruppen, Blumenanlagen, Wasserläufen, Springbrunnen und Sitzgelegenheiten. Einkaufen soll mit Vergnügen und Erlebnis verbunden werden (shopping entertainment).

→ „Die klimatisierte Mall of America wurde 1992 in Bloomington (Minnesota) in ca. 2 km Entfernung zum Flughafen Minneapolis / St. Paul eröffnet. Mit einer Nutzfläche von 390 000 m^2 und 19 500 Parkplätzen ist die Mall das größte Einkaufszentrum Nordamerikas. Hiervon werden allerdings ‚nur' ca. 242 000 m^2 an Einzelhändler und Restaurants vermietet. Die restliche Fläche wird von den zahlreichen Freizeiteinrichtungen eingenommen. ... In der Mitte befindet sich unter einem Glasdach mit Knotts Camp Snoopy der größte überdachte Freizeitpark in den USA. ... Bis zum Riesenrad und Achterbahn bietet Camp Snoopy alle nur erdenklichen rummelplatzähnlichen Vergnügungen. ... Weitere Attraktionen der Mall sind ein großes Aquarium, ein LEGO Imagination Center, 8 Nachtclubs, 14 Kinosäle und eine Heiratskapelle. Jede Altersgruppe kann hier (fast) jedem Freizeitvergnügen nachgehen. Die 22 Restaurants sind überwiegend themenorientiert. ... Insgesamt lässt die Mall of America keine Wünsche offen. Was immer der Besucher kaufen, essen oder erleben möchte, wird bereitgehalten. Geworben wird nicht nur mit dem vielfältigen Angebot, sondern auch mit der Größe. Die Mall ist groß genug für 72 Boeing 747 oder 258 liegende Freiheitsstatuen. Weitere Superlative stehen bereit. Tatsächlich sind Größe des Centers und Breite des Angebots in den USA einmalig."

Barbara Hahn: Erlebniseinkauf und Urban Entertainment Centers. In: Geographische Rundschau, Heft 1/2001, S. 22. Braunschweig: Westermann

Die Abbildung M 82 zeigt den zentralen Teil einer Mall mittlerer Größe, die im Jahre1986 in Greely (Colorado) eröffnet wurde. Sie umfasst fünf große Department Stores mit zwei Autoreparatur- und -servicezentren sowie 91 kleinen Einzelhandelsgeschäften. Das größte Geschäft der Mall umfasst etwa 700 m^2, die kleinsten 36 bis 38 m^2. In unmittelbarer Nähe – im Plan nicht eingezeichnet – befinden sich weitere Einrichtungen, die die Attraktivität der Mall erhöhen sollen: eine Tankstelle, ein Kino, Restaurants und natürlich Parkflächen.

M 82 Die Greely Mall in Greely (Colorado) im Jahre 1990

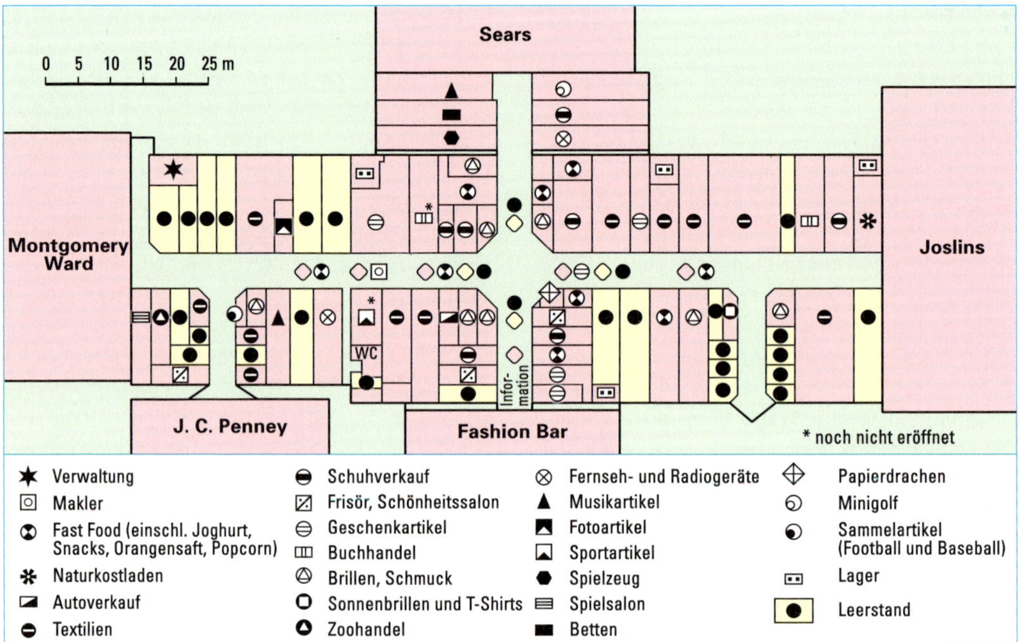

Nach Werner Klohn, Hans-Wilhelm Windhorst: a.a.O., S. 158

Edge Cities. Ein weiteres neues städtebauliches Element im Stadtumland stellen die ***edge cities*** oder ***emerging cities*** dar. Das sind urbane Zentren, die alle Funktionen einer City aufweisen, obwohl man sie als solche kaum wahrnimmt. Den Kern bilden große Bürozentren (office parks), Banken, Versicherungen und Verwaltungen großer Unternehmen. Hinzu kommen Klein- und Mittelbetriebe, oft in industrial estates (vgl. S. 63) zusammengefasst, Einkaufsmöglichkeiten, Hotels für Geschäftsreisende und andere ergänzende Dienstleistungen. Häufig werden dort auch größere Apartmentsiedlungen errichtet, um den vielen Beschäftigten ein Wohnen in der Nähe des Arbeitsplatzes zu ermöglichen. Inzwischen ist das Angebot an Arbeitsplätzen und auch an Versorgungseinrichtungen in vielen edge cities größer als in der Downtown der jeweiligen Kernstadt.

Gated Communities. Ein großer Teil der Wohnsiedlungen, die heute in den Vororten der amerikanischen Großstädte errichtet werden, befindet sich in privater Hand und ist für die Öffentlichkeit nicht zugänglich. ***Gated communities*** (abgeschlossene / eingezäunte Gemeinwesen) heißen sie. Ihre rasche Verbreitung ist Ausdruck der Tatsache, dass die US-amerikanische Gesellschaft droht, in zwei Klassen zu zerbrechen: in die Gruppe der Wohlhabenden und die Gruppe der vom wirtschaftlichen Wachstum Ausgeschlossenen. Immer mehr Menschen suchen einen Wohnsitz in diesen abgeschotteten und von privaten Sheriffs bewachten Siedlungen, um dort ungestört ihren eigenen Lebensstil zu verwirklichen. Die Anzahl der gated communities wird heute auf 19 000 geschätzt, ihre Bewohnerzahl wird mit etwa 8,4 Mio. angenommen. Die Gründe für die rasante

Ausbreitung dieses neuartigen suburbanen Siedlungstyps sind vielfältig. Allen voran steht die Angst ihrer Bewohner vor der Kriminalität in den US-amerikanischen Innenstädten; aber auch der Wunsch nach einem freizeitorientierten Leben spielt sicherlich eine wesentliche Rolle.

→ „Die beschriebene Auflösung der amerikanischen Stadt in ein auf europäische Verhältnisse nicht übertragbares, ausgedehntes, scheinbar chaotisches, in Wahrheit jedoch durch den Profitgeist, die technische Effizienz und das persönliche Freiheits- und Glücksstreben innerhalb einer zutiefst demokratischen Gesellschaft äußerst wohlorganisiertes Siedlungsgefüge des Stadtlandes USA ist also die zweite Landnahme Amerikas, die endgültige Umformung weiter Teile des Kontinents. Die erste Landnahme hatte eine ländliche Farm- und Pastorallandschaft geschaffen, durchsetzt von rasch zusammengezimmerten kompakten, hässlichen, verrußten städtischen Wirtschaftsmaschinen.
Die heutige Landnahme hat etwas ganz Neues geschaffen, etwas, das in Europa in dieser Form schon aus Platzmangel, aber auch ganz wesentlich aus ideologisch wertvorstellungsmäßigen Gründen nie entstehen kann: die großzügige, verschwenderisch angelegte Kulturlandschaft der total mobilen, postindustriellen amerikanischen Gesellschaft, in der Lebensqualität, Bequemlichkeit und das Streben nach Gewinn eine maximale Symbiose eingegangen sind."

Lutz Holzner: Stadtland USA – Zur Auflösung und Neuordnung der US-amerikanischen Stadt. In: Geographische Zeitschrift, Heft 4/1985, S. 202. Stuttgart: Steiner

Merkmale kanadischer Stadtentwicklung

Zwischen den kanadischen und den US-amerikanischen Städten gibt es viele Ähnlichkeiten, wie z.B. die räumlich-funktionale Gliederung in Downtown/CBD, Übergangs- und Vorortszone, der in Form eines Gitternetzes angelegte Grundriss oder der von Hochhäusern beherrschte Innenstadtkern, der den Großstädten die besondere Silhouette verleiht. In vielerlei Hinsicht lässt sich das Modell M 83 auch auf die kanadischen Städte übertragen. Es existieren jedoch auch grundsätzliche Unterschiede, die im Folgenden summarisch herausgestellt werden sollen.

→ „Im Vergleich zu US-amerikanischen Städten sind die kanadischen erheblich dichter und geschlossener bebaut. Die Ausuferung der Vorstädte ist nicht so weit fortgeschritten. ...
Kanadische Städte weisen einen wesentlich höheren Anteil an Immigranten und prozentual weniger Nicht-Weiße auf als US-amerikanische Städte. Die Einkommensunterschiede zwischen der Bevölkerung in den zentralen Städten der Agglomerationen und der der Vorstädte sind in Kanada geringer als in den USA. ... Insgesamt hat die kanadische zentrale Stadt im Vergleich zur US-amerikanischen eine geringere Abwanderung der Mittelschichten erfahren. ...
Die zentralen Stadtteile erlebten in Kanada auch während der letzten Jahrzehnte in vielen Fällen sogar einen Bevölkerungszuwachs, zumindest verloren sie bedeutend weniger an Wohnbevölkerung und Arbeitsplätzen. Infolgedessen konnten die kanadischen Innenstädte weitgehend ihre Attraktivität für Einzelhandel und hochrangige Dienstleistungen erhalten. ...
Schließlich bleibt zu betonen, dass Städte kaum von der sie tragenden Kultur, die sie gleichzeitig beeinflussen, getrennt werden können. Viele Unterschiede zwischen kanadischen und US-amerikanischen Städten müssen so auf tiefgreifende kulturelle Unterschiede zwischen den beiden Staaten und ihren Teilräumen – in Kanada insbesondere zu Quebec – zurückgeführt werden."

Roland Vogelsang: Kanada. Gotha: Perthes 1993, S. 217–218

***62.** Beschreiben und erläutern Sie die Wanderungs- und Verlagerungsprozesse in den US-amerikanischen Großstädten.*

***63.** Nennen Sie Merkmale der edge cities. Was unterscheidet sie von der „herkömmlichen" US-amerikanischen Stadt?*

***64.** Interpretieren Sie die schematische Skizze M 83 auf Seite 90 und erklären Sie die dargestellten Veränderungen.*

***65.** „Stadtland USA: Die Kulturlandschaft des American Way of Life". So lautet der Titel eines Buches über die US-amerikanischen Städte. Erklären Sie den Titel.*

***66.** Die US-amerikanische Stadt: Vorreiter und Vorbild europäischer Stadtentwicklung? Diskutieren Sie.*

Revitalisierung der Innenstädte

Die Suburbanisierung von Bevölkerung, Industrie und Dienstleistungen hat, wie gezeigt, nicht nur zu einem Bedeutungsverlust der Innenstädte geführt, sondern vielfach auch zur Verwahrlosung ganzer Straßenzüge und zu sozialer Segregation mit einer Konzentration von ethnischen Minderheiten in den citynahen Verfallsgebieten. Diese als „decline of the central city" oder „urban blight" umschriebenen Erscheinungen wurden schon früh wahrgenommen und führten zu massiven Gegensteuerungen – zumeist allerdings mit sehr begrenztem Erfolg.

Innenstadtbereinigung. In den 1960er Jahren wurden im Rahmen des „Great Society-Program" unter dem damaligen Präsidenten Johnson verschiedene Stadtentwicklungsprogramme durchgeführt. Slums wurden beseitigt und neuer Wohnraum in Form von sozialem Wohnungsbau in der Innenstadt geschaffen, z.T. in Form von Hochhäusern. Dadurch kam es mitunter zu einer räumlichen Massierung von Armut und Kriminalität, sodass die Bedingungen nach der Sanierung oft schlimmer waren als vorher und Bewohner wieder auszogen. So mussten trotz Wohnungsnot der sozial schwachen Haushalte mehrere solcher Hochhäuser wegen Leerstand wieder abgebrochen werden.

Als fatal erwies sich auch die Verkehrspolitik in dieser Zeit. Durch den Bau von Ringautobahnen, die den Verkehr vor allem in den Stadtkernen entlasten sollten, sowie von innerstädtischen Schnellstraßen, die die Zugänglichkeit zur Downtown mit ihren business-Aktivitäten sichern sollten, wurden Schneisen durch die Innenstadt geschlagen, ganze Straßenzüge abgebrochen und die Bewohner verdrängt. Die geplante Ansiedlung von Büros, Einkaufszentren und innerstädtischen Freizeitanlagen, mit denen die Attraktivität der Downtown gesteigert und Privatkapital zur Investition angelockt werden sollten, blieb vielfach aus oder kam nur den Interessen der Mittel- und Oberschicht zugute. Wachsender Widerstand gegen den Bau der Innenstadtautobahnen und gegen die Kahlschlagsanierung führten schließlich zur Aufgabe dieser staatlich subventionierten Erneuerungspolitik.

Restrukturierung durch Megaprojekte. Als Mitte der 1970er Jahre neue rechtliche Rahmenbedingungen geschaffen wurden, die den einzelnen Kommunen eine größere Handlungs- und Entscheidungsfreiheit über die Verwendung der Bundesmittel für Maßnahmen der Innenstadterneuerungen gewährten, rückte man von dem Konzept einer flächendeckenden Sanierung ab und betrieb eine gezielte Downtown-Aufwertung. Gefördert wurden nun vornehmlich Megaprojekte mit gemischten Nutzungsformen, z.B. Hochhäuser mit Büros, Hotels, Tagungsräumen, Wohnapartements, Spezialitätenshops u.a.m. Man errichtete, vornehmlich mit privatem Kapital, Geschäftszentren, die sich an den in den Außenbezirken der Stadt erfolgreichen Malls orientierten, legte Fußgängerzonen und Einrichtungen zur Freizeitgestaltung an.

Mit nur wenigen Ausnahmen sind jedoch auch diese Versuche einer Revitalisierung der Downtown fehlgeschlagen; eine weitere Verödung der Innenstadt konnten sie jedenfalls nicht aufhalten. So hinterließ die Sanierungspolitik der 1960er und 1970er Jahre große citynahe Freiflächen, die heute wie „vergessene Stadtwüsten" wirken.

Gentrification. Punktuell fand eine Aufwertung von Innenstadtteilen durch den Prozess der ***gentrification*** statt. Darunter versteht man eine Sanierung von Wohnbereichen, meist in Form von Luxusmodernisierungen. Aufgrund der guten Verkehrserschließung und der im Vergleich zu den homogenen und einförmigen Vorortssiedlungen vielfältigeren Arbeits- und Lebensbedingungen der Downtown wird in den sanierten Gebäuden das Wohnen für gut verdienende Mittel- und Oberschichthaushalte wieder attraktiv, z.B. für kinderlose Ein- oder Zweipersonenhaushalte, für die so genannten ***Yuppies*** (young urban professionals) und ***Dinks*** (double income no kids).

Die im Rahmen der gentrification erfolgten Aufwertungsprozesse werden unterschiedlich beurteilt. Während Kritiker die sozialen Folgen sehen, z.B. wachsende soziale Disparitäten in den Innenstädten, betonen die Befürworter die steigenden Steuereinnahmen und die Imageverbesserung. Eine Gegenreaktion gegen die Suburbanisierung erfolgte mit dem Prozess der gentrification in der Regel jedoch nicht.

M 83 *Schematische Skizze der US-amerikanischen Stadt zu Beginn des dritten Jahrtausends*

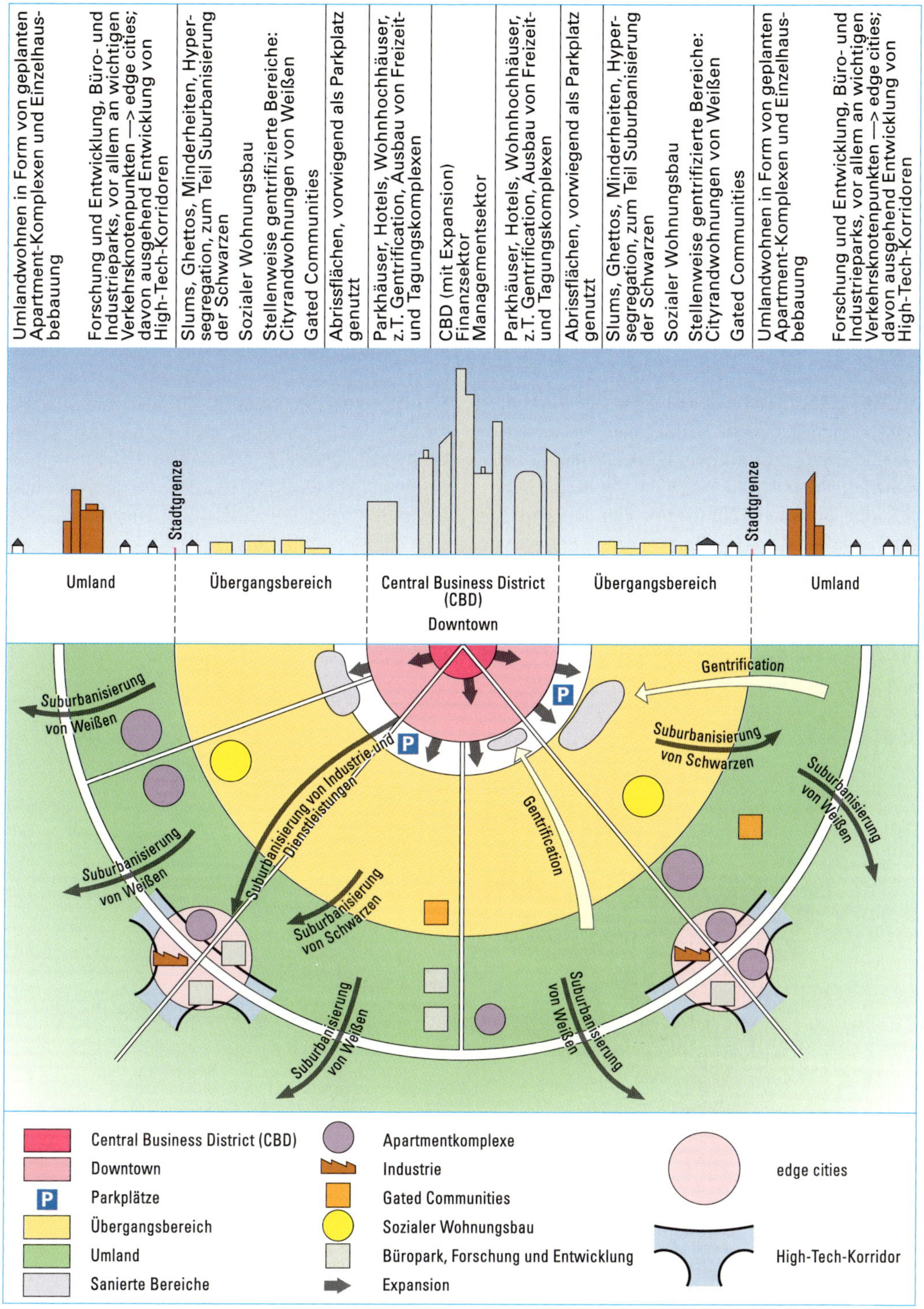

Nach Roland Hahn: a.a.O.

Global City New York

Vom Einwanderertor zur Global City. 1626 machte der Holländer Peer Minnewitt ein schicksalhaftes Geschäft, als er den dort ansässigen Indianern gegen Glasperlen, Messer und Beile im Gesamtwert von 60 Gulden die Insel Manhattan abkaufte. Der sich entwickelnde Ort hieß zunächst Neu-Amsterdam und erhielt 1653 unter dem letzten Direktor der Holländisch-Westindischen Compagnie, Peter Stuyvesant, die Stadtrechte. Elf Jahre später mussten die Holländer ihre Stadt den Engländern überlassen, die sie zu Ehren des Herzogs von York in New York umbenannten.
Zunächst wuchs die Stadt nur langsam, und erst die Eröffnung des Eriekanals, der die Verkehrsverbindung mit dem Hinterland verbesserte, brachte einen stürmischen wirtschaftlichen Aufschwung. Wie kaum eine andere Stadt Nordamerikas profitierte New York von den gewaltigen Einwanderungswellen, sodass sie bereits vor 1900 die Millionengrenze erreichte. Schnell überflügelte sie die Konkurrenzstädte Philadelphia und Boston und entwickelte sich zum nationalen Handels-, Finanz- und Industriezentrum. Mit der verstärkten Ansiedlung von internationalen Organisationen, Banken, Industrie- und Handelsunternehmen nach dem Zweiten Weltkrieg wurde sie zur führenden Weltstadt.
Eine neue Dimension erreichte die Stadt seit den 1980er Jahren mit der Globalisierung von Arbeit und Kapital. New York wurde, zusammen mit den Weltstädten Tokio und London, zur Global City, zur Schaltstelle der weltweit führenden Wirtschafts- und Finanzunternehmen. Dieser Weltbezug wird beispielhaft sichtbar an Institutionen wie dem World Finance Center und äußert sich u.a. in einem Boom, der New York zum Zentrum der Weltökonomie machte.

Größe und Abgrenzung. Zur Bestimmung der Größe und Einwohnerzahl von New York existieren mehrere Verwaltungsabgrenzungen nebeneinander, die z.T. mit unterschiedlichen Bezeichnungen belegt werden. Insgesamt setzt sich die Megastadt New York aus über 550 kommunalen Einheiten zusammen, die 29 Counties angehören; diese liegen wiederum auf dem Territorium von drei Bundesstaaten: New York, Connecticut und New Jersey.

***M 84** New York – Einwohnerdichte und Beschäftigte im Dienstleistungssektor 1987 und 1997*

Nach Roland Hahn: a.a.O.

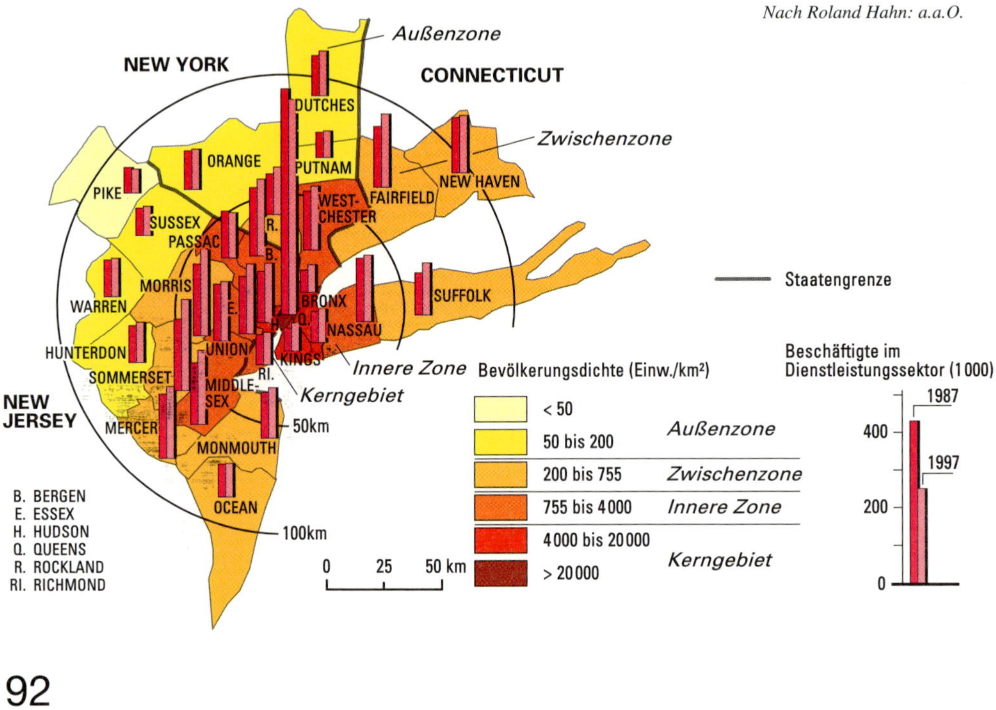

***M 85** New York – Bevölkerung, soziale und ethnische Differenzierung*

Counties		Bevölkerung			Soziale Differenzierung		Ethnische Differenzierung			
Nr.	Name	Einwohner 1997 (1 000)	Änderung 1980–1990 (%)	Änderung 1990–1997 (%)	Pro-Kopf-Einkommen 1994 (US-$)	Personen unter der Armutsgrenze (%)	Weiße (%)	Schwarze (%)	Asiaten (%)	Hispanics (%)*
1	Manhattan	1 536	4,1	3,3	53 200	22,3	63,4	26,6	9,5	29,4
2	Bronx	1 188	3,0	– 1,3	17 200	33,3	52,9	42,6	3,8	47,2
3	Queens	1 976	3,2	1,2	24 300	15,3	60,9	23,1	15,6	21,8
4	Kings	2 240	3,1	– 2,6	20 100	31,6	52,3	41,0	6,3	22,8
5	Richmond	402	7,7	6,2	25 000	10,0	84,6	9,0	6,2	9,6
6	Hudson	551	-0,7	– 0,3	22 200	18,2	75,2	15,7	8,8	38,6
7	Westchester	896	1,0	2,4	37 300	8,8	79,8	15,0	5,0	11,6
8	Rockland	280	2,3	5,4	28 200	8,9	83,0	11,1	5,6	8,0
9	Passaic	484	5,2	2,8	22 900	13,3	78,5	17,4	3,7	26,3
10	Bergen	851	-2,4	3,1	35 700	5,7	85,0	5,4	9,4	7,6
11	Essex	751	-8,6	– 3,5	27 800	19,3	53,1	43,0	3,7	15,1
12	Morris	454	3,4	7,8	36 400	4,0	90,8	3,3	5,7	6,0
13	Union	498	-2,0	0,9	29 200	9,5	75,5	20,4	3,9	16,9
14	Sussex	142	12,8	8,5	24 200	4,6	97,4	1,0	1,4	2,9
15	Nassau	1 304	-2,6	1,3	34 600	6,0	86,0	9,6	4,3	7,3
16	Suffolk	1 363	2,9	3,1	25 500	7,5	90,3	7,0	2,4	8,1
17	New Haven	792	5,6	– 1,5	25 300	11,0	86,8	11,1	1,9	7,6
18	Fairfield	833	2,5	0,7	38 700	7,7	86,1	10,7	3,0	10,2
19	Putman	92	8,7	10,1	26 000	4,5	97,4	1,1	1,3	3,3
20	Dutchess	265	5,6	2,0	23 000	8,0	87,6	9,1	3,1	4,5
21	Orange	327	18,5	6,3	20 500	11,7	80,1	8,0	8,0	8,5
22	Pike	39	53,1	39,8	17 100	8,3	98,1	1,0	0,7	3,1
23	Warren	98	8,5	7,3	23 200	6,4	97,0	1,6	1,2	2,6
24	Hunterdon	121	23,4	11,9	32 800	3,2	95,8	2,2	1,9	2,1
25	Somerset	277	18,3	15,2	37 600	4,0	86,6	6,9	6,3	5,4
26	Mercer	330	5,8	1,2	30 200	9,3	74,7	20,8	4,4	7,4
27	Middlesex	708	12,7	5,4	26 600	7,1	81,3	9,1	9,4	11,2
28	Monmouth	596	9,9	7,8	28 800	7,5	86,3	9,5	4,0	5,2
29	Ocean	481	25,2	11,0	23 600	7,6	95,3	3,2	1,3	4,2

Anmerkung: Kernstadt New York = Manhattan (County 1), Kernbereich / New York City = Counties 1–5, Metropolitane Agglomeration (MA) = Counties 1–16, Metropolitane Region (MR) = Counties 1–29;
*– ohne Berücksichtigung der ethnischen Herkunft, Summe der Ethnien deswegen auch nicht 100 %

Nach U.S. Department of Commerce, Bureau of the Census (Hrsg.): State and Metropolitan Area Data Book. Washington, D.C., verschiedene Jahrgänge

Revitalisierung der Downtown. → „Noch vor wenigen Jahren schien das Jahrhundert für Lower Manhattan wenig Erfolg versprechend zu Ende zu gehen. Immer mehr Firmen zog es an günstige Standorte in der Peripherie und die Büroflächen in der Downtown waren kaum noch zu vermieten. Einmal mehr schienen sich die düsteren Szenarien über den Verfall der US-amerikanischen Innenstädte zu bewahrheiten. ... Umso erstaunlicher die Trendwende. Derzeit spricht niemand mehr von der Krise der Downtown, im Gegenteil, seit 1995 ist die Krise zum Boom avanciert und hat Lower Manhattan zum am schnellsten wachsenden Stadtteil New Yorks gemacht. Förderprogramme der Stadt und private Initiativen forcierten den Transformationsprozess der Downtown zu einer 24-Stunden-Community, in der in einem zunehmend attraktiven Umfeld gearbeitet, gewohnt und gelebt werden kann. ..."

Martin Pries: Wiederentdeckung der Downtown New York/ Lower Manhattan. In: Geographische Rundschau, Heft 1/2001, S. 26 und 31. Braunschweig: Westermann

***67.** Erläutern Sie anhand der Materialien M 84 und M 85 Ausmaß und Auswirkungen der Suburbanisierung in New York.*

Die Bevölkerung der USA im Wandel

Allgemeine Bevölkerungsentwicklung und Mobilität

Entwicklung der Bevölkerung. Exakte Zahlen über die Bevölkerung der USA liegen seit dem ersten Zensus von 1790 vor. Für dieses Jahr wird die Gesamteinwohnerzahl mit 3,9 Mio. angegeben. Seitdem steigt die Bevölkerung kontinuierlich und stark an. Bis zum Beginn des 20. Jahrhunderts lagen die jährlichen Wachstumsraten im Durchschnitt bei über 3 %, sodass im Jahre 1900 bereits 76,2 Mio. Einwohner gezählt wurden. Nach 1900 hat sich die Wachstumsrate zwar abgeschwächt – in der Dekade 1990 bis 2000 lag sie im Durchschnitt nur noch bei ca. 0,9 % pro Jahr –, aufgrund der inzwischen hohen Ausgangsbasis war der absolute Zuwachs mit 21 Mio. im gleichen Zeitraum jedoch recht hoch, sodass im Jahre 2000 die Gesamteinwohnerzahl 269,8 Mio. betrug. Bei einer angenommenen Wachstumsrate von jährlich 0,6 bis 0,8 % wird der absolute Zuwachs auch künftig sehr hoch sein.
Der Bevölkerungsanstieg ist jedoch nicht primär das Ergebnis überdurchschnittlich hoher Geburtenüberschüsse, sondern vor allem Resultat der großen Einwanderungen, die bis heute unvermindert andauern. In historischer Zeit muss der Anstieg auch im Zusammenhang mit der territorialen Expansion der USA gesehen werden, d.h. mit den umfangreichen Landerwerbungen (vgl. dazu M 13 und M 14 auf S. 27–28).

M 86 Ursachen des Bevölkerungswachstums in den USA 1940–1996 (Angaben in 1 000 bzw. %)

Jahr	Zuwachs durch Geburtenüberschuss	Zuwachs durch Einwanderungsüberschuss	Anteil des Einwanderungsüberschusses am Gesamtwachstum (%)
1940	1 138	77	6,3
1960	2 599	327	11,3
1980	1 605	654	29,0
1996	1 501	829	35,6

Werner Klohn, Hans-Wilhelm Windhorst: Bevölkerung und Siedlung in den USA. Vechtaer Materialien zum Geographieunterricht, Heft 4. Vechta 1998, S. 9

Regionale Mobilität. → „Amerikaner gelten auch heute noch mit Recht als die rastloseste Nation der Welt, die die höchste Mobilitätsrate aller Gesellschaften der Erde aufweist. Allein während des 20. Jahrhunderts zogen in jeweils fünf Jahren zwischen 40 und 50 % aller Amerikaner um, davon etwa 10 % in einen anderen Bundesstaat. ... Während der letzten 30 Jahre (1960 bis 1990) sind insgesamt 90 % aller Amerikaner umgezogen. Bei einer Gesamteinwohnerzahl von über 250 Mio. sind das gewaltige Bevölkerungsbewegungen. Man kann ohne Übertreibung sagen, dass die amerikanische Geschichte aus beständigen Völkerwanderungen bestanden hat: Einwanderung, Umwanderung, Umverteilung, Rückwanderung. Eine ungewöhnliche Mobilität und Rastlosigkeit gelten als typischste aller amerikanischen Charaktereigenschaften."

Lutz Holzner: Stadtland USA: Die Kulturlandschaft des American Way of Life. Gotha: Perthes 1996, S. 45

Statistisch gesehen zieht jeder Amerikaner in seinem Leben 14-mal um. Diese Mobilitätsbereitschaft wird zum einen mit historischen Erfahrungen in Verbindung gebracht, etwa bei der Erschließung und Besiedlung des Westens, zum anderen wird sie gesellschaftlich interpre-

M 87 Nicht nur die Menschen sind in den USA mobil, sondern auch ihre Häuser

M 88 Bevölkerungsentwicklung in den USA

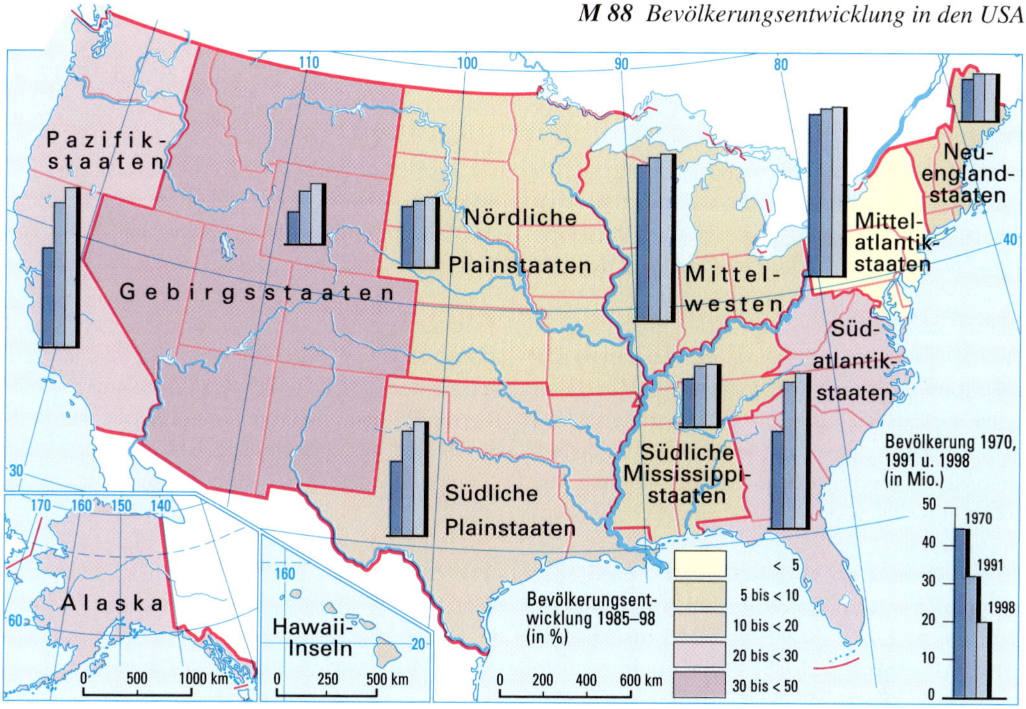

Nach Roland Hahn: USA. Gotha und Stuttgart: Perthes 2002

tiert. Triebfeder ist zumeist der starke soziale Aufstiegswille („social climbing"), der sich in der Bereitschaft zum raschen Arbeitsplatzwechsel und damit zum Umzug in Gebiete, vor allem Städte, mit besseren Verdienst- und Aufstiegsmöglichkeiten äußert.

Die starke Mobilität äußert sich in einer vielfältigen Migration, wobei zwei vorherrschende Ströme zu unterscheiden sind:

- lokale Wanderungen, z.B. zwischen Stadt und Land oder zwischen Stadtkern und Stadtrand/Stadtumland,
- interregionale Wanderungen, z.B. zwischen wirtschaftlich prosperierenden und wirtschaftlich stagnierenden Gebieten.

Beide Arten der Migration werden, außer durch sozioökonomische Gegebenheiten, auch durch regionale Unterschiede in der Lebensqualität beeinflusst. Ein Beispiel für das zweite Motiv ist die Abwanderung älterer Menschen aus dem Nordosten, dem „frost belt", in den „sun belt", vor allem nach Kalifornien, Arizona und Florida. Der starke Bevölkerungsanstieg der Staaten des sun belts in jüngerer Zeit resultiert auch aus dem Zustrom von Immigranten aus lateinamerikanischen Staaten, den so genannten ***Hispanics***.

Ergebnis dieser vielfältigen Wanderungsbewegungen: Staaten mit einer überdurchschnittlich positiven Bevölkerungsentwicklung stehen Staaten mit nur sehr langsamem Anstieg gegenüber. In einigen ländlichen Räumen z.B. der Plainstaaten kommt es sogar zu Entleerungstendenzen. Mit den großräumigen Bevölkerungsverschiebungen geht auch ein Wandel in der politischen Bedeutung einher. Die Zahl der Abgeordneten im Repräsentantenhaus setzt sich nämlich nach der Bevölkerungszahl der einzelnen Bundesstaaten zusammen. So haben in den letzten Wahlen die Staaten mit stark angestiegener Bevölkerung (vor allem Kalifornien und Florida) ein größeres Gewicht bekommen, während andere Staaten, z.B. des Nordostens und des Mittleren Westens, an Einfluss verloren.

68. *Werten Sie M 88 aus und erläutern Sie an konkreten Beispielen die vielfältigen Ursachen für die regionalen Bevölkerungsverschiebungen in der Vergangenheit und in der Gegenwart.*

Ethnischer Pluralismus

Wie die Grafik M 89 ausweist, hat sich seit Mitte des 20. Jahrhunderts ein starker ethnischer Wandel in den USA vollzogen. Mit einem Anteil von ca. 12 % an der Gesamtbevölkerung stellen die Schwarzen zwar nach wie vor die größte rassische Minorität der USA dar, bedingt durch unterschiedlich hohe Geburtenraten und veränderte Einwanderungsströme haben sich die Relationen jedoch stark verschoben. So waren in den 1980er Jahren die Asiaten die durch Einwanderung am stärksten wachsende Minderheit. Die Zuwanderungswellen der jüngsten Zeit werden jedoch von den ***Hispanics*** dominiert. Darunter versteht man die spanisch sprechende Bevölkerung, die allerdings unterschiedlicher rassischer Herkunft sein kann.

In Kalifornien macht diese Gruppe inzwischen fast ein Drittel der Gesamtbevölkerung aus; für die gesamten USA wird ihre Zahl offiziell mit 31 Mio. angegeben (11,5 % der Gesamtbevölkerung, 1999). Ihre tatsächliche Zahl dürfte jedoch deutlich höher liegen, da viele Zuwanderer illegal in die USA gelangten. Schätzungen gehen davon aus, dass inzwischen die spanisch sprechende Bevölkerung die größte sprachliche und ethnische Minderheit in den USA ist.

M 89 Bevölkerungszusammensetzung in den USA

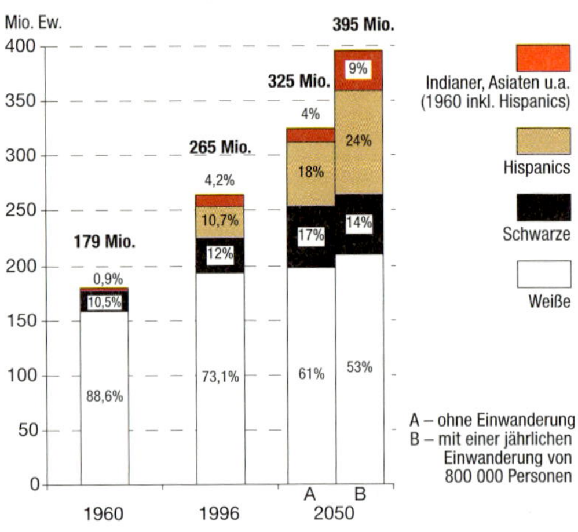

Nach P. Martin, E. Midgley: Immigration to the United States: Journey to an Uncertain Destination. Washington, D.C. 1994, und U.S. Department of Commerce, Bureau of the Census (Hrsg.): Statistical Abstract of the United States. Washington, D.C., verschiedene Jahrgänge

Die Idealvorstellung vom „melting pot". In dem Staatsmotto der USA, „e pluribus unum" (aus Vielen Eines), drückt sich das erklärte Ziel aus, die Vielzahl der Einwanderer zu einer homogenen Nation zusammenzuschmelzen, für die gerne das Wort ***„melting pot"*** (Schmelztiegel) verwandt wird. Doch heute muss man feststellen, dass die Integration nur unvollständig gelungen ist. Davon zeugen u.a. die bis zur Mitte des 20. Jahrhunderts immer wieder aufflammenden Rassenkonflikte oder die Segregationsphänomene, die sich überall erkennen lassen, insbesondere in den Großstädten. Schon immer galten die Weißen stets mehr als die Farbigen, die Amerikaner angelsächsischer bzw. nord- oder westeuropäischer Herkunft mehr als die Einwanderer aus Süd- oder Osteuropa oder gar aus nichteuropäischen Ländern. Den höchsten sozialen Rang nahmen stets die White Anglo Saxon Protestants *(WASP)* ein, deren Kultur als Leit- und Vorbild im privaten wie im öffentlichen Bereich gilt.

→ „Die Einwanderer aus aller Herren Länder kamen in der Regel nach Amerika, nicht um die amerikanische Welt nach eigenen Ideen zu verändern, sondern um an ihr teilzunehmen und sich tunlichst einzugliedern. WASP-Kultur beschreibt also nicht die Eigenart einer der vielen ethnischen Gruppen in der „pluralistischen" Gesellschaft, sondern gilt als die maßgebliche Weltanschauung und Lebensweise in diesem Lande."

Lutz Holzner: a.a.O., S. 18

→ „Zweifelhaft erscheint die Vorstellung, dass sich die einzelnen Ethnien im Sinne des melting pot zu einem neuen gemeinsamen Ganzen zusammenfinden werden. Wenngleich dies bei den europäischen Immigranten des 19. und frühen 20. Jahrhunderts innerhalb weniger Generationen weitgehend gelungen ist, so sind die ethnischen Minoritäten, insbesondere die Schwarzen und die Indianer, noch immer nicht vollständig integriert. Als alternatives Zukunftsmodell zum melting pot wird daher ein pluralistisches oder multikulturelles Amerika gesehen, in dem die Minoritäten in vollem Umfang in die Gesellschaft integriert sind, dabei jedoch ihre ethnische Identität bewahren. Das Ergebnis wäre ein kulturelles Mosaik oder Kaleidoskop."

Werner Klohn, Hans-Wilhelm Windhorst: a.a.O., S. 59–60

M 90 Harlem – Minderheiten-Ghetto

Minderheitenprobleme. Eines der zentralen Probleme der amerikanischen Gesellschaft ist die nach wie vor evidente Kluft zwischen der weißen und der schwarzen Bevölkerung. Das früher gebräuchliche Wort „Neger“ sollte zur Bezeichnung der schwarzen Bevölkerung vermieden werden, da es eine abwertende Bedeutung erlangt hat und an das Schimpfwort „Nigger“ erinnert. Inzwischen ist es durch die Bezeichnungen „Schwarze“, „Farbige“ und schließlich „African Americans“ ersetzt worden. Letztere Bezeichnung verdeckt allerdings die Tatsache, dass die Schwarzen keineswegs eine homogene Gruppe darstellen. Zu ihnen zählen nämlich nicht nur die Nachkommen der aus Afrika eingeschleppten Sklaven, sondern auch Zuwanderer jüngerer Zeit, z.B. aus Äthiopien, Haïti, Trinidad oder Jamaica. Deswegen wird im Folgenden – ungeachtet der Unterschiede – generell von „Schwarzen“ gesprochen.

Trotz der Fortschritte, die die Schwarzen bezüglich ihres sozioökonomischen Status' seit den 1970er Jahren gemacht haben, z.B. durch gezielte Quotenregelungen bei der Vergabe von Ämtern (affirmative action) oder durch Vorzugsbehandlungen im Rahmen verschiedener Regierungsprogramme, z.B. Vergabe von College- und Universitätsstipendien, werden sie vielerorts noch diskriminiert, und immer noch sind deutliche Unterschiede festzustellen – im Einkommen, in der Armutsrate, in der Familienstruktur, in der Lebenserwartung und in den Schul- und Berufsabschlüssen.

Die Statistiken des Jahres 1998 belegen, dass über ein Viertel aller Schwarzen in den USA ein Einkommen unter der Armutsgrenze haben; fast die Hälfte dieser Gruppe besteht aus Kindern in einem Alter unter 18 Jahren. Das Einkommen der Schwarzen beträgt im Durchschnitt nicht einmal 60 % des Einkommens von Weißen, und auch bezüglich der Lebenserwartung und anderer sozialer Messgrößen bleiben die Schwarzen weit hinter den Weißen zurück. Als besonders bedenklich ist die Tatsache zu bewerten, dass der Anteil allein erziehender schwarzer Mütter bei annähernd 50 % liegt, im Vergleich zu 20 % bei den Weißen. Von den 2,2 Mio. schwarzen Familien, die 1996 unter der Armutsgrenze lebten, waren 78 % Restfamilien mit weiblichem Haushaltsvorstand.

→ „Es wird von einer Krise der schwarzen Familie gesprochen, die sich insbesondere in der wachsenden Zahl armer Familien mit weiblichem Haushaltsvorstand ausdrückt. ...Von dieser Entwicklung sind besonders die schwarzen Kinder betroffen, die dadurch in hohem Umfang in unvollständigen Familien aufwachsen. Diese Restfamilien haben ein geringeres wirtschaftliches Potenzial als Vollfamilien, was sich auch darin zeigt, dass sie überproportional von Armut betroffen sind. Demgegenüber sind die Kinder aus Vollfamilien im Vorteil. Ihre Eltern sind zumeist besser ausgebildet, haben ein erheblich höheres Einkommen und auch verhältnismäßig oft Wohneigentum. Somit entwickeln sich zwei Welten für die schwarzen Kinder: einerseits die der Mittelklasse und andererseits die der Armen."

Werner Klohn, Hans-Wilhelm Windhorst: a.a.O., S. 55

Weniger problematisch scheint – auf den ersten Blick – die Situation bei den anderen Minderheiten zu sein. Wie die Statistik belegt, haben die Asiaten, insbesondere die Zuwanderer aus China und den Philippinen, den Einkommensrückstand gegenüber den Weißen in den letzten Jahren weitgehend aufgeholt. Dies ist in erster Linie auf deren überdurchschnittlich hohen Bildungsstand zurückzuführen. Für viele von ihnen war dies eine notwendige Voraussetzung für die Einwanderungsgenehmigung. Das in der Grafik M 91 ausgewiesene hohe Haushaltseinkommen der Asiaten lässt sich allerdings nicht nur mit den durch die hohen Bildungsabschlüsse bedingten guten Verdienstmöglichkeiten erklären, sondern liegt auch darin begründet, dass die asiatischen Familien mit durchschnittlich 3,91 Personen aus mehr Mitgliedern bestehen als weiße oder schwarze Familien und das gesamte Haushaltseinkommen entsprechend hoch ist. Es muss also auf mehr Köpfe verteilt werden, was die positive Bilanz etwas relativiert. Eine genauere Analyse lässt zudem eine duale Einkommensstruktur erkennen: Auf der einen Seite stehen gut ausgebildete und hochbezahlte Fachkräfte und Selbstständige, auf der anderen Seite eine große Zahl von Unterbeschäftigten und Unterbezahlten.

Besorgniserregend ist hingegen die soziale Situation der Hispanics, der am schnellsten wachsenden Minderheit. Viele von ihnen, die illegal als „wet backs" („Nassrücken" – wegen des Durchwatens des Grenzflusses Rio Grande) in die USA gelangten, finden nur einen schlecht bezahlten Job, z.B. als Saisonarbeiter in der Landwirtschaft, und rangieren so bei Pro-Kopf-Einkommen und Beschäftigtenrate weit unter dem Durchschnitt. Da sie auch bei den Bildungsabschlüssen im Durchschnitt schlechtere Werte aufweisen und folglich geringe Aufstiegschancen haben, ist die Lage vieler Familien äußerst bedrückend.

M 91 *Durchschnittliches Haushaltseinkommen nach Ethnien in den USA (1980–1995)*

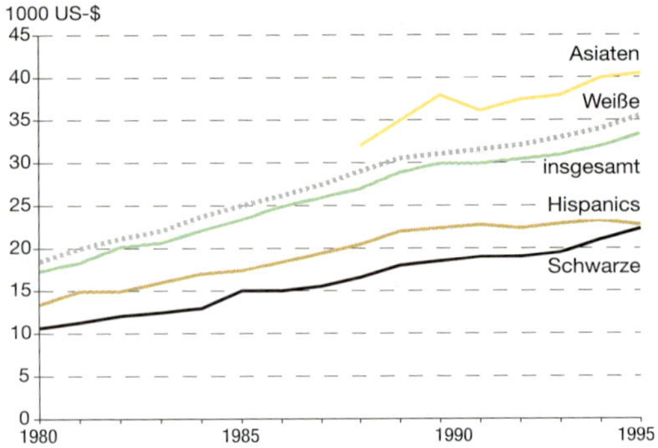

Nach Werner Klohn, Hans-Wilhelm Windhorst: a.a.O., S. 45

M 92 *Arbeitslosenraten in den USA nach Ethnien 1996*

Gruppe	Arbeitslosenrate (%)
alle Ethnien	5,4
16–19 Jahre alt	16,7
Weiße	4,7
16–19 Jahre alt	14,2
Schwarze	10,5
16–19 Jahre alt	33,6
Hispanics	8,9
16–19 Jahre alt	23,6

Nach Werner Klohn, Hans-Wilhelm Windhorst: a.a.O., S. 61

M 93 *Anteil der Schüler einer Ethnie, der 1995 den College-Abschluss* erreicht hat*

Ethnie	Anteil (%)
insgesamt	20,3
Weiße	21,5
Schwarze	11,4
Hispanics	9,2
Asiaten	36,6
Indianer, Aleüten, Eskimos	9,3

* Erfasst sind die Abschlüsse als Bachelor oder höher.

Nach Werner Klohn, Hans-Wilhelm Windhorst: a.a.O., S. 63

Die „neue Armut“ in den USA. Annähernd 35 Mio. Amerikaner, das sind ca. 13 % der Bevölkerung, werden von der amtlichen Statistik als in Armut lebend eingestuft. Die Zuordnung erfolgt nach dem „poverty index“, der von den finanziellen Mitteln ausgeht, die für die Lebenshaltung zur Verfügung stehen. Zuwendungen, die nicht in Geldleistungen bestehen, z.B. Gutscheine zum Kauf von Lebensmitteln (food stamps), kostenlose Gesundheitsfürsorge oder kostenloser bzw. verbilligter Wohnraum, werden dabei nicht berücksichtigt. Im Jahre 1999 lag der poverty index einer vierköpfigen Familie bei 16 600 US-$. Besonders besorgniserregend ist in diesem Zusammenhang, dass der Anteil der in Armut lebenden Kinder und Jugendlichen größer ist als bei den übrigen Gruppen. Offenbar geraten kinderreiche Familien leichter in Gefahr, ein Leben unter der Armutsgrenze führen zu müssen. Der Staat hat nach dem Zweiten Weltkrieg zwar die Ausgaben für die Sozialhilfe um ein Vielfaches erhöht, sie erreicht dennoch nicht das Niveau anderer westlicher Industriestaaten. Im Sommer 1996 beschloss das Repräsentantenhaus sogar eine drastische Kürzung der Sozialausgaben, was die sozialen Probleme noch verschärfen wird. Im „Land des Überflusses“ (so der ehemalige Präsident L.B. Johnson) lebt jeder siebente Bürger am Rande des Existenzminimums.

M 94 Einkommensverteilung auf prozentuale Haushaltsgruppen in den USA (1976, 1986, 1996)

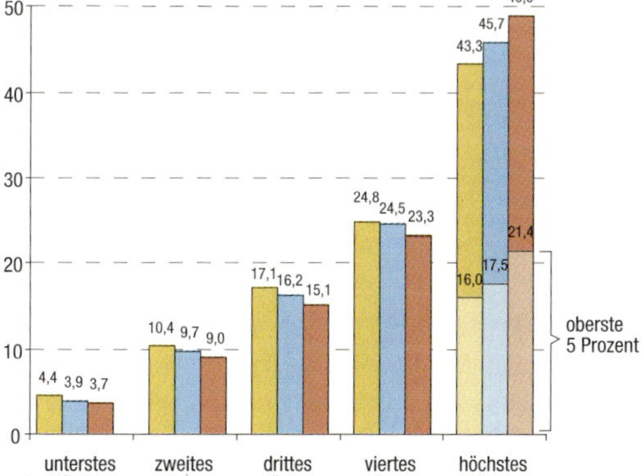

Nach U.S. Department of Commerce, Bureau of the Census (Hrsg.): a.a.O., verschiedene Jahrgänge

Die Ursachen der „neuen Armut“ sind vielfältig. Viele Betroffene sind offensichtlich infolge von Arbeitslosigkeit und Lohnkürzungen arm geworden. Trotz des „Beschäftigungswunders“ in der zweiten Hälfte der 1990er Jahre – dem Staat und der Wirtschaft gelang es, innerhalb weniger Jahre die Arbeitslosenrate von annähernd 10 % auf knapp über 4 % zu senken – sind die Realeinkommen kaum gestiegen. Im Gegenteil: Es wurden vermehrt schlecht bezahlte Arbeitsplätze geschaffen, z.B. für Hilfsarbeiten im Dienstleistungsgewerbe („McJobs“), sodass ein Niedriglohnsektor entstand, in dem Millionen von Menschen ohne Kranken- und Sozialversicherung arbeiten. So wurde ein Heer von „working poor“ geschaffen – Arbeitnehmer, die trotz 40-Stunden-Woche am Rande des Existenzminimums leben. Die Einkommensschere zwischen Armen und Reichen weitet sich, die Reichen werden immer reicher, die Armen ärmer, die Mittelschicht dünnt sich aus.

Die Ärmsten der Armen sind die völlig aus dem sozialen Netz herausgefallenen Obdachlosen (homeless). Ihre Zahl wird auf 3 Mio. geschätzt, mehr als in ganz Westeuropa. Annähernd die Hälfte von ihnen sind Schwarze, 50 % sind alleinstehende Männer, ein Drittel sind Familien mit Kindern, und mehr als ein Viertel der Obdachlosen leidet an psychischen Krankheiten.

69. *Erklären Sie anhand konkreter Beispiele, warum die Begriffe „salad bowl“ oder „pizza“ der demographischen Realität in den USA besser entsprechen als die Vorstellung vom „melting pot“.*

70. *Vergleichen Sie die Gesellschaftsstruktur in den USA mit der in Deutschland. Gehen Sie dabei auch auf die Problematik der Integration ausländischer Mitbürger bei uns ein.*

71. *Werten Sie die Materialien M 89 bis M 94 aus und erstellen Sie ein Referat zum Thema „USA, Land der unbegrenzten Möglichkeiten – auch im gesellschaftlichen Bereich?“. Weitere Daten und Materialien finden Sie im Internet unter: http://www.cia.gov/cia/publications/factbook/geos/us.html und http://geography.about.com/science/geographpy und http://www.census.gov und http://www.ipums.umn.edu und http://stats.bls.gov*

Russland / Nachfolgestaaten der Sowjetunion

Jimmy Carter 1980 in Moskau *Ronald Reagan 1986 in Moskau* *George Bush 1990 in Moskau*

***M 1** Wie amerikanische Präsidenten die Sowjetunion sahen!*

Das naturräumliche Potenzial

Relief und Großlandschaften

Trotz seiner gewaltigen Größe weist das Gebiet der Nachfolgestaaten der Sowjetunion – ähnlich wie in Nordamerika – ausgedehnte geologische und morphologische Einheiten auf, die eine orographische Gliederung, also eine Gliederung des Raums in Großlandschaften, ermöglichen. Im Wesentlichen handelt es sich hierbei um:

- das Osteuropäische Tiefland westlich des Urals, im Durchschnitt um 200–300 m hoch und im zentralen Teil von der Wolga durchflossen;
- das Kaspi-Turan-Tiefland, eine abflusslose, aride Beckenlandschaft mit dem verlandenden Aralsee im Kern, im Erscheinungsbild dem Osteuropäischen Tiefland ähnlich, aber ohne dessen glaziale Überformung;
- das von paläozoischen Gesteinen aufgebaute Faltengebirge des Ural. Es handelt sich dabei um ein Mittelgebirge mit einer durchschnittlichen Höhe von 250–1 000 m (höchste Erhebung ist der Narodnaja, 1 894 m); dieses Gebirgssystem gehört zu den bodenschatzreichsten Gebieten der Erde.
- das Westsibirische Tiefland östlich des Ural, mit 3 Mio. km^2 eines der größten Tiefländer der Erde. Von tertiären und quartären Sedimenten bedeckt, ist es im Mittel 100–140 m hoch und nur leicht nach Norden geneigt, sodass das Stromsystem von Ob und Irtysch nur geringes Gefälle hat und daher weite Gebiete versumpft sind.
- die Kasachische Schwelle, ein Hügelland zwischen Ural und Altai, welches das Kaspi-Turan-

Tiefland vom Westsibirischen Tiefland trennt. Es ist geologisch kompliziert aufgebaut und sehr mineralreich.

- das Mittelsibirische Bergland zwischen den Flüssen Jenisseij und Lena, ein Plateau mit Mittelgebirgshöhen, aus paläozoischen Sedimenten aufgebaut, die der präkambrischen Sibirischen Tafel auflagern;
- das Jakutische oder Lena-Becken im Einzugsbereich der mittleren Lena, ebenfalls ein Teil der Sibirischen Tafel, aber gegen das Umland deutlich eingetieft;
- das Nordostsibirische Bergland östlich der Lena, aus alten Formationen aufgebaut, im Tertiär gefaltet und schließlich im Pleistozän glazial überformt;
- das Gebirgsland des Fernen Ostens mit der Halbinsel Kamtschatka und der Insel Sachalin, Teil des zirkumpazifischen alpidischen Faltensystems;
- die südlichen Randgebirge Kaukasus, Alai, Altai, Sajan und Jablonowy. Es handelt sich bei ihnen um Hochländer und Gebirge jüngerer Entstehungszeit mit zum Teil alpinem Relief mit eingeschlossenen älteren abgetragenen Massen. Mit dem 5 633 m hohen Elbrus liegt in dieser Großlandschaft im Kaukasus der eigentlich höchste Berg Europas.

Der Gesamtraum weist also trotz seiner Größe von über 22 Mio. km² eine klare landschaftliche Gliederung auf, mit den vom Relief her bevorzugten Tiefländern westlich und östlich des Ural. Doch ist gerade im Gebiet der Nachfolgestaaten der Sowjetunion die räumliche Gunst nicht einfach am ebenen Relief festzumachen. Von großer Bedeutung und – gerade aufgrund der kontinentalen Dimensionen – auch von großer Varietät sind das Klima und die Böden sowie die von ihnen beeinflusste Vegetation. Nicht zuletzt diese Großfaktoren sind es, die einerseits den anthropogenen Einflüssen auf den Raum deutliche natürliche Grenzen setzen und deren Kenntnis andererseits nötig ist, um die Frage zu beantworten, was die Menschen aus dem natürlichen Potenzial gemacht haben – positiv wie negativ.

***M 2** Orographische Gliederung des Territoriums der Nachfolgestaaten der Sowjetunion*

Klima, Böden, Vegetation

Klima. Entstehen trotz der Raumgröße beim Relief und der Morphologie nur großflächige Differenzierungen, so gestaltet sich die klimatische Situation komplexer. Hier führen die riesige West-Ost- und Nord-Süd-Erstreckung sowie das wechselvolle Relief dazu, dass der Raum Anteil an unterschiedlichen Klimaten hat. Er gehört zwar insgesamt zu den Außertropen, weist aber eine regionale Differenzierung auf zwischen arktischer und subtropischer Zone, der Kontinentwest- und -ostseite, maritim beeinflussten Küstengebieten und kontinentalen Binnenräumen sowie zwischen Tiefland- und Hochgebirgsklimaten. Sollte man überhaupt ein allgemein zutreffendes Charakteristikum des Klimas dieses Raumes nennen, so ist es die Dominanz der Kontinentalität.

Die wichtigsten Erklärungen für die klimatischen Gegebenheiten sind:
- die nördliche Lage der GUS-Staaten und der baltischen Länder im Gradnetz,
- die kontinentale Tiefe des Raumes nach Osten hin,
- die Lage zu den Randmeeren des Arktischen und Pazifischen Ozeans,
- die Luftdruck- und Zirkulationsverhältnisse: asiatisches Kältehoch im Winter, das den Zugang feuchter Meeresluft blockiert, und sommerliches Hitzetief über dem östlichen Hochland von Iran, das Luftmassen aus allen Himmelsrichtungen in den Kontinent zieht,
- das Fehlen breitenparallel verlaufender Gebirge.

M 3 Veränderung der Lufttemperaturverhältnisse als Inidikator für die zunehmende Kontinentalität des Klimas in Eurasien nach Osten

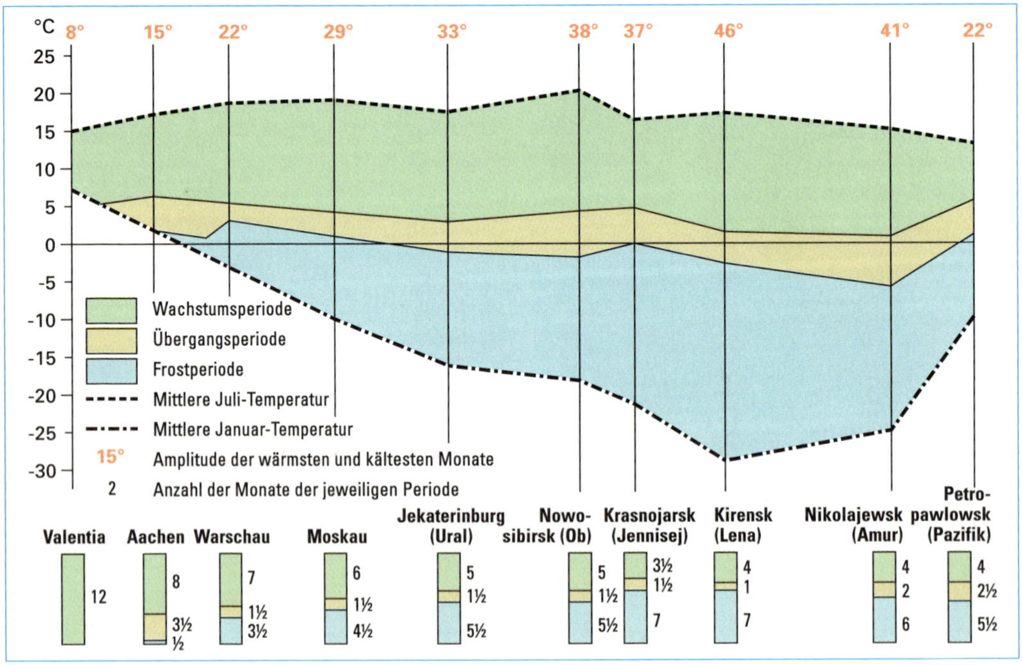

Nach Eduard Müller-Temme: Die Sowjetunion, Staat und Wirtschaft. Geographische Zeitfragen, Heft 4, S. 4. Frankfurt am Main: Hirschgraben 1979

***M 4** Klimadiagramme ausgewählter Stationen auf dem Territorium der Nachfolgestaaten der Sowjetunion*

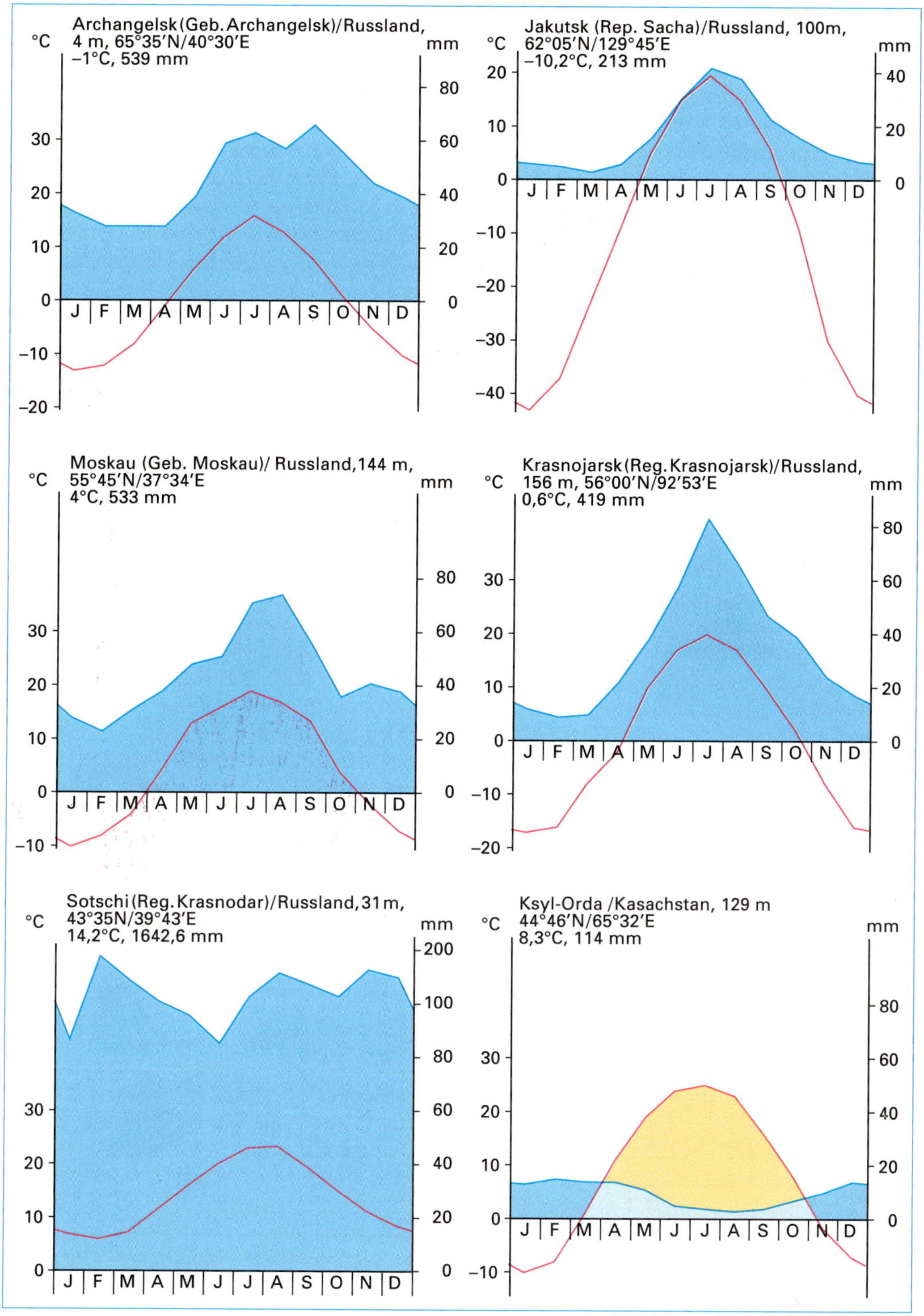

Böden. Die unter dem Einfluss des Klimas, aber auch in Wechselbeziehung mit der Vegetation und der Nutzung durch den Menschen erfolgte Bodenbildung hat im Großraum der ehemaligen UdSSR neun vorherrschende Bodentypen hervorgebracht (vgl. M 6). Hierzu gehören z. B.:

- die sauren, nährstoffarmen Podsole (Bleicherden), bei denen durch Feuchtigkeitsüberschuss und nur mäßige Wärmeversorgung die organischen Reste nur unvollständig abgebaut werden können. Bei der dadurch eingeleiteten Podsolierung werden die Tonminerale des A-Horizonts durch Säuren zerstört und die dabei entstehenden Sesquioxide infolge des humiden Klimas (abwärts gerichteter Bodenwasserstrom) vertikal in den Unterboden verlagert. Ihre dortige Anreicherung kann sich bis zu wasserstauendem Ortstein verdichten.
- die Rasenpodsole, die sich südlich an die Podsolböden anschließen. Nach Süden nimmt der Humusanteil im obersten Bodenhorizont aufgrund der größeren Menge an Biomasse und wegen der steigenden Wärmeversorgung zu. So herrscht zwar noch der Podsolierungsprozess vor, doch werden die Mineralien nicht mehr vollständig zerstört, was besonders auf die für die Bodenfruchtbarkeit wichtigen Tonminerale zutrifft.
- die Schwarzerde, deren Fruchtbarkeit auf dem hohen Humusanteil, auf der krümeligen Struktur des Bodens und auf der guten Fähigkeit, Wasser und Luft zu absorbieren, beruht. Der Wechsel zwischen kalten Wintern mit überwiegend physikalischer Aufbereitung und warmen, zeitweilig warmfeuchten Sommern mit chemischer Zersetzung führt zur permanenten Regeneration des Bodens. Schwarzerdeböden besitzen zwar ein stabiles Gleichgewicht, das aber anfällig für anthropogene Eingriffe ist. Beispiele dafür sind die nachhaltige Zerstörung der für den Wasser- und Nährstoffhaushalt wichtigen Kapillarstruktur des Bodens durch landwirtschaftliche Bearbeitung oder auch seine Erosionsanfälligkeit, ebenfalls hervorgerufen durch landwirtschaftliche Nutzung, wenn nämlich die natürliche Vegetationsdecke entfernt wird und der Boden z. B. nach einer Ernte den Witterungseinflüssen ausgesetzt ist.
- Die kastanienfarbenen Böden der Laub- und Mischwaldzone, die zusammen mit den hier günstigen klimatischen Bedingungen ein Potenzial für die Landwirtschaft der Staaten bereitstellen.

***M 5** Verteilung der wichtigsten Bodenarten und Bodentypen nach Landschaftszonen auf dem Territorium der Nachfolgestaaten der Sowjetunion (Fläche in Mio. ha)*

Landschafts-zone	Gesamt-fläche	Bodenart								Bodentyp
		zonal			azonal					
		tonig	sandig	kiesig	Aueböden	Moorböden	Salzböden	Sand	Dauerfrostboden, ewiger Schnee und Eis	
Tundra	180	151			2	18			9	Tundrenböden 180
Taiga	755	238	127	2	33	165			190	Gleypodsol 240 Podsol 255 Torfpodsol 260 Graue Waldböden 64
Mischwald, Waldsteppe, Steppe	321	229	11	14	12	4	51			Schwarzerde 189 Kastanienfarbene Böden 68
Halbwüste, Wüste	303	91	25	18	10		97	62		Graubraune Halbwüstenböden 130 Wüstenböden 173
Gebirge	652	14		638						Gebirgsböden 652
Zusammen	2211	723	163	672	57	187	148	62	199	

Nach Pierre Carrière: L' Économie de l' URSS. Paris: Masson 1984, S. 30 – 31

M 6 Hauptzonen der Bodenbildung auf dem Territorium der Nachfolgestaaten der Sowjetunion

Nach John C. Dewdney: A Geography of the Soviet Union. Oxford/New York: Pergamon Press 1978, S. 25

Vegetation. Entsprechend den Gegebenheiten von Klima und Boden, ergänzt durch hydrologische Einflüsse, hat sich im Gebiet der Nachfolgestaaten der Sowjetunion ein Muster der Landschaftszonen ergeben, deren sichtbarstes Merkmal für die jeweiligen geoökologischen Zusammenhänge die natürliche Vegetation ist. Zwar wird dieses Muster räumlich dominiert von der Taiga, dem sich von der Grenze zu Finnland bis hin nach Ostsibirien erstreckenden Gebiet des borealen Nadelwalds, doch ist seine Gestaltung deutlich vielfältiger. Das Vegetationsmuster reicht von der Tundra, der Kältesteppe am Nordrand Russlands, bis hin zu den Halbwüsten und Wüsten der asiatischen Nachfolgestaaten der UdSSR wie in Kasachstan, Turkmenistan oder Usbekistan.

M 7 Rentierherde in der sommerlichen Tundra auf der Halbinsel Taimyr

M 8 Vegetationszonen auf dem Territorium der Nachfolgestaaten der Sowjetunion (nach F. N. Milkow)

M 9 Strauchvegetation der mittelasiatischen Wüsten, hier bei Bucharn, Usbekistan

Bodenschätze und Wasserkraftpotenzial

Das Gebiet der ehemaligen Sowjetunion gehört zu den ressourcenreichsten Räumen der Erde. Neben den Hölzern der waldreichen Taiga und der sich südlich von ihr anschließenden Zone der Laub- und Mischwälder muss man hier vor allem den großen Reichtum an mineralischen Bodenschätzen und Energiequellen und an Wasser nennen.

Bodenschätze. Zum einen handelt es sich um die Rohstoffe Steinkohle und Eisenerz, die jahrzehntelang von besonderer Bedeutung für die industriellen Ziele der Sowjetunion waren: die industrielle Entwicklung des Landes auf der Basis der Eisenmetallurgie, die Erschließung Sibiriens und schließlich der Versuch, den Westen industriell einzuholen. Zum anderen sind es besonders Erdöl und Erdgas, die bereits zur Zeit der UdSSR eine herausragende Stellung einnahmen und die auch heute noch zu den wichtigsten Devisen bringenden Exportprodukten gehören.
Gerade an diesen vier Bodenschätzen, deren Verteilung und umfangreiche Ergänzung durch andere Rohstoffe entsprechende Atlaskarten dokumentieren, lassen sich aber auch in besonderer Weise die Probleme erkennen, die früher und heute bei der Erschließung, Förderung und Vermarktung bestanden bzw. bestehen:

- die Lage der Rohstoffe: Ein erheblicher Teil der Bodenschätze – und dies gilt in besonderer Weise für die Erdöl- und Erdgasvorkommen des heutigen Russlands – liegt in unwirtlichen, schwer zugänglichen Gebieten. Hier stellen nicht nur der Permafrostboden (siehe S. 109/110) sowie die extrem kalten Winter mit bis zu –50 °C und die kurzen Sommer, die den Oberboden auftauen und riesige Sumpfgebiete entstehen lassen, natürliche Hindernisse für die Exploration und Förderung dar. Schwierig gestaltet sich auch die infrastrukturelle Erschließung der Räume (Straßen, Siedlungen) bis hin zum Abtransport der gewonnenen Produkte. Kommt Geldmangel, z.B. für die Wartung und Instandhaltung von Pipelines der westsibirischen Erdölfelder, hinzu, so drohen Umweltkatastrophen.
- die Trennung von Rohstoffverbunden nach dem Zusammenbruch der Sowjetunion: Bestand noch vor 1990 ein durch die zentrale Planung gesteuertes System, das die Rohstoffförderung einzelner Regionen koordinierte bis hin zu rohstofforientierten Industriekombinaten wie dem zwischen dem Ural (Eisenerz) und Karaganda (Steinkohle), so entstand nach der Auflösung der Sowjetunion eine gänzlich andere Situation. Es fehlte nicht nur die zentrale Steuerung, sondern Rohstoffregionen lagen nun in voneinander unabhängig gewordenen Staaten. Ein Beispiel hierfür bieten gerade die Rohstoffbeziehungen zwischen dem russischen Ural und Karaganda, das in Kasachstan liegt.
- der Rückgang der Fördermengen: Für dieses Problem sind im Wesentlichen die auch in anderen Bereichen spürbaren Schwierigkeiten der GUS-Staaten verantwortlich, die durch den Übergang von der Plan- zur Marktwirtschaft entstanden sind. Es fehlt an modernem Management, Transportsysteme sind veraltet, die Produktivität ist zu niedrig und Devisenknappheit verzögert die notwenige Modernisierung und damit die Verbilligung der Produktion und die Sanierung der Transportwege bzw. -mittel. Letzteres betrifft in besonderer Weise das Pipelinenetz für Erdöl und Erdgas. So ist Russland zum Beispiel der größte Erdgaslieferant für die Bundesrepublik Deutschland (ca. ein Drittel der deutschen Importe). Beherrscht wird die Erdgasförderung von dem mit rund 350 000 Beschäftigten größten russischen Konzern, „Gazprom", den man

M 10 Russland – Förderung ausgewählter Bergbauerzeugnisse und Anteil an der Weltproduktion 1998

	Förderung	Weltanteil	Rang
Eisenerz	67,0 Mio. t	6,6 %	5
Kupfer	0,515 Mio. t	4,2 %	6
Gold	104,0 t	4,3 %	6
Diamanten	21,0 Mio Karat	17,9 %	2
Braunkohle	76,78 Mio. t	9,0 %	2
Steinkohle (ehem. SU)	301,9 Mio. t	8,0 %	3
Erdgas	591,015 Mrd. m^3	25,6 %	1
Erdöl	343,397 Mio. t	9,8 %	3
Uran	2 358,0 t	6,2 %	5

Nach Mario von Baratta (Hrsg.): Der Fischer Weltalmanach 2001. Frankfurt: Fischer Taschenbuchverlag 2000

M 11 Abflussmengen der Hauptströme und Verteilung der Wasserressourcen auf Einzugsgebiete auf dem Territorium der Nachfolgestaaten der Sowjetunion

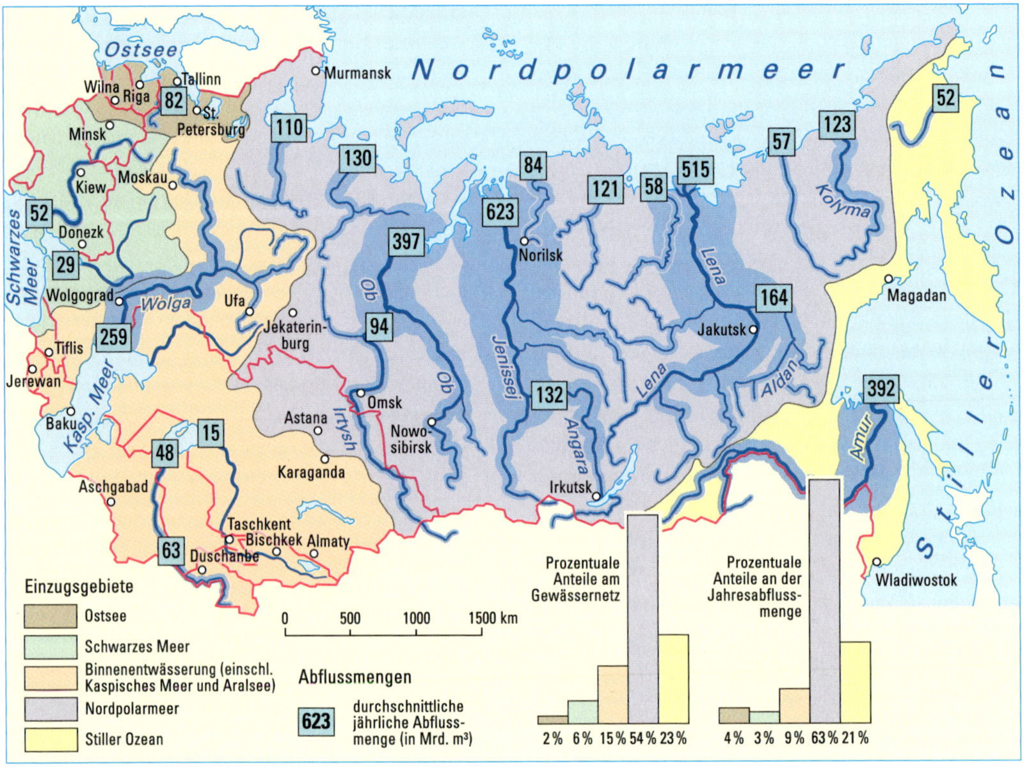

Nach Igor' V. Nikol'skij, Vitalij I. Tonjaev, Konstantin S. Ljachov: Geografija vodnogo transporta SSSR (Schifffahrtsgeographie der UdSSR). Moskva: Transport 1983, S. 57

im Land selbst auch das „Imperium" nennt. 1998 erwarb die Ruhrgas AG für 1,09 Mrd. DM 2,5 % der Aktien von Gasprom. Dieses Geld diente allerdings zur Sanierung des russischen Staatshaushalts.

M 12 Entwicklung der Rohstoffförderung in Russland in der Transformationsphase

	1990	1994	1996	1998
Erdöl (Mio. t)	569,3*	352,4	351,0	343,4
Erdgas (Mrd. m³)	640,6	k.A.	600,3	591,0
Steinkohle (Mio. t)	542,7	380,4	325,9	301,9
Braunkohle (Mio. t)	k.A.	90,0	83,0	76,8
Eisenerz (Mio. t)	k.A.	68,0	72,1	67,0
Gold (t)	k.A.	147,0	128,4	104,0

* Wert für die gesamte Sowjetunion

Nach Mario von Baratta (Hrsg.): Der Fischer Weltalmanach, verschiedene Jahrgänge. Frankfurt: Fischer Taschenbuchverlag

Wasserressourcen. Man schätzt, dass ca. ein Zehntel der weltweiten jährlichen Wasserabflussmengen auf das Gebiet der GUS entfallen, das wären mehr als selbst im tropischen Brasilien mit Amazonien als größtem Flusssystem der Erde. Diese vor allem in den Flüssen enthaltenen Ressourcen können grundsätzlich verschiedene Nutzungen erfahren:

- zur Gewährleistung der Trinkwasserversorgung der Bevölkerung,
- zur Gewinnung von elektrischer Energie,
- zur Bewässerung für die Landwirtschaft,
- als Transportwege.

Hinsichtlich dieser Nutzungsmöglichkeiten ergibt sich jedoch eine Reihe von Problemen, ausgelöst zum Beispiel durch die Wasserverteilung, durch die Fließrichtung wichtiger Ströme oder durch weitere natürliche Faktoren, wie z. B. die klimatischen Bedingungen.

Natürliche Grenzen anthropogener Einflussnahme

Die Naturausstattung der ehemaligen Sowjetunion und heutigen GUS-Staaten hat schon immer zu deutlichen Begrenzungen menschlichen Handelns im Raum geführt.
Die Raumweite stellte nicht nur ein Erschließungshindernis, sondern bis heutzutage auch ein erhebliches Transporthindernis dar. Aufgrund der ungünstigen Süd-Nord-Fließrichtung der sibirischen Flüsse ist die Eisenbahn hier das wichtigste Transportmittel; die Entfernungen aber, die es beispielsweise von Sibirien bis zum russischen Kernraum im europäischen Teil zu überwinden gilt, liegen bei vielen tausend Kilometern.
Das Klima schränkt die wirtschaftlichen Möglichkeiten sowohl nach Norden als auch nach Osten hin durch die Kälte ein, und von Süden her ist es die Trockenheit, die der agrarischen Nutzung Grenzen setzt. Von Westen nach Osten wird der Gesamtraum von zunehmender Kontinentalität geprägt, sodass die Vegetationsperiode immer kürzer wird und eine Intensivierung der Landwirtschaft, etwa durch geeignete Fruchtfolgen, vielfach verhindert wird. So ergibt sich hinsichtlich der landwirtschaftlichen Nutzung das so genannte Agrardreieck, das zwar große Flächen des europäischen Teils der ehemaligen Sowjetunion umfasst, jenseits des Ural aber nur noch ein geringes Flächenpotenzial aufweist und im südsibirischen Raum agrarische Nutzung nur noch inselhaft zulässt.
Der Frost ist der wohl primäre Ungunstfaktor. Rund 40 % der Gesamtfläche der GUS-Staaten, das sind rund 9 Mio. km², werden von ***Permafrostboden*** (Dauerfrostboden; ein Boden, der bis in größere Tiefen ganzjährig gefroren ist) eingenommen. Auch in den kurzen Perioden des arktischen Sommers, wenn die Temperaturen eine eingeschränkte landwirtschaftliche Nutzung theoretisch zulassen würden, ist sie in der Regel nicht möglich. Nur die oberen Schichten tauen auf; die darunter gelegene vereiste Zone, die bis zu 300 m mächtig sein kann, verhindert aber ein Versickern der entstehenden Schmelzwässer.

M 13 *Dauer der frostfreien Periode auf dem Territorium der Nachfolgestaaten der Sowjetunion*

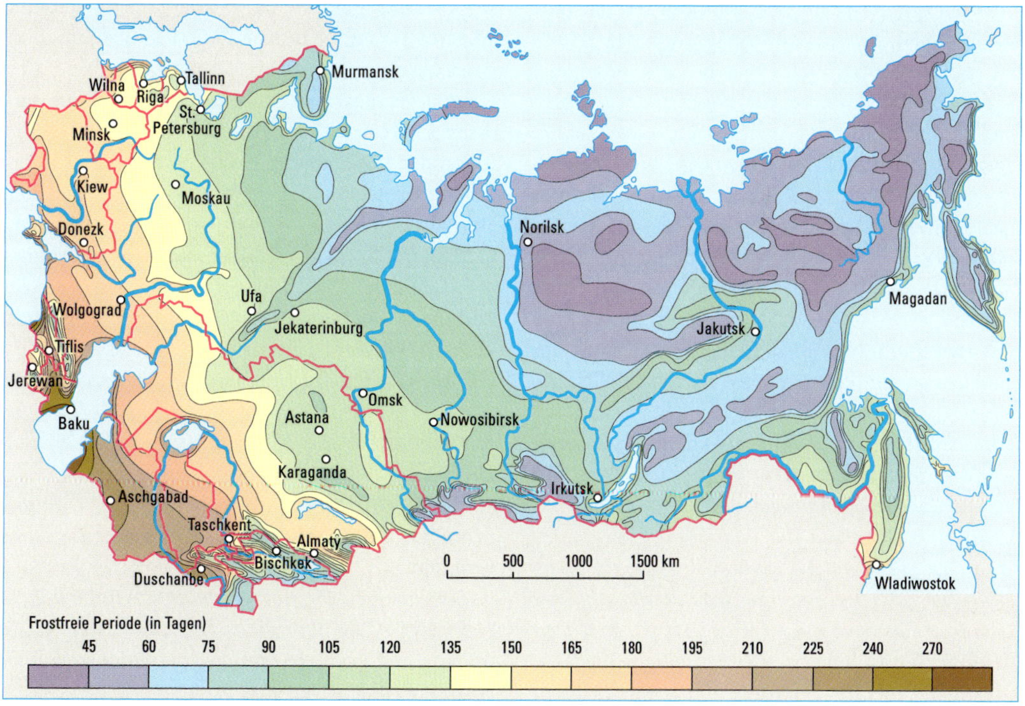

Nach Norbert Wein: Sibirien. Gotha/Stuttgart: Klett–Perthes 1999, S. 20, ergänzt

M 14 Die westsibirische Taiga bei Tjumen während der sommerlichen Auftauphase des Dauerfrostbodens

Ausgedehnte Verschlammungen und Versumpfungen sind die Folge, die nicht nur die Landwirtschaft erschweren oder unmöglich machen, sondern auch zu Schwierigkeiten bei der Trinkwasserversorgung, beim Haus-, Straßen- und Eisenbahnbau sowie bei der Anlage von Versorgungsleitungen führen.

Die Lagegunst der einzelnen Staaten ist sehr unterschiedlich einzuschätzen. Während die baltischen Länder von ihrer Küstenlage an einem an Bedeutung gewinnenden Meeresraum profitieren und Staaten wie Weißrussland oder auch die Ukraine von ihrer relativen Nähe zum mitteleuropäischen Raum Nutzen ziehen können, leiden die Kaukasusrepubliken oder die asiatischen Nachfolgestaaten wie Kasachstan, Usbekistan und andere unter ihrer Marginallage zu wichtigen Wirtschafts- und Handelsräumen. Die Lageproblematik spiegelt sich zum Beispiel auch in der Situation russischer Häfen wider. Trotz der Größe des Raums verfügt man nur über zwei wirklich bedeutende Handelshäfen, St. Petersburg und Kaliningrad (Königsberg). Weder das durch den Golfstrom ganzjährig eisfreie Murmansk an der Barentsee noch Wladiwostok am Pazifik oder Odessa am Schwarzen Meer stellen aufgrund ihrer Randlagen zur Zeit echte Alternativen dar; und die gesamte Nordküste mit einer Länge von vielen 1 000 km ist aufgrund der Vereisungen des Nordpolarmeers für Hafenanlagen kaum geeignet.

1. Beschreiben Sie die naturräumliche Gliederung der SU-Nachfolgestaaten. Berücksichtigen Sie dabei auch die Abbildungen M 2, M 6 und M 8.

2. Interpretieren Sie die Abbildung „Veränderung der Lufttemperaturverhältnisse als Indikator für die zunehmende Kontinentalität des Klimas in Eurasien nach Osten“ (M 3). Erklären Sie dabei die klimatischen Unterschiede aus dem Zusammenspiel der Faktoren Breitenlage, Relief und Luftdruckverhältnisse.

3. Ordnen Sie die Klimadiagramme (M 4) mit Hilfe eines Atlasses räumlich ein und weisen Sie sie unterschiedlichen Klimabereichen zu. Interpretieren Sie dabei exemplarisch eines der Diagramme.

4. Beschreiben Sie die wesentlichen natürlichen Hemmnisse für einzelne Teilräume der GUS (M 15) und erklären Sie die aus ihnen resultierenden Probleme für den Menschen.

***M 15** Natürliche Hemmnisse auf dem Territorium der Nachfolgestaaten der Sowjetunion*

Nach W. H. Parker: The Superpowers. London 1972, S. 94, und Eduard Müller-Temme: a.a.O., S. 5

Sowjetunion 1917 bis 1991

Entstehung und territoriale Entwicklung

Man kann die gesamte Struktur und Problematik der Nachfolgestaaten der UdSSR nicht verstehen, ohne deren politische und wirtschaftliche Grundzüge und Entwicklungen zu kennen. Zu einschneidend waren die Veränderungen im politischen, sozialen und wirtschaftlichen Bereich. Und deshalb lässt sich nur auf der Basis eines Überblicks über Politik und Wirtschaft in rund siebeneinhalb Jahrzehnten der Sowjetherrschaft die Tiefe dieses Einschnitts und das Maß an Neuorientierung und Umstrukturierung sowohl für die Staaten als auch für jeden einzelnen ihrer Bürger nachvollziehen.

Russland bis 1917 (vgl. Karte M 16). Das im 9. Jahrhundert von den normannischen Warägern gegründete Reich „Kiewer Rus", entstanden aus der Verbindung der Territorien um die Handelsstädte Nowgorod und Kiew, zerfiel bald in kleine Fürstentümer, die um 1240 von den Mongolen erobert wurden. Trotz der unter ihnen und den Tataren folgenden Abkoppelung der weiteren Entwicklung vom übrigen Europa blieb die Ableitung des Namens „Russland" von dieser ersten Staatsgründung.

Die zweite, dauerhaftere ging vom Großfürstentum Moskau aus, das 1480 die Mongolenherrschaft abschüttelte und in der Folgezeit beständig sein Territorium vergrößerte. Bedeutsame Schritte erfolgten um 1600: 1585 wurde im hohen Norden der Hafen Archangelsk gegründet, und um die gleiche Zeit überschritt man den Ural nach Osten und erreichte 1647 den Pazifik.

Die entscheidende Phase der Ausdehnung und Konsolidierung des Zarenreiches setzte dann unter Peter I., dem Großen, ein (u.a. Gewinn der baltischen Ostseeküste, Gründung von St. Petersburg), der den Staat nach Europa ausrichtete.

Im 18. und 19. Jahrhundert erfolgte schließlich durch Siedlungsmaßnahmen, Kriege und Verträge die endgültige territoriale Vervollständigung: Im Westen des Reiches sicherte man sich mit der Eroberung Finnlands (1809) und dem Erwerb des größten Teils von Polen (1815) sowie mit den Landgewinnen im Südwesten (1812 Bessarabien, 1829 Donaudelta) die Rolle als Hegemonialmacht in Europa, auch wenn weiteren Expansionsbestrebungen durch die Niederlage im Krimkrieg (1853 – 1856) gegen Frankreich und England ein Ende gesetzt wurde. Die Expansion nach Osten wurde 1875 mit der Eingliederung von Sachalin abgeschlossen. Weitere Bemühungen Russlands, seinen Einfluss in den nordostchinesisch-mandschurischen Raum auszudehnen, endeten 1904/05 mit der Niederlage im Russisch-Japanischen Krieg, doch reichte auch da schon der Einflussbereich Russlands bis in die zentralasiatischen Steppengebiete und bis an den Pazifik (Wladiwostok).

Der ersten Revolution von 1905/06 in der Folge der Niederlage gegen Japan, die zum ersten russischen Parlament führte, folgte 1917 nach schweren Niederlagen gegen die deutschen Truppen die zweite, deren Träger die Partei der Bolschewiki (Mehrheitler) unter Lenin war.

Die Sowjetunion. Als 1917 diese „Oktoberrevolution" das Ende des Zarenreiches einleitete, hatte Russland seine größte Ausdehnung bereits erreicht. Am 10.07.1918 wurde die Russische Sozialistische Föderative Sowjetrepublik deklariert und in den folgenden Bürgerkriegsjahren verteidigt.

Die Gründung der Union der Sozialistischen Sowjetrepubliken (UdSSR) erfolgte dann am 30.12.1922, und in den beiden folgenden Jahren 1923 und 1924 gab man sich eine Verfassung auf der Basis des von Karl Marx begründeten Kommunismus.

Trotz der Warnungen Lenins wurde nach seinem Tod (1924) Josef Stalin Generalsekretär der Partei und damit mächtigster Mann. Diese Position hatte er bis zu seinem Tod 1953 inne. Unter ihm gab es 1928 den ersten Fünfjahresplan (siehe nächstes Kapitel) mit dem Ziel, den Agrarstaat zum Industriestaat zu wandeln. Der Widerstand in Teilen der Bevölkerung wurde durch brutale Säuberungsaktionen beseitigt (1936–1938).

Den Ausbruch des Zweiten Weltkriegs und sein Ende nutzte die Sowjetunion zu weiteren Gebietsgewinnen: Sie annektierte Ostpolen, die bal-

M 16 Territorialentwicklung Russlands und der Sowjetunion bis 1991

tischen Staaten Lettland, Estland und Litauen sowie die nördliche Bukowina und erzwang von Finnland die Abtretung Kareliens; nach dem Krieg fielen noch das nördliche Ostpreußen und die Karpato-Ukraine an die UdSSR, sodass Ende der 1940er Jahre der Staatsraum vollständig war. Ergänzt wurde diese territoriale Konsolidierung durch die Errichtung von sozialistischen Regimen in Mittelost- und Südosteuropa einschließlich der Deutschen Demokratischen Republik (DDR). Diese Vorgänge gehören zu den wesentlichen Ursachen für die heute immer noch andauernden ethnischen Konflikte (vgl. S. 129–131). Es entstand der so genannte Ostblock, der sich, zum Teil als Antwort auf die Gründung von NATO und EWG in der westlichen Welt, in zwei großen Zusammenschlüssen organisierte: dem Wirtschaftsverbund ***„Rat für Gegenseitige Wirtschaftshilfe“*** RGW (engl.: COMECON) und dem Militärbündnis des „Warschauer Pakts“ – beide unter der hegemonialen Führung der Sowjetunion, die ein Ausscheren aus dem Bündnis oder eigenständige Wege in ihm nicht zuließ (Niederschlagung von Aufständen 1953 in der DDR, 1956 in Polen und Ungarn, 1968 in der damaligen Tschechoslowakei; Bau der Berliner Mauer im August 1961).

Erst am Beginn der 1970er Jahre wurde der bis dahin herrschende „Kalte Krieg“ langsam abgelöst durch die Entspannungspolitik.

Sie mündete in Verträge zwischen den beiden deutschen Staaten und den vier Alliierten, zwischen der Bundesrepublik Deutschland und Polen sowie in die deutsch-deutschen Verträge.

Politische und wirtschaftliche Grundzüge

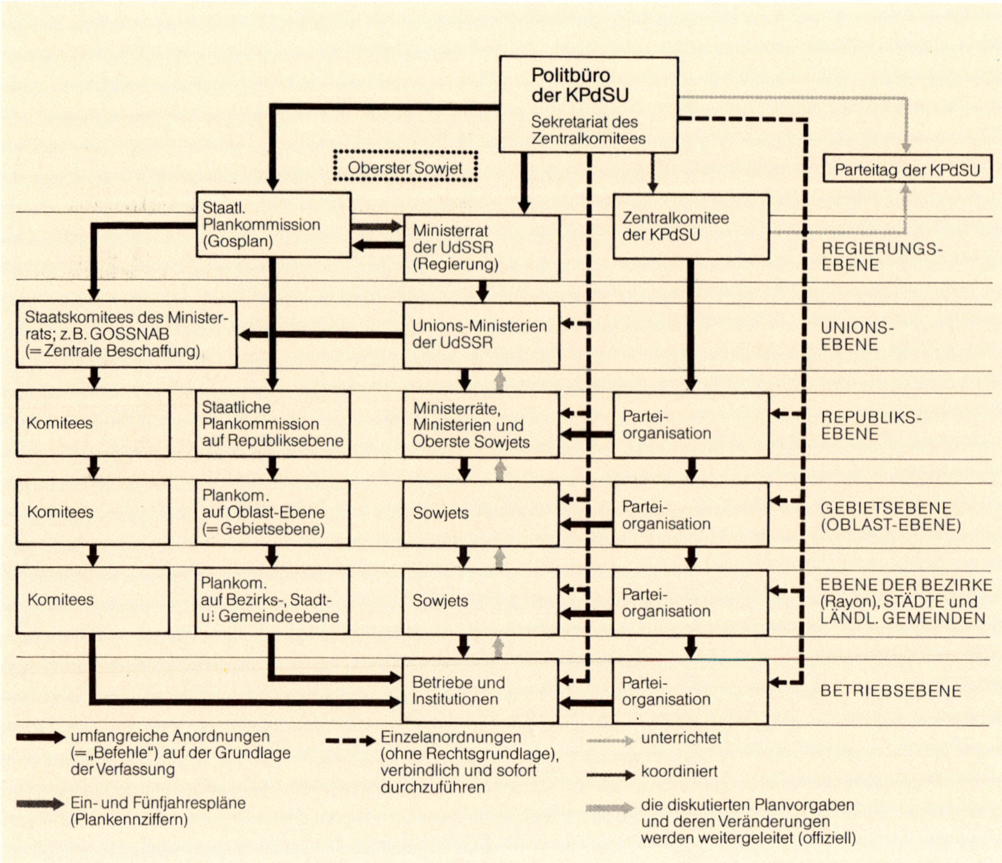

***M 17** Schema der Planaufstellung in der Sowjetunion*

Die Basis aller politischen und wirtschaftlichen Überlegungen in der Sowjetunion waren die Theorien, die Karl Marx und Friedrich Engels im 19. Jahrhundert entwickelt und in ihren Werken wie dem „Kommunistischen Manifest" (1848) oder „Das Kapital" (1867–94) fixiert hatten. Ihre Überlegungen führten dort von Beginn an zu dem Versuch, alle Produktionsmittel zu vergesellschaften und alle politischen und wirtschaftlichen Abläufe zentral zu steuern.

Die Zielvorgaben für die Wirtschaft, die Planungen und die Kontrolle der Durchführung lagen ausschließlich bei der Kommunistischen Partei, beginnend im Politbüro und sich nach unten fortsetzend. Entscheidungszentrale war Moskau.

Das zentrale Ziel, das die politische Führung der Sowjetunion der Wirtschaft schon in den 1930er Jahren steckte, war es, durch eine forcierte Industrialisierung den Westen wirtschaftlich einzuholen und zu überholen.

Dafür sollten:
- die Energieressourcen stärker genutzt werden,
- die bodenschatzreichen sibirischen Räume erschlossen werden, wofür ein Ausbau der Verkehrsinfrastruktur nötig war, besonders des Massenguttransportmittels Eisenbahn,
- die kollektivierte Landwirtschaft gestärkt werden, um in erster Linie die schnell wachsende Stadtbevölkerung mit Nahrungsmitteln zu versorgen.

M 18 *Funktionsweise der sowjetischen Planwirtschaft aus der Sicht der Betroffenen*

Inhalt der Sprechblase: „Die bereiten das Bankett zur Eröffnung der Brücke vor."

Der politischen Struktur entsprechend enthielten auch die wirtschaftlichen Strukturen eine adäquate Hierarchie und Befehlsstruktur. Daher sprach man statt von ***zentraler Planwirtschaft*** auch von ***„Kommandowirtschaft"***. Sie schrieb für ca. 46 000 Industriebetriebe, 50 000 Agrarbetriebe und rund 32 000 Baubrigaden alles vor, vom Umfang der Produktion bis zu den Löhnen. Das Mittel zur Durchführung der skizzierten Ziele waren die ***„Fünfjahrespläne"***, der erste lief von 1928 bis 1932, der letzte von 1986 bis 1990. Wesentlicher Bestandteil war die Vorrangstellung des sekundären Sektors unter deutlicher Vernachlässigung der Konsumgüterindustrie. Die finanziellen Mittel kamen also im Wesentlichen der Grundstoff- und Produktionsgüterindustrie zugute: Bergbau, Eisenmetallurgie, Maschinenbau und chemischer Industrie, ergänzt durch die Investitionen in die Energie- und Verkehrswirtschaft. Dieses Vorgehen entsprach Lenins Formel „Kommunismus = Sowjetmacht + Elektrifizierung des ganzen Landes".

5. *Erstellen Sie – z. B. in Zusammenarbeit mit dem Fach Geschichte – eine Zeitleiste, die die wichtigsten Stationen der Historie der Sowjetunion zwischen 1917 und 1991 erfasst und verdeutlicht.*
6. *Beschreiben Sie die Grundelemente der zentralen Planwirtschaft der ehemaligen Sowjetunion.*
7. *Erörtern Sie mögliche Mängel, die mit diesem System verbunden sind.*
8. *Interpretieren Sie vor dem Hintergrund des bisher Erarbeiteten die Karikatur M 18.*

Raumerschließung und Besiedlung

Agrarsektor

Die Tatsache, dass heutige GUS-Staaten wie Russland, die Ukraine oder Kasachstan zu Importeuren von landwirtschaftlichen Produkten geworden sind, ist nicht zu verstehen ohne einen Rückblick auf die agrarpolitischen Entscheidungen und Entwicklungen unter der mehr als 70 Jahre währenden kommunistischen Herrschaft.

Kollektivierung. Zu den wesentlichen Zielen einer sozialistischen Agrarwirtschaft gehörten auch in der Sowjetunion Bodenreformen zur Vergesellschaftung der landwirtschaftlichen Produktionsmittel. Ein erster Schritt erfolgte unmittelbar nach der Revolution von 1917, als Krone, Kirche und Großgrundbesitzer enteignet wurden und das Land an Bauern, heimkehrende Soldaten und Städter verteilt wurde. Die geringe Produktivität der hierbei entstandenen kleinbäuerlichen Einheiten ließ die Leistungsfähigkeit der Landwirtschaft dramatisch absinken. Die gewaltsame Eintreibung von Nahrungsmitteln, Missernten und Hungersnöte führten während des Bürgerkriegs in den Jahren 1921/1922 zu Millionen von Toten. Eine Kehrtwendung brachte die so genannte ***Neue Ökonomische Politik*** (1922–1928), in der Privateigentum wieder zugelassen wurde, die Belastungen für die Bauern verringert wurden und Überschüsse privat verkauft werden konnten. Es gelang, die Ernährungsbasis wieder zu stabilisieren.

Da dieses System jedoch nicht den ideologischen Vorgaben entsprach, setzte 1928 unter Stalin eine radikale ***Kollektivierung*** der Landwirtschaft ein, die schon fünf Jahre später abgeschlossen war. Weil die Maßnahmen gegen den Widerstand großer Teile der ländlichen Bevölkerung durchgesetzt wurden, kam es zu Vertreibungen, Zwangsdeportationen nach Sibirien und zu vielen Todesopfern, nach Stalins eigenen Aussagen mehr, als die Oktoberrevolution gekostet hatte. Von einer nach nordamerikanischem Vorbild großflächig und maschinell betriebenen Landwirtschaft versprach man sich die Sicherung der Ernährungsbasis, aber auch das Freisetzen von Arbeitskräften für das eigentliche Ziel der sozialistischen Planwirtschaft, den zügigen Ausbau der Industrie.

Kolchosen und Sowchosen. Entsprechend der Verstaatlichung des Bodens suchte man nach wirtschaftlichen Organisationsformen, die den ideologischen Prämissen entsprachen. So entstanden zum einen die Kolchosen und zum anderen – noch mehr sozialistischen Vorstellungen entsprechend – die Sowchosen.
Die ***Kolchosen*** stellten einen Zusammenschluss ehemaliger Landeigentümer zu einer Produktionsgenossenschaft dar, der die Produktionsmittel (Maschinen, Gebäude, Vieh etc.) gemeinsam gehörten. Das Einkommen der Kolchosmitglieder richtete sich nach der Menge und Qualität der geleisteten Arbeit, wobei es seit 1969 einen festgelegten Mindestlohn gab. Abnehmer der Produkte war ausschließlich der Staat, der auch Über-

M 19 *Kolchosen und Sowchosen in der Sowjetunion 1940–1990*

	Anzahl (1000)		Arbeitskräfte (Mio.)		Saatfläche (1 000 ha)		Traktoren		Arbeitskräfte		Viehbesatz (GVE)*	
	K.	S.	K.	S.	pro K.	pro S.	pro K.	pro S.	pro K.	pro S.	pro K.	pro S.
1940	235,5	4,2	29,0	1,8	0,5	2,8	2,4	18	123	429	79	644
1950	121,4	4,2	27,6	2,4	1,0	2,6	6,0	19	227	571	214	735
1960	44,0	7,4	22,3	6,3	2,7	9,0	14,0	55	507	851	830	1 824
1970	33,0	15,0	16,7	8,9	3,0	6,2	29,0	54	506	593	1 297	2 027
1980	25,9	21,1	13,3	11,6	3,7	5,3	41,0	57	514	550	1 822	1 976
1985	26,2	22,7	12,7	12,0	3,5	4,8	44,0	57	485	529	1 870	1 912
1990	19,1	23,5	11,8	11,0	3,1	4,5	42,0	53	406	468	1 588	1 728

* = Großvieheinheit (1 Kuh = 1,0; 1 Rind = 0,7; 1 Schwein = 0,2; 1 Schaf = 0,07). K = Kolchosen, S = Sowchosen

Nach: Narodnoe chozjajstvo SSSR (Volkswirtschaft der UdSSR). Moskau: verschiedene Jahrgänge

produktionen zu einem höheren Preis abnehmen konnte. Solche Übererfüllungen der vom Staat festgelegten Sollproduktionen konnten z.T. allerdings auch auf dem freien Markt verkauft werden. An der Spitze einer Kolchose stand ein Vorstand mit einem Vorsitzenden. Sie entschieden über Gewinnverwendungen und Investitionen, waren aber auch für Verluste verantwortlich.
Die ***Sowchosen*** stellten ideologisch eine Weiterentwicklung der Kolchosen dar, indem es sich bei ihnen um reine Staatsbetriebe handelte. Die Vergesellschaftung aller Produktionsmittel war hier vollständig. Geleitet wurden die Sowchosen von einem vom Staat eingesetzten Direktor, und alle Beschäftigten waren staatlich angestellt und bezogen dadurch einen festen, produktionsunabhängigen Lohn. Da sie dem Muster der kommunistischen Ideologie am weitesten entsprachen, wurden die Sowchosen besonders gefördert; sie waren in der Regel flächenmäßig größer und technisch besser ausgestattet als die Kolchosen.
Die ***Agrar-Industrie-Komplexe*** stellten in den 1980er Jahren den Versuch dar, z.B. durch Kooperationen von Kolchosen oder Sowchosen mit der Nahrungsmittelindustrie eine höhere Effizienz des Agrarsektors durch eine gestraffte Verwaltung, geringere Selbstkosten und weniger Arbeitskräfte zu erzielen.
Die grundlegende Problematik des Systems lag allerdings zu allen Zeiten auf der Hand: Je stärker dem ideologischen Anspruch auf Vergesellschaftung aller Produktionsmittel entsprochen wurde (wie besonders in den Sowchosen), desto stärker wurden Eigeninitiative und Gewinnstreben des Einzelnen reduziert. In Verbindung mit den naturgeographischen Einschränkungen entstanden so beständig Produktionsprobleme.

Privates Hofland. Eine Art ideologischen Sonderfall stellte das so genannte private Hofland dar, das jedem Kolchos- und Sowchosbauern zustand. Auf ihm wurde einerseits für die bäuerliche Selbstversorgung produziert, andererseits trugen die auf dem Markt verkauften Überschüsse nicht unwesentlich zur Sicherung der Ernährungsbasis der gesamten UdSSR bei. In den Jahren von 1985 bis 1990, also in der sich marktwirtschaftlichen Ideen öffnenden Regie-

M 20 *Mitte der 1980er Jahre als Sowchose errichteter Rindermastbetrieb nahe Rostow am Don, heute Aktiengesellschaft*

rungszeit von Michael Gorbatschow, stieg der Flächenanteil der privaten Hofland- und Nebenwirtschaft von 7,9 auf 9,1 Mio ha.

Die – bis auf das private Hofland – starren Organisationsstrukturen der Landwirtschaft in Verbindung mit der kompletten Verstaatlichung des Bodens lassen deutlich werden, vor welchen Problemen die Nachfolgestaaten der Sowjetunion bei der Transformation zu einer produktiven, marktorientierten Agrarwirtschaft standen und stehen.

M 21 *Anteil der Betriebsformen an der Agrarproduktion in der Sowjetunion* (in %)*

	Sowchose				Kolchose				Privater Sektor			
	1965	1974	1980	1985	1965	1974	1980	1985	1965	1974	1980	1985
Getreide	37	43	50	48	61	56	49	51	2	2	1	1
Baumwolle	20	27	34	35	80	73	66	65	0	0	0	0
Kartoffeln	15	14	17	18	22	22	19	22	63	64	64	60
Gemüse	34	40	43	46	25	27	24	25	41	33	33	29
Fleisch	30	34	37	42	30	34	32	30	40	32	31	28
Eier	20	46	61	66	13	13	7	6	67	41	32	28

* Zwischen 1985 und 1989 fanden kaum Veränderungen statt, sodass die Angaben für 1985 auch 1989 noch weitgehend galten.
Nach: Narodnoe chozjajstvo SSSR: a.a.O.

Unzureichende Produktion. Über Jahrzehnte hinweg gehörte die nicht hinreichende Agrarproduktion zu den wesentlichen Problemen der sowjetischen Landwirtschaft. Sie führten seit dem Beginn der 1970er Jahre dazu, dass jährlich unterschiedliche Mengen von Getreide importiert werden mussten, vor allem vom „Klassenfeind" USA. Die Gründe hierfür waren unterschiedlich:
- natürliche Hemmnisse für die flächenmäßige Ausdehnung des Anbaus,
- starre Organisationsstrukturen (Fünfjahrespläne; stark gegliederte Stufung der Entscheidungsträger bis zur zentralen Planungsstelle in Moskau; Kolchosen, Sowchosen), die nicht flexibel genug auf naturgeographische Ereignisse, Marktveränderungen und neue Planungserfordernisse reagieren konnten,
- aufgrund von Kapitalschwäche ungenügende Mechanisierung und zeitweise unzureichende Düngung und damit Produktivität,
- Transport- und Lagerverluste durch eine nicht hinreichende logistische Abstimmung,
- Notwendigkeit, Getreide, das für die Lebensmittelversorgung eingeplant war, als Futtermittel in der Viehmast einzusetzen,
- falsche politische Entscheidungen der Regierung in Moskau.

M 22 *Die Getreideimporte der Sowjetunion 1972/73 bis 1984/85*

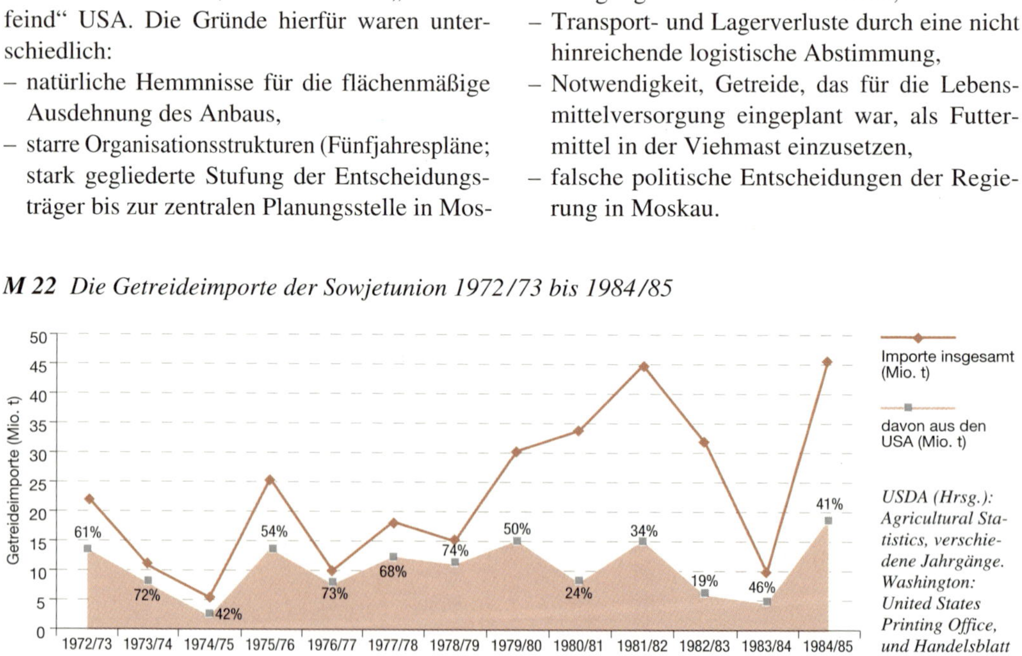

USDA (Hrsg.): Agricultural Statistics, verschiedene Jahrgänge. Washington: United States Printing Office, und Handelsblatt

Aktionen zur Produktionssteigerung

Ertragssteigerung. Trotz des vorherrschenden Augenmerks auf die industrielle Entwicklung und Erschließung versuchte man auch im Agrarsektor nach dem Zweiten Weltkrieg durch Programme eine Steigerung der Getreideproduktion zu erreichen. Hierzu gehörten sowohl die ***Feld-Gras-Kampagne***, in der man im zentralen europäischen Teil der SU durch den Einschub von Brachejahren die Bodenfruchtbarkeit erhöhen wollte, als auch ***Stalins Plan zur „Umgestaltung der Natur“***, der sich auf die südlichen Steppengebiete zwischen Donez und Uralfluss konzentrierte. Sein Ziel war es, durch die Anlage von Waldschutzstreifen die Bodenerosion zu verhindern und kleinklimatische Gunsteffekte zu erzielen; in Verbindung mit bodenschonenden Anbaumaßnahmen gelang tatsächlich eine Ertragssteigerung von 2–3 dt/ha, doch standen die Kosten in einem zu ungünstigen Verhältnis zu diesem Erfolg, sodass das Programm nach Stalins Tod eingestellt wurde.

Das von L. Breshnew 1974 proklamierte ***„Programm zur Entwicklung der Nicht-Schwarzerde-Zone“*** sollte im nördlichen Teil der europäischen UdSSR bis 1990 eine Steigerung der landwirtschaftlichen Produktion um 200 bis 250 % bewirken. Mit vorgesehenen 75 Mrd. Rubeln in den beiden Fünfjahresplänen von 1976 bis 1985 stellte dieses Intensivierungsprogramm das kapitalaufwendigste der sowjetischen Agrarpolitik dar.

Neulandaktion. Die Neulandaktion von 1954 hatte zwei Gründe: zum einen die unbefriedigende Situation bei der Getreideproduktion, deren jährliche Durchschnittserträge in den Jahren 1949–1953 bei 80,9 Mio. t lag – und damit noch unter dem Wert des Jahres 1913; zum anderen die Tatsache, dass in den traditionellen Weizenanbaugebieten der Ukraine eine Umorientierung auf den Maisanbau und die damit verbundene Viehmast zur Steigerung der Fleischproduktion stattfand.

So ordnete Nikita Chrustschow, der aus den Nachfolgekämpfen nach Stalins Tod als neuer Staats- und Parteichef hervorgegangen war, das ***Neulandprogramm*** an. Es sollte 69 Mio. ha Steppenland (das ist die vierfache Größe der gesamten heutigen landwirtschaftlichen Nutzfläche Deutschlands!) an den Grenzen des Regenfeldbaus östlich der Wolga, in Südsibirien und – als räumlich größtes geschlossenes Gebiet – in Nordkasachstan agrarisch erschließen. Allein in Kasachstan stieg in den folgenden Jahren (bis 1960)

M 23 Die Neulanderschließung in Kasachstan

Nach Alexander Weltatlas, Neue Grundausgabe. Stuttgart: Klett 1983

die Aussaatfläche von 11,4 auf 28,4 Mio. ha an. Und 1988 hatten die Neulandgebiete einen Anteil von rund einem Drittel an der Getreideernte der damals noch existierenden Sowjetunion.
Diese Erfolge verdecken aber nicht den Blick auf die große Problematik der Neulandaktion, die vor allem im ökologischen Bereich liegt. So kam es durch die Beseitigung der natürlichen Steppenvegetation und der anschließenden Getreidemonokultur zu verheerenden Erosionsschäden durch Trockenwinde. Hinzu kamen unregelmäßige Niederschläge, die in manchen Jahren zu Einbrüchen im Ertrag führten: 1963 gab es eine katastrophale Missernte; 1965 erfasste die Winderosion in einem einzigen Jahr in Kasachstan 15 Mio. ha Ackerland. Die Vorgänge erinnern stark an die in den Great Plains in den 1930er Jahren mit ihren verheerenden Dust Bowls, Staubstürmen, die Millionen Tonnen fruchtbaren Oberbodens abtrugen (vgl. S. 74). Einen weiteren Problembereich stellen schließlich die kastanienfarbenen Böden dar, die zwar von guter Qualität sind, aber bei kapillarem Aufstieg des Bodenwassers – dann, wenn die Niederschläge unter der potenziellen Verdunstung von ca. 600 mm liegen – leicht versalzen. Die Getreidemonokulturen mit ihrem raschen Abbau der Humusschicht tragen dann ein Übriges zum Nachlassen der Ertragsfähigkeit der Böden bei.
Doch konnte durch verschiedene Maßnahmen eine nachhaltige Stabilisierung der Getreideproduktion in den Neulandgebieten erreicht werden: die Übernahme des „dry-farming“ aus den USA, die Einführung des Winterweizens, neue Fruchtfolgen und Saatgut, das den ökologischen Verhältnissen besser angepasst war.

M 24 *Getreideerträge 1953–1977 in der Wirtschaftsregion Kasachstan im Verhältnis zur Niederschlagsmenge Januar bis Juli am Südsaum des nordkasachischen Trockenfeldbaus*

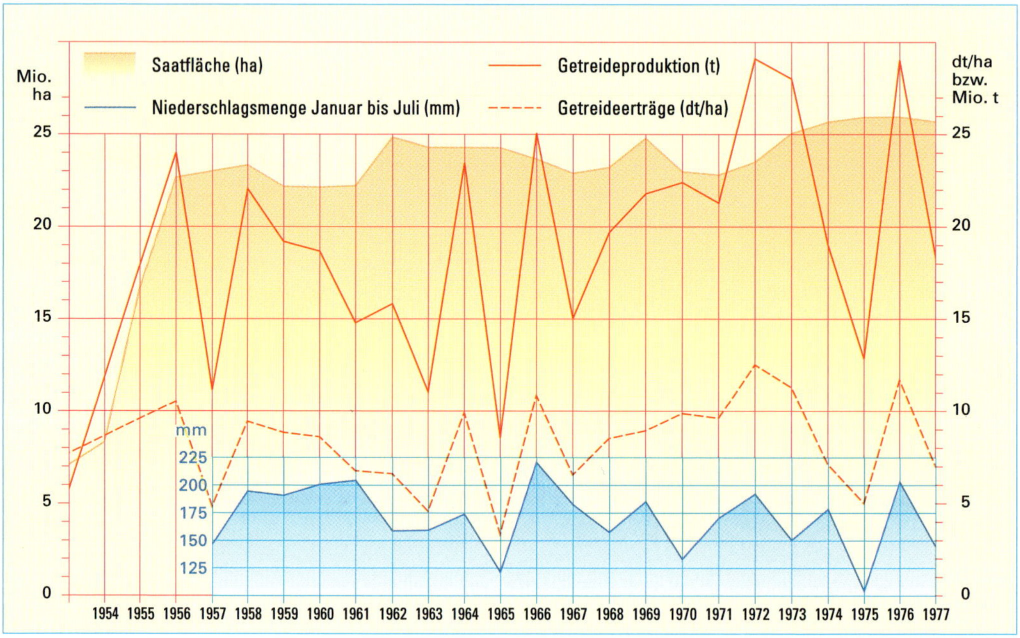

Nach Peter Rostankowski: Agrarraum und Getreideanbau in der Sowjetunion 1948–1985. Gießener Abhandlungen zur Agrar- und Wirtschaftsforschung des europäischen Ostens, Bd. 98. Berlin: Duncker & Humblot 1979, S. 49

9. *Nennen Sie die wichtigsten Merkmale der agrarischen Betriebsstrukturen in der Sowjetunion und erklären Sie die Probleme, die aus diesen Strukturen resultierten.*

10. *Erläutern und bewerten Sie – auch unter Zuhilfenahme eines Atlasses – die bis in die Gegenwart wirksamen ökologischen Folgen der Neulandaktion.*

Die industrielle Erschließung
Zwar haben sich in den Jahren seit dem Ende der Sowjetunion in den einzelnen Nachfolgestaaten industriewirtschaftliche Entwicklungen vollzogen, von Privatisierungen über Neuorganisationen und Modernisierungen bis hin zu neuen Produktionsschwerpunkten. Dennoch lassen das räumliche Verteilungsmuster der Industrie und z.T. auch noch ihre Strukturen und Verflechtungen die Zeit zwischen 1917 und 1991 erkennen.

Vorrevolutionäre Phase. Zur Zeit des zaristischen Kaiserreichs dominierte die Landwirtschaft (vor allem im Anteil der Beschäftigten an den Wirtschaftssektoren), und es gab im Wesentlichen nur drei industrielle Schwerpunkträume: das Gebiet um Moskau mit einer bedeutenden Textilindustrie sowie Schwerindustrie, St. Petersburg mit Werften, Maschinenbau und Textilindustrie sowie drittens den damals bereits existierenden südlichen Hüttenbezirk mit Steinkohlen- und Eisenerzabbau im Donez-Becken bzw. bei Kriwoi Rog. In diesen drei Räumen wurden ungefähr zwei Drittel der gesamten russischen Industrieproduktion erzeugt.
Zum für die Zukunft vielleicht wichtigsten Ereignis dieser Zeit – in der zweiten Hälfte des 19. Jahrhunderts – wurde der mit Fremdkapital finanzierte Bau der ***Transsibirischen Eisenbahn („Transsib“)***, die später zur wichtigen Leitlinie für die wirtschaftliche und siedlungsmäßige Erschließung Sibiriens wurde.

Kriegskommunismus, Wiederaufbau- und Planungsphase (1918–1928). Ähnlich wie in der Landwirtschaft führte die überstürzte Verstaatlichung der Industrie durch ein Dekret von 1918 in Verbindung mit den Wirren des Bürgerkrieges auch zu einem Zusammenbruch der industriellen Produktion. Das vorrangige Ziel nach der politischen Stabilisierung des neu entstandenen Staates musste also einerseits der Wiederaufbau der im Bürgerkrieg zerstörten Industrien sein, zum anderen entstanden in der Moskauer Planungszentrale ***„Gosplan“*** erste Überlegungen und Planungen zur Erschließung der bis dahin weitgehend unberührten sibirischen Landesteile. Noch auf einer Anregung Lenins beruhend entwickelte man die Vorstellung von so genannten ***Produktionskombinaten,*** die durch eine horizontale und vertikale Verflechtung von Einzelbetrieben entstanden, oft auf der Basis von im Raum vorhandenen Rohstoffen. Diese Produktionskombinate bildeten die Grundlage der einzelnen Wirtschaftsregionen.

M 25 *Entwicklung der industriellen Produktion Russlands 1913–1920*

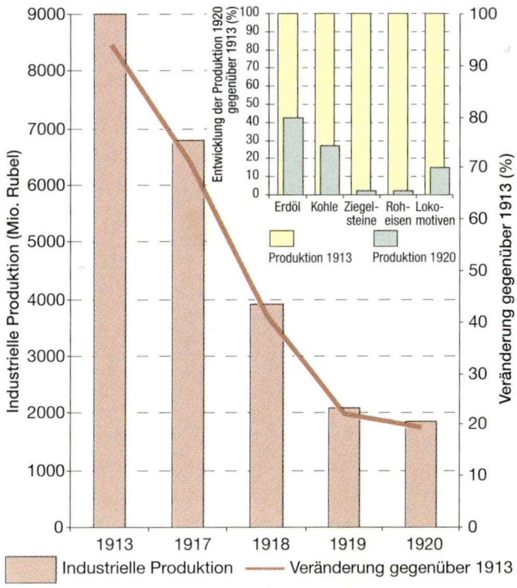

Industrielle Entwicklung bis 1945. Im ersten Fünfjahresplan von 1928–1932 wurde die konkrete räumliche Umsetzung des Gedankens der Produktionskombinate in Angriff genommen. Den Schwerpunkt bildete hierbei die Schaffung des ***Ural-Kusnezker-Kombinats (UKK)***, dessen Bildung auf dem 15. Parteitag der KPdSU im Jahre 1928 beschlossen wurde und das den Ausgangspunkt für die „Eroberung Sibiriens“ darstellte. In ihrer eindeutigen eisenmetallurgischen Ausrichtung entsprach diese zweite Kohle-Eisen-Basis (nach dem südlichen Hüttenbezirk) Stalins Vorstellung, dass die Industrialisierung der Sowjetunion aus dem Zusammenspiel von Energieerzeugung, Schwerindustrie und kommunistischer Ideologie erwachsen müsse. Bereits 1932 waren beide Standorte mit Eisen-, Stahl- und Walzwerk nahezu fertiggestellt.

Die weitere Ostorientierung in das Innere Sibiriens wurde ebenfalls in diesem Fünfjahresplan festgeschrieben, indem vier sibirische Kernräume festgelegt wurden, innerhalb derer dem „Baikal-Komplex" noch einmal absolute Priorität eingeräumt wurde. Im Zentrum der Überlegungen stand die Erschließung der natürlichen Ressourcen: Holz, Wasser, Bodenschätze.
Die dem deutschen Einmarsch 1941 folgenden vier Kriegsjahre unterbrachen die wirtschaftlichen Planungen. Dies lag nicht nur an den Zerstörungen und an den zahllosen Kriegsopfern (ungefähr 20 Mio. Tote), sondern auch daran, dass die industrielle Produktion in kürzester Zeit ganz auf die Erzeugung wichtiger Rüstungsgüter umgestellt wurde. Andererseits profitierte der östliche Teil der UdSSR insofern, als zwischen 1941 und 1944 aus Sicherheitsgründen mehrere Tausend Industriebetriebe nach Osten verlagert wurden – in den Ural, aber auch nach Westsibirien und Mittelasien. Obwohl ein Teil nach dem Krieg zurück verlagert wurde und der Wiederaufbau des europäischen Teils anfangs Priorität eingeräumt bekam, fand insgesamt eine Gewichtsverlagerung des industriellen Potenzials statt.

M 26 Ural-Kusnezker Kombinat, Beispiel für die Entstehung und Weiterentwicklung von Kombinaten in sowjetischer Zeit

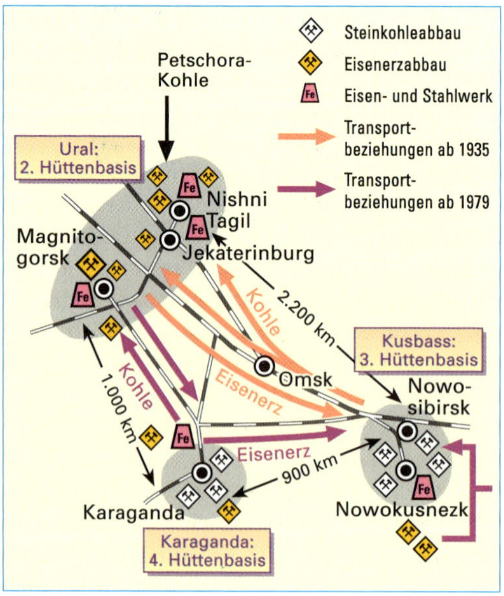

Entwicklung nach 1945. Im europäischen Teil der Sowjetunion wurde nach dem Aufbau kriegszerstörter Industrien der Schwerpunkt der industriellen Entwicklung – vor allem seit den 1960er/70er Jahren – auf den Ausbau nicht energie- bzw. rohstoffabhängiger Branchen gelegt, wie z.B. Chemie, Leicht- und Nahrungsmittelindustrie, Maschinenbau oder Fahrzeugbau.
In Sibirien dagegen knüpfte man an die Intentionen der Vorkriegs-Fünfjahrespläne an. Unter Ausnutzung der vorhandenen Ressourcen sollten industrielle Schwerpunkträume entstehen. Wichtigste Stationen dieser rohstofforientierten Raumerschließung waren in den 1950er Jahren der Baikal-Komplex („Bratsk"), in den 1960er Jahren Westsibirien mit seinen Erdöl- und Erdgasvorkommen und seit 1974 die Realisierung der Baikal-Amur-Magistrale („BAM"), einer Eisenbahnverbindung zwischen Ust-Kut im Nordraum des Baikalsees über Komsomolsk bis zur Pazifikküste, mit der die Erschließung des südöstlichen Sibiriens vorangetrieben werden sollte. An ihr entlang sollten, wie schon im übrigen Sibirien, ***Territoriale Produktionskomplexe (TPK)*** entstehen.

Das Prinzip der TPK. Die Territorialen Produktionskomplexe lösten als ein räumliches Grundprinzip zur industriellen Erschließung die Kombinate ab. Im Unterschied zu diesen sind die TPK in ihrer Struktur komplexer. Sie beschränken sich nicht mehr nur auf den Produktionsbereich und die für ihn notwendige Infrastruktur, sondern umfassen auch den nichtproduktiven Bereich, vor allem Städte mit kompletter Verkehrs-, Versorgungs- und Sozialinfrastruktur. Da sie in der Regel auch räumlich größer sind als die Produktionskombinate, findet sich eine innere Differenzierung durch so genannte Industrieknoten. Zwar führten die TPK zu einer „kompletteren Raumerschließung", doch waren sie aufgrund ihrer komplexen Struktur auch investitions- und kapitalintensiver als die Kombinate, und so band allein der Aufbau der TPK in Sibirien in der ersten Hälfte der 1980er Jahre ca. ein Viertel aller sowjetischen Industrieinvestitionen. Am Ende der UdSSR, 1991, befanden sich zehn TPK im Aufbau oder in der Planung. Die Idee wurde jedoch nicht weiter verfolgt (vgl. M 55, S. 145).

M 27 Der TPK Bratsk/Ust-Ilimsk am Ende der sowjetischen Zeit

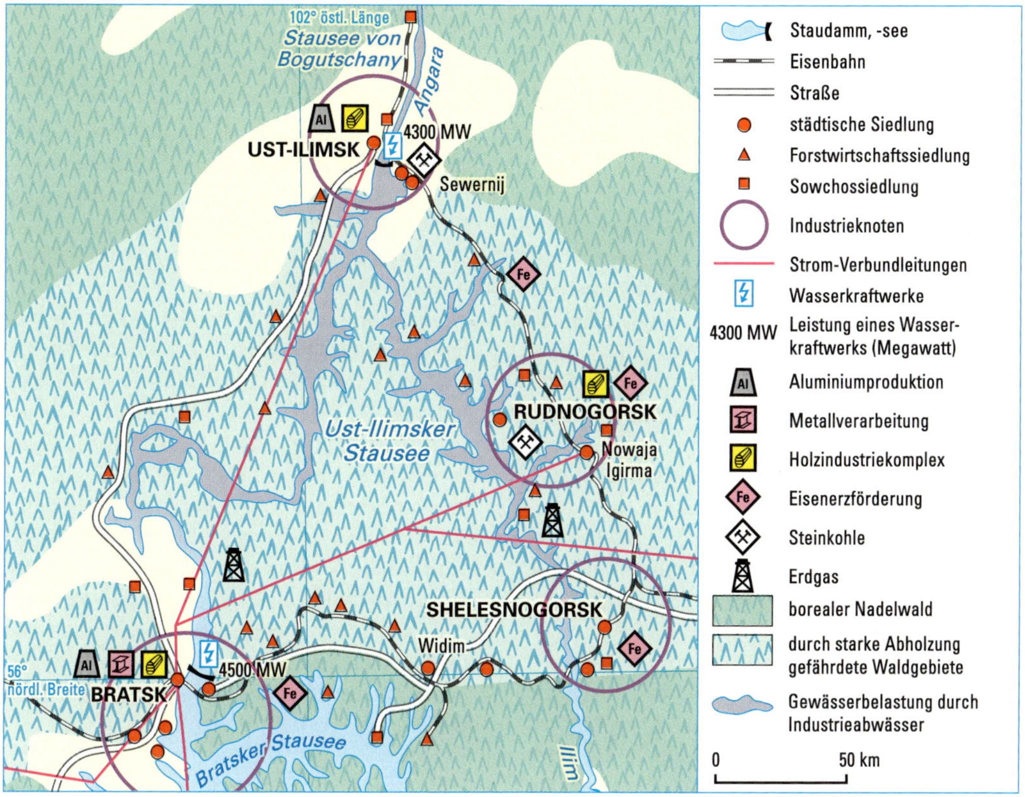

Umdenken in den 1980er Jahren. Die Nachfolger Leonid Breshnews, der maßgeblich das BAM-Projekt vorangetrieben hatte, leiteten hinsichtlich der industriewirtschaftlichen Entwicklung des Landes ein Umdenken ein. Man erkannte, dass viele Projekte in ihren Dimensionen überzogen und auch nicht finanzierbar waren. Hinzu kamen – vor allem unter Andropow (1983) und Gorbatschow (1985) – weitere Überlegungen, die bis dahin in aller Regel tabu waren. Man forderte z.B. eine Verbesserung der Arbeitsdisziplin, eine leistungsorientierte Entlohnung, die Förderung des technischen Fortschritts und bessere Berücksichtigung der Belange der Menschen und ihrer Bedürfnisse. Endgültig brach Gorbatschow 1985 mit den Tabus, als er im Juni in Moskau bei einem Vortrag über die Wirtschaftspolitik der Partei die Industrieministerien kritisierte und ihnen Missmanagement und Unvermögen vorwarf. Im September forderte er in der Stadt Tjumen, Sibirien nun auch „zu einem für den Menschen angenehmen Raum zu machen", und diese Forderung verband er mit einer Berücksichtigung ökologischer Zusammenhänge. Dies war ein Aspekt, der vorher zugunsten einer rigorosen Erschließungspolitik keine Rolle gespielt hatte. Für die Erfüllung dieser Forderungen Gorbatschows war innerhalb der Sowjetunion allerdings keine lange Zeit mehr gegeben. Sie trugen vielmehr – durch ihren sowohl kritischen als auch menschenorientierten Ansatz – mit dazu bei, das Ende der UdSSR einzuleiten.

***11.** Stellen Sie in tabellarischer Form die Phasen der industriellen Entwicklung der Sowjetunion dar. Arbeiten Sie hierbei z.B. Zeit, charakteristische Merkmale und politische bzw. wirtschaftliche Intentionen ein. Fertigen Sie die Tabelle auf Folie an und präsentieren Sie ihre Ergebnisse dem Kurs.*

Zusammenbruch und Neuorientierung

Die Auflösung der Sowjetunion zwischen 1986 und 1991

Im Jahre 1982 starb der letzte der unumstritten herrschenden Partei- und Staatschefs der Sowjetunion, Leonid Breshnew. Seine konturlosen Nachfolger Andropow (1982–1984) und Tschernjenko (1984/85) erschienen eher als Übergangslösungen zur Vermeidung von Machtkämpfen, wie sie das Land immer wieder nach dem Ende längerer unumschränkt Herrschender erlebt hatte. Allerdings wurden in diesen wenigen Jahren bereits erste kritische Korrekturen am wirtschaftspolitischen System vorgenommen, und die Macht der Partei erschien nicht mehr so kritiklos uneingeschränkt wie vorher.

Schließlich wurde 1985 Michael Gorbatschow Generalsekretär der KPdSU, und mit ihm begannen einschneidende Veränderungen in Politik, Wirtschaft und Gesellschaft. Dies geschah unter den Schlagworten „Glasnost'" und „Perestroika". Ersteres bedeutete eine Politik der größeren Transparenz, wie z.B. eine bessere Information der Bevölkerung über staatliche Maßnahmen oder die öffentliche Erörterung von Missständen. Der zweite Begriff stand für „Umbau" und „Umgestaltung" und wurde von Gorbatschow für seine auf eine Reform des Staats- und Wirtschaftssystems abzielende Politik benutzt (z.B. Abbau der Zensur, Einschränkung der Macht der Sicherheitsorgane; Reformen in der Wirtschaftslenkung).

Außenpolitisch betrieb Gorbatschow eine Verständigung mit den USA und eine weitere Öffnung nach Westen. Hierzu passte, dass er 1989 den Rückzug der sowjetischen Truppen aus Afghanistan befahl, nach zehnjähriger Besetzung des Landes. Für die folgenden Ereignisse schwerwiegender aber waren seine innenpolitischen Reformen: Als Staatsoberhaupt, das er seit 1988 war, setzte er 1990 eine Verfassungsreform durch, die das bis heute in Russland gültige Präsidialsystem einführte und damit die Macht der Kommunistischen Partei entscheidend zurück drängte. Im gleichen Jahr wurde er selbst Staatspräsident.

Der Zerfall der Sowjetunion in der unmittelbaren Folge der Ereignisse hatte verschiedene Gründe:

- Die wirtschaftliche Krise verschärfte sich, da das (zwar überforderte) Planwirtschaftssystem unterhöhlt wurde, in der kurzen Zeit aber kein Ersatz für die Planungsorgane geschaffen werden konnte.
- Die Unabhängigkeitsbestrebungen der baltischen Staaten und einiger anderer Unionsrepubliken verstärkten sich ebenso wie verschiedene Nationalitätenkonflikte; beide Vorgänge bedrohten die innere sowjetische Einheit. Am 16.11.1988 erklärte Estland als erste Sowjetrepublik seine Souveränität.
- Gorbatschow tolerierte demokratische Bestrebungen in den Ländern des kommunistischen Ostblocks, der bis dahin unter der hegemonialen Führung der UdSSR streng sozialistisch ausgerichtet war. In Polen kamen demokratische Kräfte an die Regierung, Ungarn und die Tschechoslowakei öffneten ihre Grenzen für Flüchtlinge aus der DDR, und am 9. November 1989 fiel die Berliner Mauer, ohne dass russische Truppen eingriffen.
- Am 3. Oktober 1990 hörte der Ostblock mit der deutschen Wiedervereinigung de facto auf zu bestehen.

Zwar versuchten konservative Kräfte in der Sowjetunion im August 1991 noch einmal durch einen Putsch gegen Gorbatschow die Entwicklung zu stoppen, doch scheiterte der Putschversuch. Die sich nun zeitlich überschlagenden Ereignisse – Verbot der KPdSU nach dem missglückten Putsch, Anerkennung der Unabhängigkeit der drei baltischen Staaten, Unabhängigkeitserklärung fast aller anderen Unionsrepubliken – führten am 8. Dezember 1991 zur Gründung der ***GUS*** durch Russland, die Ukraine und Weißrussland. Am 21.12.1991 traten ihr die anderen ehemaligen Sowjetrepubliken bei, mit Ausnahme der baltischen Länder und Georgiens. Am gleichen Tag trat Michael Gorbatschow als Präsident der Sowjetunion zurück.

→ „[...] das Sowjetreich zerfiel in seine Bestandteile. Für den eurasischen Halbkontinent begann eine völlig neue Epoche seiner Geschichte. Auf dem Boden des untergegangenen, vorerst letzten Weltreichs der Geschichte erhoben sich 15 Staaten, die teilweise erstmals eine eigene Staatlichkeit erlangten."

Nikolaus Katzer: Bilanz und Ausblick.
In: Informationen zur politischen Bildung, Heft 236.
Bonn: Bundeszentrale für politische Bildung 1992, S. 39

M 28 Russland und die anderen Nachfolgestaaten der Sowjetunion an der Wende zum 3. Jahrtausend

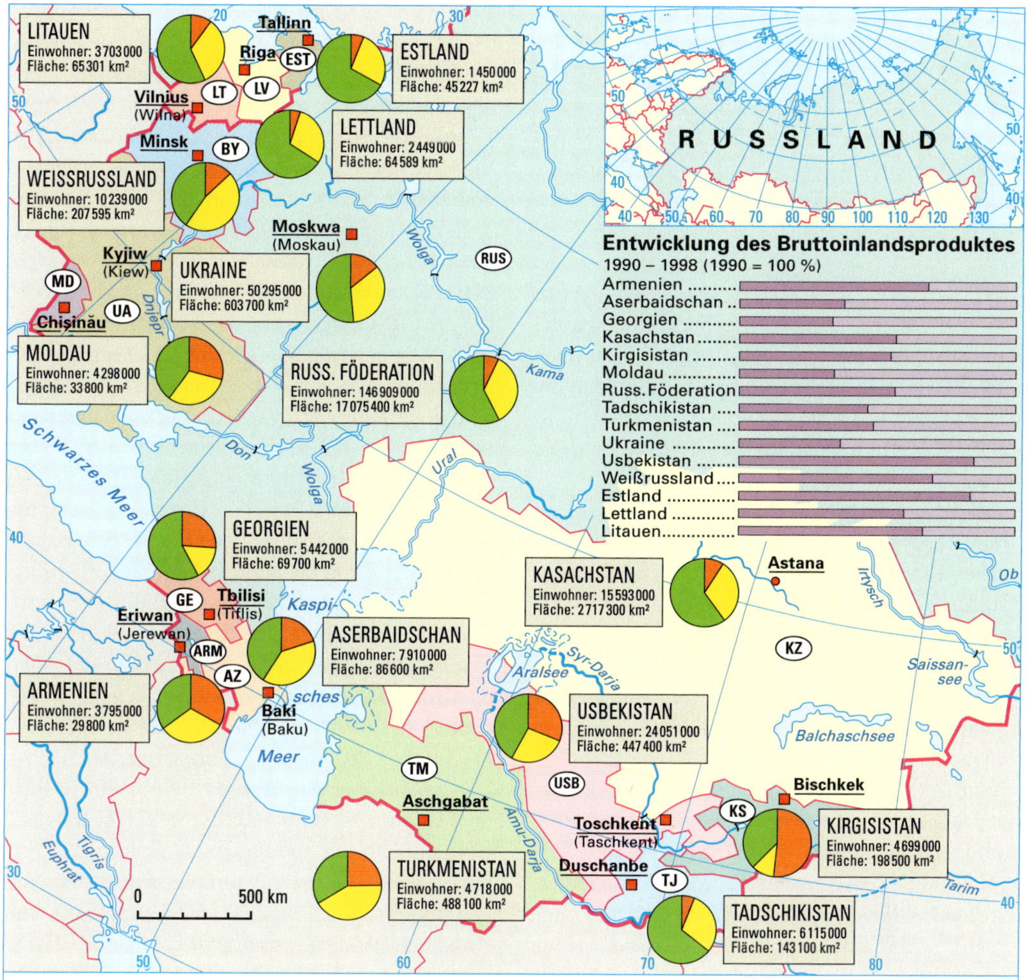

Wirtschaftsdaten zu den Nachfolgestaaten der Sowjetunion

Land	Handelsbilanzsaldo (Mio. US-$)	Auslandsverschuldung (Mio. US-$)	Arbeitslosigkeit (%)	Inflationsrate 1990 - 1998 (%)
Gemeinschaft Unabhängiger Staaten				
Armenien	- 672	800	10,5	349,1
Aserbaidschan	- 471	693	1,4	322,3
Georgien	- 382 [5]	1674	14,1	709,3
Kasachstan	- 200 [5]	5714	3,7	33,7
Kirgisistan	- 363 [3]	1148	3,1	157,8
Moldau	- 96 [5]	1035	2,0 [5]	173,9
Russische Föderation	+ 40100 [5]	183601	11,7 [5]	230,9
Tadschikistan	- 50 [2]	1070	10-20 [1]	300,0
Turkmenistan	- 245 [4]	2266	3,0 [2]	663,4
Ukraine	- 200	12718	5,0 [2 6]	440,0
Usbekistan	+239	3162	0,7 [5]	356,7
Weißrussland	- 800 [5]	1120	2,0 [5]	449,9
Baltische Staaten				
Estland	- 1056 [5]	782	9,9 [5]	75,4
Lettland	- 1193 [5]	756	9,1 [5]	71,1
Litauen	- 1795 [5]	1950	8,4 [5]	111,5

Grenze der GUS

übrige Staatsgrenzen

Anteil der drei Wirtschaftssektoren am Bruttoinlandsprodukt

Sektor I (Landwirtschaft)

Sektor II (Industrie)

Sektor III (Dienstleistungen)

[1] = 1993
[2] = 1995
[3] = 1996
[4] = 1997
[5] = 1999
[6] = inofiziell 30-40 %

Die GUS-Staaten – das erste Jahrzehnt und der heutige Stand

Die GUS in ihrer heutigen Form gibt es seit 1993. In diesem Jahr ratifizierten auch die Parlamente Georgiens, Aserbaidschans und der Moldau die Abkommen zur GUS, und damit waren außer den drei baltischen Ländern die übrigen 12 der ehemaligen Sowjetrepubliken in diesem losen Staatenbund vereint.

1992. Schwierig hatte sich jedoch besonders das Jahr 1992 gezeigt, als sehr schnell klar wurde, dass die Ende 1991 geschlossenen Abkommen nicht die unmittelbar integrative Wirkung hatten, die man sich erhoffte. Es kam sehr schnell zu deutlichen Abgrenzungen zwischen den neuen Staaten:

- Man begann, eigene Millitäreinheiten aufzustellen.
- Die einzelnen Länder führten eigene, anfangs oftmals provisorische Währungen ein.
- Man errichtete gegenüber den Nachbarn Zoll- und Handelsbarrieren.
- In den Transportbereichen Eisenbahn, Schifffahrt und besonders Luftfahrt erfolgte eine deutliche Regionalisierung.
- Außenpolitisch fanden uneinheitliche Umorientierungen statt. Während die südlichen Republiken sich stärker zu ihrem geopolitischen Nahraum Vorder- und Mittelasien hinwendeten, orientierte sich beispielsweise die Ukraine stark nach Mitteleuropa, Weißrussland lehnte sich an die Russische Föderation und die Moldau an Rumänien an.

→ „Insgesamt ließen die Entwicklungen im Jahr 1992 wenig Hoffnung auf einen dauerhaften Bestand der GUS aufkommen. Die Gemeinschaft wurde daher als eine Abwicklungsgesellschaft für die vormalige Sowjetunion oder als Zwangsgemeinschaft der Erben angesehen. Erst gegen Ende 1992 traten realpolitische Erwägungen und kooperative Elemente stärker hervor. Für den wirtschaftlichen Bereich wurden im Oktober 1992 erste Wirtschaftsabkommen zwischen den GUS-Staaten in Bischkek vereinbart, [...].“

J. Stadelbauer: Die Nachfolgestaaten der Sowjetunion. Darmstadt: Wissenschaftliche Buchgesellschaft 1996, S. 72

1993/1994. Eine Verbesserung der Situation ergab sich in den Jahren 1993 und 1994, als die GUS nicht nur komplettiert wurde, sondern auch verschiedene Abkommen geschlossen wurden. So wurden zwischen einzelnen Ländern die Zoll- und Handelsbarrieren wieder reduziert; im April 1994 schloss man ein Abkommen, das dauerhaft in Verträge über eine Freihandelszone münden sollte; und ebenfalls 1994 traf man eine Vereinbarung, die einen gemeinsamen Sicherheitsvertrag vorsah.

2001. Bis zum Jahre 2001 ist eine gewisse Ruhe um die GUS eingetreten. Sie besteht zwar weiter fort, doch entwickeln sich die 12 Mitgliedsstaaten zum größeren Teil in eigenen Bahnen. Dominant innerhalb des Staatenbundes ist nach wie vor Russland, das wieder mehr in die Rolle einer osteuropäischen Ordnungsmacht eingetreten ist und das nach der „Rubelkrise“ 1997/98 auch bemerkenswerte wirtschaftliche Fortschritte erzielt, die allerdings noch keineswegs allen Bevölkerungsteilen zugute kommen. Parallel zu den wirtschaftlichen Turbulenzen der späten 1990er Jahre traten die politischen um den kranken Präsidenten Boris Jelzin. Doch zeichnet sich auch hier nach der Amtsübernahme durch Präsident Putin am 1. Januar 2000 eine Stabilisierung ab.

Die asiatischen Republiken führen ihre Politik der Anlehnung an muslimische Nachbarstaaten fort, müssen jedoch aufgrund zum Teil starker russischer Bevölkerungsminderheiten und wegen ihrer wirtschaftlichen Verknüpfungen mit Russland Rücksicht auf den größten der SU-Nachfolgestaaten nehmen. Kasachstan, wirtschaftlich die bedeutendste der asiatischen Republiken, strebt darüber hinaus eine zumindest ökonomische Öffnung nach Westen an und wirbt besonders um Investoren aus der EU und den USA.

Während Weißrussland bei seiner Anlehnung an Russland bleibt, auch wenn im Gegensatz zu früher von einer Vereinigung der beiden Länder nicht mehr gesprochen wird, verfolgt die Ukraine neben dem Ausgleich mit Russland weiter das Ziel einer Integration in die europäische Staatengemeinschaft – ein Abkommen über die finanzielle Unterstützung des Landes durch die EU bei der Neuorganisation des ukrainischen Strommarktes (Stichwort: Abschalten Tschernobyls) macht das deutlich.

M 29 *Die GUS im Überblick*

GUS – Gemeinschaft Unabhängiger Staaten
Sodruschestwo Nesawisimych Gosudarstw
The Commonwealth of Independent States

Sitz (Sekretariat):
Kirava 17, 220 000 Minsk, Weißrussland,
Tel.: 007/172-223 517, Fax: 007/172-272 339

Gründung
durch das Abkommen von Minsk (Weißrussland) vom 8. 12. 1991 und von Almaty (Kasachstan) vom 21. 12. 1991 als Staatengemeinschaft souveräner ehemaliger Sowjetrepubliken bei Wahrung der Souveränität und Gleichberechtigung der Mitgliedsstaaten. Die GUS ist kein Völkerrechtsobjekt.

Ziele/Aufgaben:
Bildung eines „gemeinsamen militärisch-strategischen Raums“, Zusammenarbeit bei internationaler Friedenssicherung, v.a. bei Abrüstungsmaßnahmen. Hinzu treten: Koordinierung der Außenpolitik, Schaffung eines gemeinsamen Wirtschaftsraumes, eines „gesamteuropäischen und eurasischen Marktes“, Zusammenarbeit im Transport- und Zollwesen sowie bei Umweltschutz, Migrationspolitik und Bekämpfung des organisierten Verbrechens.

Mitglieder:
12 der ehemaligen 15 Sowjetrepubliken (siehe Karte M 28).

Hauptorgane:
Rat der Staatsoberhäupter (GUS-Gipfel), tagt mindestens zweimal im Jahr, jedes Mitglied hat ein Vetorecht.
Das Exekutivsekretariat in Minsk mit rund 90 Mitarbeitern dient der Vorbereitung und Durchführung des Rats der Staatsoberhäupter. Exekutivsekretär ist Jurij Jarow (Russland). GUS-Vorsitzender ist seit Januar 2000 Wladimir Putin (Russland).

Jüngere Entwicklung
Die GUS, wie sie bei der Gründung gedacht war, wurde bisher nicht realisiert. – Auf der 25. Ratstagung am 24./25. 1. 00 wurde der russische Ministerpräsident Wladimir Putin einstimmig zum neuen Vorsitzenden des GUS-Rates gewählt. Er löste Boris Jelzin ab, der am 31. 12. 1999 als russischer Präsident zurückgetreten war. Im Mittelpunkt der Gespräche standen der russische Krieg in Tschetschenien, der vor allem bei den südkaukasischen GUS-Staaten Besorgnis hervorrief, sowie andere Kaukasus-Konflikte. Wladimir Putin rechtfertigte das militärische Vorgehen Russlands in Tschetschenien als Operation gegen Terroristen. Besonders das Verhältnis zu Georgien ist durch den Kaukasus-Krieg belastet. Vereinbart wurde ein Programm zur Bekämpfung des Terrorismus in allen seinen Formen. Dazu soll ein gemeinsames Anti-Terror-Zentrum eingerichtet werden.

Nach Mario von Baratta (Hrsg.): Der Fischer Weltalmanach 2001. a.a.O., Sp. 977

Wirtschaftliche Entwicklung. Wie schon die politische, so hat auch die wirtschaftliche Entwicklung der GUS verschiedene Stationen durchlaufen. Geprägt waren sie alle von der notwendigen politischen und wirtschaftlichen Um- und Neuorientierung, weswegen man bei den GUS-Staaten ebenso wie bei den anderen Ländern des früheren kommunistischen „Ostblocks“ heute von den ***Transformationsländern*** bzw. von den ***Reformländern*** spricht.

Die wirtschaftlichen Anfänge 1991/1992 waren geprägt von der Demontage des bisherigen planwirtschaftlichen Systems, in deren Folge es schnell zu einer wirtschaftlichen Depression kam. Die wesentlichen Ursachen hierfür waren:

- der Abbau der zentralen Lenkung ohne gleichzeitigen Aufbau marktwirtschaftlicher Instrumente und Institutionen,
- der Abbruch von Lieferbeziehungen und Handelsströmen innerhalb der GUS,
- der Rückgang der bis dahin umfangreichen Rüstungsproduktion mit der Stilllegung zahlreicher Rüstungsbetriebe,
- der Rückgang der Investitionen,
- der hohe Importdruck durch das Ende der Abschottung gegenüber dem Westen,
- die Unrentabilität großer Produktionsteile im Rahmen weltweiter Konkurrenz,
- der Rückgang der Konsumnachfrage durch die schnell fortschreitende Verarmung großer Bevölkerungsteile,
- die Engpässe bei Rohstoffen und Energie aufgrund von Produktionsschwierigkeiten sowie durch Devisenmangel einiger Abnehmerländer.

Hinzu kamen und kommen weitere Probleme, die man als Erblast des früheren Systems bezeichnen kann. Die Größe des Raumes schlug sich jetzt viel stärker nieder, da die Transportwege und -mittel nun in unterschiedliche Hände gelangten und Eigeninteressen die Koordinierung erschwerten. Ähnliches galt – und gilt bis heute – für das Auseinanderbrechen eines Teils der Großbetriebe und Kombinate. Ihre großräumigen Verflechtungen wurden nun z.T. von Staatsgrenzen durchschnitten (z.B. Ural–Kasachstan), und ihre zentrale Planungs- und Kommandostruktur zerbrach, sodass überforderte Manager und eine gestörte innere Logistik der Betriebe keine effiziente Produktion mehr zuließen.

Als besonders hemmend erwies sich schnell das weitgehende Überleben der staatsbürokratischen Strukturen. Dieser Apparat, zur Zeit der Sowjetunion ein unverzichtbares, aber aufgeblähtes Instrument zur Organisation, Steuerung und Kontrolle der Wirtschaft, lähmte von Beginn an notwendige Entwicklungen und strukturelle Veränderungen. Doch ist bis heute nicht nur die Übermacht der Staatsbürokratie geblieben, sie hat sich auch zu einem System entwickelt, das vielfach von Korruption geprägt ist.

Von 1993/94 an differenzierten sich die Produktionsrückgänge und die wirtschaftliche Weiterentwicklung der GUS-Staaten und auch der anderen Transformationsländer relativ stark, und zwar in Abhängigkeit von den jeweiligen Ressourcenausstattungen und von den Strategien der Wirtschaftsreformen.

Die Wirtschaftspotenziale und der wirtschaftliche Stand der einzelnen Staaten divergieren also und sind nicht ohne weiteres zu vergleichen und zu gewichten. Hinzu kommen nämlich schwer quantifizierbare Faktoren, wie z.B. die besonders in Russland ausgeprägte ***Schattenwirtschaft*** (informeller Sektor, Parallelwirtschaft), der Einfluss der Wirtschaftskriminalität, in den GUS-Staaten zusammengefasst unter dem Begriff „Mafia“, oder auch die extrem unterschiedlichen Lebensbedingungen einzelner Bevölkerungsschichten.

Zu Beginn des 21. Jahrhunderts setzen Reformländer wie Polen, Ungarn und Tschechien oder die baltischen Staaten einen marktwirtschaftlichen Kurs fort. Dagegen leiden GUS-Staaten wie Russland oder die Ukraine unter andauernden Auseinandersetzungen zwischen Reformern und Traditionalisten bzw. Altkommunisten. Ausländische Investoren warten vor allem auf eine Sanierung der öffentlichen Haushalte, auf stabilere Währungsverhältnisse, die Durchsetzung der Rechtssicherheit in der Wirtschaft, auf soziale Stabilität und eine konsequente Privatisierungspolitik. In diesen Faktoren und im Kapitalmangel der Bevölkerung der GUS-Staaten selbst liegen immer noch die größten Hemmnisse für eine Entwicklung.

Eine entscheidende Rolle für die Staaten wird die Ost-West-Kooperation spielen, also die Bereitschaft der westlichen Staaten und ihrer Wirtschaftsunternehmen sich in der GUS zu engagieren: durch Investitionen, in Joint Ventures, durch die Unterstützung von Infrastrukturmaßnahmen, bei der Bewältigung von Umweltproblemen oder bei der Stabilisierung der Finanzmärkte. Ansätze sind, besonders aus deutscher Sicht, vorhanden, wie die Beteiligung der Ruhrgas AG an der russischen Gasprom (1998), die Eröffnung einer Deutschen-Bank-Niederlassung in Kasachstans neuer Hauptstadt Astana (1998) oder die Eröffnung von METRO-Filialen im Raum Moskau (2000) zeigen.

→ „Ruhrgas AG“

„Die OAO Gazprom, Moskau, und die Ruhrgas AG, Essen, werden ihre Zusammenarbeit beim Umweltschutz und bei der Energieeinsparung intensivieren. Das unterzeichnete Memorandum of Understanding baut auf einer Reihe von Modellprojekten in der russischen Gaswirtschaft auf […]. [Zum Beispiel:]

Pilotprojekt zu Energieeinsparung und Umweltschutz

Ruhrgas hatte im Rahmen eines Pilotprojekts ein Sanierungskonzept für das Gasleitungsnetz in der Region Wladimir erarbeitet und die Energieeinsparmöglichkeiten bei mehr als 30 Industrieunternehmen analysiert. Diese sollen nun modellhaft für ganz Russland umgesetzt werden. Ein ähnliches Projekt zur Erfassung von Einsparmöglichkeiten, Messung, Verteilung und Anwendung von Erdgas wird in Twer, nordöstlich von Moskau, gestartet.“

Ost-West-Contact 7/2000, S. 20. Münster

Ethno-territoriale Konflikte

Die ethnologische Vielfalt, die sich im Vorhandensein von 27 Nationalitäten mit mehr als jeweils 500 000 Angehörigen auf dem Gebiet der ehemaligen Sowjetunion ausdrückt, führte über Jahrzehnte hinweg nicht zu offenen Konflikten, da der bestehende staatliche Machtapparat bis Ende der 80er Jahre des vorigen Jahrhunderts funktionierte und die Völker unter sowjetischer Herrschaft (zwangs-)vereint waren. So kam es zu ethnischen Maßnahmen vor allem in zweierlei Hinsicht:

Zum einen im Rahmen der Russifizierung von Unionsrepubliken. Hier sind vor allem die Ansiedlungen russischer Bevölkerung in den drei baltischen Republiken sowie im Norden Kasachstans zu erwähnen, in heutiger Zeit starke Minderheiten, deren Zukunft noch ungewiss ist. Grundsätzlich liegt sie zwischen Integration und Abwanderung.

Zum zweiten sind hier die Zwangsdeportationen zu nennen, von denen im Zweiten Weltkrieg mehrere Völker Kaukasiens, vor allem aber die Krimtataren und die Wolgadeutschen betroffen waren; Letztere wurden in die Steppengebiete von Kasachstan zwangsumgesiedelt, da man ihnen pauschal Kollaboration mit den Nationalsozialisten vorwarf. In den Jahren 1949/50 gab es dann eine weitere Deportationswelle, als zur Durchsetzung von Kollektivierungsmaßnahmen und zur Disziplinierung der Bevölkerung ca. 40 000 Esten und 49 000 Letten nach Russland und hier besonders nach Sibirien deportiert wurden.

Nach dem Ende der Sowjetunion wurde die Zugehörigkeit zu einer ethnischen Gruppe zu einem wesentlichen Merkmal für die Identitätsfindung innerhalb neuer politischer Grenzen, aber auch zu einem Faktor für Instabilität und Konflikte in einigen Teilräumen.

In Estland, Lettland und Litauen gibt es starke Minderheiten an russischer Bevölkerung (ca. 30 %), ein Erbe der von den drei Staaten abgelehnten Russifizierung. Sie politisch und wirtschaftlich nicht auszugrenzen, stellt ein aktuelles Problem dar.

Starke Abwanderungen an russischer Bevölkerung verzeichneten vor allem die asiatischen Republiken, und zwar gleich zu Beginn der 1990er Jahre, also in der Zeit des Umbruchs und der mangelnden Stabilität. 300 000 Russen verließen in kurzer Zeit Tadschikistan, fast 180 000 Abwanderer, auch hier überwiegend russische Bevölkerung, verließen Kirgisistan, und in Usbekistan und Kasachstan wanderten 23 % bzw. 33 % der Einwohner mit russischer Nationalität ab. Überwiegend handelt es sich dabei um junge, produktive Bevölkerungsschichten.

Ebenfalls starke Abwanderungstendenzen zeigen die Deutschstämmigen in Kasachstan und Südwestsibirien. Ihre Zahl liegt mittlerweile bei

M 30 *Größere ethno-linguistische Gruppen in der ehemaligen Sowjetunion in 1 000 Personen (nach Volkszählungsergebnissen)*

Nationalität	1959	1970	1979	1989
Russen	114 11	129 01	137 397	145 155
Ukrainer	4	5	42 347	44 186
Usbeken	37 253	40 753	12 456	16 698
Weißrussen	6 015	9 195	9 463	10 036
Kasachen	7 913	9 052	6 556	8 136
Aseri	3 622	5 299	5 477	6 770
Tataren	2 940	4 380	6 185	6 649
Armenier	4 918	5 931	4 151	4 623
Tadschiken	2 787	3 559	2 989	4 215
Georgier	1 397	2 136	3 571	3 981
Moldauer	2 692	3 245	2 968	3 352
Litauer	2 214	2 698	2 851	3 067
Turkmenen	2 326	2 665	2 028	2 729
Kirgisen	1 002	1 525	1 906	2 529
Deutsche	969	1 452	1 936	2 039
Tschuwaschen	1 620	1 846	1 439	1 842
Letten	1 470	1 694	1 439	1 459
Baschkiren	1 400	1 430	1 371	1 449
Juden	989	1 240	1 762	1 378
Mordwa	2 177	2 151	1 192	1 154
Polen	1 285	1 263	1 151	1 126
Esten	1 380	1 168	1 020	1 027
Tschetschenen	989	1 007	756	957
Udmurten	419	613	714	747
Mari	625	704	622	671
Awaren	504	599	483	601
Osen	270	396	542	598

Quellen: Itogi Vsesojuznoj perepisi nasalenija 1970 goda, IV, 1973, S. 9f.; Nacional'nyi sostav naselenija ..., 1991; aus Stadelbauer, a.a.O, S. 178

***M 31* Nationalitäten und Flüchtlingsströme am Beispiel Kaukasiens Anfang der 1990er Jahre**

Flüchtlingsströme nach J. Stadelbauer, a.a.O.

ca. 1 Mio. Menschen, die ganz überwiegend nach Deutschland gegangen sind. Nach Schätzungen liegt die Zahl derjenigen, die noch ausreisen wollen, ungefähr noch einmal doppelt so hoch.

Das größte ethnische Konfliktpotenzial befindet sich ohne Zweifel im kaukasischen Raum, wo es durch bewaffnete Auseinandersetzungen zwischen einzelnen Staaten, wie Armenien und Aserbaidschan (Konflikt um die Autonome Region Berg-[Nagorny-]Karabach), aber auch im Süden Russlands (Tschetschenienkrieg) zu großen Flüchtlingsströmen gekommen ist. Betroffen sind, ohne dass genaue Zahlen vorliegen, viele hunderttausend Menschen: ca. 200 000 bis 250 000 jeweils in Armenien und Aserbaidschan, 300 000 in Tadschikistan, 50 000 in Abchasien, 250 000 bis 400 000 in Tschetschenien.

Zwar geht es in diesen Konflikten immer in erster Linie um ethnische und nach den neuen Grenzziehungen auch um politische und territoriale Fragen, doch kommen zu diesen auch ökonomische (z.B. Erdölvorkommen in Tschetschenien) und ökologische (z.B. Widerstand gegen den von Russland geplanten Ölschieferabbau in Estland) hinzu. Diese Mischung wirkt über das Jahr 2000 hinaus destabilisierend.

12. *Skizzieren Sie die entscheidenden Stationen der Auflösung der Sowjetunion. Ergänzen Sie Ihre Kenntnisse durch Nachschlagewerke (Buchform oder CD-ROM).*

13. *Fassen Sie die politischen und wirtschaftlichen Entwicklungen, Tendenzen und Probleme der GUS-Staaten im ersten Jahrzehnt ihres Bestehens zusammen.*

14. *Wählen Sie einen der GUS-Staaten aus und stellen Sie ihn – anhand von Material M 28 sowie eventuell ergänzend recherchierten Materialien – ihren Mitschülerinnen und Mitschülern vor.*

M 32 Nachfolgestaaten der Sowjetunion – ethnische Bevölkerungsstruktur der ehemaligen Sowjetunion und Konfliktgebiete

Agrarräume und ihr Wandel

Transformationsprobleme der Landwirtschaft

→ „Immer deutlicher stellte sich in den [19-]80er Jahren das Paradoxon heraus, dass die Sowjetunion als weltweit führender Produzent von Weizen, Roggen, Gerste, Kartoffeln und Baumwollfasern nicht mehr in der Lage zu sein schien, ihre Bevölkerung ausreichend zu ernähren. Spektakuläre Getreideeinkäufe auf dem Weltgetreidemarkt machten Versorgungsdefizite offenkundig. Einer bedeutenden Produktionsmenge standen unzureichende Produktivität und Mängel bei der Verteilung gegenüber; ... Ein wirtschaftliches Grundziel der Sowjetunion, die Selbstversorgung mit Agrargütern, wurde in den [19-]80er Jahren immer seltener erreicht. Auch alle Versuche, über neue organisatorische Strukturen diesem Ziel näher zu kommen, scheiterten, weil das sowjetische System es nicht verstand, alle Glieder der Produktionskette ... gleichgewichtig auszubauen. In der mangelnden Konsistenz und Abstimmung dieses Systems liegt ein wesentlicher Grund für das Scheitern der sowjetischen Agrarpolitik."

J. Stadelbauer: Die Nachfolgestaaten der Sowjetunion. Darmstadt: Wissenschaftliche Buchgesellschaft 1996, S. 460

Das Scheitern des agrarorganisatorischen Systems der Kolchosen und Sowchosen zeichnete sich also bereits vor dem Ende der Sowjetunion ab. Mit drei Maßnahmen versuchte der Staat damals noch einmal, seine Agrarpolitik zu retten: Mit der Bildung von Agrar-Industrie-Komplexen (Verflechtungen von agrarischer und dazu passender industrieller Produktion), mit so genannten „Auftragsbrigaden", die innerhalb der Kolchosen in gewissem Umfang auf eigene Rechnung produzieren und vermarkten konnten, sowie mit der Schaffung von individualwirtschaftlichen „Fermer-Betrieben" (in Anlehnung an die US-amerikanischen Farmen) – alles Ansätze privaten Wirtschaftens im Agrarsektor.

Nach dem Ende der Sowjetunion ergaben sich für die Landwirtschaft gravierende ***Transformationsprobleme***, und zwar in aller erster Linie hinsichtlich der Organisationsstrukturen, denen die politische und administrative Grundlage entzogen wurde.

In den folgenden Jahren entstand das bis heute im Wesentlichen gültige Bild unterschiedlicher Unternehmensformen in der Landwirtschaft, in denen allerdings die Großbetriebe immer noch vorherrschend sind. Sie haben teilweise ihren alten Kolchosstatus beibehalten, zum größeren Teil haben sie jedoch ihre juristische Form verändert, und zwar in selbstständige Genossenschaften oder in Aktiengesellschaften. So entstanden schon zu Beginn des Jahres 1993 in Litauen aus 1 100 Kolchosen 5 500 GmbH und 73 000 Individualbetriebe, was bei Letzteren allerdings mit einer deutlichen Verringerung der Betriebsrößen auf durchschnittlich nur noch 8,5 ha einherging, eine Größe unterhalb produktiven Wirtschaftens. Die Beschaffung von Saatgut und Dünger und die Notwendigkeit, z.B. Traktoren aus Weißrussland zu importieren, wurden für die Kleinbauern z.T. zum unüberwindbaren Hindernis, da gleichzeitig mit der Privatisierung die staatlichen Subventionen stark verringert wurden. Besonders deutlich sind die Transformationsprobleme in der Russischen Föderation geworden. Ende 1993 waren bereits 24 300 Kolchosen und Sowchosen als juristische Personen registriert; sie blieben zwar Kollektive, aber nun mit wirtschaftlicher Eigenständigkeit.

***M 33** Anteil der Unternehmensformen in der russischen Landwirtschaft 1995*

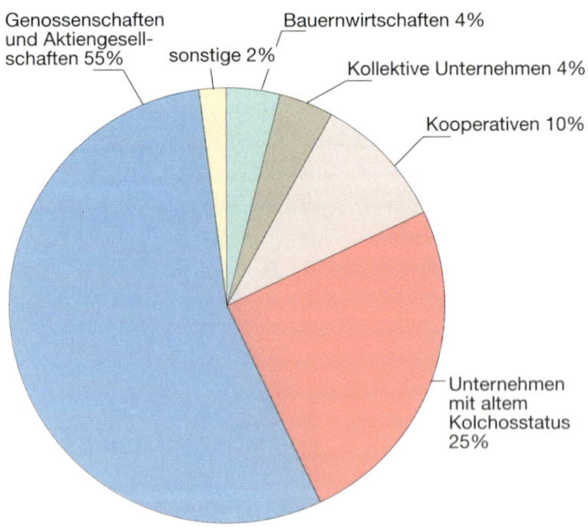

Nach Helga u. Wolfgang Schlimme: Russland – Land der Extreme. In: Aktuelle Landkarte 4/99. Berlin: Cornelsen Verlag 1999, S. 11

Privatisierung. Die Neuorganisation und teilweise Privatisierung haben jedoch keineswegs zu einer zügigen Verbesserung der Produktions- und Ernährungssituation beigetragen, im Gegenteil, die landwirtschaftliche Erzeugung ist rückläufig und der Umfang von Betriebsaufgaben nach gescheiterten Privatisierungsversuchen ist erheblich. Zwar gibt es keine aktuellen Zahlen, doch ist für das Jahr 1994 allein in Russland von ca. 27 000 privaten Fermerbetrieben die Rede gewesen, die aufgegeben wurden.
Das hat verschiedene Gründe:
- Mangel an Maschinen aufgrund von Geldknappheit,
- zu geringe Betriebsgrößen der Privatbauern,
- geringe finanzielle Unterstützung durch den Staat,
- Fortfall der zentralen Warendistribution durch den Staat,
- fehlende Erfahrung im privatwirtschaftlichen Handeln (Einkauf, Produktion, Vermarktung),
- Absatzschwierigkeiten für inländische Produkte durch billige Agrarimporte, die sich vor allem Teile der städtischen Bevölkerung leisten können.

Zwei Aussagen von Betroffenen aus der zweiten Hälfte der 1990er Jahre machen die Schwierigkeiten des Transformationsprozesses am Einzelbeispiel deutlich.
→ 1. Der Direktor des Kolchos „Frühling“ aus dem Nichtschwarzerdegebiet 300 km südlich von Moskau:
„Die Regierung und die Europäische Union wollen die Landwirtschaft Russlands mit subventionierten Importen ruinieren.
Wir fangen doch von vorn an. Früher hat der Kolchos Maschinen zugeteilt bekommen, heute muss ich alle Maschinen selbst anschaffen. Doch wir haben dafür einfach kein Geld und viele unserer alten Maschinen sind schrottreif. 1998 konnte ich nur knapp ein Viertel meines Landes bearbeiten. Aber das ist nicht einmal unser Hauptproblem. Wir werden unsere Produkte nicht los!
Wir bauen viel Raps an, doch das hat keinen Sinn mehr. Im vorigen Jahr haben wir den Raps auf dem Feld gelassen. Die Textilindustrie nimmt ihn nicht ab, sie können ihn nicht bezahlen. Auch die Molkerei zahlt nicht regelmäßig, manchmal gibt sie uns Butter und Käse, aber kein Geld. Mich wundert es nicht, dass meine Leute immer mehr trinken und ohne Geld nicht mehr arbeiten wollen. Ich weiß nicht, wie es weitergehen soll.“

2. Die Familie Maksimow, ehemals Arbeiter im Kolchos „Frühling“, heute Privatbauern:
„Die Regierung will, dass wir mit unseren privaten Farmen die Landwirtschaft Russlands voranbringen. Aber 1996 haben wir alle zusammen nur 2 % der Agrarproduktion hergestellt. Viele von uns kommen aus Kolchosen, die nicht überlebten. Nur wenige haben die Erfahrung und den Mut allein zu wirtschaften. So ist es auch hier. Die Bank gab uns Kredite und vom Kolchos haben wir Land bekommen, das er sowieso nicht mehr bearbeitet hat. Da wagten wir den Schritt in die Selbstständigkeit. Im Kolchos haben wir fast nichts mehr verdient.
Seitdem unser selbstgebauter Rinderstall fertig ist, arbeitet unsere Wirtschaft gut. Sechs Leute haben wir eingestellt, die nicht mehr gearbeitet haben. Das Trinken ist bei uns verboten und so arbeiten alle sehr gut.
Uns könnte es viel besser gehen, aber wir müssen zunehmend unsere Produkte selbst vertreiben, es fehlt ein geregelter Ankauf. Nachdem auch die Molkerei zahlungsunfähig wurde, fahre ich nun mit meinem alten Lada die Milch selbst zum Markt. Das kostet zu viel Zeit und Geld. Herstellung, Transport und Vermarktung von Milch und Fleisch – das überfordert uns, das schaffen wir auf die Dauer nicht – mehr als 16 Stunden täglich kann niemand arbeiten.“
Helga u. Wolfgang Schlimme, a.a.O.

***15.** Fassen Sie noch einmal thesenartig die Gründe für das Scheitern der sowjetischen Agrarpolitik zusammen.*
***16.** Erläutern Sie Maßnahmen und Formen der Privatisierung der Landwirtschaft nach 1991.*
***17.** Welche Probleme ergaben sich durch die Umstrukturierungen im Allgemeinen und im Besonderen für die in der Agrarwirtschaft tätigen Menschen?*
***18.** Erstellen Sie ein Wirkungsgefüge mit der Überschrift „Ursachenkomplex für die heutige Krise in der Landwirtschaft“.*

Ukraine – vom agrarischen Herzstück der Sowjetunion zum Nahrungsmittelimporteur

M 34 Getreideernte in der Ukraine

Die landwirtschaftliche Situation der Ukraine vor 1990

Von Beginn an war die Ukraine das agrarische Herzstück zuerst des zaristischen Russlands, dann der Sowjetunion. Aufgrund der Dominanz der Anbauflächen für Getreide galt sie im Allgemeinen als Kornkammer, was der starken Produktdifferenzierung vor allem in den 1980er Jahren jedoch nicht ganz gerecht wird.

Traditionell war die Ukraine ein Land des Weizenanbaus, eine Getreidesorte mit besonderer Bedeutung, da helles Brot eines der wichtigsten Grundnahrungsmittel Russlands war und ist. Ein temporärer Einbruch erfolgte durch die von Chrustschow 1954 eingeleitete Neulandaktion im nördlichen Kasachstan, wohin ein Teil der Weizenproduktion verlagert wurde. In der Ukraine setzte parallel dazu das ***Maisprogramm*** ein. Der Maisanbau wurde forciert um Futtermittel für die Milch-, vor allem aber für den Ausbau der Fleischviehhaltung zu gewinnen. Damit sollte die Versorgung der Bevölkerung mit tierischen Eiweißstoffen verbessert werden.

Zwar hat man, vor allem durch die Erweiterung der Anbauflächen für Winterweizen, den Weizenanbau seit Ende der 1970er Jahre wieder ausgedehnt und Maisanbauflächen zurück genommen, geblieben ist aber die Diversifizierung der Landwirtschaft, vor allem hinsichtlich der Produktion von Futterpflanzen und im Hinblick auf die Viehzucht. Der Viehbestand wurde in der Ukraine zwischen den 1950er und den 1980er Jahren deutlich vergrößert; so stieg z.B. die Zahl der Rinder von 11,2 Mio. im Jahre 1951 auf 25,4 Mio. 1983. Zwar fiel der stärkste Anstieg in die Zeit des Maisprogramms, doch sicherte erst die spätere Umstellung großer Flächen auf den Futterpflanzenanbau die Basis für die Viehhaltung.

Bewässerungsfeldbau. Eine nicht unerhebliche Rolle für den Ackerbau, gerade auch für Getreide, spielt im Süden der Ukraine der Bewässerungsfeldbau. Hier, wo der Regenfeldbau klimatisch ein Risiko darstellt bzw. nicht mehr möglich ist, hat man die Grenzen des Anbaus durch ehrgeizige Bewässerungsprojekte in Trockenräume vorgeschoben. So erschloss man z.B. 750 000 ha Ackerland im nördlichen, steppenhaften Teil der Krim durch den Rotbanner-Kanal und den Nördlichen Krimkanal (NKK), die Dnjeprwasser über rund 500 km hierher bringen.
Neben der Einbindung in die Produktions- und Versorgungsstrukturen der zentral gesteuerten sowjetischen Agrarwirtschaft wurde das Entstehen einer umfangreichen, diversifizierten Landwirtschaft in der Ukraine selbst durch die hohe Bevölkerungszahl und durch das Vorhandensein hochindustrialisierter Regionen befördert. Hier stellte die Versorgung der wachsenden städtischen Bevölkerung zusätzliche Aufgaben, die von stadtnahen agrarischen „Versorgungsringen" gelöst werden sollten.
Fazit: Einerseits litt die Agrarwirtschaft der Ukraine – wie in allen anderen Teilen der früheren Sowjetunion – unter den planwirtschaftlich starren Strukturen und den hieraus resultierenden Problemen sowie unter der staatlich verordneten Zweitrangigkeit der Landwirtschaft im Vergleich zum sekundären Sektor, andererseits profitierte sie von ihrer Bedeutung für die Sicherung der Ernährungsbasis für Mensch und Tier und so blieb die Ukraine bis zum Ende der UdSSR der bevorzugte Kernraum der Agrarproduktion.

M 35 *Entwicklung der Anbauflächen in der Ukraine 1950–1984 (alle Betriebsformen, 1 000 ha)*

	1950	1960	1970	1980	1982	1984
Aussaatfläche, gesamt	30 656	33 547	32 782	33 578	33 338	32 949
Getreidekulturen, gesamt	20 047	13 729	15 518	16 473	16 636	15 695
Winterweizen	5 383	3 691	5 960	8 000	7 638	·
Roggen (Winterfrucht)	3 905	1 347	832	799	747	·
Wintergerste	12	122	112	193	345	·
Sommerweizen	1 168	261	70	31	24	·
Sommergerste	2 744	2 421	3 258	3 281	2 880	·
Körnermais	2 757	3 037	2 262	1 498	2 118	·
Hirse	556	772	521	341	320	·
Buchweizen	634	393	364	345	335	·
Reis	2	0	32	37	35	·
Technische Kulturen (Industriepflanzen)	2 890	3 574	3 939	4 071	3 951	3 805
Zuckerrüben	828	1 457	1 659	1 775	1 727	·
Sonnenblumen	894	1 505	1 710	1 683	1 610	·
Kartoffeln	1 904	2 186	1 988	1 682	1 657	1 643
Gemüse	374	474	466	497	494	503
Futterpflanzen	5 283	13 412	10 733	10 684	10 441	11 129
Grün- und Silomais	–	7 479	4 465	4 023	3 472	·
einjährige Gräser	2 795	3 809	3 421	2 871	2 774	·
mehrjährige Gräser	1 739	1 254	1 947	2 944	3 303	·
Schwarzbrache	4 181	751	1 421	927	1 076	·

Nach Narodnoe chozjajstvo Ukrainskoj SSR v 1982 g. (Die Volkswirtschaft der Ukrainischen SSR im Jahre 1982). Kiew: Technika 1983, S. 136–137, ergänzt

Die Entwicklung der Landwirtschaft der Ukraine seit der Selbstständigkeit

Nach 1990 sank die Agrarproduktion der Ukraine, allein in der ersten Hälfte der 1990er Jahre um rund ein Drittel. Das ist insofern für das Land ein zentrales Problem, als die Landwirtschaft nach wie vor eine große Rolle spielt: Ihr Anteil am BIP lag 1999 noch bei 32%; nimmt man die auf ihr basierende Nahrungsmittelindustrie mit einem Anteil von 12,5 % am nationalen BIP hinzu, so wird die Bedeutung dieses Wirtschaftszweiges, aber auch die dem Produktionsrückgang inne wohnende Problematik besonders offenkundig.

Die Gründe hierfür sind unterschiedlich:

1. Das Ende der Sowjetunion war auch das Ende von Verflechtungen innerhalb dieses Staates. So entfiel für die Ukraine der Versorgungsauftrag für Weizengetreide innerhalb der UdSSR. Weder die eigene Bevölkerung noch das Ausland konnten als Abnehmer diesen Bedarfsrückgang wett machen; das Ausland um so weniger, als für den Export notwendige Verbindungen und Strukturen fehlten und das Weizenangebot auf dem Weltmarkt durch klassische Exporteure wie Frankreich, die USA, Kanada oder Argentinien ohnehin hoch ist. In wenigen Jahren nach 1990 musste die Anbaufläche für Weizen um ca. ein Drittel, das sind rund 2,5 Mio. ha, reduziert werden – mit den entsprechenden Folgen auch für den agrarischen Beschäftigungsmarkt.
   Ähnlich gestaltete sich die Situation beim Mais: Rückgänge bei den Tierbeständen – auch hier entfiel ja der Versorgungsauftrag für den Gesamtraum der Sowjetunion – führten hier sogar zu einer Halbierung der Anbaufläche.
   Die Ernte aller Getreidesorten sank zwischen 1991 und 1998 von knapp 39 Mio. t auf 27 Mio. t; die Ukraine erreichte damit die Erntemenge von 1940.
   Auch die vorher bedeutende Zuckerrübenproduktion erlebte einen dramatischen Einbruch. Hier halbierte sich die Ernte zwischen 1991 und 1997 von 36 Mio. t auf 18 Mio. t, wodurch die Ukraine praktisch ihr gesamtes Exportpotenzial an Zucker verlor.
2. Die Transformation der organisatorischen Strukturen gestaltet sich schwierig. Zwar gibt es eine sehr hohe Zahl an landwirtschaftlichen Privatbetrieben, doch ist ihr Anteil an Fläche und Produktion zu gering.
   Die aus den Kolchosen und Sowchosen hervorgegangenen Großbetriebe, die immer noch dominieren, leiden aber unter den typischen Problemen (vgl. S. 133). Hinzu kommt, dass die Ukraine nach übereinstimmender Einschätzung westlicher Institutionen ein zu geringes Tempo bei der Privatisierung einschlägt, geringer als in nahezu allen anderen GUS-Staaten. Das führt u.a. zu einem geringen Vertrauen bei möglichen ausländischen Investoren, auch im Agrarsektor.
3. Der immer noch hohe Anteil an staatlich kontrollierten Betrieben führt in der Landwirtschaft wie in der Industrie dazu, dass viele Arbeitskräfte weiter beschäftigt werden, die bei einer auf das Erreichen marktwirtschaftlicher Rahmenbedingungen ausgerichteten Transformationspolitik eigentlich freigesetzt werden müssten. Die Folge ist ambivalent: Einerseits wird dadurch die Arbeitslosenquote relativ gering gehalten, andererseits ist auch die Produktivität und damit die Wettbewerbsfähigkeit gering.
   Die niedrige Produktivität hat auch einen zweiten Grund: Der Maschinenpark ist veraltet und zum Teil unbrauchbar. So fehlten der ukrainischen Landwirtschaft nach verlässlichen Berechnungen Anfang 2000 128 000 Traktoren, 25 000 Mähdrescher und 21 000 selbstfahrende Häcksler.
4. Die Ukraine hat auch in der Landwirtschaft mit gravierenden ökologischen Problemen zu kämpfen, wie z.B. der Bodenauslaugung in den Schwarzerdegebieten oder der Bodenversalzung

***M 36** Entwicklung der Agrarproduktion in der Ukraine (ausgewählte Beispiele)*

	Getreide[1] (Mio. t)	Produkt (1 000 t)	1991	1995
1961–65	29,3	Getreide	38 700	33 900
1966–70	33,4	Kartoffeln	14 550	14 700
1971–75	40,0	Gemüse	5 900	5 800
1976–80	43,1	Obst	2 200	1 800
1981–85	39,5	Fleisch[2]	4 000	2 300
1986–90	47,4	Milch	22 400	17 200
1991–95	38,4	Eier	15 200	9 400
1998	27,4	(Mio. Stück)		

[1] durchschnittliche Bruttojahresproduktion [2] Schlachtgewicht

M 37 Agrarische Bodennutzung in der Ukraine

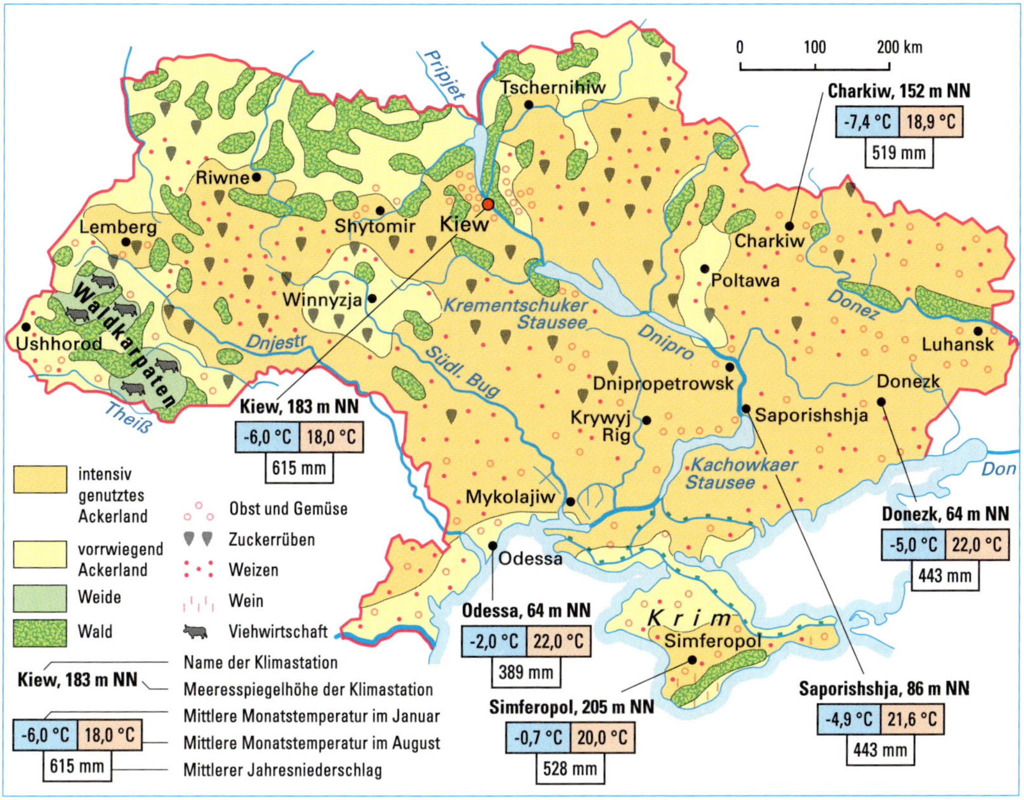

in den Räumen mit Bewässerungsfeldbau. Maßnahmen zur Bodenmelioriation oder zur Entwässerung aber verlangen Kapital, das nicht vorhanden ist.

Fazit: Die Aussichten für die Landwirtschaft der Ukraine sind problematisch. Nur eine strikte Privatisierung, basierend auf politischer Stabilität und ergänzt durch einen zuverlässigen finanzpolitischen Rahmen, scheint Erfolg bringen zu können, da nur so eine Hoffnung auf ausländischen Kapitalzufluss besteht. Dieser ist aber notwendig, um Umstrukturierungsmaßnahmen in der Wirtschaft zu finanzieren, Infrastrukturverbesserungen zu erreichen, Außenhandelskontakte aufzubauen und ökologische Probleme zu lösen. All dies wäre auch in der Landwirtschaft nötig, damit die naturgeographisch günstigen Faktoren so genutzt werden können, dass die Ernährungsbasis der Bevölkerung wieder selbst gesichert werden kann und mittelfristig Agrarexporte möglich werden.

Die Notwendigkeit zum Handeln hat man in der Ukraine erkannt. So erklärte die 1999 neu gewählte Regierung unter Ministerpräsident Juschtschenko die Entwicklung der Landwirtschaft zur Priorität, und hier besonders das Vorantreiben einer Bodenreform und die Rücknahme der staatlichen Einflüsse bei der agrarischen Produktion.

19. *Um die Situation der ukrainischen Landwirtschaft zu verbessern, sind ausländisches Engagement und Kapital nötig.*
Bilden Sie einen „Runden Tisch“ aus Politikern und Agrarfachleuten der Ukraine sowie aus potenziellen westlichen Investoren und führen Sie ein Gespräch, das den Zufluss von Kapital und Know how aus dem Westen zum Thema hat. Nutzen Sie zur Vorbereitung des Gesprächs in erster Linie die Texte und Materialien des Kapitels zur Ukraine, aber auch Ihre aus den vorhergehenden Kapiteln erworbene Sachkenntnis.

Industrie und tertiärer Sektor

Marktwirtschaft in Russland?

Die Frage, ob es in Russland geschafft worden ist, die staatliche Planwirtschaft durch die Marktwirtschaft zu ersetzen, muss man ein Jahrzehnt nach dem Ende der Sowjetunion eher mit „Nein“ beantworten.
Einerseits sind zwar marktwirtschaftliche Tendenzen unübersehbar: So sind die meisten Industriebetriebe in Aktiengesellschaften umgewandelt worden, wodurch sich oft allerdings nur die Eigentumsrechte änderten, während die Kapitalkraft nicht zwingend zunahm, da kein Verkauf von Anteilen erfolgte. Auch die Preisregulierung ist kein staatliches Monopol mehr; und es gibt die staatliche Planungsbehörde Gosplan, die das gesamte wirtschaftliche Leben lenkte, nicht mehr.
Dennoch sind nicht unbedingt marktwirtschaftliche Prinzipien zu erkennen, sondern auch Anfang des 21. Jahrhunderts eher willkürliche Wirtschaftsentwicklungen, in denen sich oft der Stärkere durchsetzt. Eine Gruppe von „businessmen“, manchmal auch die „Neuen Russen“ genannt, sowie ehemalige Funktionäre der kommunistischen Partei sicherten sich in den 1990er Jahren den Zugriff auf das Staatskapital, auf Banken, industrielle und landwirtschaftliche Betriebe sowie Immobilien.

M 38 Entwicklung des „Wohlstandsgefälles“ in Russland 1990–1996

	Anteile am Einkommen (%)	
	Bedürftige Mehrheit (80 % der Bevölkerung)	Besser gestellte Minderheit (20 % der Bevölkerung)
1990	67	33
1993	58	42
1996	55	45

Helga und Wolfgang Schlimme: Russland – Land der Extreme. In: Aktuelle Landkarte 4/99. Berlin: Cornelsen Verlag 1999, S. 10

So zeigt sich für viele Russen die Marktwirtschaft als ein System, das wenigen Wohlstand und Reichtum bringt, vielen aber geringe Einkommen, eher eine Schlechterstellung gegenüber der Zeit des Sowjetkommunismus und zum Teil sogar ausgesprochene Armut. Letzteres trifft vor allem auf die Arbeitslosen zu, aber auch auf Rentner oder Beschäftigte in staatlichen Betrieben, wie z. B. im Bergbau.
Nimmt man die Frage nach der Marktwirtschaft in Russland noch einmal auf, so verfestigt sich das „Nein“ ohne Zweifel. Die wirtschaftspolitischen Entwicklungen erinnern viel mehr an den Frühkapitalismus des 19. Jahrhunderts in West- und Mitteleuropa. Dies betrifft vor allem auch die sozialen Folgen: Es hat sich ein ausgesprochen starker gesellschaftlicher Dualismus entwickelt mit einer Verarmung großer Bevölkerungsteile, der zusätzlich von starken regionalen Disparitäten (Ost-West-Gefälle) überlagert wird.

Die wirtschaftliche Situation heute. Bei der Betrachtung der Situation der russischen Wirtschaft, und hier besonders auch der Industrie, fällt eine Gliederung der Entwicklung in drei Phasen auf, wobei die zeitliche Kürze deutlich macht, in welchem Tempo Ab- und Aufschwünge erfolgen – ein Zeichen auch der bisher geringen wirtschaftlichen, aber auch politischen, finanziellen und gesellschaftlichen Stabilität Russlands.

1991–1997. In den ersten Jahren nach dem Zusammenbruch der Sowjetunion durchschritt Russland wie die anderen GUS-Staaten eine wirtschaftliche Talsohle, die sich z. B. im dramatischen Rückgang der Industrieproduktion und in einem exorbitanten Währungsverfall niederschlug. Die Gründe lagen im Zusammenbruch aller politischen und wirtschaftlichen Strukturen, aber auch in fehlgeleiteten Entwicklungen während der kommunistischen Herrschaft (siehe hierzu die bisherigen Kapitel zu Russland).
Im Jahre 1997 schien eine gewisse Konsolidierung erreicht, indem man die Inflationsrate hatte senken können und die industrielle Produktion auf einem in etwa gleich bleibenden Niveau halten konnte.

1998 – Mitte 1999. Ebenso kurzfristig, wie 1996/97 die Konsolidierung der Wirtschaft erfolgt war, veränderten sich die Rahmenbedingungen 1998 in kürzester Zeit zum Negativen hin und stürzten Russland in eine tiefe Depression. Auslöser war die „Rubelkrise", in deren Verlauf die russische Währung gegenüber dem Dollar und anderen Leitwährungen das Vier- bis Fünffache an Wert verlor. Die Gründe lagen u.a. im mangelnden Vertrauen in die russische Politik allgemein (nahendes Ende der Jelzin-Ära) und in die Finanzpoltik im Besonderen, in der hohen Auslandsverschuldung, im schwachen Binnenmarkt oder in den unzuverlässigen, Auslandsinvestoren abschreckenden inneren Strukturen des Landes.

***M 39** Entwicklung des Rubelkurses (Rubel für einen US-$) im Vergleich zum US-$*

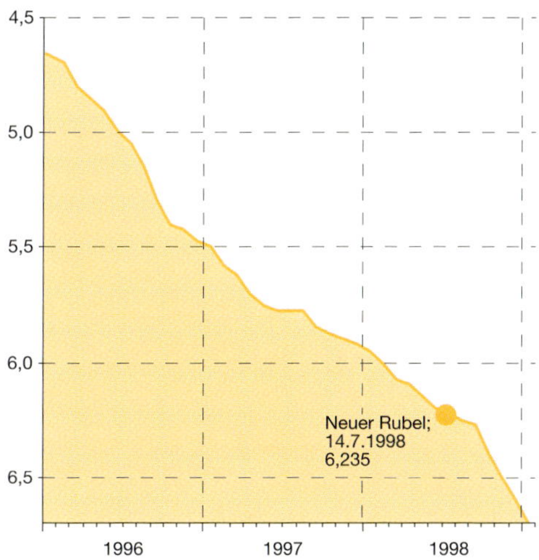

Neuer Rubel – 1 000 alte Rubel entsprechen einem neuen Rubel.
Nach Dresdner Bank, 2000

Nieder schlug sich die Krise z.B. in der Verschuldung von Betrieben; so schuldeten allein vier große Unternehmen, die de jure Aktiengesellschaften waren, de facto aber vom Staat gehalten wurden, im Juli 1998 der öffentlichen Hand 900 Mio. Rubel, was damals rund 264 Mio. DM entsprach. Der Staat selbst verfügte über keine Mittel mehr, sodass sowohl Staatsbedienstete als auch die Bergarbeiter in den immer noch staatlichen Gruben monatelang keine Löhne ausgezahlt bekamen.

Ende 1999/2000. Im September 2000 titelte eine große deutsche Bank ihre „Außenwirtschaftsnachrichten" mit der Zeile: „Russland: Der Aufschwung gewinnt an Fahrt". Wieder hatte sich also kurzfristig eine wirtschaftliche Kehrtwendung ergeben: Russlands Wirtschaft hat sich deutlich erholt; die Dauer und Zuverlässigkeit dieser Entwicklung wird aber im Ausland aufgrund der bisher gemachten Erfahrungen mit einem Fragezeichen versehen. Man ist vorsichtig bei Investitionen, weil die Strukturreformen immer noch nur schleppend vorangehen. Das liegt nicht zuletzt an den politischen Verhältnissen, da die Reformer keine klaren politischen Mehrheiten, z.B. in der Duma, dem russischen Parlament, besitzen.

Der wirtschaftliche Aufschwung Russlands hat neben anderen Tatsachen (Wiedergewinnung der finanziellen Stabilität, Erhöhung der Einkommen und damit der Binnennachfrage) vor allem vier industriewirtschaftliche Gründe, die sich auch im Anstieg der industriellen Produktion seit 1999 niederschlagen:

1. Die Exporterlöse sind stark gestiegen, und zwar in erster Linie durch den Rohstoffexport, und hier besonders durch Erdöl- und Erdgaslieferungen, z.B. nach Deutschland als dem wichtigsten Abnehmer dieser Produkte. Allerdings muss man einschränkend feststellen, dass diese Steigerung nicht auf einem Ausbau der Förderung beruht; diese nahm beim Erdöl 1999 nur um 1,6 Mio. t auf insgesamt 305 Mio. t zu. Russland profitierte vielmehr vom Anstieg der Rohölpreise von rund 20 US-$ Anfang 1999 auf ca. 35 US-$ Mitte 2000. Da die Ölexporte weltweit in amerikanischen Dollars bezahlt werden, schlugen sich diese Preiserhöhungen auch in der Verfügbarkeit Russlands über Devisen positiv nieder. Die Koppelung der Exporterlöse an die Preisentwicklung eines Produktes birgt allerdings auch das Risiko der einseitigen Abhängigkeit.
2. Aufgrund der finanziell ruinösen Situation der Jahre 1997/98, in deren Folge es immer schwieriger wurde, notwendige Importe zu bezahlen, hat man in Russland damit begonnen importsubstituierende Industriebranchen auszubauen. Ein Schwerpunkt ist hierbei die chemische und petrochemische Industrie, also eine der Schlüsselindustrien.

3. Die Verbesserung der Einkommenssituation, auch wenn die Realeinkommen im Jahre 2000 immer noch unter denen von 1997 lagen, hat zu einem deutlichen Wachstum des Konsums beigetragen. Im ersten Halbjahr 2000 lag der Zuwachs beim privaten Verbrauch bei 8 %, was sich in Produktionserhöhungen bei der Konsumgüterindustrie niederschlägt.
4. Die Bauindustrie hat wieder mehr Aufträge. Zum Ersten ist die private Bautätigkeit im Zuge der Einkommensverbesserungen gestiegen, zweitens hat der Anlagenbau infolge des Ausbaus der Industrie zugelegt und drittens schließlich ist die öffentliche Hand durch die Entspannung der Finanzsituation wieder eher in der Lage, Sanierungs- oder Neubauaufträge für Verwaltungseinrichtungen, für Sozialbauten wie Kliniken, Universitäten oder Schulen oder auch für Infrastruktureinrichtungen zur Ver- und Entsorgung oder im Bereich Verkehr zu erteilen.

Perspektiven. Bei allen positiven Ansätzen, die sich aus der Sicht des Jahres 2000 ergeben, kann man aber sicher noch nicht davon sprechen, dass die wirtschaftlichen Probleme Russlands einer zügigen Lösung zustreben. Zwar geben besonders die Rekordüberschüsse in der Handels- und vor allem in der Leistungsbilanz positive Signale. So schloss die Leistungsbilanz im Jahre 2000 mit einem Plus von rund 40 Mrd. US-$ ab – das entspricht einem Überschuss in Höhe von fast 18 % des BIP, einem Rekordwert im internationalen Vergleich. Doch fehlt es nach der Rubelkrise immer noch an Vertrauen bei ausländischen Investoren, ohne die die umfassenden Probleme, vor allem bei der Umstrukturierung und Modernisierung der russischen Industrie, nicht zu lösen sein werden.
Zwei weitere Probleme werden die industriewirtschaftliche Entwicklung Russlands auch zukünftig belasten:
1. Selbst bei günstiger Entwicklung der Auslandsinvestitionen wird das Kapital, das hierdurch zur Verfügung gestellt wird, im Sinne der Investoren entweder in für sie interessante Projekte zur weiteren Erschließung oder Sicherung von Rohstoffen fließen oder in moderne Industrien wie die Hochtechnologien. Was aber geschieht mit den umfangreichen, überalterten Produktionsstätten der Steinkohle- und Eisenerzförderung oder der Eisenmetallurgie? Bei einem ohnehin schon übersättigten Weltmarkt für Stahl wird man z. B. kaum in eine solche Branche investieren, die einmal zum Herzstück sowjetischer Industriepolitik gehörte.
2. Es besteht die Gefahr, dass sich industriewirtschaftliche Entwicklungen weitgehend auf den europäischen Teil Russlands und hier wieder auf städtische Agglomerationsräume beschränken. Sibirien dagegen weist mit seiner Raumweite, seiner geringen Besiedlungsdichte und seinen natürlichen Hemmnissen aus der Sicht vieler Industriebranchen ganz überwiegend Nachteile auf, sei es die Automobilindustrie, die Elektrotechnik oder die Computer- und Telekommunikationsindustrien. Ein Anwachsen der regionalen Disparitäten zwischen städtischen Räumen wie Moskau und St. Petersburg und den Marginalräumen ist also wahrscheinlich und wird so die Situation für Russland und seine Bevölkerung erschweren.

20. *Erläutern Sie den Begriff „Rubelkrise".*
21. *Nennen Sie Gründe, die maßgeblich für den wirtschaftlichen Aufschwung Russlands zu Beginn des 21. Jahrhunderts sind.*
22. *Die wirtschaftliche Situation des Landes hat auch eine deutliche soziale Komponente. Erörtern Sie die hier erkennbare Problematik, auch unter Berücksichtigung von M 38.*
23. *Beschreiben Sie das in der Karte M 44 (S. 142) erkennbare Verteilungsmuster der industriellen Zentren Russlands und ihrer zukünftigen Perspektiven. Welche Auffälligkeiten bzw. Charakteristika ergeben sich?*
24. *Interpretieren Sie die Materialien zur Entwicklung der russischen Wirtschaft zwischen 1997 und 2000 auf S. 141 (M 40 bis M 43).*

***M 40** Entwicklung der russischen Wirtschaft 1997–2001*

	1997	1998	1999	2000s	2001p
BIP (Mrd. US-$)	462,3	275,3	181,9	226,6	264,1
BIP/Kopf (US-$)	3 143	1 879	1 249	1 535	1 826
Inflationsrate (Jahresdurchschnitt in %)	14,6	28,8	85,9	21,0	17,5
Export von Gütern (Mrd. US-$)	89,0	74,8	74,7	101,0	95,0
Import von Gütern (Mrd. US-$)	71,6	58,0	39,4	44,0	52,0
Ausländische Direktinvestitionen (Mrd. US-$)	3,6	1,7	1,2	1,5	2,0
Ausländische Direktinvestitionen (% des BIP)	0,8	0,6	0,7	0,7	0,8
Brutto-Auslandsverschuldung (Mrd. US-$)	161,4	184,0	185,0	175,0	178,0
Auslandsverschuldung (% der Exporte)	150	200	211	153	164
Devisenreserven zum Jahresende (Mrd. US-$)	12,9	7,8	8,5	24,3	30,0
Jahresdurchschnittskurs (Russischer Rubel pro DM, ab 1999 €)	3 437	5,54	26,22	26,00	28,71

s – Schätzung; p – Prognose

***M 41** Reales Wirtschaftswachstum Russlands 1990–2001 (in %)*

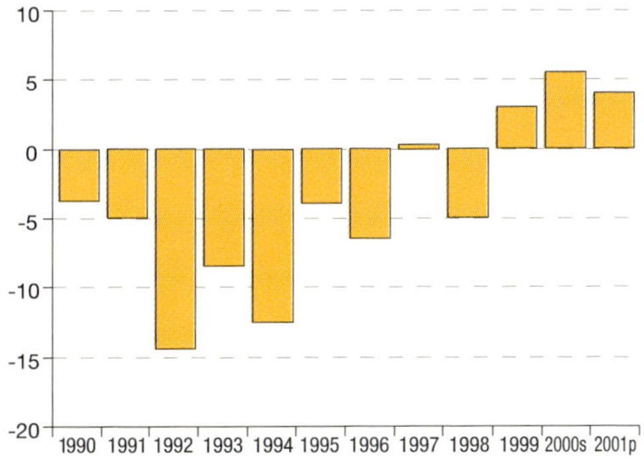

s – Schätzung; p – Prognose

***M 42** Industrieproduktion und Investitionen in Russland Ende der 1990er Jahre (1997 = 100)*

***M 43** Außenhandel Russlands an der Wende zum dritten Jahrtausend*

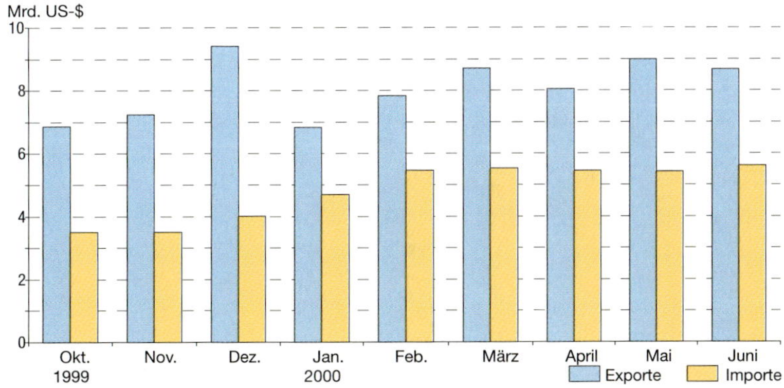

M 40 – M 43 nach Dresdner Bank 2000/2001

***M 44** Russland – Perspektiven der industriellen Zentren*

Nach Isolde Brade und Monika Schulze: Russland aktuell. Schriftenreihe Daten – Fakten – Literatur zur Geographie Europas, Bd. 4, S. 71. Leipzig: Institut für Länderkunde 1997; Karteninhalt: M. Schulze, Kartographie: S. Dutzmann, R. Bräumer; Klett-Perthes

Transformationsprozesse in der Industrie

Beispiel Irkutsk / Bratsk

Der Raum Irkutsk / Bratsk gehörte in der Zeit der Sowjetunion zu den frühen Schwerpunkträumen bei der Erschließung Sibiriens (siehe S. 121–122). Die industriellen Produktionsschwerpunkte lagen damals auf der Energieerzeugung, der Schwerindustrie (besonders Aluminiumerzeugung) sowie der Holzverarbeitung.

Nach dem Ende der Sowjetherrschaft zählt die Region um Irkutsk zu den sibirischen Räumen, die die industriewirtschaftlichen Transformationsprozesse mit am besten bewältigt haben, allerdings unter Verstärkung der gravierenden ökologischen Probleme (vgl. S. 158/159).

Die Erzeugung und Verarbeitung von Holzprodukten konnte in den 1990er Jahren deutlich gesteigert werden, was nicht zuletzt an der erfolgten Privatisierung und dem damit verbundenen Kapitalzufluss lag. Die 19 Betriebe, in die das Bratsker Holzkombinat nach 1991 zerfiel, schlossen sich 1995 zu einer Holding zusammen. 20 % der Aktien sind noch in Staatsbesitz, 17 % hält ein Petersburger Unternehmen und verschiedene amerikanische Firmen verfügen über die verbleibenden 63 % (mit Anteilen bis zu jeweils 10 %).

Anders zeigt sich die Entwicklung bei der Förderung von Steinkohle, die überwiegend in 13 Wärmekraftwerken eingesetzt wurde. Die rückläufigen Förderzahlen hängen zum einen mit Rückgängen in der Produktion einzelner industrieller Abnehmer zusammen, zum anderen damit, dass der größte Teil des Stroms heute aus Großwasserkraftwerken gewonnen wird. Diese billige Hydroenergie stellt einen wertvollen Investitionsanreiz für den Raum dar und kommt besonders auch der Buntmetallverhüttung (vor allem Aluminium) zugute.

Die Aluminiumerzeugung – auch heute noch produzieren rund 12 000 Beschäftigte in der Region Irkutsk rund 40 % des russischen Aluminiums – konnte sich denn auch behaupten und sogar Zuwächse verzeichnen. Ein wesentlicher Grund hierfür ist die Tatsache, dass es gelang, Abnehmer im Ausland zu finden. So wird heute der größte Teil der Produktion exportiert.

Überhaupt spielen die Verknüpfungen mit dem Ausland eine wesentliche Rolle. Neben den Exportverflechtungen sind hier vor allem die Joint Ventures zu nennen, von denen es 1996 schon 94 gab. 30 Länder waren beteiligt: z.B. 17 Unternehmen aus China, 14 aus den USA, 8 jeweils aus Kasachstan und der Ukraine und 7 aus Japan.

→ In einer aus dem Jahre 1997 stammenden Äußerung (East Sibirian Center, S. 3) heißt es selbstbewusst: „Irkutsk Region is one of the most developed regions in Russia".

Und H.-F. Ruwwe schrieb 1994*: „Mit seinem Rohstoffreichtum, seiner billigen Energie und nicht zuletzt aufgrund der Nähe zu den großen entwicklungsfähigen Absatzmärkten in Asien und Fernost verfügt das Gebiet Irkutsk wie nur wenige andere russische Gebietskörperschaften über hervorragende Ausgangsbedingungen für ein kräftiges kontinuierliches Wachstum. Bei noch unterentwickelter Infrastruktur, mangelnder Kapitalkraft der örtlichen Wirtschaft und rückläufigen zentralen Investitionen der Russischen Föderation können diese Wachstumschancen wahrscheinlich nur befriedigend genutzt werden, wenn es gelingt, (weitere) ausländische Investoren für die Region zu interessieren."

***M 45** Produktionszahlen des Bratsker Holzverarbeitungskomplexes um 1990*

Spanplatten	4 000 000 m^2
Sperrholz	375 000 m^2
Schnittholz	190 000 m^2
Furnier	200 000 m^3
Karton	260 000 t
Weißzellulose	250 000 t
Viskose-Zellulose	200 000 t
Cordzellulose	200 000 t

***M 46** Export von Holz und Holzprodukten aus dem Irkutsker Gebiet 1991–1994*

Produkt		1991	1992	1993	1994
Rohholz	(1000 m^3)	51,2	18,0	263,8	258,6
Schnittholz	(1000 m^3)	61,3	22,7	52,5	392,3
Papier	(1000 t)	0,07	11,2	0,03	51,1
Zellulose	(1000 t)	8,9	0,8	12,8	176,8

*Für M 45 und M 46 Norbert Wein: Sibirien. Gotha: Perthes 1999, S. 202; * so zitiert in ebenda, S. 209*

***M 47** Kohleförderung im Irkutsker Gebiet 1960–1994 (in Mio. t)*

1960	16,6	1984	24,4
1970	21,9	1990	24,3
1980	26,0	1994	15,6

Für M 47 und M 48 Norbert Wein, a.a.O., S. 203

***M 48** Produktion von elektrischer Energie im Irkutsker Gebiet 1960–1996 (in Mrd. kWh)*

1960	7,8	1990	67,1
1965	28,3	1992	62,7
1975	49,0	1994	57,3
1984	69,0	1996	55,2

***M 49** Industrielle Produktion im Irkutsker Gebiet 1995*

Elektrischer Strom	55,22	Mrd. kWh
Produkte der Erdölverarbeitung	13,43	Mio. t
Kohle	13,69	Mio. t
Eisenerz	4,12	Mio. t
Rohholz	8,2	Mio. m^3
Schnittholz	1,19	Mio. m^3
Furnierholz	92 100	m^3

Für M 49 und M 50 Norbert Wein, a.a.O., S. 205

***M 50** Wertmäßiger Anteil der Industriezweige an der Produktion im Irkutsker Gebiet 1990 und 1995 (in %)*

	1990	1995
Erdölverarbeitung	16,0	30,2
Elektrizitätserzeugung	12,7	10,3
Schwarzmetallurgie	1,0	2,1
Buntmetallurgie	11,2	16,2
Holzverarbeitung	20,7	21,0
Maschinenbau	15,2	4,3
Leichtindustrie	3,5	0,4

***M 51** Struktur der Joint Ventures nach Branchen im Gebiet Irkutsk 1997*

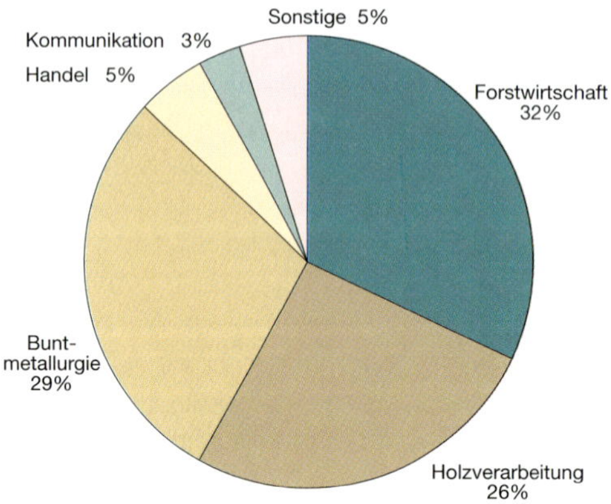

East-Sibirian Center 1997, S. 11. In: Norbert Wein, a.a.O., S. 208

***M 52** Außenhandel des Irkutsker Gebietes mit Deutschland 1995 (in Mio. US-$)*

Exporte nach Deutschland		Importe aus Deutschland	
Chemische Erzeugnisse	19,3	Werkzeugmaschinen	23,2
Nutzholz	10,0	Ausrüstungen für die	
Zellstoff	5,3	Lebensmittelindustrie	14,4
Kunststoffe	3,6	Lebensmittel	5,1
		Medizinische	
		Ausrüstungen	4,0
		Sonstige Güter	27,1
Summe	38,2	Summe	73, 8

Für M 52, M 53 und M 54 Norbert Wein, a.a.O., S. 208

***M 53** Wertmäßiger Anteil der Ausfuhrgüter des Irkutsker Gebietes 1996 (in %)*

Aluminium	47
Erdölprodukte	15
Zellulose	9
Holzprodukte	6
Flugzeugtechnik	6
Sonstiges	17

***M 54** Führende Exportpartner des Irkutsker Gebietes 1996 (Anteil in %)*

Japan	27
USA	18
Singapur	10
China	6
Schweden	6
Sonstige	30

M 55 *Raumentwicklung im Bereich der BAM*

Nach Hans-Ulrich Bender, Jörg Stadelbauer: Sowjetunion, Stuttgart: Ernst Klett Verlag 1987, S. 128; aktualisiert und ergänzt

Beispiel: Baikal-Amur-Magistrale (BAM)

Die Erschließung Ostsibiriens und des Fernen Ostens durch die BAM sollte das letzte, aber auch gigantischste Projekt sowjetischer Raumerschließungsmaßnahmen darstellen, ehrgeizig vorangetrieben von Leonid Breschnew, der sich hiermit ein Denkmal setzen wollte (vgl. S. 123). Es ist – wohl besonders aufgrund seiner Überdimensionierung und der damit verbundenen Nichtfinanzierbarkeit – das Gegenbeispiel zur Entwicklung in der Region Irkutsk. Spätestens das Ende der Sowjetunion und die anschließend einsetzenden Transformationsprozesse brachten das weitgehende Aus für das BAM-Projekt und ließen es als Fiasko mit geringen Zukunftsperspektiven enden.

→ „… die BAM-Region verwandelt sich aus einem Depressionsgebiet in eine Zone der sozialen Armut. Das Niveau der Arbeitslosigkeit erreichte 23 % (in Russland im Mittel 8,5 %). Die staatliche Regionalpolitik reagierte darauf mit einer Politik, … [deren Hauptkontur ist:] Es ist billiger, die Menschen in andere Gebiete zu evakuieren, als die Arbeitskräfte an uneffektiven Erschließungspunkten zu erhalten. … die Bahnverbindung verringert den Kostenaufwand für die Evakuierung der Menschen. Diese Evakuierung bedeutet, dass die im letzten Jahrzehnt erst geschaffenen „Besiedlungsherde“ liquidiert werden.“

Kibalov, E.B./Kin, A.A.: Region BAM: Strategičeskie al'ternativy razvitija. In: Vserossijskij naučnyj Žurnal, 3, S. 59–79, Moskva 1996. So zitiert in: Norbert Wein, a.a.O., S. 124

Militärisch-industrieller Komplex (MIK)

Einen industriellen Sonderfall stellte schon in der Sowjetunion die Rüstungsindustrie dar, über die auch in der Phase der Transformation kaum Angaben existieren. Der MIK war eines der am besten gehüteten Geheimnisse der Sowjetunion. Er umfasste 9 Ministerien und vereinigte etwas mehr als 2000 Produktionsbetriebe sowie zahlreiche Forschungs- und Entwicklungsinstitute. Seine Einrichtungen verteilten sich zwar über das ganze Land, doch gab es regionale Schwerpunkte. Allein in Moskau arbeiteten rund 300000 Wissenschaftler rüstungsbezogen. Die Versorgung des MIK mit hochqualifizierten Mitarbeitern, modernen Maschinen und Geräten sowie allen benötigten Rohstoffen und Vorprodukten hatte absolute Priorität. Dementsprechend hoch waren auch die staatlichen Investitionen: Westliche Schätzungen gehen davon aus, dass mindestens 25 % der gesamten Staatsausgaben hier investiert wurden.

Diese herausragende Stellung des ***militärisch-industriellen Komplexes*** wurde auch unter Gorbatschow zuerst nicht angetastet. Mit Beginn der Abrüstungsgespräche zwischen den USA und der UdSSR und der damit einsetzenden Auflösung der Blöcke (Ende des Ost-West-Konflikts) erfolgten Ende 1988 erste Schritte, die sowjetischen Rüstungsbetriebe verstärkt auf die Produktion von Verbrauchs- und Konsumgütern umzustellen. Diese Umstellung militärisch genutzter Produktionsmittel und Anlagen zum Ziele ziviler Produktion nennt man ***„Konversion“***.

Allerdings bereitet die Konversion bis heute große Probleme, vor allem da durch den Zusammenbruch der Staatsfinanzen an die Stelle von kostenintensiven Umstrukturierungen häufig die Streichung von Aufträgen getreten ist.

→ „Selbst nach Auflösung der Sowjetunion arbeiteten allein in der Russländischen Föderation noch rund 7 bis 13 Mio. Personen im militärisch-industriellen Sektor – je nach Abgrenzung. Die Konversionsansätze riefen eine rasch ansteigende Arbeitslosigkeit hervor, die im Juli 1992 mit 350000 Arbeitslosen bei 7,5 Mio. Beschäftigten angegeben wurde.“

Hans-Henning Schröder in: Aufbruch im Osten Europas. München: Hanser 1993, S. 180

→ „Die Konversion militärisch-industrieller Großbetriebe scheitert nicht nur an betriebsinternen Verflechtungen, die es sehr schwierig machen, einzelne Betriebsabteilungen als eigenständig herauszulösen und selbstständig weiterzuführen, sondern auch am Management, da die wichtigsten Führungskräfte – allein schon wegen ihrer fachlichen Kompetenz, aber auch aus politischen Gründen – bisher nicht durch neue Fachkräfte ersetzt werden konnten. Der militärisch-industrielle Komplex hat damit auch noch in der Russländischen Föderation eine bedeutende politische Position inne.

An der mittleren Wolga ist die Konversionsproblematik aufs engste mit der ethnoterritorialen Frage verknüpft. Dort lagern in Marij-Ėl, Tatarstan, Mordvinien [Mordwinien] und angrenzenden Gebieten chemische Waffen aus dem Zweiten Weltkrieg und aus der Gegenwart, die nach der Genfer Konvention in der Herstellungsregion vernichtet werden müssen. Da sie größtenteils im Chimprom-Komplex von Novo-Čeboksary [Nowo-Tscheboksary] produziert wurden, müsste Čuvašien [Tschuwaschien] die Beseitigung übernehmen. Die Republik beruft sich aber auf eine Verordnung, die die Einfuhr chemischer Waffen und den Bau von Anlagen zu ihrer Vernichtung auf dem Territorium der Republik verbietet. Auch die Bevölkerung von Dzeržinsk bei Nižnij Novgorod [Dserschinsk bei Nischni Nowgorod] und Čapaevsk [Tschapajewsk] (oblast' Samara) sowie in anderen Städten lehnt entsprechende Betriebe zur Vernichtung chemischer Kampfstoffe und Waffen ab.“

J. Stadelbauer: Die Nachfolgestaaten der Sowjetunion. Darmstadt: Wissenschaftliche Buchgesellschaft 1996, S. 541–542

25. *Erläutern und begründen Sie am Beispiel der Industrieregion Irkutsk/Bratsk einen im Ganzen gelungenen industriellen Transformationsprozess.*

26. *Interpretieren Sie die Karte M 55. Erklären Sie das Scheitern des BAM-Projekts. Ziehen Sie hierzu auch die Ausführungen auf den Seiten 145 und 123 heran.*

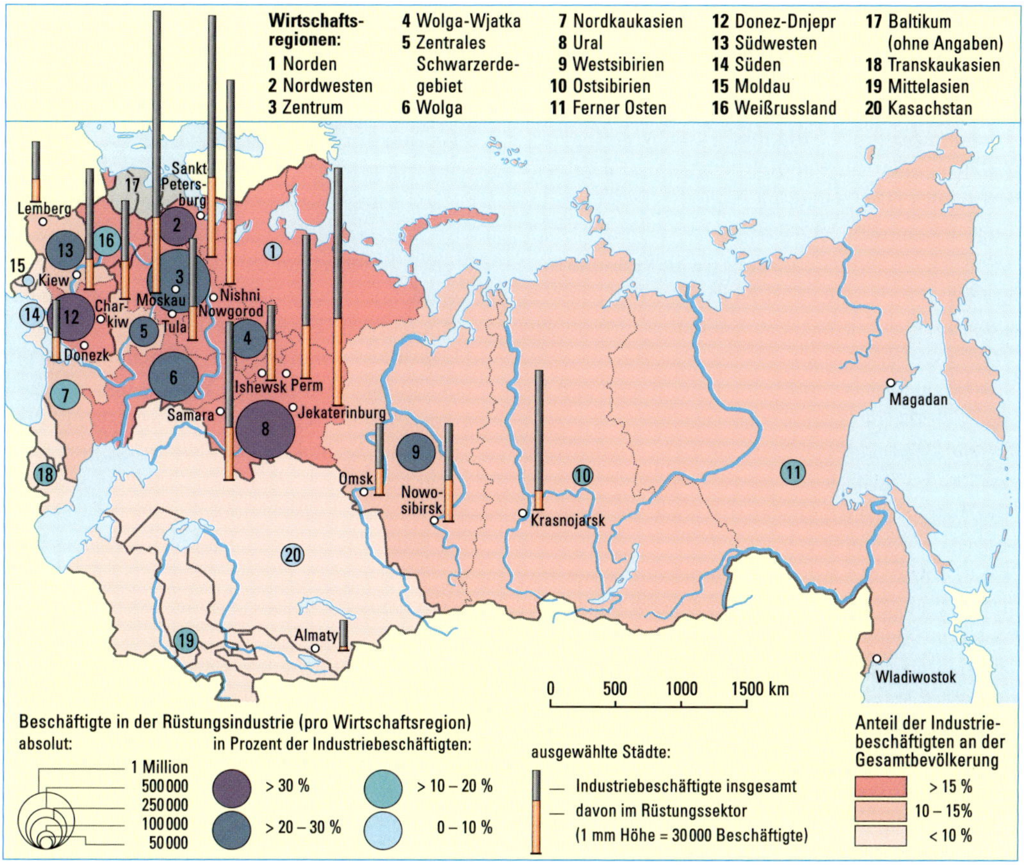

M 56 Der militärisch-industrielle Komplex in der Sowjetunion 1985 (Ortsnamen nach aktuellem Stand)

M 57 Die Reserven des sowjetischen Lebensmittel-programms

Nach Literaturnaja Gazeta, 18.4.1990

27. „Konversion“ – erklären Sie den Begriff und die ihm innewohnende Problematik. Inwiefern greift die nebenstehende Karikatur (M 57) diese Problematik auf?

Außenhandel und Auslandsverschuldung

Außenhandel. Der Anteil aller ***Transformationsländer*** am Welthandel ist sehr gering. Sie spielen eine noch kleinere Rolle als der – zahlenmäßig allerdings wesentlich größere – Block der Entwicklungsländer. Dominiert wird der weltweite Handel von den Industrieländern, und hier natürlich in besonderem Maße von den Staaten, die zunächst in der Gruppe der ***„G 7"*** zusammengeschlossen waren (USA, Kanada, Deutschland, Frankreich, Großbritannien, Italien und Japan). Dass sich weltwirtschaftlich eine Wiederbelebung Russlands abzeichnet, wird auch in der Assoziation des Landes an diese Gruppe deutlich. Seit einiger Zeit hat sich so auch der Name ***„G 8"*** etabliert.

Die Gründe für die geringe Bedeutung der Reformstaaten für den Welthandel liegen sowohl in der Zeit der Sowjetunion als auch in der Transformationsproblematik:

- Die ehemaligen Ostblockstaaten besaßen ein enges Netz an Handelsverknüpfungen innerhalb ihres Wirtschaftsraumes RGW (Rat für Gegenseitige Wirtschaftshilfe), traten aber auf dem Weltmarkt nur einseitig auf, und zwar vor allem als Exporteure von Rohstoffen und als Importeure hochwertiger Fertigwaren aus dem Westen. Letztere wurden neben Devisen, die chronisch knapp waren, auch durch so genannte ***Kompensationsgeschäfte*** bezahlt. Deutschland lieferte z.B. an Russland Röhren und Technik für den Pipelinebau, der russische Geschäftspartner bezahlte mit Erdgaslieferungen.
- Nach dem Ende der Sowjetunion fehlten allen Reformstaaten, also auch denen der GUS, wichtige Voraussetzungen zur Teilhabe am Welthandel: Es mangelte an hochwertigen, konkurrenzfähigen Fertigprodukten; es war keine Logistik vorhanden für Planung, Transport und Distribution von Waren ins westliche Ausland; es fehlten sowohl das Kapital als auch die Kontakte, um Handelsnachteile auszugleichen.

Schaut man sich die heutige Situation an, so stellt man fest, dass die alten Probleme z.T. noch immer vorhanden sind. Vor allem macht sich das in der Produktstruktur des Außenhandels bemerkbar.

Das Beispiel Russlands belegt dies zwar, doch haben wir es hier trotzdem insofern mit einer Ausnahme zu tun, als die Handelsbilanz dieses größten Nachfolgestaates der Sowjetunion seit langem einen Überschuss aufweist, sowohl insgesamt als auch im Verhältnis zum größten Handelspartner der Russischen Föderation, der Bundesrepublik Deutschland.

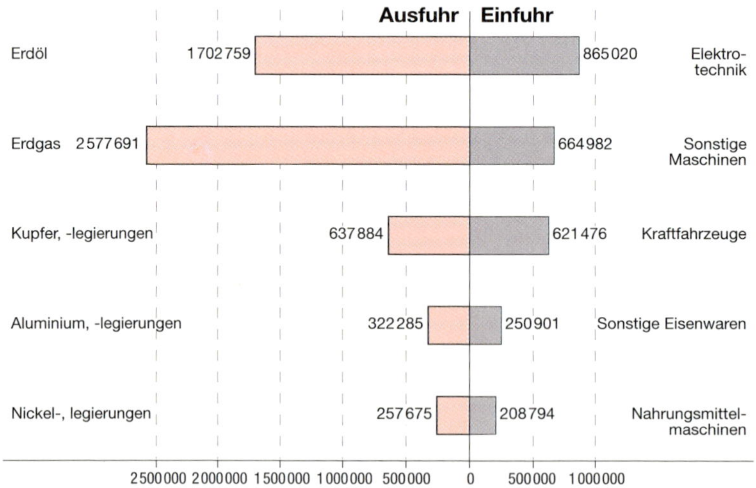

M 58 *Struktur des Außenhandels der Russischen Föderation 1998 (in Mio. DM)*

Nach Ost-West-Contact, 7/1999, S. 20. Münster

***M 59** Die wichtigsten Waren im deutsch-russischen Handel (1. Halbjahr 1998, in 1 000 DM)*

Russische Importe aus Deutschland	
Nahrungsmittel	
Käse	239 533
Fleisch und Fleischwaren	210 813
Kakaoerzeugnisse	147 069
Margarine und ähnliche Speisefette	118 110
Sonstige pflanzliche Nahrungsmittel	456 734
Tabakerzeugnisse	111 740
Vorerzeugnisse	
Furniere, Sperrholz	51 181
Kunststoffe	279 260
Farbstoffe, Farben und Lacke	72 866
Chemische Vorerzeugnisse	72 240
Enderzeugnisse	
Kleidung, Seide, Chemiefasern	74 495
Papierwaren	151 158
Bücher, Karten, Noten, Bilder	68 716
Holzwaren	106 596
Sonstige Eisenwaren	208 484
Sonstige Waren, unedles Metall	74 778
Werkzeugmaschinen, Walzwerksanlagen	152 210
Textil- und Lederindustrie-Maschinen	90 135
Pumpen und Druckluftmaschinen	113 056
Fördermittel	75 496
Papier- und Druckmaschinen	93 846
Büromaschinen	230 657
Nahrungsmittelmaschinen	173 393
Sonstige Maschinen	711 604
Elektrotechnische Erzeugnisse	1 079 567
Feinmechanische und optische Erzeugnisse	192 940
Waren aus Kunststoffen	196 661
Pharmazeutische Waren	252 984
Kosmetika	176 163
Sonstige chemische Erzeugnisse	117 715
Kraftfahrzeuge	1 040 697
Sonstige Enderzeugnisse	126 176

Russische Exporte nach Deutschland	
Rohstoffe	
Rohöl	2 193 822
Nahrungsmittel	
Fleisch und Fleischwaren	162 580
Fisch und Fischwaren	163 278
Halbwaren	
Aluminium	298 921
Kupfer	675 407
Kraftstoffe, Schmieröle, Erdgas	2 578 929
Alteisen, Schrott	54 363
Ferrolegierungen	50 936
Vorerzeugnisse	
Papier und Pappe	70 582
Chemische Erzeugnisse	116 552

M 59 und M 60 nach Ost-West-Contact, 12/1998, S. 34, a.a.O.

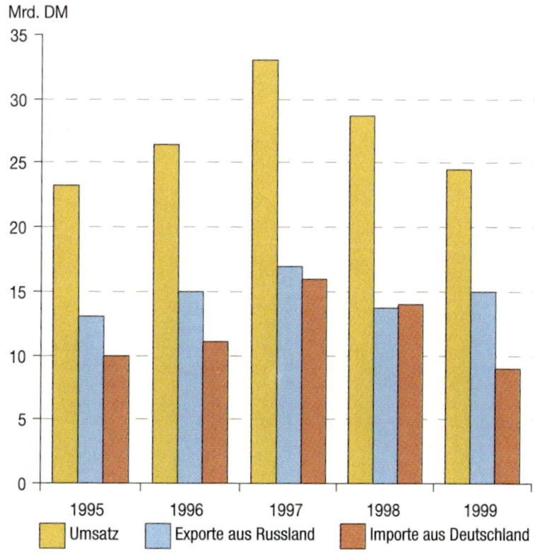

***M 60** Deutsch-russischer Handel 1995–1999 (ab 1999: 1 DM=0,51 €)*

Auslandsverschuldung. Zu den großen Problemen der GUS-Staaten zählt die Auslandsverschuldung, da z.B. Russland den Verpflichtungen (Zins- und Tilgungszahlungen) nur mit Mühen nachkommen kann. Lag die Schuldenlast der 12 Republiken noch Mitte der 1990er Jahre bei insgesamt rund 144 Mrd. US-$, so wies alleine Russland am Endes des Jahres 1999 eine Schuldensumme von 185 Mrd. US-$ auf.
Woher kommen die Schulden? Zum größeren Teil sind sie ein Erbe der sowjetischen Zeit. Ähnlich wie in der DDR wurden Überbeschäftigung, mangelnde Produktivität, infrastrukturelle Mängel etc. vom Staat kaschiert und subventioniert, da es diese Schwächen im Hinblick auf die angebliche ideologische Überlegenheit des Systems nicht geben durfte. Die verheerende finanzielle Wirkung dieser Politik wurde nach der Auflösung der östlichen Systeme dann offenkundig. Vielfach sind es aber auch Neuschulden, die entstanden sind um Infrastrukturmaßnahmen, Betriebsmodernisierungen und andere Maßnahmen im Rahmen der Transformation, aber auch um Importe von Nahrungsmitteln und industriellen Fertigwaren oder von technischem Know-how zu finanzieren. Besonders am Beispiel Russlands werden der Umfang und die Brisanz der Verschuldung deutlich, auch wenn sich aufgrund der wirtschaftlichen Entwicklung seit dem Jahre 2000 eine Entspannung abzeichnet.

M 61 *Auslandsschulden Russlands im Jahre 2000 (in Mrd. US-$)*

Gesamt	185,0
davon:	
Staat	158,0
Altschulden der UdSSR	103,5
bei Staaten:	56,5
bei Banken:	39,4
Schulden der Russischen Föderation	54,5
Privater Sektor	27,0

Dresdner Bank, 2000

28. *Analysieren Sie die Struktur des russischen Außenhandels, besonders auch mit der Bundesrepublik Deutschland. Bewerten Sie anschließend die gewonnenen Erkenntnisse im Hinblick auf positive Faktoren, aber auch hinsichtlich erkennbarer Defizite.*

29. *„Auslandsschulden gehören zu den entscheidenden entwicklungshemmenden Erblasten der GUS-Staaten." Nehmen Sie zu dieser Aussage Stellung.*

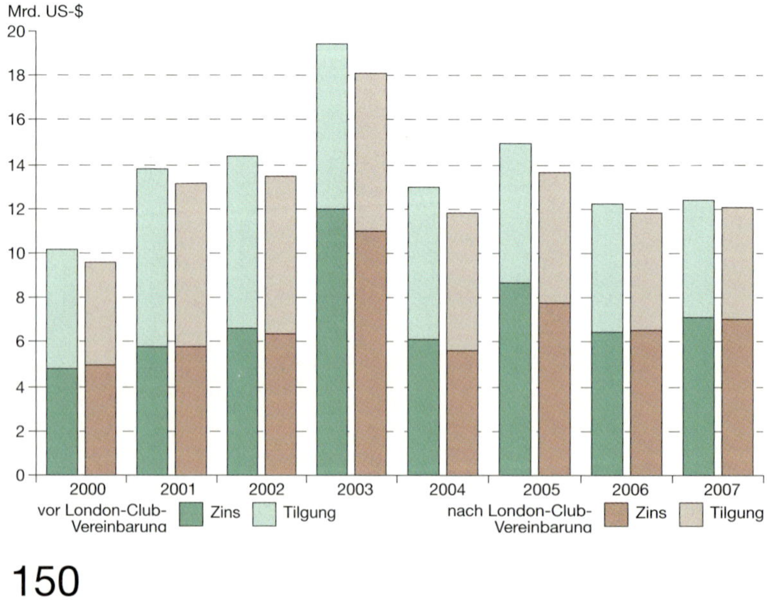

M 62 *Schuldendiensterleichterung für Russland durch den London Club ab 2000*

Nach Russisches Finanzministerium

Weg in die Zukunft? – Deutsche Investitionen und Joint Ventures

Deutsche Investitionen in Russland. Die Bundesrepublik Deutschland gehört seit 1993 zu den wichtigsten Investoren in Russland, wenn auch der Rang, den man hier belegt, unter anderem von manchmal zufälligen Großinvestitionen aus anderen Staaten abhängig ist. Im Jahre 1998 lag man mit 328 Mio. US-$ Direktinvestitionen auf Rang vier hinter den traditionell investitionsstarken USA sowie hinter den Niederlanden und Zypern.

Auf der einen Seite erscheint ein Investitionsvolumen von ca. 300 Mio. US-$ jährlich respektabel. Russland selbst beziffert die kumulierten deutschen Gesamtinvestitonen (Direktinvestitionen plus Firmenbeteiligungen u. Ä.) zwischen 1991 und 1999 auf ca. 6,6 Mrd. US-$, womit Deutschland bei dieser Summe sogar führend wäre. An der Höhe der Investitionen wird u.a. deutlich, welcher Stellenwert Russland als Wirtschaftsraum der Zukunft aus deutscher Sicht zugeordnet wird. Ein wirtschaftlich entwickelter und stabiler Partner einer Größenordnung, wie ihn die Russische Föderation darstellt, hat schon aufgrund der räumlichen Nähe Bedeutung und stellt mit über 145 Mio. Menschen auf Dauer auch einen wichtigen potenziellen Absatzmarkt für deutsche Waren dar.

Andererseits relativiert sich die Summe im Vergleich mit anderen Staaten des ehemaligen Ostblocks, vor allem den MOL-Ländern (Mittel-Osteuropäische-Länder). Hier lagen im gleichen Jahr die deutschen Investitionen trotz der kleineren Volkswirtschaften deutlich höher: In Polen investierte die deutsche Wirtschaft 1998 mit 2,43 Mrd. DM etwa fünfmal so viel wie in Russland, in Tschechien mit 1,27 Mrd. DM rund das Zweieinhalbfache und in Ungarn mit 957 Mio. DM immerhin noch ungefähr die zweifache Summe (nach damaligen Wechselkursen). Hierin drückt sich aus, dass Russland aufgrund unsicherer politischer und rechtlicher Rahmenbedingungen als Investitionsstandort immer noch deutliche Nachteile gegenüber anderen Transformationsländern hat.

M 63 Deutsche Direktinvestitionen in der Russischen Föderation 1995–1999 (in Mio. US-$)

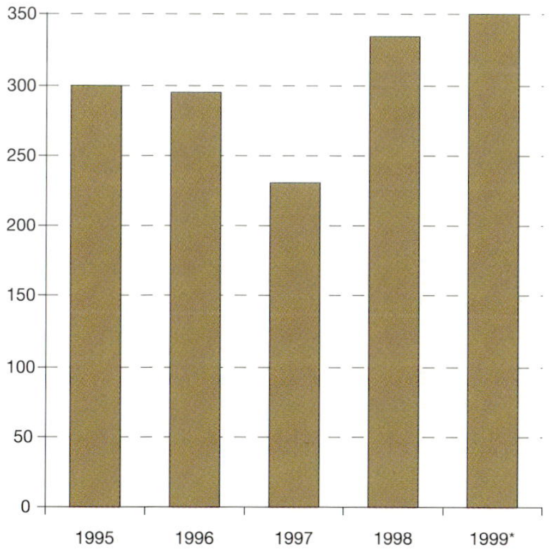

M 64 Anzahl der deutsch-russischen Joint Ventures und hundertprozentiger Tochterfirmen 1995–1999

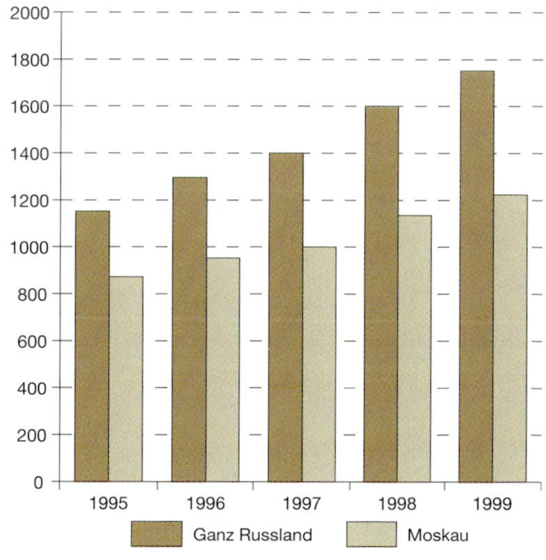

Für M 63 und M 64 nach 56 Jahre Verband der Deutschen Wirtschaft in der Russischen Föderation. Jubiläumsausgabe 1995–2000, Moskau 2000, S. 26

* 1999 geschätzt

Joint Ventures deutscher Firmen in Russland. Es fällt z.T. schwer, zwischen Firmenniederlassungen, hundertprozentigen Tochterunternehmen und ***Joint Ventures*** zu unterscheiden. Dennoch kann man sagen, dass sich in diesen Bereichen eine starke Dynamik entwickelt hat, auch wenn ganz große Verbindungen wie in anderen Ländern – z.B. die Übernahme des tschechischen Automobilproduzenten Škoda durch Volkswagen – bis zum Jahre 2000 noch nicht zustande gekommen sind.

Auffällig ist bei allen Projekten zur Präsenz deutscher Firmen in Russland die Konzentration auf die Hauptstadt; Ende 1999 hatten von 1 780 Firmen mit deutschem Teil- oder Vollbesitz, die es in ganz Russland gab, 1 250 ihren Sitz in Moskau. Man sucht also die Nähe zum administrativen und finanziellen Entscheidungszentrum, verstärkt aber damit auch die herausragende Stellung der Metropole und das Anwachsen von Disparitäten zwischen der Metropole und dem übrigen Land.

Zum bekanntesten Joint Venture zwischen einem russischen Unternehmen und einem deutschen wurde ohne Zweifel der Einkauf der Ruhrgas AG bei dem größten Industrieunternehmen Russlands, dem Energiekonzern „Gasprom" (1998). Auch wenn der Anteil (2,5 %) und die Kaufsumme (1,09 Mrd. DM) im internationalen Vergleich eher bescheiden wirken, war das Geschäft für beide Seiten wichtig. Russland erhielt auf dem Höhepunkt der „Rubelkrise" dringend benötigte Devisen, die Ruhrgas AG schuf sich als größter Kunde der Gasprom weitere Sicherheit für die Lieferung von Erdöl und Erdgas aus Westsibirien. Heute beträgt der Anteil bereits 5 % und nach russischen Vorstellungen sind bis zu 20 % Auslandsbeteiligung vorstellbar.

Zwei weitere Beispiele – eines aus Russland, ein zweites aus Weißrussland (Belarus) – sollen das Wirtschaftsinstrument „Joint Venture" verdeutlichen, ein Instrument, von dem beide Seite zu profitieren hoffen.

30. *Beantworten Sie die Frage, inwiefern Direktinvestitionen und Joint Ventures ein „Weg in die Zukunft" sein können. Berücksichtigen Sie bei Ihren Überlegungen beide Seiten – sowohl die deutsche als auch die russische.*

→ „Wintershall AG: Erschließung der Lagerstätte Prirazlomnoye

Der Vorstandsvorsitzende der OAO Gazprom, Rem I. Wjachirew, und Herbert Detharding, Vorstandsvorsitzender der Wintershall AG, unterzeichneten ein Memorandum zur Zusammenarbeit bei der Erschließung der Lagerstätte Prirazlomnoye. Die Partner, die seit nahezu zehn Jahren gemeinsam im Erdgashandel auf dem deutschen Markt aktiv sind, und die russische Aktiengesellschaft Rosshelf beabsichtigen die gemeinsame Entwicklung der Erdöllagerstätte Prirazlomnoye im arktischen Teil der russischen Petschora-See. Sie planen hierfür Investitionen von mehr als einer Milliarde US-Dollar.

Das gemeinsame Projekt dient der Erschließung weiterer Kohlenwasserstofflagerstätten in der arktischen Offshore-Region Russlands.

Das Ölfeld Prirazlomnoye liegt rund 70 Kilometer vor dem Festland in der arktischen Petschora-See. Geologische Untersuchungen lassen auf 76 Millionen Tonnen sicher zu gewinnende Ölreserven in einer Tiefe von 2 300 bis 2 500 Metern schließen. Weitere Potenziale lagern in tieferen Bereichen sowie in einem 100-Kilometer-Umkreis in der Region.

Voraussetzung für die Wintershall-Beteiligung sind die wirtschaftliche Realisierbarkeit des Projekts und stabile Rahmenbedingungen auf der Grundlage eines Production-Sharing-Agreements mit der Regierung der Russischen Föderation. OAO Gazprom, die Gasprom-Tochter SAO Rosshelf, die Wintershall AG und die russische Regierung haben im April 2000 Verhandlungen über ein Production-Sharing-Agreement aufgenommen. Die Partner sehen in dem Abschluss dieser Verhandlungen eine wesentliche Grundlage für die Investitionsentscheidung zu Prirazlomnoye. Gegenwärtig schließen die Partner die technischen Vorbereitungen des Projekts ab, sodass es nach Vorlage einer Production-Sharing-Vereinbarung im vierten Quartal dieses Jahres beginnen könnte. Mit der Förderung soll dann 2004 begonnen werden.

Zur Umsetzung des Projekts sind Investitionen im Umfang von mehr als einer Milliarde Dollar notwendig."

Ost-West-Contact, 7/2000, S. 20–21, a.a.O.

M 65 Die Erdgasleitung von Jamal: eines der größten Projekte mit Beteiligung deutscher Firmen

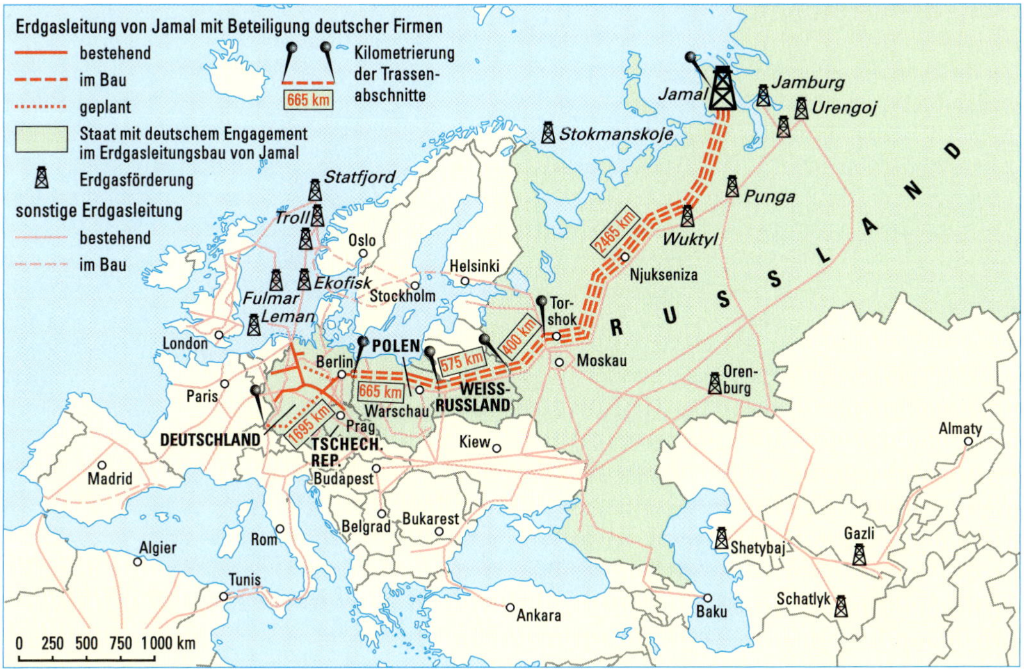

→ „MAS-MAN: Schwere Lkw für Sibirien

150 Lastkraftwagen hat das Gemeinschaftsunternehmen MAS-MAN bis Ende des vergangenen Jahres gebaut. 80 Autos wurden an belorussische Firmen verkauft, 50 lieferte das Unternehmen nach Russland.

MAN engagiert sich seit Ende 1997 in Belarus. Mit dem größten Hersteller von Schwertransportern, MAS, gründete das deutsche Unternehmen ein Joint Venture, an dem MAN die Mehrheit hält. Nach verschiedenen Probeläufen wurde das Gemeinschaftsunternehmen im September offiziell eröffnet.

‚Ursprünglich sollten bis Anfang dieses Jahres 500 Lastwagen produziert und verkauft werden', erklärt Geschäftsführer Manfred Seifert. ‚Die Krise in Russland zwang uns aber das Tempo zu drosseln.'

In diesem Jahr will das Unternehmen etwa 200 Lkw bauen, im kommenden Jahr sollen bereits 500 Einheiten produziert werden. Die Nachfrage aus Russland habe in jüngster Zeit wieder angezogen, sagt Seifert, sodass er optimistisch ist die geplanten Stückzahlen erreichen zu können.

Der mit MAS gemeinsam gebaute Lastkraftwagen ist nach internationalem Standard zertifiziert und damit europaweit zugelassen. Gegenwärtig entwickeln die Konstrukteure einen Schwerlastzug für Russland, da vor allem aus Sibirien zunehmend Anfragen nach größeren Fahrzeugen kommen.

Gegenwärtig bezieht MAS-MAN noch 43 Prozent seiner Komponenten aus Deutschland. Seifert sieht aber gute Möglichkeiten den local content [Fertigungsmöglichkeiten vor Ort] zügig auszubauen. So soll beispielsweise das Fahrerhaus künftig komplett in Belarus gebaut werden."

Ost-West-Contact, 2/2000, S. 51, a.a.O.

Tertiärer Sektor oder Schattenwirtschaft?

Zu den Vorgängen im Rahmen des Transformationsprozesses gehören auch Veränderungen im tertiären Sektor. In Teilen dieses Sektors, wie zum Beispiel im Bereich der Finanzdienstleistungen, ist die Privatisierung noch nicht weit fortgeschritten; andere Bereiche, wie beispielsweise das Versicherungswesen, sind erst im Aufbau begriffen. Verkehr und Transport erleben in den Nachfolgestaaten eine sehr unterschiedlich voranschreitende marktwirtschaftliche Umorientierung. Während beispielsweise in Estland die Privatisierung der Unternehmen des Transportsektors, auch die der wichtigen Häfen, bereits nahezu abgeschlossen ist, beginnt in Russland erst der Aufbau privater Dienstleister im Verkehrs- und Transportbereich, z.B. auf der Basis von Joint Ventures oder durch die Niederlassung westlicher Firmen, wie von DHL, einem der weltweit größten Postcarrier, in Moskau.

Eine eigene Entwicklung hat der Handel durchlaufen, und zwar in den meisten GUS-Staaten, aber nirgendwo so sichtbar wie in den Städten Russlands.

Mit dem Transformationsprozess erfolgte die Liberalisierung des Einzelhandels. Sie hat bereits große Fortschritte erzielt, was z.B. an den Anteilen am Umsatz deutlich wird. Hier spielte der staatliche Sektor schon 1995 mit 13% Anteil nur noch eine untergeordnete Rolle, und seitdem ist er unter 10% gefallen. Ähnliches spiegelt auch die Verteilung der Anteile von privatem und staatlichem Sektor an der Zahl der Einzelhandelsgeschäfte (über 80% private Besitzer) und der Gastronomiebetriebe (ca. 70% Privatbesitz) wider.

Die Umstellungen im Einzelhandel führten zur Herausbildung neuer Geschäftstypen:

- privatwirtschaftliche Kooperativen (vor allem in der Gastronomie),
- Kioskhandel, der bereits in den 1980er Jahren entstand, in der Transformationsphase einen Aufschwung erlebte und z.T. innerhalb der „kommerčeskije magaziny“ (s.u.) legalisiert wurde,
- „kommerčeskije magaziny“ sowie
- informeller Individualhandel.

Die Strukturen und das Funktionieren der beiden Letzteren beschreibt ein Russlandkenner so:

→ „Mit der Liberalisierung des Einzelhandels entstand als neuer Geschäftstyp das „kommerčeskij magazin“, d.h. das nach dem marktwirtschaftlichen Prinzip arbeitende Einzelhandelsgeschäft, meist mit Importangeboten. Einer Aufbruchsphase, in der sehr einfache Verkaufsstände errichtet wurden, folgte die stadtplanerische Antwort, die in Moskau und anderen Großstädten dazu führte, dass ganze Straßenzeilen mit standardisierten, inzwischen weiter ausgebauten Kiosken besetzt wurden. Das Angebot umfasst vor allem alkoholische Getränke, westliche Erfrischungsgetränke, Zigaretten, Kosmetika und Kleidung und ist ganz auf die Werbewirkung westlicher Firmennamen ausgerichtet. Vermutlich bildeten sich in diesem Bereich sehr schnell gut organisierte Kartelle heraus, die in der öffentlichen Diskussion nicht ganz unberechtigt als „mafiose“ Strukturen bezeichnet werden.

In der anhaltenden wirtschaftlichen Krisensituation [der 1990er Jahre] entstanden zusätzliche Strukturen, die als ***Kryptohandel*** bezeichnet werden können. Die Knappheit im Angebot bot beschäftigungslosen Personen die Chance, gewissermaßen ihre Zeit als Ressource einzusetzen, für diese Waren anzustehen und sie danach zu etwas höheren Preisen (durch die die Wartezeiten „entlohnt“ werden konnten) wieder anzubieten – oft unmittelbar vor dem entsprechenden Ladengeschäft. Ein zweiter Typ informellen Individualhandels ergibt sich aus armutsbedingten Verkäufen: Um den täglichen Lebensunterhalt zu sichern, sind viele Menschen darauf angewiesen, Teile ihres Eigentums oder auch länger gehortete Verbrauchsgüter anzubieten. Auch hier kommen als Umschlagplätze die Ladengeschäfte sowie der Umkreis von Metrostationen oder Bahnhöfen in Frage.“

J. Stadelbauer: Die Nachfolgestaaten der Sowjetunion. Darmstadt: Wissenschaftliche Buchgesellschaft 1996, S. 547

Wie aus dem Hinweis auf die „mafiosen Strukturen“ deutlich wird, ist der Einzelhandel, der 1996 mit offiziell 6,5 Mio. Beschäftigten 9,7% aller Erwerbstätigen stellte, in einigen Bereichen ein Bestandteil der so genannten ***Schattenwirt-***

schaft, einem Teilbereich des tertiären Sektors, der informellen Charakter hat. Konkret bedeutet das, dass Erlöse an den Finanzbehörden vorbei erwirtschaftet werden oder dass das organisierte Verbrechen seine Hände im Spiel hat. Hier geht es um Schutzgelder, Markenpiraterie, Schmuggel und Verkauf gestohlener Waren.

Auch die Entwicklung des tertiären Sektors bedarf also dringend gesetzlicher Regelungen, die steuernd und strukturierend wirken. Sie durchzusetzen wird allerdings immer schwieriger, je länger die Schattenwirtschaft existiert und ihren Betreibern, aber auch den durch Korruption gewonnenen Duldern Profit bringt.

M 66 *Kioskmärkte und lange Kioskreihen in den großen Wohnsiedlungen am Stadtrand*

M 67 *Informeller Individualhandel am Fiskus vorbei*

31. *Fassen Sie die Entwicklungen im tertiären Sektor im Rahmen des Transformationsprozesses zusammen. Unterscheiden Sie dabei nach formellen und informellen Strukturen.*

32. *„Schattenwirtschaft" – „mafiose Strukturen" – „neue Armut": Erläutern Sie Zusammenhänge und entwickeln Sie Vorschläge, wie der Staat diesen Problemen begegnen könnte.*

Geoökologische Probleme

Notstandsgebiete auf Jahrzehnte

Russland ist ein „Land der Extreme". Dies trifft in mancherlei Hinsicht zu, egal ob man naturgeographische Aspekte meint wie die kontinentale Raumweite oder die klimatischen Gegensätze oder anthropogene wie den gesellschaftlichen Unterschied zwischen Reich und Arm seit dem Einsetzen der Transformation. Die Aussage trifft aber auch dort zu, wo sich natürliche Gegebenheiten und menschliches Handeln negativ verknüpfen: bei den ***Umweltproblemen***.

Ökologische Probleme finden sich selbstverständlich auch in den hochentwickelten Industrieländern oder in den Entwicklungsländern zur Genüge; in kaum einem Land treten sie jedoch so massiv auf wie in den Nachfolgestaaten der GUS und hier vor allem in Russland.

Die Spanne ist weit gesteckt: Bodenerosion im Schwarzerdegebiet, Verseuchung von Flüssen und Grundwasser durch ölige Substanzen in Westsibirien und Tschetschenien, Belastung der Seengewässer durch Industrierückstände wie z. B. im Baikalsee, dem wasserreichsten See der Erde, Abholzung der sibirischen Wälder auf einer Gesamtfläche von ca. 50 000 km², Kontamination des Bodens durch Schwermetalle auf der Halbinsel Kola, Verstrahlung der Doppelinsel Nowaja Semlja durch jahrzehntelange Atomtests und die zahlreichen Wracks von Atom-U-Booten im Hafen von Murmansk. Ergänzt werden diese ökologischen Problemräume durch solche außerhalb der Russischen Föderation, wobei die beiden weltweit bekanntesten Beispiele die Verlandung des Aralsees im Grenzraum zwischen Kasachstan und Usbekistan und die Reaktorkatastrophe im ukrainischen Tschernobyl sind. Dieser „Super-Gau" passierte 1986 und forderte bis heute über eine Million Menschenleben; erst Anfang 2001 schaltete man den Reaktor vollständig ab, nachdem mit ausländischem Geld die Energiesicherung für die Ukraine gewährleistet war.

Die erste Offenlegung und Diskussion der ökologischen Probleme als Folge einer Wirtschafts-

Gebiet mit schwerwiegenden ökologischen Problemen
- äußerst komplizierte ökologische Situation (mindestens vier erhebliche ökologische Problembereiche)
- komplizierte ökologische Situation (zwei oder drei erhebliche ökologische Problembereiche)

Schäden an Böden, Vegetation und Gewässern
- Bodenerosion durch intensive ackerbauliche Nutzung und Überweidung
- große Viehzuchtkomplexe
- nördliche Grenze der Verbreitung von Staubstürmen
- südliche Grenze des Dauerfrostbodens
- komplexe Bodenschäden durch Ausbeutung von Rohstoffvorkommen
- starke Abnahme der Binnengewässer und des Grundwassers
- Abnahme, Austrocknung und Verschmutzung der Binnengewässer und des Grundwassers
- Austrocknung, Verschmutzung und erhöhte Mineralanreicherung in den Binnengewässern
- stark verschmutzte Flüsse und Gewässer
- stark verschmutzte Meeresabschnitte

Luftschadstoffe
- Waldschäden durch Schadstoffeintrag und durch Abholzung
- saure atmosphärische Niederschläge (gemessen in der Schneedecke)
- Städte mit stärkster Luftverschmutzung (> 400 000 t jährliche Schadstoffbelastung, z. B. SO_2, CO, NO_x)

Kernkraftwerke u. radioaktive Kontaminierungen
- Tschernobyl-Typ
- anderer Typ (höherer Sicherheitsstandard und technisch nachrüstbar)
- radioaktive Verseuchung (Cäsium 137)
- radioaktiv verseuchte Meeresteile
- Atomwaffenversuchsgelände (teilweise radioaktiv verseucht)
- unterirdische Atomwaffentests (teilweise radioaktiv verseucht)

Naturschutzmaßnahmen
- südlicher Schutzgürtel der Tundrenwälder
- Naturschutzgebiete und Wildreservate

Ökologische Notstandsgebiete

1 … 28 (vorherrschende ökologische Problembereiche in annähernder Gewichtung)

1 Aralsee und Umland (B,J,K,L,A,H)
2 Verseuchungszone des KKW Tschernobyl (R,A,B,L,O)
3 Donezbecken (N,A,B,O,L,J,P)
4 Industriegebiet Dnjepr-Kriwoj Rog (N,A,B,O,L)
5 Moldawien (L,K,J,O,A,B,Q)
6 Küsten- u. Seegebiet des Schwarzen u. Asowschen Meeres (P,B,C,A,Q; „Öko-Crash" bevorstehend)
7 Unterlauf der Wolga und nördliches Kaspisches Meer (N,B,C,H,K,L,J,A,Q)
8 Mittl. Wolga- u. Kamagebiet (B,D,N,J,A,E,F,O,P,Q)
9 Halbinsel Kola (N,B,D,A,F,G,Q)
10 Ural-Industriegebiet (N,A,B,L,O,F,P,Q,R)
11 Nowosibirsk u. Kusnezker Becken (N,A,L,O,J)
12 Baikalsee (B,A,H,I,F,J,M,Q)
13 Moskauer Region (A,B,O,L,F,P)
14 Fergana-Tal (A,B,N,O,K,J,L)
15 Industriegebiet Ust-Kamenogorsk (N,A,B,J,O,H,Q)
16 Region Nowaja Semlja (R)
17 Erdöl- und Erdgasgebiete Westsibiriens (N,B,L,G,H,I,Q,M)
18 Balchaschsee (N,K,J,B,G,H)
19 Industriegebiet Norilsk (N,A,B,M,Q,P)
20 Finnischer Meerbusen (C,R)
21 Barentssee und Karasee (C,R)
22 Halbinsel Jamal (G,I,L,M,N,P)
23 Nordpolarmeer (C)
24 Tschuktschen-Halbinsel (S)
25 Magnitogorsk u. Umland (A,B,D,L,N)
26 Kyschtym (R)
27 Nishni Tagil (A,B,L)
28 Krasnojarsk (A)

Index der ökologischen Probleme

A Verschmutzung der Atmosphäre (chemische, mechanische, thermische)
B Abnahme und Verschmutzung von Binnengewässern und Grundwasser
C Meeresverschmutzung
D Schädigung des Gewässernetzes
E Abholzen von Wald
F Waldschädigung durch Holzartenwechsel, Feuer, Schädlinge usw.
G Schädigung der Weideflächen
H Schädigung und Rückgang der Fischbestände
I Rückgang der Nutztierbestände
J beschleunigte Bodenerosion durch menschliche Nutzung
K sekundäre Bodenversalzung
L chemische Bodenverschmutzung
M Zerstörung des Haushalts im Dauerfrostboden
N Komplexschäden durch Ausbeutung von Bodenschätzen
O Verlust fruchtbarer Böden durch außerlandwirtschaftliche Nutzung
P Abnahme und Verlust der natürlichen Regenerationskraft der Landschaft
Q Störungen des Gleichgewichts in besonders geschützten Gebieten
R radioaktive Verseuchung
S erhöhtes Krankheitsrisiko bei der Bevölkerung

M 68 Ökologische Karte der Nachfolgestaaten der Sowjetunion

und Raumentwicklungspolitik, die natürliche Ressourcen ausschließlich unter dem Nutzbarkeitsdenken erfasste, geschah bereits in den 1980er Jahren, vor allem im Rahmen der von Gorbatschow betriebenen Politik des „Glasnost'". Seitdem und verstärkt seit den folgenden Jahren sind die Umweltprobleme der einzelnen Teilräume bekannt, jedoch mit bisher relativ geringen Folgen. Das Geld für die Sanierung der betroffenen Flächen und Gewässer fehlt; und die notwendigen Mittel für die Modernisierung überalterter Produktionsanlagen sind knapp – vom Einbau von Umweltschutzanlagen (wie z.B. Rauchgasentschwefelungsanlagen in Wärmekraftwerken) ganz zu schweigen.
Westliches Kapital, das hier notwendig wäre, unterliegt einem Konflikt. Soll es zuerst für die Modernisierung und Umstrukturierung der Wirtschaft eingesetzt werden oder zuerst für die Umweltsanierung?

Beispiel: Region Irkutsk
Die bereits im vorigen Kapitel dargestellte Region um die Baikalmetropole Irkutsk weist exemplarische Umweltprobleme auf.
Dieses Gebiet, das zu den industriellen Kernräumen Sibiriens gehört, hat die stark fortgeschrittene wirtschaftliche Entwicklung mit großen ökologischen Problemen erkauft: mit der Belastung der Gewässer, und hier vor allem des Baikalsees, mit Luftverschmutzung und Waldsterben.

Die Gewässerverschmutzung ist in erster Linie durch die Einleitung von Industrieabwässern entstanden. Holzverarbeitungs-, Zellstoff- und Papierindustrie leiten ihre bei der Produktion entstehenden Abwässer in der Regel ungeklärt in das Flusssystem der Angara einschließlich ihrer Stauseen ein – in einer Größenordnung von rund 1,4 Mrd. m^3 jährlich (letzte verfügbare Zahl 1994). Diese Einleitungen enthalten Sulfate, Chloride, Phenole und Sulfide. Da man durch die Stauseen die Fließgeschwindigkeit der Angara verringert hat, geschieht kein zügiger Abtransport dieser die Gewässer belastenden Stoffe, sodass sich die Situation beständig verschlimmert.
Ähnlich sieht es beim Baikalsee aus, mit 1 620 m der tiefste See der Erde und der mit dem größten Süßwasserreservoir, das ein einzelnes Gewässer auf der Welt besitzt. Die Reinheit seines Wassers war über Jahrzehnte hinweg legendär. In seinen Tiefen befinden sich einige der reinsten bekannten Vorkommen von fossilem Wasser, und die Autofahrer konnten das Baikalwasser ohne Probleme anstelle von destilliertem Wasser verwenden. Lange Zeit dachte man, dass einem solchen Gewässer auch die Einleitungen der Abwässer aus den Zellstofffabriken, die wegen ihres großen Brauchwasserbedarfs an seinen Ufern liegen, nichts anhaben könnten bzw. dass seine Fähigkeiten zur Selbstregulierung groß genug seien um sie zu verkraften. Heute ist der See mit über 100 Mio. t Zellstoffrückständen verseucht und Maßnahmen zur Verringerung der Einleitungen sind höchst notwendig.

***M 69** Holzabfälle und verloren gegangene Stämme erhöhen noch zusätzlich die Belastung des Baikalsees mit organischen Stoffen*

Luftverschmutzung. Eine besonders hohe Verschmutzung der Luft liegt im Bereich des Städtebandes zwischen Irkutsk und Tscheremchowo und in Bratsk vor. Auch hier sind in erster Linie die Betriebe der Großindustrie verantwortlich, wie z.B. in Irkutsk das Wärmekraftwerk und die Aluminiumhütte. Zahlen, die das Ausmaß der Verschmutzung der Luft und ihre Folgen verdeutlichen, gibt es nur von Anfang der 1990er Jahre. Es fehlen bisher die lufthygienischen Maßnahmen, die dieses Ausmaß hätten reduzieren können. Für 1991 gab man von offizieller Seite die Menge der Emissionen für den Gesamtraum mit 967 000 t an (4. Platz der sibirischen Industrieregionen). 58 verschiedene Luftschadstoffe wurden gezählt, die Herzerkrankungsrate lag 3,3-mal über dem Durchschnitt des Landes, die Krankheitsrate Neugeborener 2,6- bis 6,2-mal je nach Erkrankung, und die Lebenserwartung der Bevölkerung hatte bis 1990 um 7 Jahre abgenommen (nach N. Wein, s. u.).

Wie in einem Brennglas fokussiert bündeln sich die Probleme der Luftverschmutzung in der Stadt Bratsk:

→ „Bratsk zählt zu den am stärksten belasteten Städten Russlands. Der Gehalt der Luft an Schwefelkohlenstoff übersteigt die Grenzwerte um das 190-fache. Die Zahl krebskranker Kinder stieg in den vergangenen Jahren in Bratsk um das Fünffache an. 110 000 ha Wald sind in den letzten 16 Jahren durch die Ansammlung giftiger Chemikalien eingegangen. ...
Die Situation ist in Bratsk wegen der vorherrschenden Wetterlage besonders dramatisch. Meist herrscht eine Hochdrucklage, die dazu führt, dass die Emissionen aus den Schornsteinen des Zellulose- und des Aluminiumwerkes nicht aufsteigen können, sondern niedrig, oft wie eine bodennahe Wolke, durch die Taiga der Umgebung und auch durch die Stadt ziehen. In der Ostsibirischen Prawda vom 21. 6. 1995 wird Bratsk als eine „Zone ökologischen Desasters" bezeichnet. ...
Bis zum Beginn der Glasnost'-Ära sind von offizieller Seite jegliche ökologischen Belastungen abgestritten worden... .
Heute sind die Bewohner aufgeklärt, und „Öko-Flüchtlinge", vor allem die jungen Leute, verlassen die Stadt. Früher galt Bratsk als die Stadt der Jugend. Heute aber sind ein Viertel der Einwohner Pensionäre. Die natürliche Zuwachsrate der Bevölkerung, die sich in Bratsk immer durch hohe Pluswerte auszeichnete, ist in den letzten Jahren ins Minus gesunken. Wer das Risiko auf sich nimmt, nach Bratsk zu ziehen, bleibt nach den offiziellen Statistiken nicht länger als zwei Jahre dort. All das hat dazu geführt, dass die etwa für das Jahr 1990 vorgesehene Einwohnerzahl von 300 000 nie erreicht worden ist (1986 = 272 000 Ew., 1997 = 281 000 Ew.)."

Norbert Wein: Sibirien. Gotha und Stuttgart: Klett-Perthes 1999, S. 206–207

***M 70** Luftverschmutzung durch die Holz verarbeitende Industrie im Raum Bratsk*

Vom Aralsee zur „Aralsteppe“

M 71 Zahlen, Fakten, Informationen zur Aralsee-Problematik

Fläche	1960	67 900 km²
	2000*	33 000 km²
Wasserinhalt	1960	1 090 km³
	2000*	220 km³
Salzgehalt	1960	10 g/l
	2000*	31 g/l
Seespiegel ü. NN	1960	53 m
	2000*	34 m
Maximale Tiefe	1960	68 m
	2000*	34 m

Bewässerungsfläche im Gebiet der Zuflüsse:

um 1900	2,8 Mio. ha
um 1995	7,4 Mio. ha

Zuflüsse:
Amu-Darja und Syr-Darja nehmen in ihrem Einzugsgebiet im Tian Shan- und im Pamir-Gebirge jährlich 55 km³ Wasser auf.
Der Syr-Darja erreicht aber seit 1976 den See gar nicht mehr (vgl. Karte M 74). Vom Wasser des Amu-Darja gelangen nur noch 5 km³ im Jahresdurchschnitt in den Aralsee.

Notwendige jährliche Wasserersparnis, um den Seespiegel bei 40–41 m ü. NN zu stabilisieren:	35 km³/Jahr
davon durch:	
Vermeidung von unkontrolliertem Abfluss:	15 km³/Jahr
effektivere und sparsamere Bewässerung:	20 km³/Jahr

* Prognosen, basierend auf Berechnungen zur Wiederaufnahme der Speisung des Sees. Aktuelle Messungen gaben z.B. für 1998 nur noch eine Seefläche von 28 686 km² an.

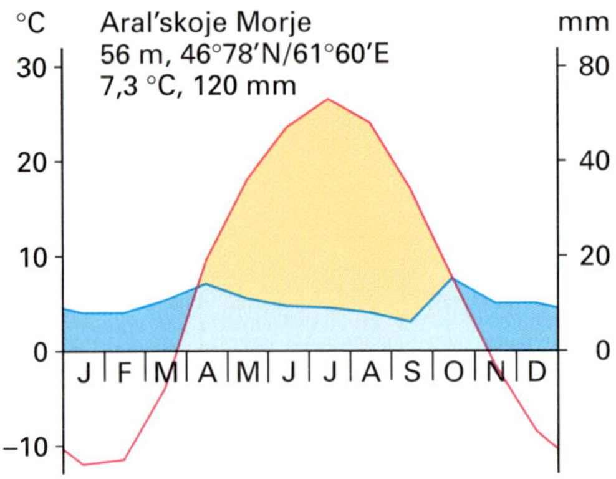

M 72 Klimadiagramm für das Aralsee-Gebiet

Quelle für Materialien und Texte dieser Seite: verschiedene Autoren in G.O.-Wissen Online – http://www.g-o.de

→ „Trinkwasser ist knapp im Einzugsgebiet des Aralsees. Da Alternativen fehlen, wird das häufig stark pestizidverseuchte Grund- und Seewasser trotz allem von den Einheimischen genutzt. Auch die wenigen verbliebenen Fische dienen weiter als Nahrungsgrundlage für die Bevölkerung. Allgemeine Unterernährung und die unzureichenden hygienischen Bedingungen verschärfen die Situation noch. Schwerwiegende Erkrankungen können nicht ausbleiben. Verschiedene Krebsarten, Typhus, Magengeschwüre, Hepatitis und Nierensteine sind in dieser Gegend viel häufiger anzutreffen als in den meisten anderen Staaten der Erde.
Die Kindersterblichkeit liegt bei 15 % und Neugeborene kommen häufig mit Missbildungen bzw. genetischen Defekten zur Welt. ...
Erkrankungen der Atemwegsorgane (z. B. Bronchitis und Asthma) sowie der Augen gehören für die Bevölkerung in der Aralseeregion zum Alltag. ...
Gewachsen ist auch die Seuchengefahr. Vor allem Pest und Cholera bedrohen die Gesundheit.“

33. Ordnen Sie anhand der Karte M 68 die ökologischen Notstandsgebiete den einzelnen Nachfolgestaaten der Sowjetunion zu. Erstellen Sie hierzu eine Tabelle, die auch die Art der jeweiligen ökologischen Probleme enthält.

34. Erläutern Sie die ökologische Notstandssituation der Region Irkutsk, die ja als ein eher gelungenes Beispiel des industriellen Transformationsprozesses gilt (vgl. auch S. 143–144).

35. Interpretieren Sie die Materialien zum Aralsee und erklären Sie die anthropogenen Ursachen der ökologischen Katastrophe. Erweitern Sie Ihre Kenntnisse durch eine entsprechende Internetrecherche.

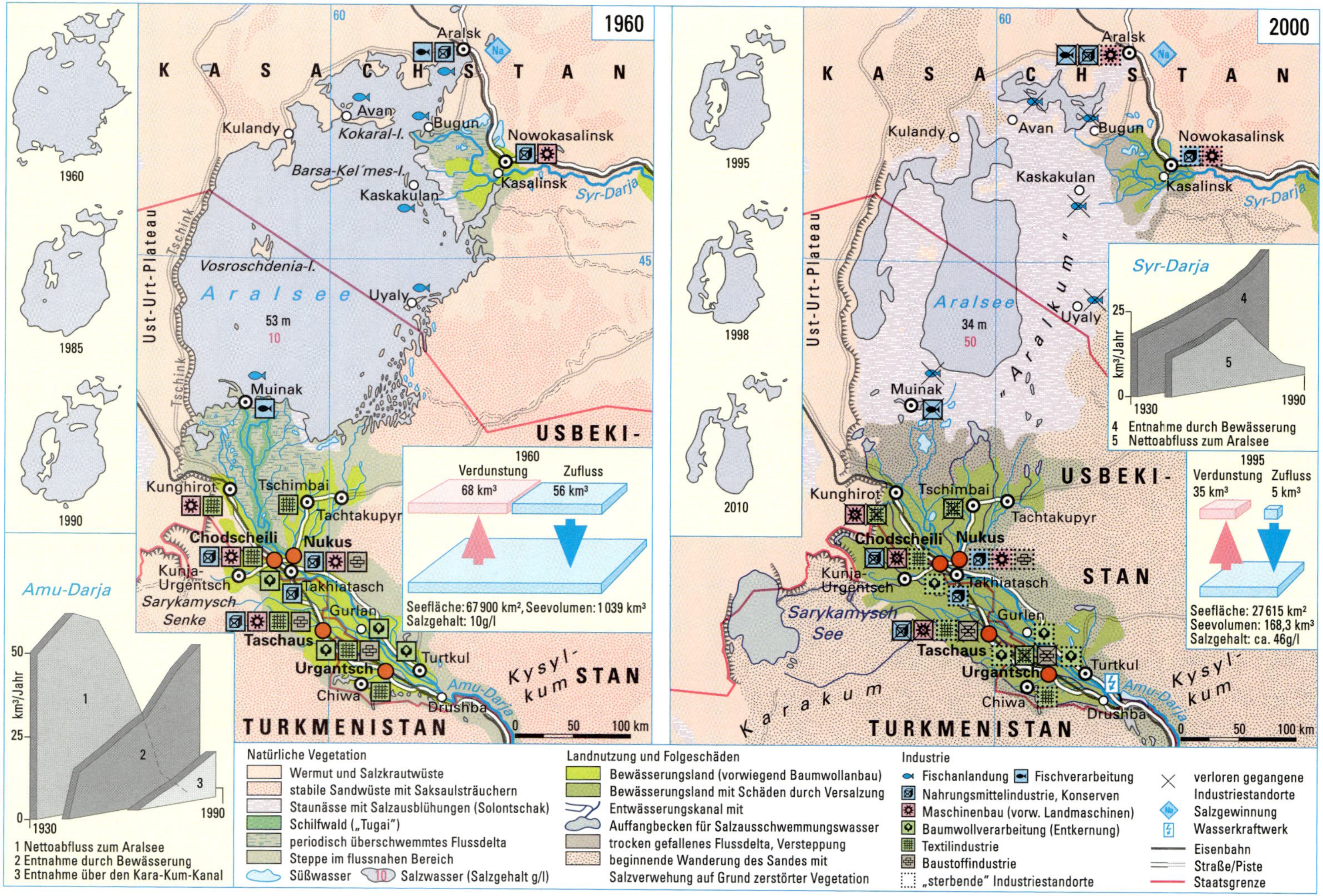

M 73 *Der Aralsee – eine ökologische Katastrophe*

Zusatzquellen: verschiedene in G.O.-Wissen Online – http://www.g-o.de; Helmut Vieser: Doswidanja Aralskoje More. In: bild der wissenschaft 6/1997, Stuttgart: Deutsche Verlags-Anstalt

Neuorientierung in der Siedlungsstruktur

Moskau – Transformationsprozesse im innerstädtischen Raum

Moskau als sozialistische Stadt

→ „Entsprechend den ideologischen Funktionen der Stadt war die Magistrale als Aufmarsch- und Paradestraße für Demonstrationen geplant. Solche gehörten gleichsam zur Choreographie des Lebens dieser Zeit. ... Dieser Funktion entspricht die Magistrale durch zentrale Lage, überdimensionierte Breite und Geradlinigkeit, auch als Leitlinie wesentlicher öffentlicher Gebäude in aufwändig-repräsentativem Stil, der hier auch von Wohngebäuden aufgenommen wird, sodass die gesamte Randbebauung der Magistrale eine geeignete Kulisse für Demonstrationen abgibt. ‚Das Zentrum der Stadt ist der politische Mittelpunkt für das Leben der Bevölkerung. Im Zentrum liegen die wichtigsten politischen, administrativen und kulturellen Stätten. Auf den Plätzen im Stadtzentrum finden die politischen Demonstrationen, die Aufmärsche und die Volksfeiern an Festtagen statt.‘ Diese Formulierung [...] trifft besonders auf den „Zentralen Platz“ zu. Hier konzentrieren sich gesellschaftliche und kulturelle Funktionen.

Beeindruckend die stilistisch einheitlichen „Ensemble“ der Gebäude von Partei und Massenorganisationen, von Kulturgebäuden aller Art. Einheitlich der Stil des „sozialistischen Realismus“. ... Wirkung geht oft schon von der monumentalen Größe in Grundriss und Höhe aus. ... Beeindruckend auch die Massivität und Ausschließlichkeit, mit der sich eine Gesellschaftsordnung, ein politisches System hier repräsentiert.“

Fritz-Gert Mittelstädt: Moskau – Stadtentwicklung im Übergang. In: Materialienhandbuch Geographie, Bd. 5. Köln: Aulis Verlag 2000, S. 30

***M 74** Schema des städtischen Strukturwandels in Russland*

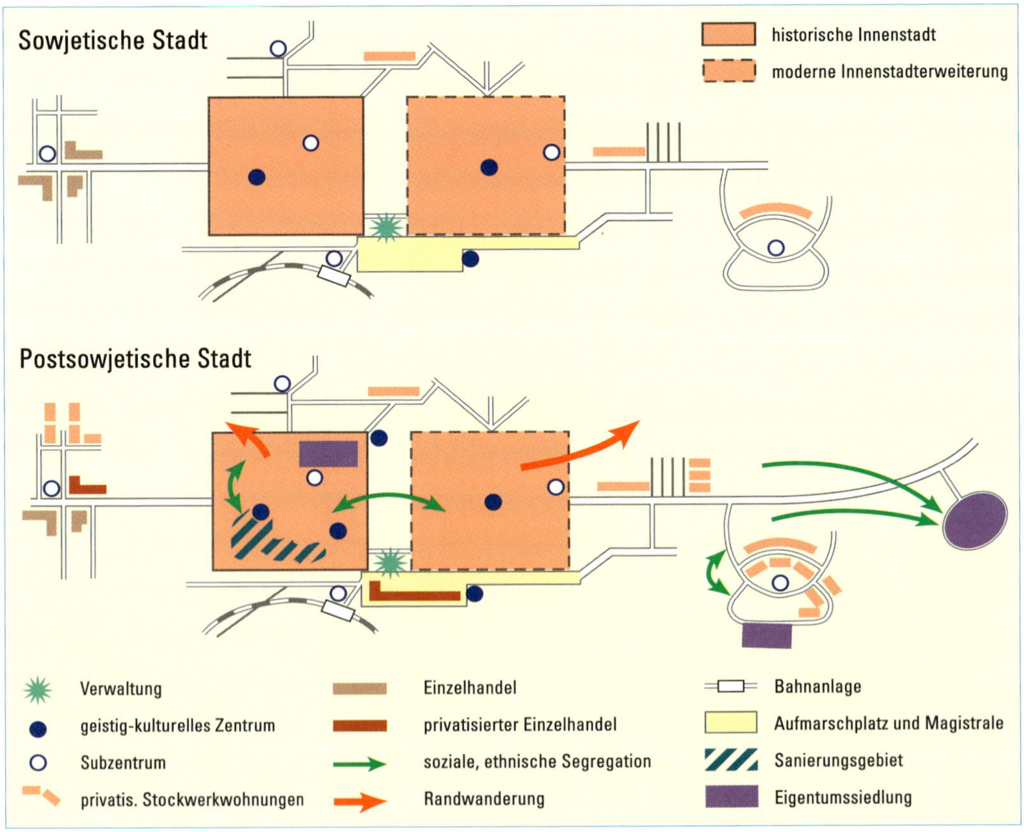

Nach Jörg Stadelbauer: Die Nachfolgestaaten der Sojwetunion. Darmstadt: Wissenschaftliche Buchgesellschaft 1996, S. 242

Die ***sozialistische Stadt***, wie sie im Text in einigen Grundzügen skizziert wird, hatte deutlich andere Funktionen und damit auch Strukturen als die Städte westlichen Zuschnitts. Von daher ergaben sich nach dem Ende der Sowjetunion und der Herrschaft sozialistischer Ideologie ganz zwangsläufig neue Anforderungen an den städtischen Raum, die zu gravierenden Veränderungen führen.
Die modellhafte Darstellung M 74 zeigt diese strukturellen Veränderungen im Überblick.

Entwicklungstendenzen der Moskauer City
Das Stadtzentrum bzw. die City Moskaus kann man vereinfachend mit dem Gebiet innerhalb des „Gartenrings" gleichsetzen. Während dieser Raum bis 1989 weitgehend dadurch gekennzeichnet war, dass sich in ihm die systemspezifischen Funktionen (s.o.) konzentrierten, setzte Anfang der 1990er Jahre, als diese Funktionen in hohem Umfang an Bedeutung verloren, eine starke Tertiärisierung ein. Ausgelöst wurde sie durch die Liberalisierung der Wirtschaft und der Gesellschaft (in Folge des Endes der UdSSR) und wirksam wurde sie in der Umstrukturierung und im Umbau der Innenstadt.

→ „Durch die Öffnung der Wirtschaft im Zusammenhang mit einem vergleichsweise liberalisierten Immobilienmarkt stellt sich die Frage des Standorts in einer neuen Dimension. Der mit der Transformation einsetzende Dynamisierungs- und Differenzierungsprozess ökonomischer und sozialer Strukturen initiierte eine ganze Reihe räumlicher Strukturierungsprozesse. Immobilienpreise und Mieten sind dabei die wichtigsten ökonomischen Hebel. ...
Die stärkste Dynamik in Bezug auf die Ansiedlung tertiärer Funktionen und die damit verbundene Realisierung von Investitionen findet im Zentrum, innerhalb des „Gartenrings", statt."

Robert Rudolph: Citybildung in Moskau – Prozesse der funktionalen Differenzierung. In: Europa Regional, Heft 3/97, S. 30. Leipzig: Institut für Länderkunde

***M 75** Stadtentwicklung Moskaus und seiner Trabantenstädte*

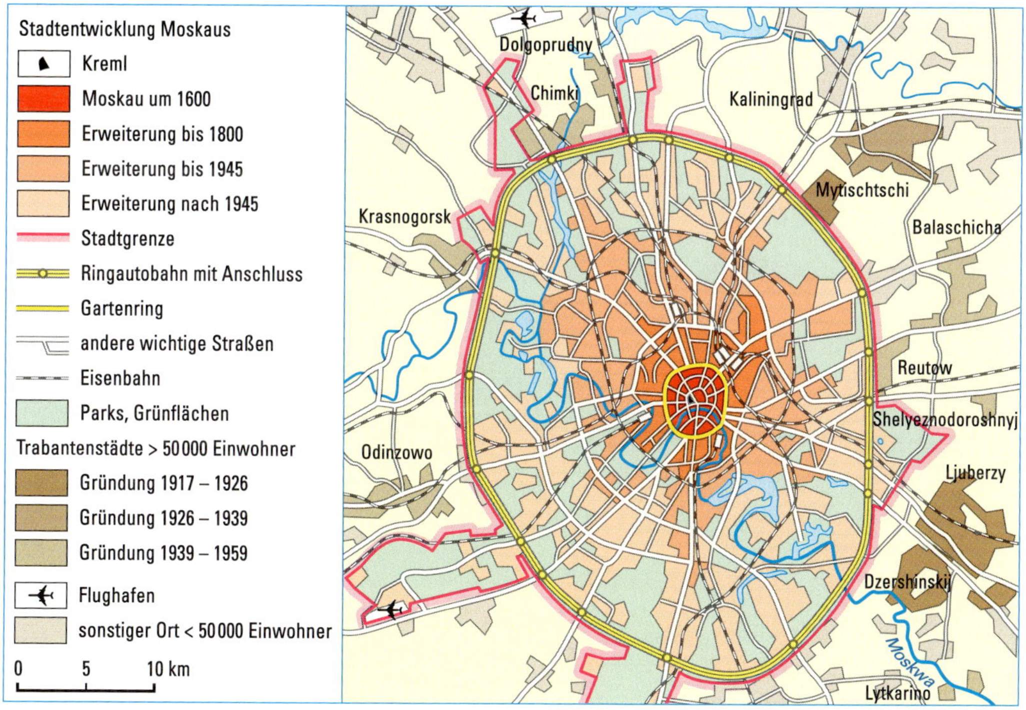

Alleine im Jahre 1994 soll im Zentrum für insgesamt 2,5 Mrd. US-$ gebaut worden sein, wobei nur rund 25 % der Investitionen aus dem Ausland kamen, drei Viertel aber mit einheimischem Kapital finanziert wurden.
Neben der Modernisierung und dem Ausbau bedeutender Einrichtungen wie Hotels (National, Metropol, Baltschug Kempinski), Passagen und Kaufhäusern (GUM) oder Theatern (Bol'schoj Teatr) umfassen die Maßnahmen in der Moskauer Innenstadt drei Bereiche:
- Neubau und Sanierung,
- Umstrukturierung der Geschäfte,
- Entstehung von Bürokomplexen.

Gerade Letzteres prägt die Tätigkeiten innerhalb des „Gartenrings". Die Möglichkeit, vorhandenen Wohnraum umzuwidmen, wird großzügig gegeben; nach einer Vereinbarung von Ende 1994 bezahlt der Eigentümer oder Investor ca. 1 000 US-$ je m² Nutzfläche als Ausgleich an die Stadt. Genutzt werden aber auch freie Flächen wie Baulücken oder Industriebrachen. Die Zunahme an Büroraum war bereits Mitte der 1990er Jahre exorbitant: Von rund 250 000 m² 1994 stieg die Fläche auf ca. 700 000 m² 1997.

Ein signifikantes Beispiel für die Vorgänge im Stadtzentrum ist im nordwestlichen Sektor der Stadtteil „Twerskaja uliza". Er galt bereits vor 1989 als ein Beispiel für die Umgestaltung Moskaus sowohl zur Zaren- als auch zur Sowjetzeit. Beim Wiederaufbau Moskaus nach 1813 war diese traditionelle Prachtstraße mit prunkvollen Geschäften, Hotels und Palais neu entstanden. Ab 1930 begann dann ihre radikale Umgestaltung unter sozialistischen Gesichtspunkten. Die meisten der historischen Bauten wurden abgerissen, um die Straße von 16–18 m auf 50–60 m verbreitern zu können, und durch die typischen Monumentalbauten der stalinistischen Ära ersetzt.
Den Transformationsprozess der 1990er Jahre zeigen die thematische Karte M 79 und das Schema M 80.

Seit ungefähr Mitte der 1990er Jahre ist eine teilweise Verlagerung der Investitionsmaßnahmen nach außerhalb des „Gartenrings" zu verzeichnen. Dies betrifft gerade auch die Standorte großer Dienstleistungszentren, die in der Regel ebenfalls für Büros genutzt werden. Ein herausragendes Beispiel hierfür ist die „Moskau-City", ein 65 000 m² großer Büro- und Hotelkomplex westlich des „Gartenrings", den die Stadt als Partner privater Investoren mitgestaltet und durch infrastrukturelle Vorleistungen begünstigt hat.
Die Gründe für den Suburbanisierungsprozess des tertiären Sektors sind mit denen in westlichen Städten zu vergleichen: hohe Grundstücks- und Mietpreise im Zentrum, dazu eine hohe Verkehrsbelastung mit Staus, Abgasen und Lärm etc.

***M 76** Moskau – Räumliche Orientierung der internationalen Nachfrage nach Büroräumen 1996*

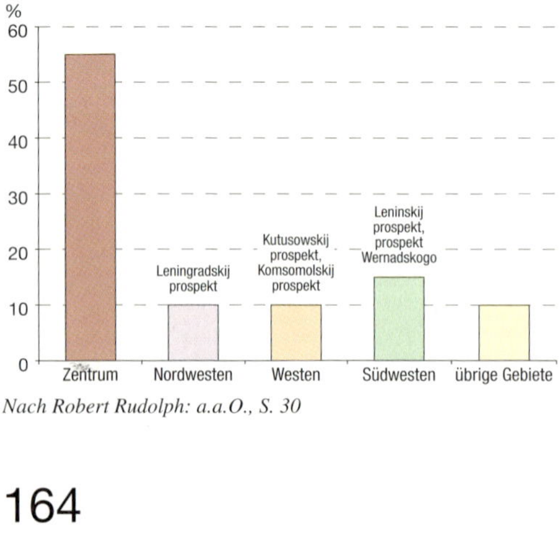

Nach Robert Rudolph: a.a.O., S. 30

***M 77** Moskau – Durchschnittliche Mietpreisspanne für Büroflächen „westlichen Standards" 1994–1999*

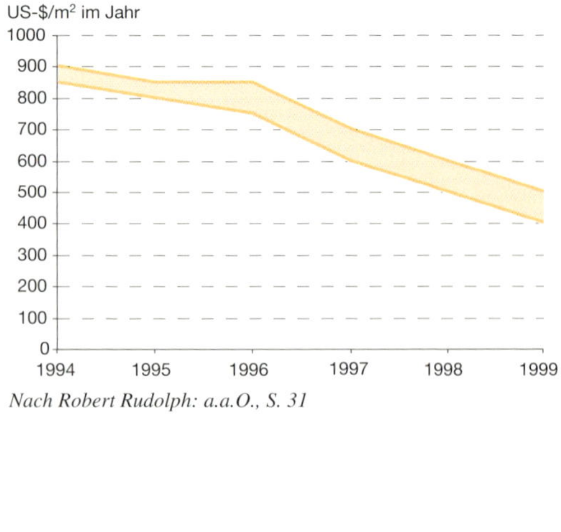

Nach Robert Rudolph: a.a.O., S. 31

M 78 *Moskau – Standorte neuer Dienstleistungszentren (mit einer Geschossfläche über 10 000 m²)*

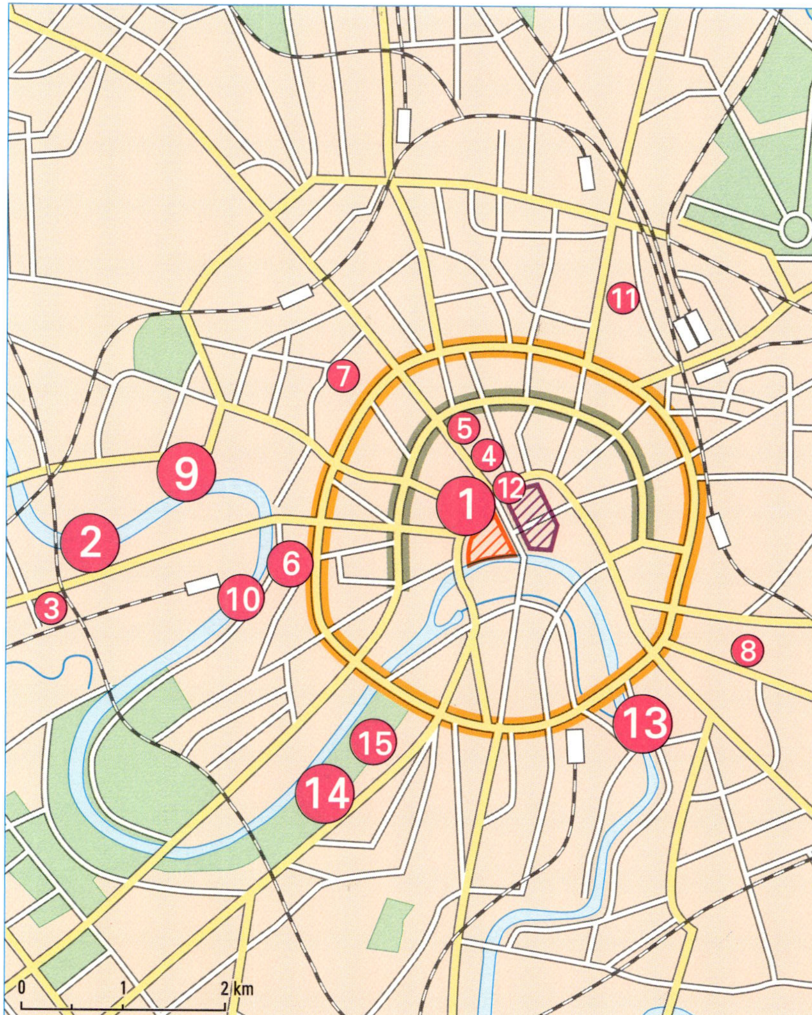

1. Passagen am Manegenplatz
2. Büro und Hotelkomplex „Moskau-City", ca. 65 000 m² Geschossfläche im ersten Bauabschnitt
3. Bürokomplex „International Center Moskau", ca. 18 000 m² Geschossfläche
4. Bürokomplex an der Petrowka uliza
5. Büro- und Einzelhandelsstandort „Puschkin-Plaza", ca. 16 000 m² Geschossfläche
6. Büro- und Geschäftszentrum „Smolenski-Center", ca. 47 000 m² Geschossfläche
7. Bürokomplex „Dukat place" in der uliza Gaschenka, ca. 14 000 m² Geschossfläche
8. Bürokomplex „MOSENKA Parktowers", ca. 15 000 m² Geschossfläche
9. Internationales Handelszentrum „Meshdunarodnaja"
10. Büro-, Geschäfts- und Hotelkomplex „American Business Center" („Radisson Slavanskaja Hotel")
11. Bürokomplex „The New Moscow International Trade Center", ca. 18 000 m² Geschossfläche
12. Bürokomplex hinter dem Bolschoj-Theater an der „Kusnezkij most", 12 000 m² Geschossfläche
13. Büro- und Geschäftszentrum „Riverside Towers"
14. Technologie- und Informationszentrum mit Geschäften und Hotels am Gagarin-Platz
15. Büro- und Hotelkomplex „ Griechisches Zentrum" am Krim-Platz

Geschossflächen

- 10 000 - 20 000 m²
- 20 000 - 50 000 m²
- > 50 000 m²

- Boulevardring
- Gartenring
- „Kreml"
- „Kitai gorod"

- Bebauung
- Grünfläche
- Straßen
- Eisenbahn mit Bahnhof

Nach Robert Rudolph: a.a.O., S. 30; Kartographie: R. Rudolph, R. Bräuer; Klett-Perthes

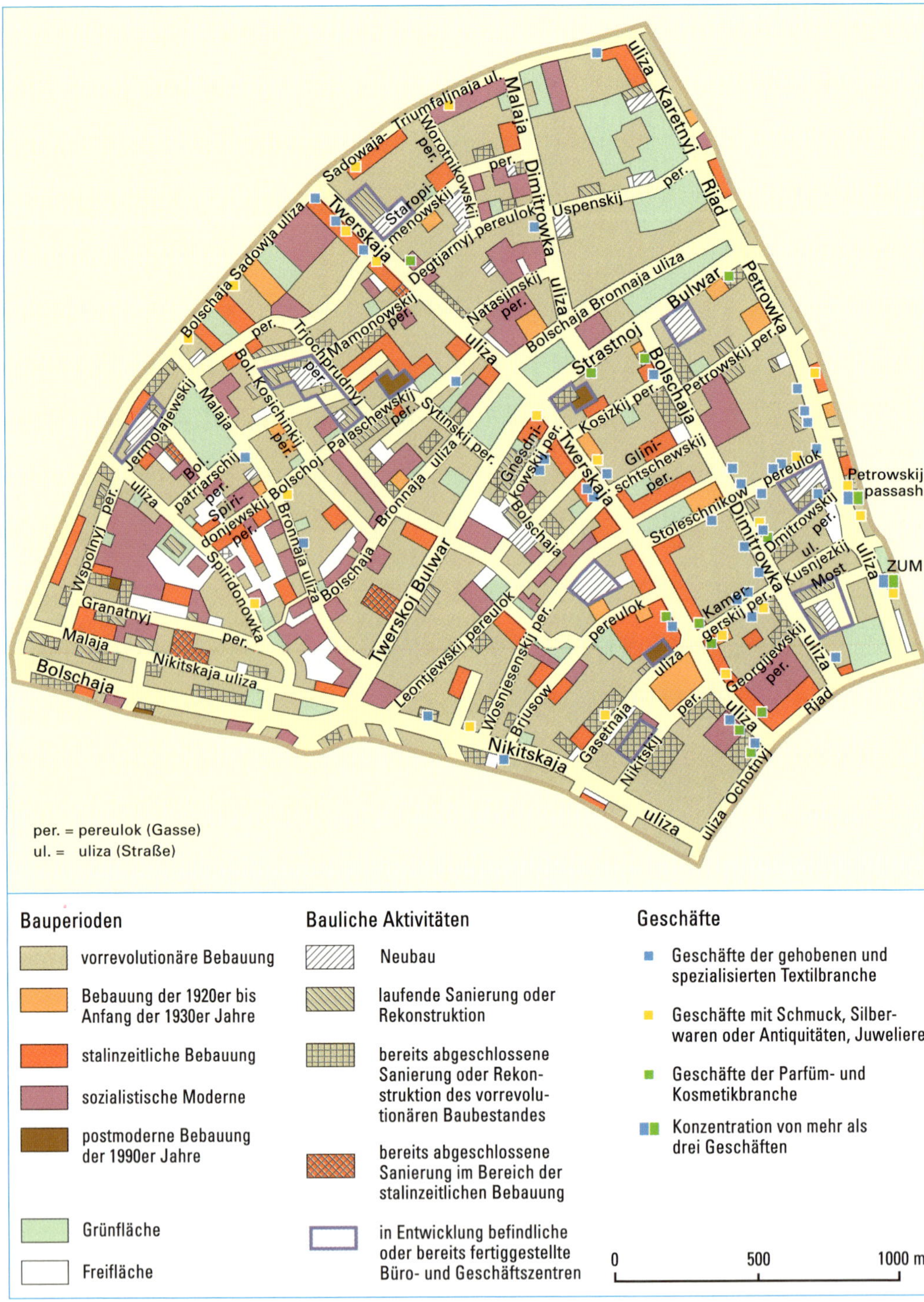

M 79 *Moskau – Städtebauliche Situation und Verteilung des gehobenen Einzelhandels im Gebiet um die Twerskaja uliza in der 2. Hälfte der 1990er Jahre*

Robert Rudolph: a.a.O., Kartenbeilage, leicht verändert; Kartographie: R. Rudolph, editiert: R. Bräuer

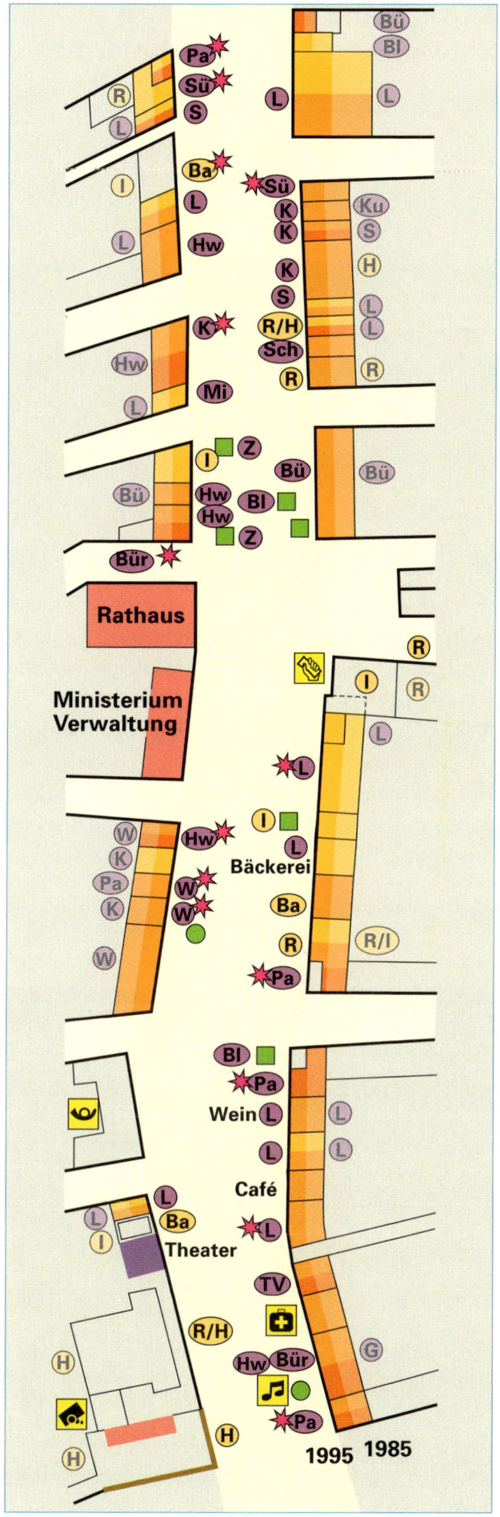

***M 80** Geschäftsstraßen in Moskau – Die Twerskaja uliza im Transformationsprozess 1985–1995 (unmaßstäbliches Schema; Kartierungen Okt. 1985, Nov. 1992, April 1995)*

Nach Jörg Stadelbauer: a.a.O., S. 236

***36.** Beschreiben und erläutern Sie anhand von M 74 die wesentlichen Unterschiede zwischen der sowjetischen und postsowjetischen Stadt sowie die Wandlungsprozesse, die zur Entstehung des heutigen Siedlungsbildes führen.*

***37.** Beschreiben und begründen Sie die Entwicklungen im Zentrum Moskaus nach 1990. Konkretisieren Sie diese am Beispiel der Twerskaja uliza (Text und Karten M 79 und M 80).*

Moskau und St. Petersburg – Entwicklung elitärer Wohnformen

Moskau. Die russische Hauptstadt, mit rund 9 Mio. Einwohnern eine der vier größten Städte Europas, weist neben den innerstädtischen Umstrukturierungen einen zweiten typischen Vorgang städtischer Transformationsprozesse auf: die ***soziale Segregation*** aufgrund der Herausbildung von statushohen Wohngebieten.
Allerdings ist dies gerade in Moskau ein Vorgang, der an die sowjetische Zeit erinnert. Bereits damals gab es in der Stadt rund 100 so genannte Nomenklatura-Komplexe, in sich abgeschlossene Wohnviertel gehobenen Standards für die herrschende Funktionärsklasse ***(Nomenklatura)***. Dennoch ist ein Vergleich zwischen diesen Vierteln und denen, die in den letzten zehn Jahren entstanden, kaum möglich, da es sich bei den heutigen Vierteln elitären Wohnens nicht um eine organisierte Sonderform handelt, sondern um eine Folge der gesellschaftlichen Um- und Neustrukturierung.
Ausschlaggebender Faktor für den Umstrukturierungsprozess waren und sind die ökonomischen Veränderungen und ihre sozialen Folgeerscheinungen: Die Erosion der alten sozialistischen Strukturen führte besonders in den Städten zur Polarisierung der Gesellschaft. Der großen Zahl derer, die man zu den Verlierern der wirtschaftlichen Umwälzungen zählen muss, steht die deutlich kleinere Gruppe der Gewinner gegenüber, für die man im Sprachgebrauch die Bezeichnung ***„neue Russen“*** (vgl. S. 176) gefunden hat.
In der Hauptstadt mit ihrer Konzentration von Wirtschafts-, Finanz- und administrativen Funktionen ist die Ballung dieser Einkommenselite naturgemäß besonders stark. Dem entsprechend entwickeln sich Mietpreisgefüge und räumliche Verteilungsmuster der verschiedenen sozialen Gruppen noch deutlicher als anderswo. 1997 erwirtschafteten in Moskau nur 5,7 % der Bevölkerung ein Fünftel des Einkommens, 57 % der Moskauer, die den sozial benachteiligten Schichten zuzuordnen sind, schufen aber nur den gleichen Einkommensanteil. Im räumlichen Mittelpunkt der Entwicklung steht dabei das Stadtzentrum.
Die Grundstücks- und Mietpreise, die den zentralen Steuerungsmechanismus für die Herausbildung unterschiedlicher Viertel darstellen, erfahren gerade in Moskau dadurch einen weiteren Schub, dass zur ortsansässigen Oberschicht eine beträchtliche Zahl an zahlungskräftigen Ausländern hinzu kommt – sowohl Diplomaten als auch Vertreter ausländischer Wirtschaftsunternehmen.

M 81 Moskau: stalinzeitliches und neues Wohnen an der Moskwa. Die traditionellen Standorte elitären Wohnens – hier an der Moskwa, in unmittelbarer Nähe des Comecon-/RGW-Gebäudes und des Weißen Hauses – werden auch heute noch sehr geschätzt, wie der Neubau von Apartementhäusern zeigt.

***M 82** Moskau: Wohnungsmietpreise nach Metrolagen Anfang 1998*

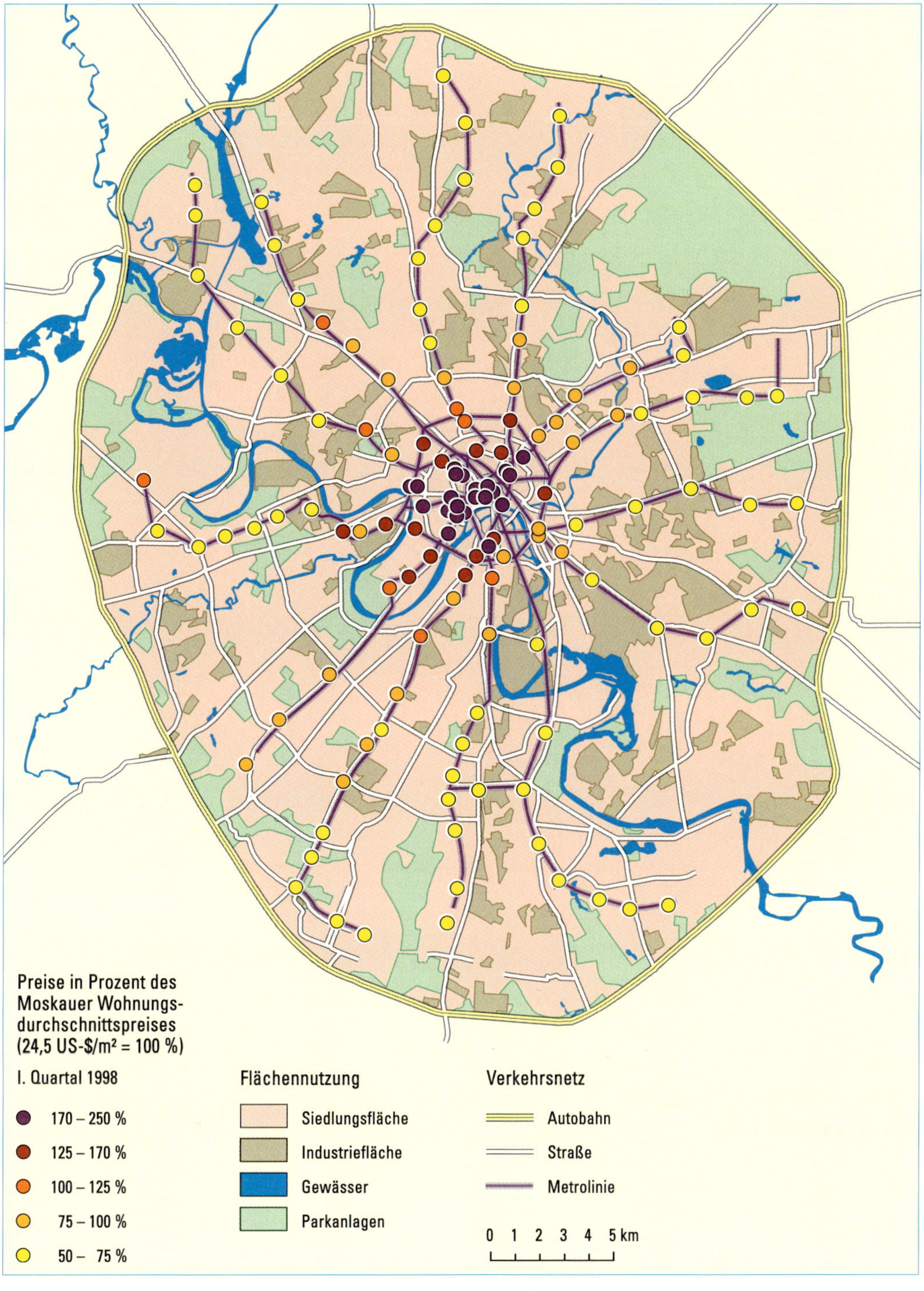

Nach Robert Rudolph und Sebastian Lentz: Segregationstendenzen in russischen Großstädten. In: Europa Regional, Heft 2/1999, S. 36. Leipzig: Institut für Länderkunde; Karteninhalt: S. Lentz, Kartographie: S. Lentz, R. Richter; Klett-Perthes

M 83 *Moskau, Zentrum: Mietpreisniveau 1998*

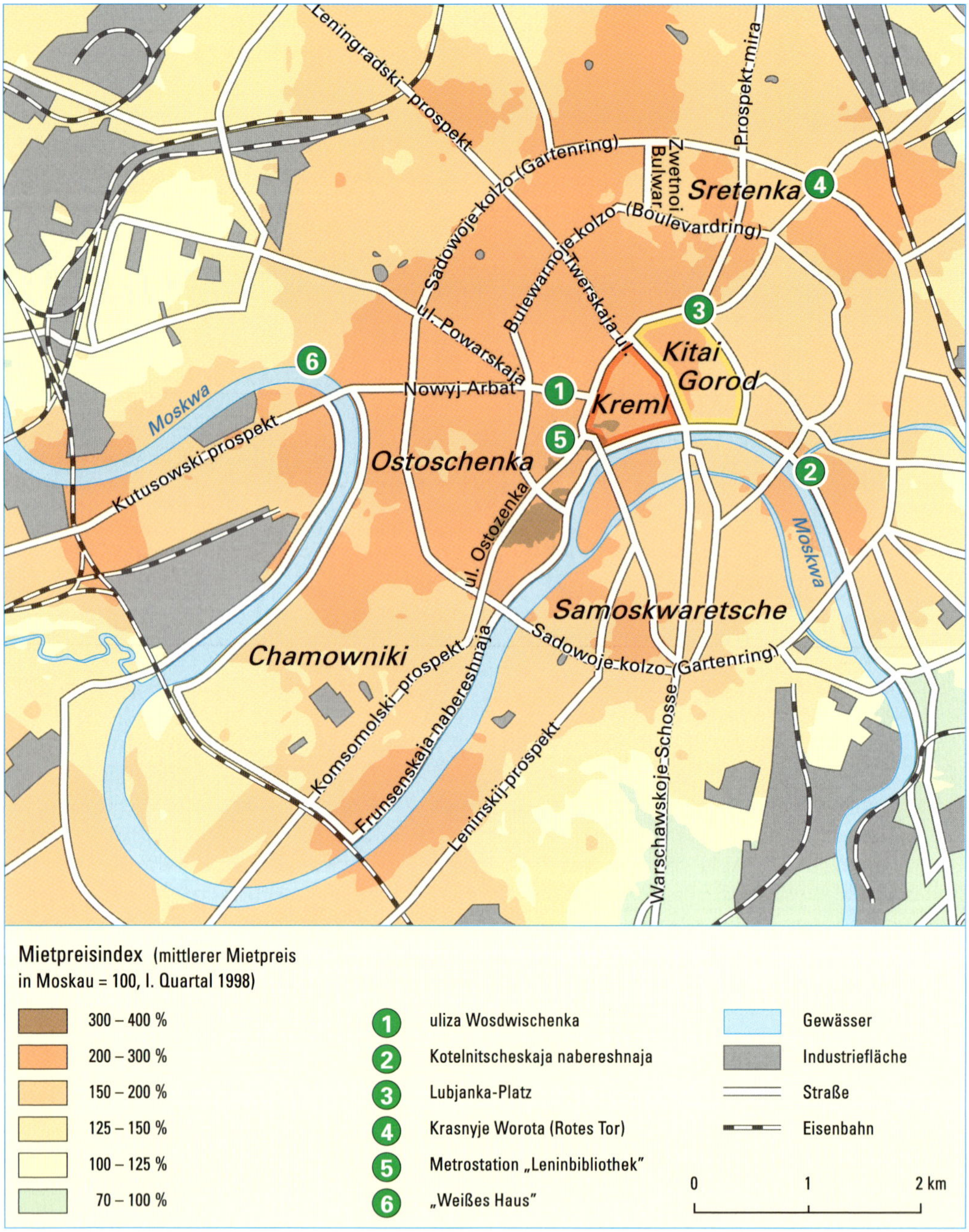

Nach Robert Rudolph und Sebastian Lentz: a.a.O., S. 37; Karteninhalt: S. Lentz, Kartographie: R. Richter; Klett-Perthes

M 84 Moskau: Wohnanlage am Setun

Neue elitäre Wohnungen in Wohnkomplexen mit fast vollständiger Infrastruktur, wie Läden, Kindergärten, Einzelhandel, Wäschereien u.a.m., befinden sich häufig außerhalb der Innenstadt, wie hier im Tal des Baches Setun in einem Grünzug im Südwesten Moskaus zwischen Siegespark (Park Pobedy) und Universität, der jahrzehntelang von Bebauung freigehalten worden war. Diese Wohnungen sind allerdings wegen der großen Entfernung zur Stadt und gleichzeitig hohen Preisen nicht so beliebt wie die Innenstadtlagen. Die Leerstände sind derzeit groß.

St. Petersburg. 1703 gründete Zar Peter I., der Große (1672–1725), in den Sumpfgebieten am Unterlauf der Newa ***St. Petersburg***. Nach der Trockenlegung der Sümpfe entstand hier eine Stadt, deren bis heute erhaltenes regelmäßiges Straßennetz dem Grundriss der absolutistischen Staatsgründung entspricht. Den klaren Straßenlinien entsprach als zweites städteplanerisches Merkmal die regelmäßige bauliche Ausgestaltung. Ergänzt wurden diese beiden Charakteristika durch ein drittes, nämlich die Kanäle, die die Innenstadt nach dem Vorbild Amsterdams durchziehen. Zar Peters Programm, Russland nach Europa hin zu öffnen, entsprach die Verlagerung der Hauptstadt von Moskau nach St. Petersburg um 1720.

Diese Hauptstadtfunktion hat verschiedene Teilräume, vor allem zwischen Newa und Moika-Kanal, geprägt.

Hier entstanden bis 1917 repräsentative Bauten für den Zaren und seine Familie (Winterpalais), für die Regierung, den Beamten- und Militärapparat sowie für die Adelsfamilien und das Großbürgertum.

Wie alle Städte erfuhr auch St. Petersburg während der Sowjetherrschaft einschneidende Veränderungen. Nicht nur der Name wandelte sich in Leningrad, auch das Stadtbild änderte sich in großen Teilen. Besonders um den Moskauer Platz entstanden die typischen neoklassizistischen Bauten der Stalinära; und hier plante man ein neues Stadtzentrum, das auch z. T. verwirklicht wurde, in seiner Bedeutung das alte Zentrum aber nicht ablösen konnte. Das starke Bevölkerungs- und Flächenwachstum führte am Stadtrand zur Anlage zahlreicher Großwohnsiedlungen – sie prägen bis heute das Gesamtbild der Stadt entscheidend mit.

Nach 1990 setzten in der Stadt, die nach einem Volksentscheid nun wieder St. Petersburg heißt, die gleichen sozialen Umstrukturierungen wie in Moskau ein.

Zwar war, aufgrund der in der Zeit zwischen 1917 und 1989 fehlenden Hauptstadtfunktion, die Nomenklatura spärlicher vertreten als in Moskau – ein Aspekt, der hier also für die Umgestaltung eine relativ geringe Rolle spielt, dafür gab es aber auch in St. Petersburg mit seiner günstigen Hafen- und Handelslage starke ökonomische Impulse für Veränderungen. Aus ihnen ging, noch stärker als im übrigen Russland, eine Einkommenselite hervor mit besonderen Ansprüchen an den Raum.

→ „Für St. Petersburg stellte CHALIN (1995) fest, dass die sozialräumliche Differenzierung zu einem bedeutenden Preisbildungsfaktor auf dem Markt des erstklassigen Wohnens zu werden beginnt. Auch wenn sich derzeit noch keine eindeutige Struktur guter und sehr guter Lagen ausgebildet hat und die in verschiedenen Quellen und Gesprächen aufgezählten und genannten innerstädtsichen Zonen in keiner Weise sozial homogen sind, deutet die sukzessive Ausbreitung erstklassiger Wohnungen im Hochpreisniveau in bestimmten innerstädtischen Bereichen auf einen zunehmenden Segregationsprozess hin, zumal wirksame Gegensteuerungsmaßnahmen fehlen. ... Hinsichtlich des Wohnens verläuft diese Abgrenzung [der reichen Elite] in zwei Richtungen: Die zahlungskräftige Nachfrage betrifft die neu entstehenden Cottagesiedlungen im Umland, die jedoch eher als Zweitwohnsitze in Erscheinung treten, und die nach individuellen Wünschen und so genanntem „westlichen Standard" aufwendig sanierten, großzügig geschnittenen Wohnungen im Stadtzentrum."

Robert Rudolph und Sebastian Lentz: a.a.O., S. 29–30

Von besonderer Attraktivität ist auch in St. Petersburg das historische Stadtzentrum an der Newa, doch sind die Möglichkeiten, hier exklusiven Wohnraum bereitzustellen, begrenzt – ein Faktum, das zur Preissteigerung ebenso beiträgt wie das Interesse kapitalstarker Ausländer. Die elitäre Wohnung wird, neben dem hohen Wohnstandard in sanierten Bauten möglichst aus der Zarenzeit, vor allem auch von der Lage geprägt. Für bevorzugte Lagen an einem Park oder Kanal oder in einer Seitenstraße des Newskij Prospekts zahlt man bereits einen Kaufpreis von mehr als 1 000 US-$ je Quadratmeter.

***M 85** St. Petersburg: Uferstraße am Moika-Kanal. Die Lage an einem Kanal oder Park ist ein bedeutender Preisbildungsfaktor auf dem „elitären" Wohnungsmarkt. Wohnungen im so genannten „Goldenen Dreieck" werden insbesondere von ausländischen Kaufinteressenten nachgefragt.*

***38.** Beschreiben und erklären Sie – soweit möglich:*
a) die Mietpreisstruktur in Moskau und speziell im Zentrum der Stadt,
b) die Verteilung statushoher Wohngebiete in St. Petersburg.
***39.** Vergleichen Sie den Prozess der Herausbildung elitärer Wohnformen in Moskau und in St. Petersburg.*
***40.** Bewerten Sie diesen Prozess unter städteplanerischen, ökonomischen und sozialen Gesichtspunkten.*

1 86 St. Petersburg:
tatushohe Wohngebiete 1998

ach Robert Rudolph und Sebastian Lentz: a.a.O., S. 30; arteninhalt: R. Rudolph, Kartographie: R. Bräuer; Klett-Perthes

Astana – eine neue Hauptstadt für Kasachstan

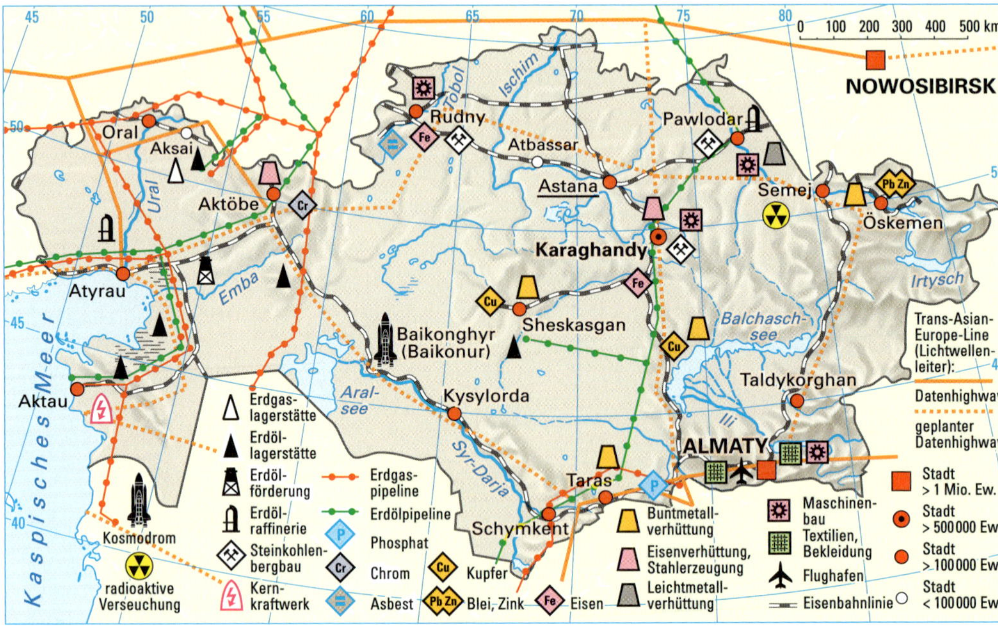

M 87 Kasachstan

M 88 Städte in Kasachstan (Einwohnerzahl nach der letzten Zählung 1993)

Almaty (Alma-Ata)	1 176 000
Karaghandy	596 000
Tschimkent	404 000
Pawlodar	349 000
Semej (Semipalatinsk)	342 000
Öskemen (Ust-Kamenogorsk)	334 000
Taras (Dschambul)	317 000
Astana	287 000
Aktöbe (Aktjubinsk)	264 000
Kysylorda	248 000

Es ist nicht neu, dass Länder versuchen ihre peripheren Räume durch die Anlage von ***Entwicklungspolen*** zu stärken, um so ***regionale Disparitäten*** zu den Zentrumsräumen zu mindern. Mehrfach erfolgte dies durch die Verlagerung bzw. Neugründung der Landeshauptstadt, z.B. von der Metropole an der Küste in den Binnenraum. Die Beispiele hierfür findet man primär in Entwicklungsländern, vom bekanntesten, dem Bau Brasilias, über Yamoussoukro in der Elfenbeinküste bis hin zu Abuja, der neuen Hauptstadt Nigerias.

Auch Kasachstan, flächenmäßig zweitgrößter, von der Bevölkerung her drittgrößter Nachfolgestaat der Sowjetunion, hat zu dieser Maßnahme gegriffen: Die neue Hauptstadt heißt seit 1998 Astana und hat die Metropole im Süden des Landes, Almaty (das frühere Alma-Ata), abgelöst.

Astana. Ende 1998 erfolgte in Kasachstan der Umzug der Regierung und des Parlaments nach Astana, der früheren Provinzhauptstadt der Region Akmola im Norden des Landes. Zurzeit mit rund 300 000 Einwohnern nur mittelgroß, soll die neue Hauptstadt bis zum Jahre 2030 ein neues Gesicht bekommen: Eine Skyline aus Glas und Stahl, mehrspurige Autobahnen, ein moderner Flughafen und eine Hochgeschwindigkeitsbahn zur Anbindung an die Industrieregionen im Süden mit der bisherigen Hauptstadt Almaty sind geplant.

Die Gründe für ihren Bau sind vielfältig. Einmal soll das Land statt von der südlichen Peripherie vom Zentrum aus regiert werden, die Hauptstadt soll an der Schnittstelle wichtiger Verkehrswege liegen und sie soll als Entwicklungspol für den Norden dienen. Der wichtigste Grund aber könnte ein ethnischer sein, nämlich dass man die kasachische Präsenz in diesem Landesteil dokumentieren will. Der Norden ist zwar besonders rohstoffreich, er stellt aber auch einen ethnischen Problemraum dar – nur 18 % der dortigen Bevölkerung sind Kasachen, 54 % dagegen Russen.

Ein besonderes Problem für den Ausbau Astanas zur Hauptstadt stellt die Finanzierung dar. Insgesamt geht es um eine Investitionssumme von 350–400 Mio. US-$ zum Bau von Regierungsgebäuden, Wohnungen, Verkehrs- und anderer Infrastruktur, Technologieparks, Produktionsstätten und anderem mehr. Hier hofft man auf ausländisches Kapital, das über den Ausbau der Hauptstadt dem Land auch weitere wirtschaftliche Impulse geben könnte, z.B. der Bauindustrie, dem Anlagenbau, der Ansiedlung von IT-Betrieben oder Ähnlichem.

Noch ist vieles in Astana Vision, erste Ansätze der Realisierung der Zukunft liegen aber schon jetzt vor.

***M 89** Das neue Parlamentsgebäude in Astana*

→ „Entsprechend den Plänen, die Bevölkerung der Stadt zu verdoppeln, müssen Wohnungen gebaut, muss Industrie angesiedelt werden. Um in- und ausländische Unternehmen an dem Hauptstadtprojekt zu interessieren hat Präsident Nasarbajew bereits im Jahre 1995 den ersten Ukas [Erlass] zur Schaffung einer Sonderwirtschaftszone erlassen, der ein Jahr später um weitere Vergünstigungen ergänzt wurde.

Unternehmen in Astana ... zahlen zehn Prozent niedrigere Steuern als im übrigen Kasachstan, Importwaren sind von der Mehrwertsteuer und von Importzöllen befreit. Auch kann zollfrei exportiert werden. ...

Ausländische Investoren halten sich gegenwärtig noch bedeckt. Größter Investor ist die Hotelgruppe Inter-Continental, die in Erwartung eines künftigen Regierungstourismus ein Fünf-Sterne-Hotel baute.

Der Business-Bereich entwickelt sich in der Stadt nur langsam. Ausländische Unternehmen und Banken, die eine Vertretung in Almaty unterhalten, sehen keine Notwendigkeit der Regierung in die neue Hauptstadt zu folgen. Auch die Botschaften haben es ganz und gar nicht eilig in Astana Quartier zu beziehen. Schon die unterschiedliche Lebensqualität zwischen Astana und Almaty ist Grund genug für die ausländische Community sich gegen den Umzug zu sperren. Während sich Almaty als lebendige Metropole mit internationalen Hotels, Bars und Restaurants, Theatern und Kinos präsentiert und die Berge um die Stadt zu erholsamen Wochenendausflügen einladen, schläft Astana, umgeben von unwirtlicher Steppe, noch tief. ...

[Andererseits:] Eine Stadt im Aufbruch wie Astana bietet deutschen Unternehmen vielfältige Geschäftsmöglichkeiten. ... Denn anders als in anderen Städten gibt es für verschiedene Projekte auch Finanzierungen."

Ost-West-Contact, 11/1998, S. 56–57. Münster

***41.** Beschreiben Sie anhand der Karte M 87 Raumstruktur und Raumpotenziale Kasachstans.*

***42.** Erläutern und bewerten Sie die Intentionen des Hauptstadtprojekts Astana, seine Probleme und Perspektiven.*

***43.** Vergleichen Sie das Vorhaben der neuen Hauptstadt Astana mit Ihnen bekannten ähnlichen Projekten (siehe Text, erster Abschnitt).*

Gesellschaftliche Probleme aus geographischer Sicht

Zu den zentralen Problemen der Nachfolgestaaten der Sowjetunion, und hier im Besonderen Russlands, gehört die Entwicklung der gesellschaftlichen Strukturen, da die Transformation zur Marktwirtschaft tief in den sozialen Bereich hineinreicht.

Merkmale der sowjetischen Sozialstruktur. Die soziale Struktur der UdSSR wies – generalisiert – drei wesentliche Merkmale auf:

- Wie alle anderen Bereiche unterlag auch die gesellschaftliche Struktur den politischen Zielvorgaben und damit der staatlichen Lenkung und Planung.
- Man war bemüht, die Situation der Bevölkerung schrittweise zu verbessern. So sank zwischen 1955 und 1983 beispielsweise die Wochenarbeitszeit von 47,8 auf 40,5 Stunden, der durchschnittliche Monatslohn stieg zwischen 1960 und 1983 von 60–80 Rubel auf 100–180 Rubel (je nach Tätigkeitsbereich).
- Trotz des ideologischen Gleichheitsgedankens gab es von Beginn an die Herausbildung einer Elite aus Politik, Wirtschaft und Kultur mit deutlichen Privilegien, wie z. B. dem Anspruch auf eine kostenlose Staatswohnung, einen Dienstwagen oder auf Auslandsaufenthalte.

Veränderungen nach 1991. Der Zerfall der jahrzehntelang bestehenden sowjetischen Sozialstrukturen hat innerhalb von wenigen Jahren zur Herausbildung einer Klassengesellschaft geführt.

Einerseits hat ein Teil der früheren Nomenklatura, also der politischen Elite der KPdSU, „überlebt" und besetzt auch heute noch wichtige Positionen, z.B. in der Administration. Allerdings ist der Umfang von Staat zu Staat sehr unterschiedlich. Am geringsten ist der Einfluss dieser alten Eliten in den Baltischen Staaten, am stärksten dagegen in den asiatischen Republiken, was damit zu erklären ist, dass hier Stämme und Clans eine große Rolle spielen, sodass deren Führer, die auch die ranghohen Parteifunktionäre stellten, oft lediglich ihren Status gewechselt haben. Der einschneidende Veränderungsprozess hat sich allerdings durch die wirtschaftlichen Umstrukturierungen ergeben. Hier ist mit den Aufsteigern in der sich neu formierenden Geschäftswelt eine neue elitäre Klasse entstanden, deren Mitglieder im Russischen in Anlehnung an das amerikanische Vorbild „biznesmeny" genannt werden. Ein anderer Begriff, der für sie geprägt wurde, ist der der ***„neuen Russen"***.

→ „Der Begriff der „neuen Russen" ist nur schwer zu definieren und zu quantifizieren. Sie sind als Geschäftsleute oder „biznesmeny" die Gewinner der wirtschaftlichen Umbrüche. Bei diesen handelt es sich um die neuen Unternehmer, die ihre Geschäfte zum Teil vor dem Hintergrund der instabilen Rechtslage abwickeln, mehr oder weniger intensive Beziehungen mit dem Ausland unterhalten und aus steuerlichen Gründen meist im schattenwirtschaftlichen Bereich arbeiten. ... Nach Beyme rekrutiert sich ein Teil der neuen Eliten aus den sowjetischen Kadern der Gorbatschow-Zeit."

Robert Rudolph und Sebastian Lentz: Segregationstendenzen in russischen Großstädten. In: Europa Regional. Heft 2/1999, S. 29. Leipzig: Institut für Länderkunde

Diese neue wirtschaftliche Elite demonstriert ihren Wohlstand und Reichtum nach außen, was seinen Niederschlag u.a. in der Herausbildung bevorzugter Wohnviertel in den großen Metropolen findet (siehe S. 168 – 173). Ein Problem für die gesamtwirtschaftliche Entwicklung besteht allerdings darin, dass erworbenes Kapital keineswegs immer in den wirtschaftlichen Aufbau reinvestiert, sondern z.B. im Ausland angelegt wird.

Den „neuen Russen" gegenüber steht am anderen Ende der sozialen Skala die große Zahl derer, für die die wirtschaftlichen Umbrüche einen sozialen Abstieg gebracht haben. Für sie gibt es keinen speziellen Begriff, doch kann man diese „Verlierer" ohne weiteres als die „neuen Armen" bezeichnen. Zu dieser bedürftigen Mehrheit, deren Anteil an der Gesamtbevölkerung Russlands man auf rund 80 % schätzt, gehören Kleinverdiener aus der Industrie ebenso wie ehemalige Kolchosbauern, in besonderer Weise aber die

M 90 Staatliche Angaben zur Arbeitslosigkeit in ausgewählten russischen Regionen zum 1.12.1998

	Registrierte Arbeitslose* (%)	Arbeitslose pro offene Stelle
Murmansk	6,5	38
St. Petersburg	1,5	2
Kalmückien	6,0	149
Dagestan	5,0	59
Ostsibirien	3,4	22
Ferner Osten	3,5	13

* Die verdeckte Arbeitslosigkeit – sie beträgt über 15 % – wird nach Wolgin verschleiert. So erscheinen z. B. Angestellte eines Betriebes, der zwar noch existiert, jedoch gar nicht mehr produziert und daher auch keine Löhne mehr zahlt, nicht in der offiziellen Statistik. Der Autor nimmt somit an, dass über 20 % der wirtschaftlich aktiven Bevölkerung arbeitslos sind.

Quelle: N. Wolgin: Ėkonomika i Žisn'. Nr. 3, Januar 1999, S. 30

Rentner und Arbeitslosen sowie die Straßenkinder, die in echter Armut leben und für die der Alltag Existenzkampf ist.
Die staatlichen Zahlen zur Arbeitslosigkeit erscheinen auf den ersten Blick moderat, unterschritten sie z.B. Ende 1998 deutlich die Werte für die Bundesrepublik Deutschland. Demgegenüber liegen allerdings die Schätzungen, die die verdeckte Arbeitslosigkeit mit einbeziehen, deutlich höher – und somit auch das Problem der Armut durch die Abkoppelung von der wirtschaftlichen Entwicklung.
Die schlechten Lebensverhältnisse eines Teils der Bevölkerung spiegeln sich in Russland auch wider: Das BIP/Kopf lag um das Jahr 2000 herum bei ca. 1 300 US-$, das ist nur rund ein Drittel des Wertes eines Schwellenlandes wie Brasilien und nicht einmal ein Achtel des Wertes von China. Und die unzureichende Versorgungslage für einen beträchtlichen Teil der Bevölkerung hat dazu geführt, dass z. B. die Lebenserwartung bei Männern nur bei 58 Jahren liegt, das ist niedriger als beispielsweise in Mexiko oder in Ägypten.

Zieht man ein Fazit, so fällt dieses eindeutig aus und mündet in die Einsicht, dass es zu den großen Aufgaben der Politik in Russland gehören wird, die soziale Schieflage zu beheben. Das geht nur auf wirtschaftlichem Wege; doch müssen dafür an der wirtschaftlichen Entwicklung – wie sie sich ja gerade zu Beginn des zweiten Jahrzehnts positiv abzeichnet – mehr Menschen teilhaben als bisher. Notwendig hierfür sind jedoch einerseits entsprechende politische, ökonomische und soziale Rahmenbedingungen sowie andererseits eventuell auch Hilfen aus dem Ausland.
Solche Hilfe gab es akut in den Wintern der Jahre 1991 und 1992, als es zu einer massiven Versorgungskrise kam. Auf Dauer sind allerdings andere Formen der Hilfe nötig: Die Nachfolgestaaten der Sowjetunion als Partner zu akzeptieren, sie wirtschaftlich und politisch zu integrieren und durch den Aufbau engerer Handelsbeziehungen die wirtschaftliche und damit auch die politische Stabilität der Länder zu fördern, um so in ihnen die Basis für strukturelle Reformen zu schaffen.

44. *Untersuchen Sie die vorangegangenen Kapitel nach Hinweisen auf die soziale Entwicklung in Russland oder anderen Nachfolgestaaten der Sowjetunion sowie im Hinblick auf die Gründe, die für diese Entwicklungen jeweils genannt werden.*
45. *Im Text wird von „politischen, ökonomischen und sozialen Rahmenbedingungen" gesprochen, die geschaffen werden müssten, um die Polarisierung der Gesellschaft in eine bedürftige Mehrheit und eine wohlhabende Minderheit zu überwinden.*
Versuchen Sie, z.B. in Partner- oder Gruppenarbeit, hierfür konkrete Vorschläge oder Forderungen zu entwickeln, die Sie in Ihrem Kurs zur Diskussion vorstellen.

Baltikum – der andere Weg

	Estland	Lettland	Litauen
Bevölkerung (Mio.)	1,5	2,4	3,7
Fläche (km²)	45 227	64 589	65 301
Hauptstadt	Tallinn (Reval)	Riga	Vilnius (Wilna)
BIP (Mrd. US-$)	5,2	6,5	10,4
BIP/Kopf (US-$)	3 442,0	2 713,0	3 046,0
Inflationsrate (%)	3,3	2,4	0,8
Güterexport (Mrd. US-$)	2,5	1,8	3,3
Güterimport (Mrd. US-$)	3,3	3,0	4,5
Auslandsschulden (Mrd. US-$)	3,0	3,5	4,1
ausländische Direktinvestitionen (Mrd. US-$)	0,2	0,5	0,3

***M 91** Die Wirtschaft der baltischen Staaten an der Wende zum 3. Jahrtausend (Zahlen: Stand 1999)*

Von Beginn an gingen die drei ***baltischen Länder*** Estland, Lettland und Litauen einen separaten Weg. Sie waren Ende der 1980er Jahre nicht nur die ersten, die die Unabhängigkeit verlangten und damit das Ende der russischen Besetzung, wie sie ihre Zeit als Sowjetrepubliken empfanden. Als einzige der Nachfolgestaaten der UdSSR traten sie auch nicht dem Staatenbund der GUS bei. Daher haben sie auch andere Wege beschritten als die übrigen 12 Republiken, wenn auch mit graduellen Unterschieden.

Gemeinsam ist allen drei Staaten die deutliche Westeuropaorientierung. So liegen ihre Anträge für eine Aufnahme in die Europäische Union in Brüssel vor. Am weitesten fortgeschritten sind hierbei die Verhandlungen mit Estland, das den striktesten proeuropäischen Kurs eingeschlagen hat und dessen Aufnahme in die EU, zusammen mit Polen, Ungarn, Slowenien, Tschechien und Zypern, um 2005 erfolgen soll – der erste Schritt zur sogenannten Osterweiterung der Union. In Estland sind die Privatisierungen in der Wirtschaft bereits weit gediehen, und auch Lettland und Litauen sind hier erheblich weiter als die GUS-Staaten.

Die Lage der baltischen Länder an der Ostsee eröffnet ihnen auch stärker als den von Binnen- oder sogar Marginallage geprägten anderen Nachfolgestaaten diese Orientierung nach Mittel- und Westeuropa. Andererseits zwingt ihre Lage sie auch zu einem Ausgleich mit Russland. Estland hofft zum Beispiel mit seinen Häfen auf Dauer auch eine handelsmäßige Brückenfunktion zu übernehmen für Importe nach Russland oder russische Exporte in den Westen. Am stärksten ist die Anbindung an die Hegemonialmacht des Raums noch bei Litauen: Zwischen ihm und Russland bestehen, im Gegensatz zu Estland und Lettland, keine ungeklärten Territorialansprüche; das Interesse Russlands an guten Beziehungen ist groß, da durch Litauen der Landweg zur russischen Exklave um Kaliningrad (Königsberg) führt; die Tatsache, dass Litauen mit einer Unterbrechung eine sozialistische, von Altkommunisten geführte Regierung hat, vereinfacht das politische Verhältnis zum großen Nachbarn.

Begünstigt durch die ähnliche wirtschaftspolitische Ausrichtung, aber auch durch die überschaubare Raumgröße ist im Baltikum auch die Integration der Staaten am weitesten voran geschritten. Bereits seit 1994 hat man engere Wirtschaftsbeziehungen aufgenommen, indem man eine Freihandelszone gründete, die die Vorstufe zu einer Zollunion darstellen soll.

M 92 *Außenhandel der baltischen Staaten 1999 (Länderanteile der wichtigsten Partner)*

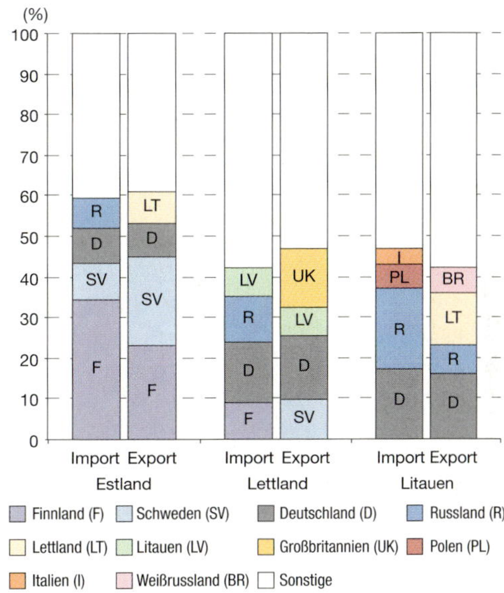

Nach Mario von Baratta (Hrsg.): Der Fischer Weltalmanach 2001. a.a.O., verschiedene Seiten

46. *Einen Sonderfall stellt die Entwicklung in den drei baltischen Ländern dar, die nicht der GUS angehören. Beschreiben und vergleichen Sie anhand der Materialien M 91 und M 92 die wirtschaftliche Struktur dieser drei Staaten. Legen Sie hierbei Ihren Schwerpunkt auf Estland und Litauen, da Lettland auf den folgenden Seiten eine genauere Betrachtung erfährt.*

Lettland – die Zukunft liegt im Westen

M 93 Blick über die Innenstadt von Riga

M 94 Daten zur wirtschaftlichen Entwicklung Lettlands 1997–2001

	1997	1998	1999	2000[1]	2001[2]
BIP (Mrd. US-$)	5,5	6,4	6,8	7,4	8,0
BIP / Kopf (US-$)	2 239	2 556	2 836	3 070	3 320
Veränderung des BIP in % (real)	6,5	3,9	1,1	5,5	5,0
Leistungsbilanzsaldo in % des BIP	– 6,2	– 9,9	– 9,5	– 5,2	– 3,8
Inflationsrate in % (Jahresdurchschnitt)	8,4	4,6	2,4	2,6	3,0
Export von Gütern (Mrd. US-$)	1,8	2,0	1,9	2,1	2,3
Import von Gütern (Mrd. US-$)	2,7	3,1	2,9	3,0	3,2
Brutto-Auslandsverschuldung (Mrd. US-$)	2,1	3,7	4,3	4,6	4,7
Auslandsverschuldung in % der Exporte[3]	69	111	140	131	124
Devisenreserven zum Jahresende (Mrd. US-$)	0,7	0,7	0,8	0,9	1,0
Ausländische Direktinvestitionen (Mrd. US-$)	0,5	0,3	0,3	0,3	0,4
Ausländische Direktinvestitionen in % des BIP	9,3	4,6	4,9	4,6	5,0
Jahresdurchschnittskurs des Lats (pro DM, ab 1999 €)	0,335	0,335	0,623	0,560	0,588

1 – Schätzung; 2 – Prognose; 3 – Güter, Dienstleistungen und Zinsen

Dresdner Bank: verschiedene Publikationen. Frankfurt 2000/2001

Die Politische Situation. Wie die beiden anderen ***baltischen Länder*** gehörte auch Lettland zu den ersten Teilrepubliken, die 1989/90 ihre Unabhängigkeit vehement forderten. Das ***Baltikum*** bestand offiziell bis 1945 aus drei selbstständigen Staaten, die – nach der Besetzung durch Hitler-Deutschland – im Zweiten Weltkrieg von der UdSSR annektiert und 1945 zu Sowjetrepubliken umgewandelt wurden (vgl. S. 113). Der Widerstand gegen diesen Vorgang bestand latent über Jahrzehnte hinweg und konnte auch nicht durch die ***Russifizierung*** (Ansiedlung russischer Bevölkerung) überwunden werden.

Die seit der Unabhängigkeit wechselnden lettischen Regierungen wiesen insgesamt einen Reformkonsens auf. Dennoch setzten durch die starke politische Stellung konservativer Kräfte die Reformen später als in den beiden Nachbarstaaten ein; erst 1994 begann man mit der Privatisierung und Umstrukturierung der Unternehmen.

Lettland hat mittlerweile mit den Beitrittsverhandlungen zur EU begonnen, wird aber – im Gegensatz zu Estland – nicht in der ersten Gruppe der Osterweiterung sein (ca. 2005). Geplant sind der Abschluss der Verhandlungen und der Beitritt um das Jahr 2010.

Die allgemeine wirtschaftliche Situation. Aufgrund des späten Einsetzens der Reformen begann der wirtschaftliche Aufschwung Lettlands später als im restlichen Baltikum. Erst 1997 waren mit einem 6 %igen Wachstum des BIP Erfolge zu verzeichnen. Bereits 1998/99 gab es aber wieder einen konjunkturellen Abschwung, ausgelöst durch das schwächere Wachstum in der EU und durch die „Rubelkrise". Allerdings scheint man, wie die meisten anderen Nachfolgestaaten der Sowjetunion, diese Krise überwunden zu haben und rechnet mittelfristig mit ca. 3–4 % Wirtschaftswachstum jährlich.

Die Wirtschaftsstruktur des Landes wird vom tertiären Sektor bestimmt; er erwirtschaftete im Jahre 1999 schon 62 % des BIP, ein Wert, der dem hochentwickelter Staaten bereits nahe kommt. Auch aufgrund der Küstenlage gibt es besonders für die exportorientierten Unternehmen die höchsten Zuwachsraten.

Der Exportsektor hatte zwischen 1994 und 1998 jährliche Zuwachsraten von 18,6 %. Auch nach einer Abschwächung rechnet man weiter mit rund 10 % jährlichem Wachstum, Zahlen, die die Bedeutung der Entwicklung der Häfen unterstreichen.

Schwierig gestalten sich die wirtschaftlichen Transformationsprozesse vor allem in der Industrie. Hier will man an die vorhandenen Branchen anknüpfen und sie, z. B. durch Nutzung der Lohnkostenvorteile gegenüber westeuropäischen Konkurrenten, ausbauen (Textil- und Bekleidungsindustrie, Elektronik). Eine Modernisierung soll erst in einem zweiten Schritt erfolgen, wenn sich Produktion und Verkauf konsolidiert haben.

Ein Problem stellen für Lettland die jährlichen Handelsdefizite dar. Sie sind unter anderem dadurch entstanden, dass die Währung (Lats) stabiler wurde und so eine indirekte Aufwertung erfolgte, was lettische Produkte verteuerte. Hinzu kamen besonders am Ende der 1990er Jahre Exportrückgänge beim wichtigsten Handelspartner Russland aufgrund der dort herrschenden Krise.

***M 95** Lettland – Lohn- und Preisentwicklung gegenüber dem Vorjahr*

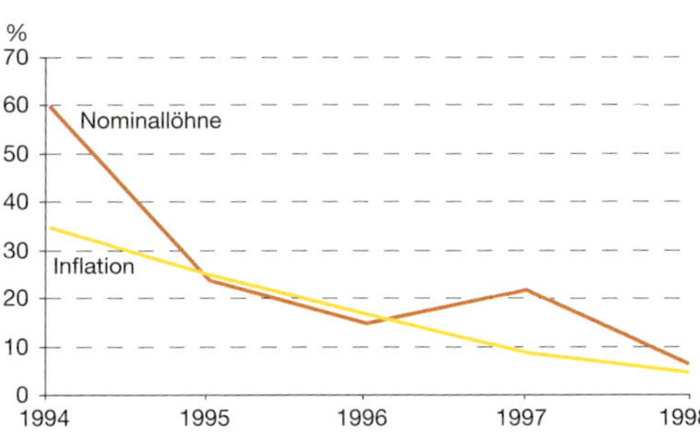

M 95 und M 96 nach Dresdner Bank. Frankfurt 2000

***M 96** Lettland – Entwicklung des Bruttoinlandsproduktes (BIP) gegenüber dem Vorjahr*

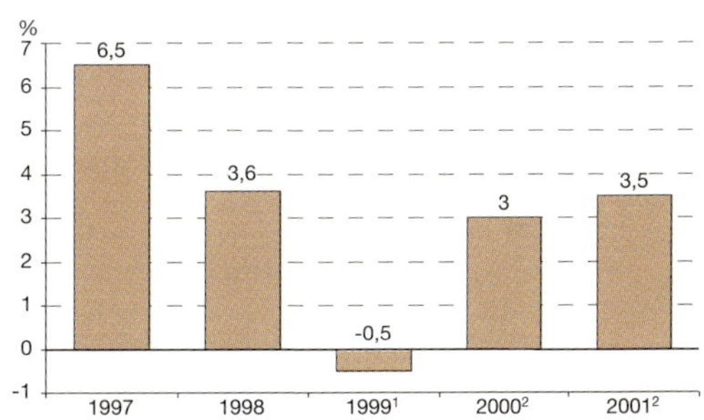

([1] Schätzung; [2] Prognose)

Die Situation der Landwirtschaft. Die Landwirtschaft der drei baltischen Staaten hatte zur Zeit der Sowjetherrschaft spezialisierte Versorgungsfunktionen in den Bereichen Milch und Molkereiprodukte, Rindfleisch und zum Teil Kartoffeln. Hinzu kam die Aufgabe der Belieferung der nahe gelegenen Millionenstadt Leningrad, des heutigen St. Petersburg, mit Nahrungsmitteln.

Der Einbruch für die Landwirtschaft kam – wie beispielsweise auch in der Ukraine – mit dem Ende der sowjetischen Strukturen und den Schwierigkeiten im Zusammenhang mit der Transformation der Wirtschaft in der ersten Hälfte der 1990er Jahre. Erreichte man bis 1993 (Estland, Lettland) bzw. bis 1995 (Litauen) noch ein positives Saldo im Agrar-Außenhandel, so waren die agrarischen Handelsbilanzen seitdem negativ. Wie schon die Ukraine sind auch die baltischen Staaten – und somit auch Lettland – zu Nahrungsmittelimporteuren geworden.

Die Gründe hierfür sind in Lettland die gleichen wie in den anderen Nachfolgestaaten der Sowjetunion:

- Wegfall der Absatzmärkte in der ehemaligen Sowjetunion,
- Umstrukturierungsprobleme der eigenen Wirtschaft,
- Privatisierungsvorgänge und -probleme,
- Schwächung des eigenen Marktes durch Einkommenseinbußen der Bevölkerung und steigende Arbeitslosigkeit,
- Liberalisierung des Marktes – auch im Hinblick auf eine Öffnung zur Europäischen Union hin – und dadurch einsetzender Importdruck.

Der Versuch Lettlands, die Probleme der Landwirtschaft gemeinsam mit den beiden anderen baltischen Nachbarn zu lösen, steckt noch in den Anfängen und gestaltet sich auch deshalb schwierig, weil man zwar ähnliche Probleme hat, aber auch sehr ähnliche agrarische Produktaus-

M 97 Lettland – Eignung der Böden für die landwirtschaftliche Nutzung und wirtschaftliche Entwicklung des ländlichen Raumes

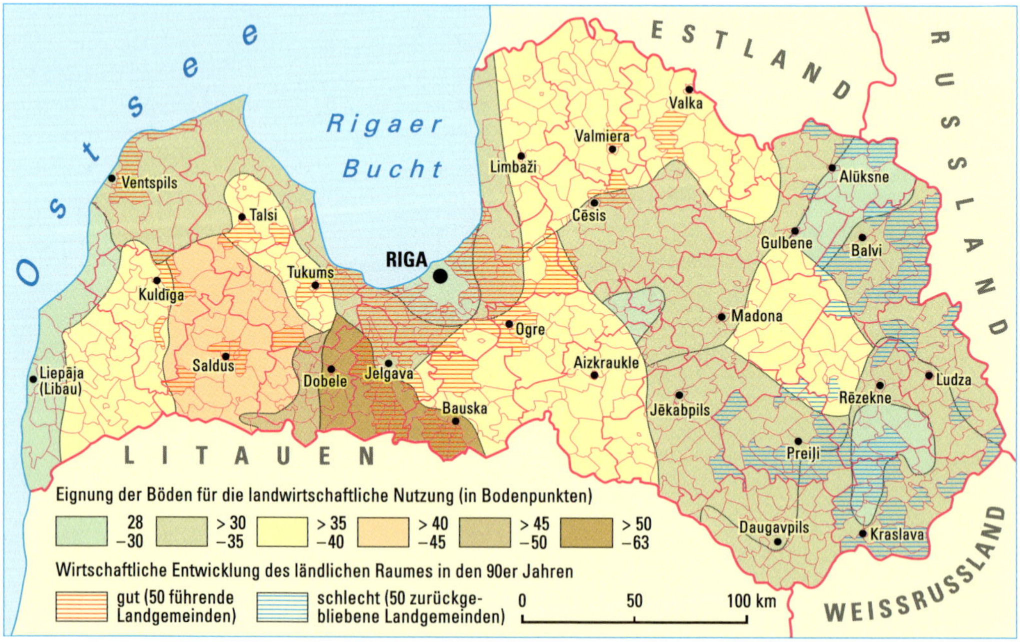

Nach Elke Knappe und Adolf Krauklis: Der Wandel des ländlichen Raumes in Lettland. In: Europa Regional, Heft 02/1998, S. 20. Leipzig: Institut für Länderkunde 1998; Kartographie: R. Richter; Klett-Perthes

richtungen, sodass man bei den erzeugten Waren auch jeweils als Konkurrent auftritt. Ein erster Schritt zur Lösung erfolgte am 1.1.1997, als man den Agrarmarkt in das Baltische Freihandelsabkommen mit einbezog, dessen Ziel der Abbau von Zöllen und die Einrichtung eines gemeinsamen Marktes ist.

Eine in ihren Vor- und Nachteilen noch nicht abzuschätzende Zukunftswirkung ergibt sich für Lettlands Landwirtschaft durch die Beitrittsverhandlungen mit der Europäischen Union. Hier stellt der Agrarsektor angesichts der bereits vorhandenen EU-Überschuss-Produktion einen der schwierigsten Verhandlungsbereiche dar.

***M 98** Entwicklung des Agraraußenhandels in den Baltischen Ländern 1993–1998 (in Mio. US-$)*

	1993	1994	1995	1996	1997	1998
Estland						
Export	192	212	203	334	606	248
Import	136	281	387	699	784	442
Saldo	56	– 69	– 184	– 365	– 178	– 194
Lettland						
Export	170	127	109	116	159	195
Import	69	133	192	300	360	423
Saldo	101	– 6	– 83	– 184	– 201	– 226
Litauen						
Export	216	468	498	553	592	464
Import	204	265	314	602	636	587
Saldo	12	203	184	– 49	– 44	– 123

Ost-West-Contact, 11/1999, S. 46, a.a.O.

***M 99** Lettland – Beschäftigte in der privaten Landwirtschaft 1996 nach Landgemeinden*

Nach Elke Knappe und Adolf Krauklis: a.a.O., S. 21.
Kartographie: R. Richter; Klett-Perthes

Lettlands Häfen, Hoffnung für die Zukunft. Für alle drei baltischen Staaten, und hier verfügt Lettland über die größten Hafenkapazitäten, sind die Häfen ein entscheidender Schlüssel für die volkswirtschaftliche Zukunft. Das betrifft nicht nur die Ex- und Importsituation für das eigene Land, sondern Lettland ist auch ein wichtiges Transitland für den Handel zwischen der GUS und anderen Ländern. Diese Position möchte der Staat in Zukunft weiter ausbauen. Dass dies auch geschieht, zeigen sowohl die Tatsache, dass die Privatisierung in den Häfen am weitesten fortgeschritten ist, als auch die Bestrebungen zur Modernisierung und zum Ausbau der Standorte.

Ein Beispiel hierfür bietet der größte Hafen Lettlands und der gesamten Region, Ventspils. In einem Joint Venture zwischen der Hafenverwaltung von Ventspils, weiteren lettischen Institutionen und der belgischen Nord Natie Terminals N.V. soll der modernste Container-Terminal der Ostsee entstehen, gleichzeitig ein Ausdruck dafür, dass man die ***Diversifizierung*** der umgeschlagenen Waren verbessern und den Anschluss an den modernen ***Stückgutverkehr*** herstellen will.

Gleichzeitig beteiligt sich die Europäische Bank für Wiederaufbau und Entwicklung (EBWE) an der Finanzierung eines neuen Hafenbahnhofs, um so die infrastrukturell und logistisch bedeutsame Verknüpfung Ventspils' mit der Schiene voranzutreiben.

Und drittens schließlich hat das lettische Parlament im Jahre 2000 den gesamten Hafen zur Freihandelszone erklärt. Die hierdurch entstehenden Sonderkonditionen, z.B. bei der Verzollung, sollen weitere Kunden anziehen.

Trotz aller positiven Ansätze gibt es aber auch hier Probleme. Das größte ist der Konkurrenzdruck, der zum einen zwischen den Häfen der drei Staaten besteht, der zum anderen aber auch von außen kommt. Russland betreibt, nachdem die „Rubelkrise" überwunden scheint, den Ausbau seiner Häfen. St. Petersburg, Kaliningrad, Wyborg und Wyssozk werden modernisiert und vergrößert; in Ust-Luga und in der Batarennaja-Bucht entstehen sogar zwei neue Ostseehäfen. Den zweiten Konkurrenten stellt Finnland dar. Dessen Hauptstadt Helsinki verfügt nicht nur über einen der modernsten Häfen des gesamten Ostseeraums, Finnland besitzt auch als bisher einziger EU-Staat eine gemeinsame Grenze mit Russland und, wie die baltischen Staaten, ein Eisenbahnsystem mit russischer Spurbreite.

M 100 *Güterumschlag der Hauptseehäfen der baltischen Staaten 1995–1998 (in Mio. t)*

	1995	1996	1997	1998
Litauen				
Klaipeda	12,7	14,8	16,1	15,0
Lettland				
Ventspils	29,6	35,7	36,8	36,0
Riga	7,4	7,4	11,2	13,3
Liepaja	1,4	1,8	2,3	2,3
Estland				
Tallinn	13,0	14,5	17,1	21,3

Ost-West-Contact, 11/1999, S. 53, a.a.O.

Informationstechnologie (IT). Lange Zeit kannte man Lettland in erster Linie als Lieferanten von Holz und Lebensmitteln sowie als ***Transitland*** für russische Massenprodukte wie Erdöl. Heute geht der Blick in erster Linie auf den Agrarsektor, vor allem aber auf die Häfen, die den Tertiärisierungsprozess im Land maßgeblich fördern. Erst seit Ende der 1990er Jahre ist man auf einen Wirtschaftsbereich aufmerksam geworden, den man allgemein „New Economy" nennt. Kleine und mittlere Unternehmen der IT-Branche sind besonders in der Entwicklung von Software erfolgreich. In der Regel handelt es sich um Aufträge aus dem Ausland, wobei Deutschland führend ist.

Lettland stützt diese Entwicklung seit einiger Zeit gezielt, und zwar sowohl mit Steuererleichterungen für die Softwareproduzenten und ihre Beschäftigten als auch mit dem Verankern der IT-Wissenschaft in den Lehrplänen der Schulen. Um die Unternehmen auch kapitalmäßig zu stärken, sind die führenden IT-Firmen des Landes Allianzen mit ausländischen Unternehmen eingegangen; das zweitgrößte lettische Softwarehaus SWH Technologies hat deshalb sogar seine Selbstständigkeit aufgegeben und ist von einem amerikanischen Investor übernommen worden.

Daten und Fakten zum IT-Bereich in Lettland:

→

- „Lettland ist im IT-Bereich von allen ehemaligen Sowjetrepubliken am weitesten fortgeschritten. Die Regierung schenkt der Entwicklung dieses Bereiches besondere Beachtung. So wurde im vergangenen Jahr ein nationales Programm „Informatics“ angenommen, in dessen Umsetzung bis 2005 insgesamt 410 Millionen US-Dollar investiert werden sollen. Es beinhaltet die Gebiete Ausbildung, Ausbau von Netzwerken und Förderung des Wettbewerbs unter den Kommunikationsanbietern.
- 1998 wurden IT-Dienstleistungen im Wert von 46 Millionen US-Dollar in Lettland verkauft.
- Im IT-Bereich werden 0,74 Prozent des BIP erwirtschaftet.
- Der Import von IT-Leistungen betrug 7,1 Millionen US-Dollar, für 10,3 Millionen US-Dollar wurden IT-Leistungen exportiert.
- 7 Prozent aller Studenten studieren in Bereichen, die mit dem IT-Sektor verbunden sind.
- 500 private Firmen mit insgesamt 3 000 Mitarbeitern sind im IT-Bereich aktiv.
- 2,4 Prozent aller Haushalte sind in Lettland mit PC ausgestattet.
- Ende 1998 waren 180 000 PC in Gebrauch, davon 87 Prozent in Unternehmen. …
- Die lettische Regierung und staatliche Organisationen haben 1998 20 Millionen US-Dollar in IT-Projekte investiert.
- Größter ausländischer Investor im IT-Bereich war Deutschland, gefolgt von den USA, Irland und Schweden.“

Ost-West-Contact, 5/2000, S. 32, a.a.O.

Umweltschutz. Bei allen wirtschaftlichen Anstrengungen ist auch in Lettland, gefördert durch die Öffnung nach Mittel- und Westeuropa, der Gedanke einer nachhaltigen Entwicklung verankert worden. Zwar sind die ökologischen Probleme Lettlands nicht vergleichbar mit denen von Regionen wie Westsibirien oder dem Aralsee. Dennoch versucht man den Umweltschutz zu fördern, wobei man auch hier die Kooperation mit ausländischen Institutionen oder Firmen sucht. Denn nur so erreicht man das nötige Know-how und Kapital. So gibt es eine Zusammenarbeit der Deutschen Bundesstiftung Umwelt mit der Umweltstiftung Lettlands. Es geht um Stipendien und wissenschaftliche Ausbildung in Umwelttechnologien, um modellhafte Projekte im Umweltschutz, um Entwicklungsmöglichkeiten umweltfreundlicher Produkte aus Holz, den Kläranlagenbau usw. Die lettische Stiftung stellt umgerechnet 40 Mio. DM (= 20,45 Mio €) jährlich zur Verfügung, um Bau und Modernisierung von Kläranlagen und Deponien voranzutreiben. Nach deutschen Maßstäben ein bescheidener Betrag, innerhalb der Nachfolgestaaten der UdSSR jedoch Zeichen setzend.
Eine zweite Kooperation gibt es mit dem Dualen System Deutschland. Lettland schloss mit dieser Gesellschaft, die bei uns besser unter ihrem Logo „Grüner Punkt“ bekannt ist, einen Lizenzvertrag ab, gründete die Gesellschaft „Grüner Punkt Lettland“ und führte im Sommer 2000 dieses Logo für ein Abfallverwertungssystem ein. Wie in Deutschland sollen die Einnahmen aus der Vergabe des Markenzeichens dazu genutzt werden, Verpackungsmaterial zu sammeln, zu trennen und wiederzuverwerten. Bis zum Mai 2000 waren dem System 11 Firmen beigetreten, doch erwartet man eine Zunahme in dem Maße, wie in der Bevölkerung Lettlands ein Umweltbewusstsein wächst und für die Unternehmen der Grüne Punkt zum Vermarktungsfaktor wird.

47. *Beschreiben Sie die Raumstruktur und Wirtschaftspotenziale Lettlands anhand von M 91 bis M 100 . Ziehen Sie hier einen Vergleich mit den beiden anderen baltischen Staaten.*
48. *Charakterisieren Sie Lettlands Entwicklung an der Wende zum dritten Jahrtausend.*
49. *Noch immer spielt die Agrarwirtschaft für Lettland eine bedeutende Rolle. Erläutern Sie ihre Probleme.*
50. *Fassen Sie zusammen, auf welchen „Säulen“ die Zukunft Lettlands ruhen soll, und bewerten Sie die Perspektiven des Landes.*

Anhang

Glossar

Agglomeration: Prozess der räumlichen Konzentration von Bevölkerung und Wirtschaft, insbesondere der Industrie.

Agrarindustrieller Komplex: Arbeitsteiliger Zusammenschluss von Landwirtschafts- und Industriebetrieben.

Agrobusiness (Agribusiness): Gesamtheit der mit der Landwirtschaft verbundenen Wirtschaftsbereiche vom Landwirt bis zum Verbraucher, also mit Zulieferindustrien, Verarbeitung, Vertrieb; häufig gebraucht im Sinne von „industrialisierter Landwirtschaft“.

arid: Bezeichnung für ein Klima bzw. Klimagebiet, in dem die mögliche jährliche Verdunstung größer ist als der Niederschlag.

Bewässerungsfeldbau: Form der landwirtschaftlichen Bodennutzung, bei der den Nutzpflanzen wegen unzureichender Niederschläge während der Vegetationsperiode Wasser durch verschiedene technische Systeme zugeführt wird.

Blizzard: In den USA auftretender Schneesturm, der durch Kaltlufteinbrüche verursacht wird.

Bodendegradation: Verschlechterung der Bodenqualität durch natürliche Einflüsse und/oder menschliche Eingriffe, z.B. durch Erosion oder Auswaschung von Nährstoffen.

Bodentyp: Böden mit ähnlichem oder gleichem Entwicklungsstand und damit gleichem Bodenprofil werden zu einem Bodentyp zusammengefasst.

Bruttoinlandsprodukt (BIP): Gesamtwert aller produzierten Güter (Waren und Dienstleistungen) innerhalb eines Landes (Gebietes) während eines Zeitraumes (meist ein Jahr), einschließlich der von Ausländern erbrachten Leistungen (Inlandskonzept).

Bruttosozialprodukt (BSP): Gesamtwert aller produzierten Güter (Waren und Dienstleistungen) innerhalb eines Landes (Gebietes) während eines Zeitraumes (meist ein Jahr), einschließlich der Einkommen, die aus dem Ausland bezogen werden, aber ohne die Einkommen, die an Ausländer gehen (Inländerkonzept).

CBD (Central Business District): Der zentrale Geschäftsbereich der US-amerikanischen Stadt mit einer Ballung von Einrichtungen des tertiären Sektors, vor allem Büros, Versicherungen, Banken, Hotels und Dienstleistungseinrichtungen.

City: Der zentral gelegene Teilraum einer größeren Stadt mit einer Konzentration von Einrichtungen, die hochrangigen kommerziellen und kulturellen Zwecken dienen.

COMECON (Council for Mutual Economic Assistance, Rat für gegenseitige Wirtschaftshilfe): Ehemalige Organisation zur wirtschaftlichen Integration Ost- und Ostmitteleuropas; als Gegenstück zur EWG geschaffenes Wirtschaftsbündnis.

Conurbanisation: Englischer Begriff für eine großstädtische Siedlungsagglomeration.

Dauerfrostboden (Permafrostboden): Ein bis in tiefere Schichten ganzjährig gefrorener Boden, dessen obere Schichten nur im Sommer auftauen, wobei die Schmelzwässer zu einer starken Durchnässung führen, da sie nicht versickern können.

Direktinvestition: Investition eines Konzerns außerhalb des Ursprungslandes der Muttergesellschaft.

Disparität: Ungleichheit zwischen Ländern bzw. Regionen, die sich vor allem in unterschiedlichen Lebensbedingungen und wirtschaftlichen Entwicklungsmöglichkeiten äußert.

Diversifizierung: Ausweitung und Differenzierung der Produktions- und Exportstruktur, um die Abhängigkeit von einem oder nur einigen wenigen Produkten zu verringern.

Downtown: Die Innenstadt oder – nach unserem Sprachgebrauch – die City der US-amerikanischen Stadt; sie ist gekennzeichnet durch eine geringe Wohndichte und eine hohe Arbeitsplatzkonzentration des tertiären Sektors.

Dry farming: Landwirtschaftliche Nutzungsform im Bereich der Trockengrenze, bei der durch besondere Bearbeitungsmethoden der Niederschlag von zwei oder mehr Jahren für eine Anbauphase genutzt wird.

Edge-city: An der Peripherie US-amerikanischer Städte gelegene Siedlung mit vornehmlich Büro- und Dienstleistungsfunktionen.

Emission: Ausstoß von gasförmigen, flüssigen und festen Schadstoffen, z.B. aus Kraftwerken.

Energieträger: Alle Rohstoffe, die in Energie umgewandelt werden können; Unterscheidung in fossile Energieträger (Kohle, Erdöl, Erdgas), regenerative Energieträger (Wasser-, Gezeitenkraft, Erdwärme, Sonnenenergie, Biomasse) und Kernenergieträger (Uran).

Erosion: Linienhafte Abtragung durch fließendes Wasser; im englischen Sprachgebrauch jede Form von Abtragung

Footlose industry: Industriebranchen, die wenig rohstoff- und ressourcenabhängig sind und eine nur geringe Transportkostenbelastung aufweisen und deshalb andere Standortbindungen suchen (z.B. Nähe zu Forschungs- und Verwaltungseinrichtungen).

Fruchtwechselwirtschaft: Anbausystem, bei dem in regelmäßigem Wechsel bestimmte Kulturpflanzen angebaut werden (z.B. frühere Dreifelderwirtschaft mit Wechsel von Wintergetreide, Sommergetreide und Brache); Ziel: langfristiger Erhalt der Ertragsfähigkeit des Bodens.

Fühlungsvorteil: Standortvorteil durch rasche / enge Kontakte zu Zulieferern und Abnehmern, zu Behörden, Dienstleistungsunternehmen und zu Betrieben gleicher Branche.

GATT (General Agreement on Tariffs and Trade): 1947 abgeschlossenes Allgemeines Zoll- und Handelsabkommen, das den grenzüberschreitenden Handel durch den Abbau von Handelshemmnissen erleichtern soll; seit 1995 ersetzt durch die → WTO.

Gentrification: Bauliche Aufwertung, besonders der Innenstädte, durch aufwendige Objektsanierungen (Luxussanierung).

Globalisierung: Seit Ende des 20. Jahrhunderts besonders dynamisch ablaufender Prozess, in dem Produktion, Handel mit Gütern und Dienstleistungen, Kapital, Kommunikation und Technologie über nationale Grenzen hinweg zu einem „Weltbinnenmarkt" zusammenwachsen.

Global player (Multinationaler Konzern): Unternehmen mit Standorten in mehreren Ländern; Ausrichtung der Unternehmenspolitik nach den verschiedenen Vor- und Nachteilen der jeweiligen Länder (z.B. Lohn- und Steuerniveau, Umweltvorschriften).

Grundstoffindustrie: Diejenige Gruppe von Industriezweigen, die Grundstoffe herstellen, die dann noch weiterverarbeitet werden; Beispiele: eisenschaffende Industrie, chemische Industrie.

Handelsbilanz: Aufrechnung des Exports gegen den Import eines Lande; aktive Handelsbilanz: Wert der Exporte übersteigt den der Importe, negative Handelsbilanz: Wert der Importe übersteigt den der Exporte.

humid: Bezeichnung für ein Klima bzw. Klimagebiet, in dem die mögliche jährliche Verdunstung geringer ist als der Niederschlag.

Hurrikan: Tropischer Wirbelsturm mit Windstärken über 12. Er entsteht meist in den westindischen Gewässern und zieht in gebogener Bahn ins Gebiet der Südost-Staaten der USA, wo er große Schäden anrichten kann.

Immision: Die Einwirkungen von Luftverunreinigungen auf Menschen, Tiere, Pflanzen bzw. die ganze Umwelt.

Imperialismus: Politik eines Staates, die darauf abzielt, Macht und Kontrolle außerhalb der eigenen Staatsgrenzen über Völker auszuüben; insbesondere die Wirtschaftspolitik der Großmächte in der Zeit des Kolonialismus.

Industrial estate (Industriepark): Größere zusammenhängende Flächen, die von staatlichen und / oder privaten Trägern für Gewerbeansiedlungen erschlossen und mit Infrastruktureinrichtungen versehen werden.

informeller Sektor: Jener Zweig / Sektor der Wirtschaft, der weder von der Steuer erfasst noch von anderen gesetzlichen Vorschriften geregelt wird; als „Schattenwirtschaft" kommt der informelle Sektor besonders häufig in den Entwicklungsländern vor (z.B. Schuhputzer, Kinderarbeit in der Teppichindustrie).

Infrastruktur: Gesamtheit der Einrichtungen eines Raumes, die die Grundlage für die wirtschaftlichen Tätigkeiten in diesem Raum darstellen, z.B. Verkehrseinrichtungen, Einrichtungen des Bildungswesens, Ver- und Entsorgungseinrichtungen.

Investitionsgüterindustrie: Diejenige Gruppe von Industriezweigen, die Güter für die weitere Produktion herstellt, z.B. der Maschinenbau.

Joint-venture: Zusammenschluss von selbstständigen Unternehmen zum Zweck der Durchführung gemeinsamer Projekte, die von einem Unternehmen allein in der Regel nicht realisiert werden können.

Just-in-time-Produktion: Industrielle Produktion, bei der die Zulieferung von Waren und Halbfertigprodukten erst exakt zum Zeitpunkt des Bedarfs erfolgt, sodass Lagerkosten entfallen.

Kernstadt: Innerhalb einer städtischen Agglomeration die zentrale Stadt in ihren Verwaltungsgrenzen.
Kolchose: Landwirtschaftlicher Großbetrieb in einem sozialistischen Wirtschaftssystem; in der ehemaligen Sowjetunion entstanden durch die Zusammenlegung und stufenweise Kollektivierung bäuerlicher Privatbetriebe.
Kombinat: In der ehemaligen Sowjetunion Bezeichnung für den vertikalen und/oder horizontalen Zusammenschluss von verschiedenen, oft räumlich weit auseinanderliegenden Produktionsstätten.
Konversion: In der ehemaligen Sowjetunion die Umstellung von Betrieben der Rüstungsindustrie, des militärisch-industriellen Komplexes (MIK), auf die Produktion von Zivilgütern.
Lean production (schlanke Produktion): Verkürzung und Vereinfachung von Produktionsabläufen zur Kostensenkung und rascheren Reaktion auf Kundenwünsche und Marktbedürfnisse.
Mall: Vollständig überdachtes ein- oder mehrstöckiges Einkaufszentrum, vergleichbar mit unseren Passagen, aber in weit größerer Dimension.
Marginalisierung: Abdrängung von Bevölkerungsgruppen an den Rand der Gesellschaft, die dort vielfach am Rande des Existenzminimums leben.
Marktwirtschaft: Wirtschaftsordnung, in der Art und Umfang der Güterproduktion sowie die Verteilung der Güter direkt über den Markt und den Wettbewerb gesteuert werden; Kennzeichen: Privatbesitz, Preisbildung durch Angebot und Nachfrage, freier Wettbewerb, unabhängige Produktionsplanung.
Megalopolis: Aus mehreren Großstädten zusammengewachsene Riesenstadt; in engerem Sinne die Städteballung im Nordosten der USA zwischen Boston und Washington.
Melioration: Technische Maßnahmen zur Werterhöhung des Bodens und zur Steigerung seiner Ertragsfähigkeit, z.B. durch Entwässerung.
Metropole: Hauptstadt eines Landes oder Millionenstadt mit herausragenden politischen, wirtschaftlichen, kulturellen und gesellschaftlichen Funktionen.
Metropolisierung: Verstädterungsprozess, besonders in den Entwicklungsländern, der auf eine einzige Stadt, meist die Hauptstadt, ausgerichtet ist, sodass diese zur das ganze Land beherrschenden Metropole wird.
Migration (Wanderung): Nach der amtlichen deutschen Statistik jeder Wechsel des Wohnsitzes, bei dem die Gemeindegrenze überschritten wird; im weiteren Sinne Wanderbewegungen größerer Bevölkerungsgruppen, ausgelöst z.B. durch Krieg und existenzielle Not.
Militärisch-industrieller Komplex (MIK): Zweig der Industrie in der ehemaligen Sowjetunion, der vornehmlich Rüstungsgüter herstellte.
Mobilität: Fähigkeit und Bereitschaft der Standortveränderung; man unterscheidet zwischen räumlicher Mobilität (Binnen-, Ein- und Auswanderungen) und sozialer Mobilität (sozialer Auf- und Abstieg).
Monokultur: Landwirtschaftliche Nutzungsform, bei der über mehrere Jahre immer dieselbe Kulturpflanze angebaut wird.
Montanindustrie (Schwerindustrie): Bezeichnung für den Bergbau und die Eisen- und Stahlindustrie.
Multinationaler Konzern (Multi) → Global Player
nachhaltige Entwicklung (sustainable development): Entwicklungsstrategie, mit der die Lebenschancen der heutigen Generation verbessert werden sollen, ohne die Chancen künftiger Generationen einzuschränken.
Neokolonialismus: Kritisch gebrauchter Begriff für die Politik der Industriestaaten gegenüber den Entwicklungsländern, den ehemaligen Kolonien; er besagt, dass die Industrieländer Westeuropas zwar ihre direkte Herrschaft über die ehemaligen Kolonien aufgegeben haben, diese aber weiterhin in wirtschaftlicher Abhängigkeit halten.
OECD (Organization for Economic Cooperation and Development): Zusammenschluss von gegenwärtig 29 Industrieländern und teilindustrialisierten Ländern zur Verbesserung und Koordination der wirtschaftlichen Zusammenarbeit und zur Unterstützung der Entwicklungsländer.
ÖPNV (Öffentlicher Personennahverkehr): Personenverkehr mit öffentlichen Verkehrsmitteln.
Plantage: Landwirtschaftlicher Großbetrieb in den Tropen und Subtropen, der hochwertige Nutzpflanzen wie Tee, Kaffee, Kautschuk, Bananen oder Zucker für den Weltmarkt anbaut. Bis

ins 19. Jahrhundert die charakteristische Betriebsform im Süden der USA.

Planwirtschaft (Zentralverwaltungswirtschaft): Wirtschaftsordnung der (ehemals) sozialistischen Länder, in der der Staat bzw. dessen Planungsorgane die wirtschaftlichen Aktivitäten regeln.

Primärenergie: Die in der Natur in ihrer ursprünglichen, also nicht umgewandelten Form vorkommende Energie, z.B. Steinkohle, Sonnenenergie, Wind, fließendes Wasser (Rohenergie).

Pro-Kopf-Einkommen: Häufig benutzter statistischer Mittelwert, der sich aus der Division des BIP durch die Bevölkerungszahl ergibt; häufig benutzt zur Kennzeichnung des Entwicklungsstandes eines Landes

Ranching: Vor allem im Mittleren Westen der USA verbreitete Form der extensiven Weidewirtschaft in Großbetrieben mit mehreren Hundert bis einigen Hundertausend Hektar.

Regenerative Energie: Energie, die sich nicht wie die fossilen Energieträger erschöpft; stammt aus erneuerbaren Energiequellen, z. B. Energie aus Wasserkraft, Wind, Sonne und Biomasse.

Regenfeldbau: Ackerbau, bei dem der Wasserbedarf der Nutzpflanzen ausschließlich durch Niederschläge gedeckt wird.

Reserven: Diejenigen bekannten Rohstoffvorkommen, deren Abbau unter aktuellen technischen und ökonomischen Bedingungen mit Gewinn möglich ist.

Ressourcen: Die natürlichen Produktionsmittel für die Wirtschaft, also Rohstoffe, Wasser, Energie etc. Im engeren Sinne die Rohstoffvorkommen, die – zusätzlich zu den → Reserven – weitgehend bekannt, aber noch nicht abbauwürdig sind.

RGW (Rat für gegenseitige Wirtschaftshilfe): → COMECON

Segregation: Prozess der räumlichen Trennung und Abgrenzung unterschiedlicher gesellschaftlicher Gruppen, Ethnien, Religionsgemeinschaften etc.

Slum: Elendssiedlung, meist in den Großstädten der Entwicklungsländer; man unterscheidet die innerstädtischen Elendssiedlungen (Slums im engeren Sinne) und die randstädtischen Elendssiedlungen (Marginalsiedlungen).

Smog: Durch Zusammenziehung von „smoke“ (Rauch) und „fog“ (Nebel) gebildetes Wort; es bezeichnet eine dunstige Luftmasse mit einer erhöhten Schadstoffkonzentration.

Sonderkultur (Spezialkultur): Ein- oder mehrjährige landwirtschaftliche Dauerkultur wie Wein, Tabak, Spargel Hopfen.

Sowchose: Landwirtschaftlicher Staatsbetrieb in der ehemaligen Sowjetunion, meist mit Spezialisierung auf Viehzucht oder den Anbau weniger Kulturpflanzen.

soziale Mobilität: Positionsveränderung innerhalb der Gesellschaft, sozialer Auf- oder Abstieg.

Spin-off-Betrieb (Start-up-Unternehmen): von ehemaligen Mitarbeitern eines Unternehmens gegründete Firma.

Standortfaktor: Örtlicher Kostenvorteil für die (industrielle) Produktion; mitentscheidend für die Errichtung / Erhaltung von wirtschaftlichen Einrichtungen.

Suburbanisierung: Flächenhaftes Wachstum der Städte am Stadtrand, vor allem durch Abwanderung der Wohnbevölkerung aus dem inneren Stadtgebiet, häufig über die Stadtgrenzen hinaus ins nahe Umland.

Territorialer Produktionskomplex (TPK): Wirtschaftsregion in der ehemaligen Sowjetunion, v. a. in den sibirischen Erschließungsgebieten, die günstige Voraussetzungen (v. a. Energie, reiche Ressourcen, verkehrsgünstige Lage) besitzt zur Ansiedlung von Arbeitskräften und zum Aufbau von Industrie und Landwirtschaft.

Tertiärer Sektor: (Dienstleistungssektor): Er umfasst alle Berufsgruppen, die Dienstleistungen erbringen, z.B. Handel, Verkehr, Verwaltung, Bildungswesen sowie die freien Berufe wie Ärzte, Rechtsanwälte etc.

Tertiärisierung: Veränderung von Arbeitsplätzen des sekundären Sektors durch wachsende Dienstleistungsaufgaben; Ersatz von Arbeitsplätzen des primären und sekundären Sektors durch solche des tertiären Sektors.

Tornado: Verheerender Wirbelsturm in Nordamerika; er entsteht auf dem Festland im Bereich von Luftmassengrenzen mit starken Temperaturgegensätzen; typisch ist der rotierende Schlauch, in dessen Windfeld die höchsten auf der Erde bekannten Windgeschwindigkeiten vorkommen.

Transformation: Gezielte Umwandlung eines wirtschaftlichen, politischen und sozialen Systems; in der ehemaligen Sowjetunion der

Übergang von der Zentralverwaltungs- zur Marktwirtschaft, die Abkehr von den kommunistisch-sozialistischen Gesellschaftsidealen und die Hinwendung zu mehr Demokratie.

Urbanisierung: Häufig synonym verwendeter Begriff zu → Verstädterung; im engeren Sinne meint Urbanisierung die Ausbreitung städtischer Lebens- und Bauformen in ehemals ländlichen Gebieten.

Vegetationsperiode (Wachstumszeit): Anzahl der Tage, während der Pflanzenwachstum möglich ist; vorwiegend temperaturabhängig (Tagesmittelwert über 5 °C).

Verdichtungsraum: Raum mit einer Konzentration von Bevölkerung, Arbeitsstätten, Infrastruktureinrichtungen etc.; in der amtlichen deutschen Statistik durch bestimmte Abgrenzungskriterien (Mindestfläche, Mindesteinwohnerzahl u.a.m.) festgelegt.

Verstädterung: 1. Wachstum der Städte eines Landes hinsichtlich ihrer Einwohnerzahl und/oder Fläche, 2. Vermehrung der städtischen Siedlungen eines Landes, 3. Wachsen des Anteils der Menschen, die in Städten leben, an der Gesamtbevölkerung eines Landes.

Weltbank (Internationale Bank für Wiederaufbau und Entwicklung): 1944 gegründete Sonderorganisation der UNO; Hauptaufgabenfeld: Förderung der wirtschaftlichen Entwicklung der Mitgliedsländer, Finanzierung von Projekten in Entwicklungsländern.

Welthandelskonferenz: Internationale Konferenz über Probleme der Weltwirtschaft, insbesondere zur Förderung des freien Welthandels; 1947 eingerichtet, seither 8 Verhandlungsrunden. → GATT, → WTO

WTO (World Trade Organisation): Welthandelsorganisation, die in der Uruguay-Runde des → GATT beschlossen und zum 1. 1. 1995 errichtet wurde; Ziel: Verbesserung der wirtschaftlichen Lage der beteiligten Länder durch Abbau von Hemmnissen des freien Welthandels.

Zentralität: Bedeutung einer Stadt für ihr Umland; der Grad der Zentralität ergibt sich aus dem Grad des Bedeutungsüberschusses einer Stadt, d. h. aus der Quantität und Qualität von Diensten und Gütern, die für einen Einzugsbereich, der über die Stadt hinausgeht, angeboten werden.

Zentralverwaltungswirtschaft: →Planwirtschaft

Weiterführende Literatur, Internet

USA/Kanada

→ *Blume, Helmut:* USA. Eine geographische Landeskunde, Bd. 1: Der Großraum im strukturellen Wandel, Bd. 2: Die Regionen der USA. Darmstadt: Wissenschaftliche Buchgesellschaft 1975 und 1979

→ Bundeszentrale für politische Bildung (Hrsg.): Informationen zur politischen Bildung, Nr. 268, USA. Bonn 2000

→ Geographie heute, Heft 184, Oktober 2000, USA – Wirtschaft. Seelze-Velber: Friedrich

→ Geographische Rundschau, Heft 1/2001, USA. Braunschweig: Westermann

→ *Hahn, Roland:* Die US-Wirtschaft im globalen Wettbewerb: Trends und regionale Auswirkungen. In: Geographische Rundschau, Heft 12/1997, S. 696-701. Braunschweig: Westermann

→ *Hahn, Roland:* USA. Länderprofile. Gotha und Stuttgart: Perthes 2002

→ *Holzner, Lutz:* Stadtland USA: Die Kulturlandschaft des American Way of Life. Gotha: Perthes 1996

→ *Klohn, Werner, Hans-Wilhelm Windhorst:* Bevölkerung und Siedlung in den USA. Vechtaer Materialien zum Geographieunterricht (VMG). Vechta 1998

→ *Klohn, Werner, Hans-Wilhelm Windhorst:* Die Landwirtschaft der USA. Vechtaer Materialien zum Geographieunterricht (VMG). Vechta 2000

→ *Kümmerle, Ulrich, Rainer Vollmar:* USA. SII Länder und Regionen. Stuttgart: Klett 1988

→ *Lenz, Karl:* Kanada. Eine geographische Landeskunde. Darmstadt: Wissenschaftliche Buchgesellschaft 1988

→ *Steinecke, Karin:* Bergbau in der kanadischen Borealis. In: Geographische Rundschau, Heft 12/2000, S. 28-35. Braunschweig: Westermann

→ *Schneider-Sliwa, Rita:* Nordamerikanische Innenstädte der Gegenwart. In: Geographische Rundschau, Heft 1/1999, S. 44-51. Braunschweig: Westermann

→ *Vogelsang Roland:* Kanada. Länderprofile. Gotha: Perthes 1993

→ http://usinfo.state.gov/usa/infousa (U.S. Department of State)
→ http://www.stat-usa.gov (U.S. Department of Commerce)
→ http://www.bea.doc.gov (Bureau of Economic Analysis des U.S. Department of Commerce)
→ http://www.ita.doc.gov (The International Trade Administration des U.S. Department of Commerce)
→ http://www.census.gov (U.S. Census Bureau)
→ http://stats.bls.gov (U.S. Bureau of Labor Statistics)
→ http://usinfo.state.gov/products/pubs/geography (Online-Länderkunde der USA)
→ http://www.usembassy.de (US-Botschaft in Deutschland)
→ http://www.theus50.com (Informationen über die 50 Bundesstaaten der USA)
→ http://www.kanada-info.de (Kanadische Botschaft in Deutschland
→ http://www.ec.gc.ca/. (Kanadisches Umweltministerium)
→ http://www.schoolnet.ca (Materialien über Kanada für den Unterricht)
→ http://www.statcan.ca./ (Statistics of Canada)
→ http://www.cdn.de/ (CDN-Web-Index – Suchmaschine über Kanada)

Russland/Nachfolgestaaten der Sowjetunion

→ *Bender, Hans-Ulrich, Jörg Stadelbauer:* Sowjetunion. Stuttgart: Ernst Klett Verlag 1987
→ *Brade, Isolde, Monika Schulze:* Russland – aktuell. Daten – Fakten – Literatur zur Geographie Europas, Bd. 4. Leipzig: Institut für Länderkunde 1997
→ *Cheauré, Elisabeth:* Alltag in Moskau. In: Praxis Geographie, Heft 5/1998. Braunschweig: Westermann
→ *Knabe, Bernd:* Russlands Wirtschaftssystem. Sozioökonomische Implikationen der Transformation. In: Praxis Geographie, Heft 5/1998. Braunschweig: Westermann
→ *Knappe, Elke, Adolf Krauklis:* Der Wandel des ländlichen Raumes in Lettland. In: Europa Regional, Heft 2/1998. Leipzig: Institut für Länderkunde
→ *Melluma, Aija, Zanda Peneze:* Regionalentwicklung und Raumordnung in Lettland. In: Geographische Rundschau, Heft 4/1999. Braunschweig: Westermann
→ *Punning, Jaan-Mati:* Naturpotenzial und Umweltprobleme der baltischen Staaten. In: Geographische Rundschau, Heft 4/1999. Braunschweig: Westermann
→ *Rudolph, Robert:* Citybildung in Moskau – Prozesse der funktionalen Differenzierung. In: Europa Regional, Heft 3/1997. Leipzig: Institut für Länderkunde
→ *Rudolph, Robert, Sebastian Lentz*: Segregationstendenzen in russischen Großstädten. In: Europa Regional, Heft 2/1997. Leipzig: Institut für Länderkunde
→ *Schlimme, Helga und Wolfgang*: Russland – Land der Extreme. Aktuelle Landkarte 4/1999. Berlin: Cornelsen
→ *Stadelbauer, Jörg:* Die Nachfolgestaaten der Sowjetunion. Darmstadt: Wissenschaftliche Buchgesellschaft 1996
→ *Stadelbauer, Jörg:* Demographische Entwicklung und ethnische Minderheiten in den baltischen Staaten. In: Geographische Rundschau, Heft 4/1999. Braunschweig: Westermann
→ *Stadelbauer, Jörg*: Kaukasien – Nationalismus, politischer Regionalismus und ethnoterritoriale Konflikte. In: Geographie und Schule, Heft 106/1997. Köln: Aulis Verlag
→ *Standl, Harald:* Funktionaler Wandel in der Innenstadt von Tallinn (Estland). In: Geogr. Rundschau, Heft 4/1999. Braunschweig: Westermann
→ *Wein, Norbert:* Die westsibirische Erdölprovinz: von der Boom-Region zum Problemgebiet. In: Geographische Rundschau, Heft 6/1996. Braunschweig: Westermann
→ *Wein, Norbert:* Sibirien. Perthes Regionalprofile. Gotha und Stuttgart: Perthes 1999

→ http://www. koda.ee (Estnische Handels- und Industriekammer)
→ http://www.rbcnt.ru (Handels- und Industriekammer in Russland)
→ http://www.owc.de (Ost-West-Contact)
→ http://www.admirk.ru (Region Irkutsk)
→ http://www.yamal.ru (Region Tjumen/Westsibirien)
→ http://www.5ci.net (deutschsprachiger Internetdienstleister für Litauen)
→ http://www. g-o.de (diverse Informationen, z.B. zum Aral-See)
→ http://www.bayern.ru (Bayern-Büro Moskau)
→ http://www.ahk.net/de/ua (Deutsche Wirtschaft in der Ukraine)

Register